A.T. MANN

LEBENS★ZEIT ASTROLOGIE

A.T. MANN

LEBENS★ZEIT ASTROLOGIE

SPHINX

Aus dem Amerikanischen
von Franchita Cattani

FÜR MARGO

CIP-Kurztitelaufnahme der Deutschen Bibliothek

Mann, A.T.:
Lebenszeit Astrologie/A.T. Mann.
[Aus d. Amerikan. von Franchita Cattani].—
Basel: Sphinx, 1987.
Einheitssacht.: Lifetime astrology <dt.>
ISBN 3-85914-176-7

1987

Originaltitel: Life ★ Time Astrology
Erschienen bei: George Allen & Unwin, London

Umschlaggestaltung: Pema Cherpillod
Satz: Compotext, München
Druck: Carl Ueberreuter Druckerei Ges. m. b. H.,
2100 Korneuburg
Printed in Austria
ISBN 3-85914-176-7

INHALT

SYMBOLSCHLÜSSEL

		Zeichen & Symbol	Zugehörige Daten	
♈	Wid	Widder	21. März	bis 21. April
♉	Sti	Stier	21. April	bis 22. Mai
♊	Zwi	Zwillinge	22. Mai	bis 22. Juni
♋	Kre	Krebs	22. Juni	bis 23. Juli
♌	Lö	Löwe	23. Juli	bis 24. August
♍	Ju	Jungfrau	24. August	bis 23. September
♎	Waa	Waage	23. September	bis 23. Oktober
♏	Sko	Skorpion	23. Oktober	bis 23. November
♐	Schü	Schütze	23. November	bis 22. Dezember
♑	St	Steinbock	22. Dezember	bis 21. Januar
♒	Was	Wassermann	21. Januar	bis 19. Februrar
♓	Fi	Fische	19. Februar	bis 21. März

		Planet	Prinzip	Umlaufszeit
☉	So	Sonne	Geist	1 Jahr
☾	Mo	Mond	Seele	29 1/2 Tage
☿	Me	Merkur	Verstand	88 Tage
♀	Ve	Venus	Harmonie	225 Tage
♂	Ma	Mars	Konflikt	687 Tage
♃	Ju	Jupiter	Expansion	12 Jahre
♄	Sa	Saturn	Kontraktion	29 1/2 Jahre
♅	Ur	Uranus	Rhythmus	84 Jahre
♆	Ne	Neptun	Sensitivität	165 Jahre
♇	Pl	Pluto	Regeneration	270 Jahre
☊	Mk	Mondknoten	Verbindung	19 Jahre
	AC	Aszendent	Persönlichkeit	1 Tag
	MC	Medium Coeli (Mitte d. Himmels)	Ego	1 Tag

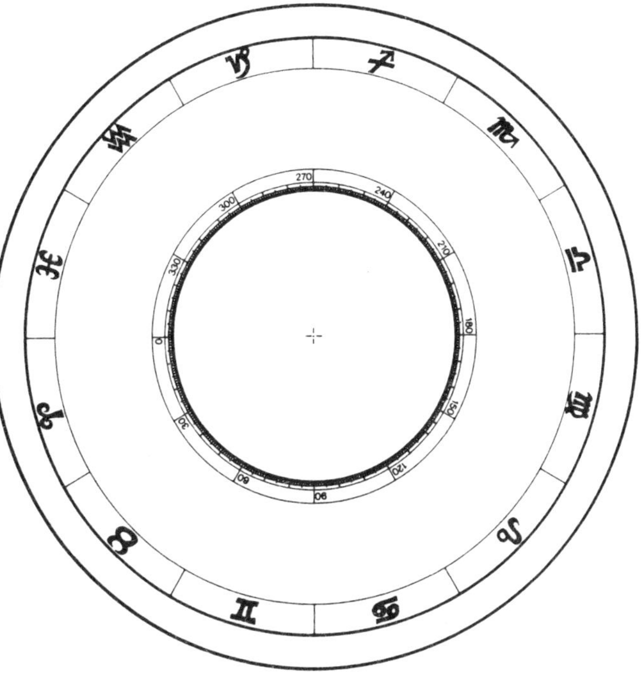

Abbildung 1: Leeres Horoskop und Datierscheibe

Dieses leere Horoskop ist für dich. Photokopiere diese Seite, um weitere leere Horoskope zu haben und schneide die Scheibe aus, um die Planeten zu datieren. Lege diese Scheibe auf das Horoskop und richte sie so aus, daß die «0» auf den AC weist, damit du die entsprechenden Lebensalter direkt ablesen kannst. Auf Seite 80 findest du eine kleinere Scheibe, die auf die Beispielhoroskope in diesem Buch paßt.

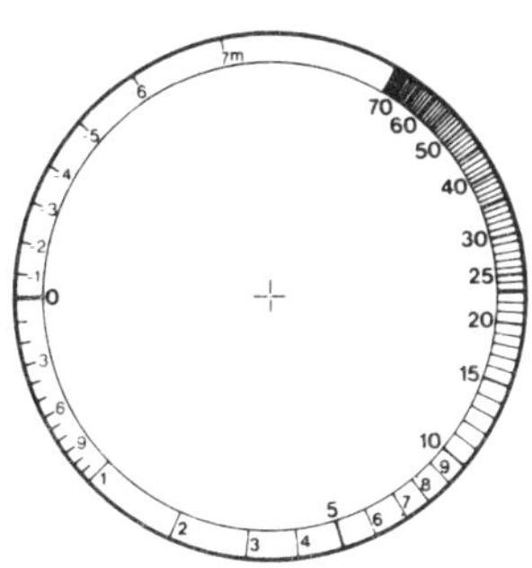

«...: die Reise durch die Planetenhäuser reduziert sich auf die Bewußtmachung der guten wie der schlechten Charaktereigenschaften, und die Apotheose will nicht mehr bedeuten als eine größtmögliche Bewußtheit, welche mit größtmöglicher Freiheit des Willens einhergeht.»

*C. G. Jung**, «Mysterium Coniunctionis»

* (Gesammelte Werke, 1971 Walter-Verlag Olten und Freiburg im Breisgau, Band 14/I, S. 264)

EINLEITUNG

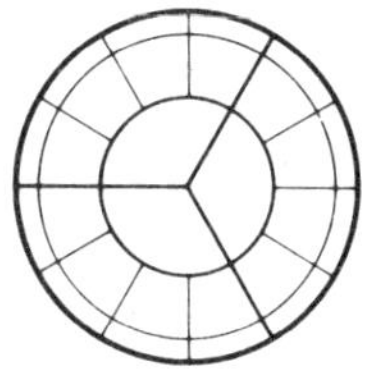

Unsere Welt steckt in einer Krise. Wohlbekannte Strukturen und Systeme zerfallen, und Chaos und Zerstörung scheinen immer schneller näher zu rücken. Fast alle leiden heute unter der politischen, ökologischen oder finanziellen Lage, unter Ehekrisen oder gesundheitlichen Störungen. Wollen wir überleben, so müssen wir unsere mechanistische Sicht der Welt in eine ökologische wandeln: Wir müssen von der Analysiersucht zu einer schöpferischen Synthese, von der Starrheit männlicher Hierarchie zur weiblichen Kreisform finden. Wir müssen die Reduktion auf Einzelteile in einer dynamischen Ganzheitsschau auflösen. Auch wenn wir zu den grundlegenden äußeren Streitfragen unserer Zeit entweder für die eine oder andere Seite Stellung nehmen, spielt sich der eigentliche Kampf in Wirklichkeit doch im Inneren jedes Einzelnen ab. Die heutige ganzheitlich-transpersonale Bewegung verkörpert den Wunsch nach persönlicher Einheit als einem ersten Schritt zur Heilung unserer Welt. Wir müssen den Prozeß der Einswerdung zuerst in uns selbst und in unserem eigenen Leben verwirklichen. Denn wie die Neue Physik erkannt hat, sind Geist und Materie miteinander verwoben. Die Welt ist ein dynamisches Netz von Beziehungen, und wir sind durch unser Leben und Handeln die Welt.

Lebens★Zeit Astrologie zeigt einen neuen, revolutionären Weg, um uns selbst und die Welt zu verstehen. Das astrologische Grundmuster ist ein Schlüssel zum *Wissen um die Zeit* und eine entscheidende Hilfe auf dem Weg zu unserem von Natur aus angelegten Seinszustand: der Ganzheit.

Obwohl die allgemeine Auffassung herrscht, daß die Planeten rund um die Sonne kreisen, bewegt sich doch unser gesamtes Sonnensystem mit einer Geschwindigkeit von etwa zwei Millionen Kilometern am Tag durch das All, so daß die Planeten scheinbar die leuchtende zentrale Bahn der Sonne spiralförmig umwinden, wie Glühfäden einen stromführenden Draht, als wären sie kosmische Umwandler von Energie und Licht. In die Zeit hinein zeichnet unser Sonnensystem die Spur eines komplexen Zylinders, wie in Abbildung auf dem Umschlagrücken. Jede vollständige Umdrehung unserer Erde um die Sonne — von dieser aus gesehen der dritte Planet — dauert ein Jahr. Die Darstellung zeigt zwölf Jahresabfolgen.

Das in der Astrologie verwendete Horoskop ist wie ein Scheibenschnitt durch den Zylinder, dessen Winkel einer genauen Geburtszeit und einem bestimmten Geburtsort entspricht. Jedes auf dieser Erde geborene Wesen hat einen eigenen Scheibenschnitt durch den gemeinsamen spiralförmigen Kreisel, der für uns alle eine kosmische Ursprungseinheit bildet. Wir alle sehen dieselbe Erde und dasselbe Sonnensystem aus einer Vielfalt von verschiedenen, aber relativen und aufeinanderfolgenden Blickwinkeln.

Die Form der in der Zeit entstehenden Spirale unseres Sonnensystems gleicht den Modellen der Doppelhelix des genetischen Codes, welcher in der DNS (Desoxyribonukleinsäure) niedergelegt ist und ebenfalls ein Muster in der Zeit bildet: beide enthalten den gesamten verschlüsselten Lebensprozeß. Würde man die Spiralform des Sonnensystems so aufzeichnen, daß der Lauf der Erde eine Gerade bildete, so entstünde dabei eine Doppelspirale. Ein Querschnitt von einem DNS-Molekül beschreibt eine chiffrierte biologische Anweisung, genauso wie ein Horoskop einen Zeitpunkt im Leben beschreibt. Die Planetenbewegungen im Raum spiegeln den Genstrukturcode in der Zelle wider. Die Menschheit liegt genau auf halbem Wege zwischen diesen beiden einander wechselseitig entsprechenden Systemen, und die Astrologie ist das Mittel, welches die Verbindung zwischen beiden ermöglicht. Diese Auffassung trägt den alten Grundsätzen Rechnung: *«Wie oben, so unten»* und *«Der Mikrokosmos ist gleich dem Makrokosmos»*.

Legen wir eine Zeitskala auf das Horoskop (Abbildung 3), so erlaubt *Lebens★Zeit Astrologie*, unser Leben von der Empfängnis bis in die Gegenwart und von der Gegenwart in die Zukunft nachzuvollziehen. Das System befähigt uns, Ereignisse in unserem Leben, Menschen, die einen Einfluß auf uns ausüben sowie die Wechselwirkung zwischen Ereignissen und Menschen, unser Leben überhaupt, zeitlich

Abbildung 3: Die Häuser der *Lebens★Zeit Astrologie*

Lebens★Zeit Astrologie teilt die Häuser von der Empfängnis am Anfang des 9. Hauses rund um das Horoskop bis zum archetypischen Todesmoment ein, der ebenfalls auf die Spitze des 9. Hauses fällt. Das Durchschnittsalter für die Entwicklungszeit in jedem Haus ist im inneren Kreis abzulesen.

festzulegen, zu beschreiben und zu verstehen. Durch die Einbeziehung eines bestimmten Datums für jede planetarische Bewegung wird die astrologische Deutung genauer und aussagefähiger. Wenn wir auch die Eigenheiten unseres Lebens bereits von der Zeugung an in uns tragen, so entfalten sie sich doch erst im Laufe der Zeit. Diese Entfaltung des Lebens als Prozeß in der Zeit ist die einzige Möglichkeit, die unserem eigenen Leben zugrundeliegende Einheit zu begreifen und ist eine Notwendigkeit, bevor wir mit anderen eine Einheit erreichen können.

Wir alle leben in einer sich gleichbleibenden Folge von Entwicklungsstufen: Wir werden gezeugt, im Leib unserer Mutter ausgetragen, in die Welt hineingeboren, durchlaufen die Kindheit und leben im Erwachsenenalter unsere verschiedenen Möglichkeiten aus. Die Erlebnisse, die das Leben ausmachen, füllen die Zeitspanne zwischen Empfängnis und Tod, mit Ausnahme jener, die vollends außerhalb von Zeit und Raum liegen. *Lebens★Zeit Astrologie* ist einzigartig, weil sie durch die angewendete Zeiteinteilung der relativen Wahrnehmung der Zeit, die sich mit dem Älterwerden verändert, Rechnung trägt und sowohl unsere innere als auch äußere Wirklichkeit beschreibt.

Entsprechend der biologischen Zeit und der Natur des Erinnerungsvermögens vergeht die Zeit langsamer, wenn wir jung sind, und schneller, wenn wir älter werden. Unserem subjektiven Zeitgefühl oder der inneren Uhr zufolge sind frühere Begebenheiten im Leben bedeutungsvoller als spätere. Diese Zeiteinteilung der *Lebens★Zeit Astrologie* befähigt, die relative Bedeutung aller Ereignisse und Wahrnehmungen während des Lebens zu erfassen, weil sie mathematisch auf der Geschwindigkeit basiert, die der Veränderung unserer Wahrnehmung zugrundeliegt — *Lebens★Zeit Astrologie* ist das erste astrologische System, in dem dies angewendet wird.

Der Lauf des Lebens beginnt von der Empfängnis mit dem ersten Zeugungsimpuls unserer Eltern. Welcher Elternteil war für diesen Impuls verantwortlich? Wie war die damalige Beziehung zwischen den Eltern? Von welcher Art und Qualität war der Geschlechtsakt, der zur Empfängnis führte? Das alles ist in unserem Horoskop enthalten! Der ursprüngliche schöpferische Akt erzeugt ein «Muster in der Zeit», welches den Schlüssel zu unserer eigenen Kreativität darstellt — in Vergangenheit, Gegenwart und Zukunft. Die Umstände vor der Empfängnis bestimmen, ob männliche oder weibliche Anteile in unserem Charakter vorherrschen, welcher Art ihre Wechselwirkung ist und wie sich dieses schöpferische Reaktionsmuster im Leben ausdrückt. Unsere tiefste sexuelle Einstellung tritt durch den Nachvollzug des Geschlechtsaktes, in dem wir geschaffen wurden, deutlich hervor. Wir erschaffen so, wie wir erschaffen wurden!

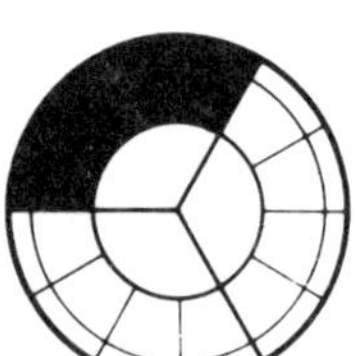

Während der *Schwangerschafts-Oktave* entsteht unser Körper im Leib der Mutter. Alle Einflüsse, denen sie in sich selbst und von außen ausgesetzt ist, sind für unsere physische Wirklichkeit und die tiefsten Schichten unserer Psyche maßgebend. Jede Lebensanalyse muß die

Wirklichkeit, wie sie von der Mutter erlebt wurde, mit berücksichtigen. Psychologen haben festgestellt, daß vorgeburtliche Erlebnisse einen direkten Einfluß auf spätere Verhaltensweisen haben. Die Beschreibung der Schwangerschaft anhand der Zeiteinteilung von *Lebens★Zeit Astrologie* ist der einzig mögliche Weg, die Bedeutung jener Zeit zu entschlüsseln.

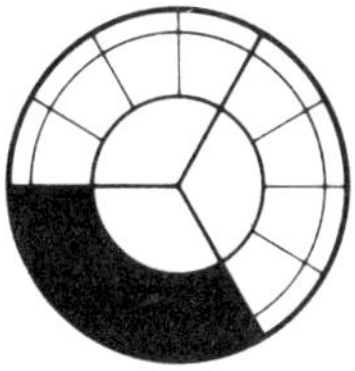

Der Augenblick der Geburt zeigt unseren Übergang zur *Kindheits-Oktave* an. Während in der Schwangerschaft der Körper entsteht, sind die Geburtsumstände für die Persönlichkeit bestimmend, die sich dann in der Kindheit innerhalb von Heim und Familie weiter entwickelt. Eine leichte Geburt ermöglicht es der Persönlichkeit, sich leicht auszudrücken. Lange, anstrengende Wehen bedeuten Schwierigkeiten im Selbstausdruck. Operative Eingriffe führen dazu, daß andere in unsere Persönlichkeitsentwicklung eingreifen. Und wenn die Geburt von einer ganzen Gruppe von Ärzten, Krankenschwestern und Anästhesisten begleitet wird, so kann dies zu einer lebenslänglichen Gruppenabhängigkeit führen.

Alle, die bei unserer Geburt anwesend waren und auch jene, die uns von weitem beeinflußten, stehen als Planeten in der Nähe oder in einem Aspekt zum Aszendenten und werden zu Bausteinen unserer Persönlichkeit. Die Beschreibung der ersten sieben Jahre berücksichtigt das Familiensystem von Eltern und Geschwistern zuhause.

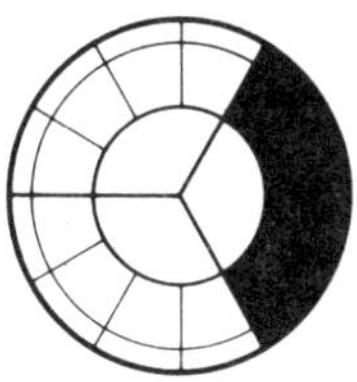

Mit ungefähr sieben Jahren beginnt die Entwicklungs-*Oktave der Reifezeit*, wenn der Körper mit der Persönlichkeit verschmilzt, und die daraus entstehende Verbindung in die Welt hinaus tritt, um ihre verschiedenen Möglichkeiten zu verwirklichen. Einschneidende Ereignisse von sowohl innerer wie äußerer Bedeutung treten in diesen drei Lebens-Oktaven als Planeten auf. Wenn all die Möglichkeiten ausgeschöpft sind, endet das Leben.

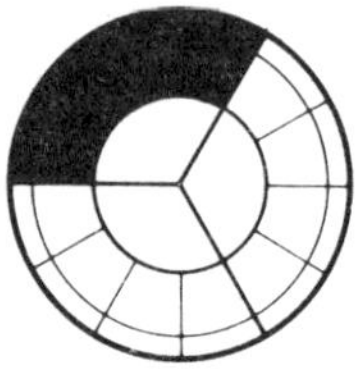

Wenn wir fähig sind, unsere Wirklichkeit über die Grenzen unserer eigenen persönlichen Weltsicht hinaus auszudehnen, so können wir an der *Oktave der Transzendenz* teilhaben, die den tieferen Sinn der Umstände, in denen wir ausgetragen wurden, beschreibt. Diese Überschneidung auf einer höheren Ebene vervollkommnet den Kreis wie Ouroboros, die Schlange der Ewigkeit, die sich in den Schwanz beißt. Transzendenz ist der Schlüssel zur wahren Kreativität und Ganzheit.

Legt man die Folge der zwölf Entwicklungsstufen, die astrologischen *Häuser*, auf das Horoskop, dann wird das Leben als ein Prozeß in der Zeit erkennbar. Frühe Ereignisse bedingen spätere Ereignisse; spätere Ereignisse werden zusehends komplexer. Die Ursachen all unserer Seinsarten sind in unserem Horoskop enthalten und warten darauf, entschlüsselt zu werden. *Lebens★Zeit Astrologie* läßt das Streben nach Entdeckung zur Wirklichkeit werden.

Die Anwendungsmöglichkeiten einer solchen Deutungsmethode sind vielfältig und verhelfen werdenden Müttern, die Schwangerschaft und Geburt mit einem größeren Verständnis für Einflüsse, die auf ihr neugeborenes Kind einwirken, zu erleben. Eltern können die Fähigkeiten und Möglichkeiten ihrer Kinder von Geburt an erkennen und sie so leichter und mit mehr Weitblick erziehen. Psychologen erlaubt sie, mit einem Blick den Zeitpunkt zu bestimmen, wann Traumata als Wurzeln psychologischer Schwierigkeiten entstanden sind: wer dafür verantwortlich war, und was getan werden kann, um die entsprechenden psychologischen Zustände wieder ins Gleichgewicht zu bringen. Ärzte und Heiler werden die Ursachen körperlicher und psychosomatischer Leiden aufdecken können, denen man mit herkömmlichen Diagnosehilfen nicht auf die Spur kommt. Jenen, die nach Selbsterkenntnis streben, stehen unendliche Möglichkeiten zur Erkenntnis und Verwirklichung des gesamten Lebens offen, von der Empfängnis bis zum Grab.

Der einzige Beweis von jeder wissenschaftlichen, psychologischen oder astrologischen Theorie ist ihre Bedeutung, die sich in ihrer Anwendung für uns erweist. Im Kapitel *Deine Geschichte* wird eine Horoskopinterpretation vorgestellt, so daß wir mit unserem eigenen Horoskop folgen und unser Leben nachvollziehen können. Hierzu sei erwähnt, daß *Lebens★Zeit Astrologie* durchwegs John Lennons Horoskop benutzt, um die Aufbaumethoden zu erläutern; dieses wird im Kapitel *Vollständige Deutung* noch eingehend besprochen.

Die Erstellung eines Horoskops ist zwar kein schwieriges Unterfangen, aber man muß doch einiges errechnen und benötigt hierfür etliche Nachschlagewerke. *Lebens★Zeit Astrologie* möchte den Umgang und die Übung mit der Zeiteinteilung einführen und vermittelt keine Anleitung zur Berechnung eines Horoskops. Dafür empfehlen wir, einen der vielen astrologischen Computerdienste in Anspruch zu nehmen (auch denjenigen der *Lebens★Zeit Astrologie: Life★Time Service*, der die Zeiteinteilung speziell berücksichtigt: s. Anhang C). Will jemand selbst Horoskope berechnen lernen, so enthält die Bibliographie Grundlagenmaterial, darunter auch mein früheres Buch *The Round Art.* Allgemeine Deutungsgrundlagen werden in Kapitel 6 erläutert, für mehr Einzelheiten sind aber noch andere Quellen aufgeführt. Sind Theorie und Anwendung von *Lebens★Zeit Astrologie* erst einmal verständlich, dann erlauben spezialisiertere Texte eine eingehendere Deutung, so etwa die der deutschen Schulen von Ebertin und Witte; für die psychologische Orientierung, C. G. Jung und andere; solche für eine theosophische Ausrichtung und für esoterische Offenbarungen; sowie einige, die eine unendliche Reihe scheinbar verschiedener Standpunkte abdecken. Als Deutungsgrundlage empfehle ich *Die Kombination der Gestirneinflüsse* von Ebertin, aus dem wir in diesem Buch zwei Seiten wiedergeben.

Lebens★Zeit Astrologie ist eine wertvolle Hilfe auf der Suche, das Muster unserer Entwicklung in der Zeit zu entschlüsseln — den Ablauf von Empfängnis, Schwangerschaft, Geburt, Kindheit und Erwachsenenalter — sowie für die Voraussage zukünftiger Gelegenheiten zur Verwirklichung unserer Anlagen. Uns selbst zu erkennen ist die erste Voraussetzung auf dem Weg zur Erleuchtung und zur Veränderung der Qualität unseres und allen Lebens.

ERSTES KAPITEL

DER TIERKREIS

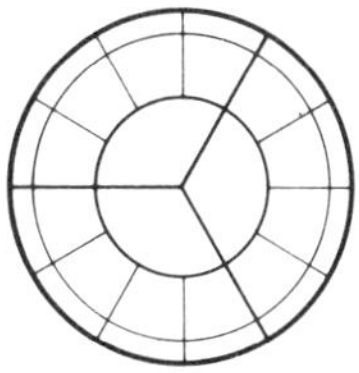

Die Menschen der Frühzeit beachteten den Lauf der Sonne, des Mondes, der Planeten und der Sterne aus reiner Überlebensnotwendigkeit. Die Sonne geht auf, bewegt sich durch den Himmel, spendet dabei Wärme und Licht und geht am Abend unter; daher wurde sie als Quelle allen Lebens angebetet. Der Mond wandert durch den Himmel und verändert dabei beständig seine Form. In Nächten, in denen der Mond schien, konnten die Menschen jagen und wandern, hat er sich jedoch versteckt, dann war ihre Bewegungsfreiheit eingeschränkt. Der ab-und zunehmende Rhythmus des Mondes war für jeden lebenswichtig; die Männer mußten sich ihm äußerlich fügen, und der monatliche Menstruationszyklus verband die Frau innerlich mit dem Mond. Wir alle fühlen bis heute noch eine instinktive Bindung zu den Himmelslichtern Sonne und Mond.

Sonne und Mond waren aber auch Zeitmesser. Die Position der Sonne zeigte die Zeit während des Tages und des Jahres an, wobei der Mond die Zeit innerhalb des Monats maß. Längere Zeiträume rechnete man in Monden (Monaten) oder Sonnen (Jahren). Die beiden wurden im Jahr, das man in Monate unterteilte, miteinander verbunden.

Es war unvermeidlich, daß der Mensch der Frühzeit Übereinstimmungen zwischen wiederkehrenden Bewegungen der Himmelskörper und Ereignissen auf der Erde beobachten würde; aus der Untersuchung solcher Entsprechungen entstand die Astrologie. Noch heute datieren wir wichtige Ereignisse in unserer Kultur mit Tag, Monat und Jahr, ohne jedoch die astrologischen Zusammenhänge zu berücksichtigen. Der moderne Mensch erinnert sich an Geburtstage und feiert sie jedes Jahr, ebenso den zehnten, fünfundzwanzigsten, fünfzigsten und hundertsten Jahrestag wichtiger vergangener Ereignisse, hat aber dabei das Wissen um die Bedeutung natürlicher Zyklen verloren.

Die Sterne nehmen scheinbar unverrückbare Standorte ein, vor denen Sonne, Mond und die anderen Planeten vorbeiziehen. Mit dem jährlichen Jahreszeitenwechsel begleiten nacheinander verschiedene Sterngruppen die Sonne von Auf- bis Untergang. Das Band dieser Fixsterne, an denen sich die Planeten entlang bewegen, nennt man den *Zodiak* oder die *Tierkreis-Konstellationen.* Einzelne Sterngruppen in den Tierkreis-Konstellationen wurden nach Tieren benannt, die jährlich wiederkehrende Abläufe und jahreszeitlich bedingte Eigenschaften verkörpern.

Das Band der Tierkreis-Konstellationen ist kreisförmig und scheint infolge der Erdbewegung um sich selbst in täglicher Wiederholung durch den Himmel zu ziehen. Vor diesem Hintergrund bewegt sich der Mond in einem Zeitraum von einem Monat durch den ganzen Tierkreis und die Sonne in einem Jahr. Die anderen Planeten brauchen länger, um den Tierkreis zu durchlaufen: Saturn zum Beispiel benötigt dreißig Jahre, bis er durch alle zwölf Zeichen hindurchgegangen ist. Jeder Himmelskörper läuft durch die Tierkreisrunde und kehrt dann zum Ausgangspunkt zurück, wo ein neuer Zyklus beginnt. Die Zeit ist kreisförmig und wiederholt sich.

Tausende von Jahren hindurch haben Menschen, die unter freiem Himmel lebten, grundlegende Beobachtungen gemacht. Hirten, Wanderer, Entdecker, Seefahrer, Bauern, Jäger und Krieger, sie alle haben Nutzen aus dem Wissen gezogen, daß es zu Neumond die ganze Nacht hindurch dunkel sein würde; wann im Jahr Kälte zu erwarten war; wann sie säen, wann ernten sollten; und wann Zeit zu handeln war, wann abzuwarten. Die Priesterschaft gründete ihre Macht größtenteils auf die Kenntnis der Sterne, zu welchem Zeitpunkt Finsternisse eintreten, Kometen oder andere Himmelskörper erscheinen würden. Diejenigen, die nicht versuchten, solches Wissen zu erlangen und zu nutzen, bezahlten oft mit ihrem Leben. Jene aber, die Zeit zu begreifen suchten, schufen die frühen Zivilisationen.

Die Babylonier übertrugen die Konstellationen, die unregelmäßige Räume einnehmen, auf einen 360°-Kreis mit zwölf gleich großen Zeichenabschnitten von je 30°, wovon je zwei zu den Sonnenwenden und Tagundnachtgleichen beginnen. Dieser Ausgleich wurde wegen der *Präzession der Äquinoktien* nötig. Die Erdrotation um ihre Achse ist

Abbildung 4: Die Torkelbewegung der Erde

Die Erde dreht sich exzentrisch um ihre Achse, die einen Winkel zur Ebene des Sonnensystems bildet. Diese Achse selbst dreht sich in entgegengesetzter Richtung und bewegt sich in 25.000 Jahren rückwärts durch die zwölf Tierkreiskonstellationen.

an den Polen exzentrisch, so daß letztere den Kreis einer Kegelbasis beschreiben (Abbildung 4). Infolge dieser Torkelbewegung stimmten die Tierkreis-Konstellationen nicht mehr mit den Jahreszeiten überein, denen sie ursprünglich entsprachen. Die Babylonier verschoben die 360° einnehmende Reihenfolge der Tierkreiszeichen so, daß sie auf den Beginn der vier Jahreszeiten ausgerichtet blieben. Das astrologische und astronomische Jahr beginnt mit der Frühlings-Tagundnachtgleiche (21. März), wenn Tag und Nacht gleich lang sind und die Tage dann anfangen, länger zu werden. Sie entspricht 0° Widder, dem ersten Tierkreiszeichen. Der Beginn (die Spitze) des Krebses fällt auf den längsten Tag des Jahres, die Sommersonnenwende (21. Juni). In der Waage ist der Tag wiederum gleich lang wie die Nacht, aber die Tage werden nach dem Herbst-Äquinoktium (21. September) wieder kürzer. Die Wintersonnenwende (21. Dezember) ist der kürzeste Tag des Jahres, und mit dem Zeichen Steinbock fängt die Rückkehr zum Frühling an. Heute entsprechen die Tierkreiszeichen den Jahreszeiten, jedoch nicht mehr den gleichnamigen Konstellationen.

Das Sonnenjahr mit seinen 365,24 Tagen ist von ungleichmäßig langer Dauer, deshalb muß alle vier Jahre (im Schaltjahr) ein Tag eingefügt werden, damit unser Kalender mit den jahreszeitlich bedingten Tagundnachtgleichen und Sonnenwenden wieder übereinstimmt. Diese Korrektur bedingt, daß der Eintritt in die Tierkreiszeichen sich von Jahr zu Jahr leicht verschieben kann. Um genau zu wissen, in welchem

Tabelle 1: Die Tierkreiszeichen

♈ *Der Widder* — kardinal — männlich — Feuer — 00° — 30°
21. März bis 20. April
Zeit des Keimens; sich entfaltende Energie. — Selbstdurchsetzung; Initiativenergie; Abenteuer; Wagemut; Ungeduld; die Persönlichkeit.

♉ *Der Stier* — fix — weiblich — Erde — 30° — 60°
20. April bis 21. Mai
Kräftigung und Stärkung; Formgebung; Bewahrung. — Physische Welt; Materie; Fruchtbarkeit; Sicherheit; Finanzen; Verwaltung; Form; Ausdauer.

♊ *Die Zwillinge* — veränderlich — männlich — Luft — 60° — 90°
21. Mai bis 22. Juni
Vielfältigkeit; Vermehrung; Vitalität; Anpassungsfähigkeit. — Instinkthafter Verstand; Nachahmung; Kommunikation; Dualität; Vielseitigkeit; Beweglichkeit; Leichtigkeit.

♋ *Der Krebs* — kardinal — weiblich — Wasser — 90° — 120°
22. Juni bis 23. Juli
Bemuttern; Befruchtung; Fruchtbarmachen. — Gefühl; Emotionen; Mutter; Heim und Familie; das Unbewußte; Träume; Beschützerdrang.

♌ *Der Löwe* — fix — männlich — Feuer — 120° — 150°
23. Juli bis 24. August
Reife; Sommerhitze; strotzende Energie; Extraversion; Ernte. — Selbstausdruck; persönliche Liebe; Spiele; Genuss; Herrschen; Eitelkeit; Arroganz.

♍ *Die Jungfrau* — veränderlich — weiblich — Erde — 150° — 180°
24. August bis 23. September
Reife Frucht; ordentliches Lagern und Einsammeln; Auswahl. — Unterscheidung; Arbeit; Perfektionismus; Gesundheit und Hygiene; Analyse; Vorsicht; Ernährung.

♎ *Die Waage* — kardinal — männlich — Luft — 180° — 210°
23. September bis 24. Oktober
Abwägen und Anpassung; Dankfest; gesellschaftlicher Ausgleich; — Partnerschaft; Heirat; Öffentlichkeitsarbeit; Feinde; Überredung; Sublimierung; Nachgeben.

♏ *Der Skorpion* — fix — weiblich — Wasser — 210° — 240°
24. Oktober bis 23. November
Tod der Natur; Leben im Samen; Überleben; Ausdauer. — Tod und Erneuerung; Leidenschaft; Trennung; die Anderen; Verluste; Erbschaften; Metaphysik.

♐ *Schütze der Zentaur* — veränderlich — männlich — Feuer — 240° — 270°
23. November bis 22. Dezember
Winterschlaf; Advent; inneres Leben; Meditation; Expansion. — Verwirklichung; höherer Geist; Religion und Philosophie; Sport; Freiheit; Tatkraft; Wiedergeburt.

♑ *Steinbock der Ziegenbock* — kardinal — weiblich — Erde — 270° — 300°
22. Dezember bis 20. Januar
Bewahrung; Geduld; Wirklichkeit; Konzentration auf sich. — Vollendete Materie; Ego-Ziele; Organisation; Macht; Erfolg; Gesellschaft; Regierung.

♒	*Wassermann der Wasserträger*	fix	männlich	Luft	300° — 330°
	20. Januar bis 19. Februar				
	Warten; Fasten; Fastenzeit; Beobachtung; Planen; Abstraktion. — Gesellschaftliches Bewußtsein; Humanität; gemeinschaftlich; fortschrittlich; kalt; Altruismus; utopisch.				
♓	*Die Fische*	veränderlich	weiblich	Wasser	330° — 360°
	19. Februar bis 21. März				
	Anschwellender Same; reinigender Regen; Heiterkeit; Potential. — Sensitivität; Aufnahmefähigkeit; Selbstaufopferung; übersinnlich; Karma; Zurückgezogenheit; Spital; Träume.				

Zeichen wir geboren sind, ist ein genaues Horoskop nötig, das auf Geburtszeit und -jahr berechnet ist. Fällt der Geburtstag auf oder um ein Datum eines Zeichenwechsels, so haben beide nebeneinander liegenden Zeichen einen Einfluß auf uns.

Die Zeichen und ihre Qualitäten wurden von den entsprechenden Zeiten im Jahreszyklus der Natur und ihren charakteristischen Merkmalen abgeleitet. In Tabelle 1: *Die Tierkreiszeichen,* sind sie mit ihren annähernden Eintrittsdaten, ihrer Lage innerhalb des Horoskopkreises von 360°, ihren Entsprechungen sowie ihrer traditionellen Bedeutung angeführt.

Die Qualität jedes Zeichens leitet sich aus der entsprechenden Jahreszeit und Stellung hinsichtlich der übrigen Zeichen ab; jede Zeichenqualität wird in einem Kreisausschnitt von 30° im Horoskop wirksam. Zusätzlich zu Sonne und Mond gibt es noch acht Planeten, die in unserem Horoskop mindestens vier oder fünf Tierkreiszeichen besetzen können, unter Umständen sogar bis zu zehn. Dies straft die volkstümliche Zeitschriftenastrologie Lügen, da wir alle eine Mischung aus mehreren Zeichenqualitäten verkörpern.

Sechs Tierkreiszeichen sind einfache Zeichen, sechs Doppelzeichen. Die einfachen Zeichen sind Widder, Stier, Löwe, Jungfrau, Skorpion und Steinbock; ihre symbolischen Darstellungen sind auf die Mitte ausgerichtet, stark und einzeln, und drücken ganz bestimmte Züge aus. Widder, der Schafbock, ist angriffslustig und zielstrebig. Der Stier ist stabil und sicher. Der Löwe ist stark, mächtig und herrscht. Die Jungfrau ist naiv und unterscheidet. Der Skorpion ist mächtig, aber verschlossen. Steinbock, der Ziegenbock, ist beharrlich, zäh und unabhängig. Doppelzeichen sind die Zeichen Zwillinge, Krebs, Waage, Schütze, Wassermann und Fische. Sie werden durch Symbolverdoppelungen dargestellt und sind auch in ihrer Qualität vielfältig; meist werden sie mehrfach verkörpert oder beinhalten dualistische Konzepte, manchmal auch beides. Das Symbol der Zwillinge ist ein Spiegelbild um eine senkrechte Achse, deren linke Seite das Ebenbild der rechten ist und auf geschwisterliche Beziehungen deutet. Im Krebs liegen zwei Gefühlswerte übereinander, die sich in einer ständigen Spiral- oder Kreisbewegung befinden wie das Glücksrad. Die Waagschalen der Waage deuten auf Abwägen und Austausch zwischen links und rechts, mit der Waage selbst als zwischengeschalteter Mechanik, ein Bild des Ausgleichs in ideellen Beziehungen. Der Zentaur Schütze, halb Mensch halb Pferd, ist in eine höhere und eine niedere Natur gespalten. Der untere, pferdeähnliche Einfluß liebt das Freie, ist athletisch, sinnlich und materialistisch, während der Schütze obenauf mit seinem Bogen auf höhere philosophische, religiöse oder psychologische Inhalte zielt. Dabei wetteifern die beiden Hälften um die Oberhand. Das Symbol des Wasserträgers Wassermann zeigt zwei übereinanderliegende Schlangen, die sich in entgegengesetzte Richtungen winden: unbewußt steht sein Denken im Kontrapunkt zu seinen bewußten Worten und Taten. Die Fische stellen zwei am Schwanz zusammengebundene Gefühlsregungen dar, die in entgegengesetzte Richtungen schwimmen: sie beschreiben gegensätzliche, jedoch ineinander verwobene Gefühle. Drei dieser doppelten Zeichen sind miteinander verbunden; Krebs, Waage und Wassermann haben getrennte Hälften. Oft enthalten schon so elementare Anhaltspunkte äußerst nützliche Deutungshinweise.

DAS HOROSKOP

Wir sehen das Sonnensystem von der Erde aus (geozentrisch), auch wenn wir wissen, daß die Sonne im Zentrum steht. Einstein erbrachte den Beweis, daß es im Universum keinen absoluten Ausgangspunkt gibt, so daß wir, da wir auf der Erde leben, den Rest des Universums von dieser relativen Mitte aus betrachten. Indem wir das Sonnensystem von innen aus sehen, scheinen sich alle Planeten in einer Linie um die Peripherie einer imaginären Kugel, rund um die Erde, an der Himmelssphäre, entlangzubewegen. Sämtliche Planetenbewegungen werden entlang dem Band der Tierkreiskonstellationen auf diese Himmelssphäre projiziert.

Unser *Horoskop* («Stunden-Zeiger») steckt unseren Platz in Raum und Zeit ab. Es ist ein kreisrundes Diagramm (Abbildung 5), in dem die relative Lage der Sonne, des Mondes und der Planeten vor dem Hintergrund des Tierkreises zur genauen Geburtszeit am Ort unserer

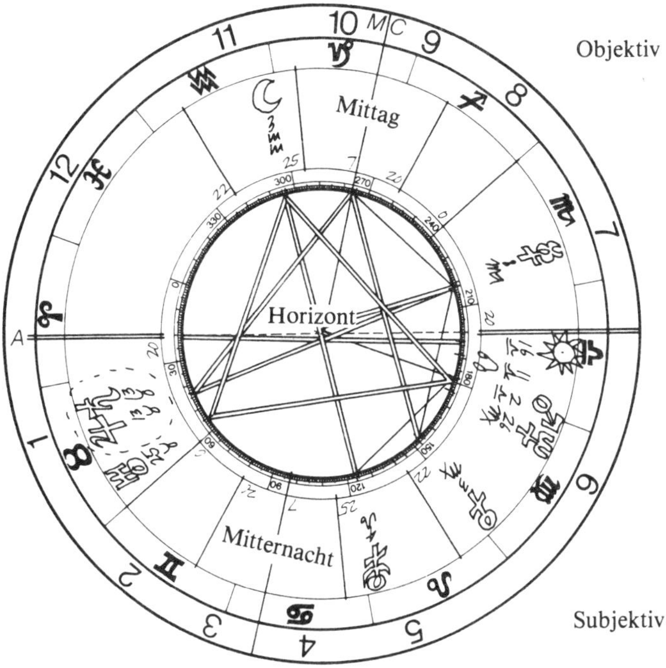

Abbildung 5: Das Horoskop

Der Horizont wird durch die gestrichelte Linie durch das Horoskop angezeigt, wobei der Aszendent (AC) links liegt. Der MC ist der Kulminationspunkt der Sonne am Mittag; er ist der Mittelpunkt unseres Bewußtseinsfeldes. Die obere Hälfte ist bewußt, die untere Hälfte unbewußt. Die Planeten bewegen sich im Gegenuhrzeigersinn um den Kreis. Die Häuserzahlen stehen im äußersten Kreis.

Geburt eingezeichnet sind. Die Mitte des Horoskops ist unser tatsächlicher Standort bei der Geburt.

Der Kreis des Horoskops stellt symbolisch den Lauf der Sonne und der Planeten um unseren Geburtsort dar. Der Horizont ist eine waagrechte Linie durch das Horoskop, der das Himmelsgewölbe in zwei gleich große Hemisphären, eine obere und eine untere, teilt. Die obere Hemisphäre und die dort stehenden Planeten haben objektiven, bewußten Charakter, ihr Einfluß erreicht uns direkt durch die Atmosphäre. Die untere Hemisphäre und die Planeten unter dem Horizont haben subjektiven, unbewußten Charakter und beeinflussen uns indirekt, weil sie durch die gesamte Masse der Erde dringen müssen. Die Sonne bewegt sich am Tag durch die obere Hemisphäre und in der

Nacht durch die untere Hälfte. Die Gegensätze Licht und Dunkel, objektiv und subjektiv, bewußt und unbewußt, direkt und indirekt sind wesentliche Unterteilungen im Leben.

Auf der linken Seite des Horoskops liegt der östliche Horizont: dort geht am Morgen die Sonne auf. Rechts liegt der westliche Horizont, wo die Sonne am Abend untergeht. Die Sonne erhebt sich links, steht am Mittag im Zenit, senkt sich dann nach rechts nieder, um nachts unter der Erde hindurch zu laufen.

Das Horoskop ist unser persönliches Meßinstrument für die Lebenszyklen. Der Grad des Tierkreises, der zur Geburtsstunde am östlichen Horizont steht, ist unser *Aszendent* (AC), das «aufgehende Zeichen» oder «Zeichen am Aufgang». Der Aszendent zeigt unsere Ausrichtung auf Tierkreis und Planeten bei der Geburt an. Er steht für unsere Persönlichkeit (unsere «Maske»), unsere körperliche Erscheinung und die Geburt selbst; diese ist die Schnittstelle zwischen der oberen, bewußten und unteren, unbewußten Hälfte unseres Horoskops und Wesens. Da sich die Planeten im Uhrzeigersinn um den Kreis bewegen, müssen Einflüsse, die ihren Ursprung in der unbewußten, instinkthaften Hemisphäre haben, durch unsere Persönlichkeit hindurchgehen und hier verwandelt werden, bevor sie bewußt werden können.

Mittags steht die Sonne in der *Mitte des Himmels* oder am MC (medium coeli). Dieser höchste Punkt am Himmel, den die Sonne auf ihrer Tagesrunde erreicht, ist der Kulminationspunkt, von dem aus sie senkrecht durch die Atmosphäre scheint und jetzt die größte Wärme und das meiste Licht erzeugt. Der MC, unser Ego-Bewußtsein und unser(e) Lebensziel(e), bezieht seine Macht aus seiner Stellung in der Mitte unseres Bewußtseinsraumes.

Die untere Mitte des Himmels oder IC (immum coeli = Tiefe des Himmels) liegt dem MC gegenüber. Am IC müssen planetarische Einflüsse durch die gesamte Masse der Erde hindurchdringen. Dies ist das Zentrum und der Brennpunkt der unbewußten Hälfte deines Horoskops: der Bereich der Triebe, der Träume und des von Freud definierten «Es». Der Deszendent (DC) liegt dem Aszendenten gegenüber und zeigt die Stellung an, in der wir unser Ich durch Partnerschaften in der Welt läutern.

Vom mitternächtlichen IC steigt die Sonne langsam im Himmel zum MC am Mittag auf. Diese linke Hemisphäre und die hier stehenden Planeten tauchen als Ich-Bereich im Bewußtsein auf. Die durch den Aszendenten gekennzeichnete Persönlichkeit ist das Zentrum dieses Ich-Bereichs. Sobald die Sonne oder ein anderer Planet den MC erreichen, treten sie ihren Abstieg im Himmel an. Der Verlust an Wärme und Licht vom Kulminationspunkt am MC geht mit einer Verminderung des Bewußtseins Hand in Hand. Die rechte Seite zeigt Einflüsse, die sich zusehends unserem Bewußtsein entziehen; sie ist der Bereich des Nicht-Ich oder der äußeren Welt. Der MC — das Ego — ist Vermittler zwischen uns und der Welt; über ihn findet auch die mögliche Vereinigung der beiden Horoskophälften statt.

DIE HÄUSER

Die Tierkreiszeichen drehen sich um die Quadranten (Kreisviertel) unseres Horoskops herum, so daß jedes der zwölf Zeichen am Aszendenten liegen kann. Die natürliche, *archetypische* Verwandtschaft zwischen Zeichen und Häusern ist dann gegeben, wenn der Aszendent mit 1° Widder zusammenfällt; das ereignet sich einmal am Tag, wenn der Anfangspunkt des Tierkreises am Horizont aufgeht. Zu jeder anderen Tageszeit steht der Tierkreis in einer außergewöhnlichen Beziehung zum Horizont. Unsere Geburtszeit bestimmt die genaue Gradstellung und das Zeichen, in das unser Aszendent zu liegen kommt. Der Aszendent bewegt sich im Durchschnitt alle vier Minuten um ein Grad durch die Tierkreiszeichen weiter. Das Verhältnis zwischen Geburtszeit und Lage des Tierkreises bestimmt die *Häuser* in unserem Horoskop.

In der *Lebens★Zeit Astrologie* sind die *Tierkreiszeichen Unterteilungen des Raumes* und die *Häuser Unterteilungen der Zeit.* Die Häuser bezeichnet man mit Zahlen von eins bis zwölf (Abbildung 5); sie werden durch unsere Geburtszeit und die geographische Breite unseres Geburtsortes bestimmt.

Die ersten Astrologen waren der Meinung, die Häuser seien alle gleich groß wie die Speichen eines Rades. Als man erkannte, daß die Umlaufbahnen der Erde und der Planeten alle elliptisch sind, wurde deutlich, daß die Häuser in ihrer Größe variieren und unterschiedliche Zeit brauchen, um am Aszendenten vorbeizuziehen. So entstanden Häusersysteme mit verschieden großen Häusern. Die einzigen Gegenden mit zwölf gleich großen Häusern liegen am Äquator. Je weiter nördlich oder südlich des Äquators wir zur Welt kommen, desto größer wird die Verzerrung der zwölf Häuser. Dies spiegelt die Tatsache wider, daß die Jahreszeiten am Äquator alle gleich lange dauern, die Unterschiede sich jedoch vergrößern, je mehr wir uns der einen oder anderen Polargegend nähern.

Das genaueste und am weitesten verbreitete Häusersystem hat der Mönch Placidus im 17. Jahrhundert entwickelt. Das placidische System legt die Grenzen der Häuser fest — man nennt sie Häuser«spitzen» —, indem es die Zeit berücksichtigt, die nötig ist, um einen bestimmten Raum in der Ekliptik zu durchmessen. Sein Häusersystem war das erste, das auf dem Zeitprinzip beruhte.

Das Horoskop mit seinen Zeichen und Häusern gibt uns eine Orientierung in Raum und Zeit. Die Sonnenstellung im Tierkreis zeigt an, wann du in deinem Geburtsjahr geboren wurdest. Die Lage der Zeichen hinsichtlich des Aszendenten bezeichnet unsere Ausrichtung auf den Tierkreis. Die Häuser schließlich zeigen die Qualität an, mit der sich unsere Konstellation auf die Erde auswirkt.

Die tägliche Sonnenbewegung durch die Häuser gibt die Tageszeit an, für die ein Horoskop erstellt wird. Bei Sonnenaufgang steht die Sonne am Aszendenten (Spitze des 1. Hauses); mittags am MC (Spitze des 10. Hauses); bei Sonnenuntergang am Deszendenten (Spitze des 7. Hauses); und zu Mitternacht am IC (Spitze des 4. Hauses). Die dazwischenliegenden Häuserspitzen teilen die vier Quadranten in je drei weitere Abschnitte, so daß insgesamt zwölf Häuser entstehen.

Die Stellung des MC im Tierkreis gibt die Sternzeit (abgekürzt ST) an, das heißt die Lage der Erde in bezug auf die Gestirne bei der Geburt, unabhängig von der geographischen Breite. Der MC bewegt sich sowohl am Tag wie bei Nacht alle vier Minuten um etwa ein Grad vorwärts, während der von geographischen Breiten abhängige Aszendent unterschiedlich schnell läuft. Daher bewegt sich unser MC/Ego gleichmäßig schnell vorwärts, während die AC/Persönlichkeit je nach Geburtstag und -ort unterschiedlich schnell vorankommt.

Die traditionelle Astrologie setzt die mit dem Widder beginnende Reihenfolge der Tierkreiszeichen der Häuserfolge gleich, die mit dem 1. Haus anfängt. Die Qualitäten der einzelnen Zeichen werden direkt auf das Häusermodell übertragen, in dem die Häuser als Ort der Handlung für die Zeichenqualitäten betrachtet werden. Die Häuser sind dann wie Zeichen, die in der irdischen, «wirklichen» Welt zutage treten. Die Deutung der Häuser bleibt unklar, weil ihre Reihenfolge, obschon beziffert, nicht genutzt wird. Entweder unterschätzen viele heutige Astrologieschulen die Häuser oder schalten sie gänzlich aus, da es schwierig ist, sie genau zu beschreiben, und noch schwieriger, sie intelligent anzuwenden.

Lebens★Zeit Astrologie wertet die Häuser wieder auf, weil sie ihre Reihenfolge als wesentlich erachtet. Wir alle verfügen über dieselben zehn Planeten, aber wie sie nacheinander- und auseinanderliegen, das ist von Mensch zu Mensch verschieden. Täglich durchlaufen der Aszendent und der MC der Erde der Reihe nach alle Planetenstellungen in unserem Horoskop. Einmal im Jahr vollendet die Sonne diese Runde, und der Mond einmal im Monat. Die Reihenfolge der Häuser liefert eine Zeitstruktur, welche die Deutung und Aussagen über unser Horoskop ordnet. *Lebens★Zeit Astrologie* ist einzigartig, da sie den Verlauf unseres Lebens von der Empfängnis bis zum Tod mit den aufeinanderfolgenden zwölf Häusern beschreibt. Die Reihenfolge ist biologisch korrekt und psychologisch in sich stimmig.

Die Zeichenqualitäten, die sich aus ihren entsprechenden jahreszeitlichen Merkmalen ableiten, bilden mit den Häusern unseres individuellen Lebens eine Einheit. Ihre Wechselbeziehung ist der Schlüssel zu einer *Ökologie des Menschen*, und ihre Synthese bedarf der Einführung der für die Astrologie grundlegenden Dimension — der Zeit.

ZWEITES KAPITEL

LEBENS★ZEIT ASTROLOGIE

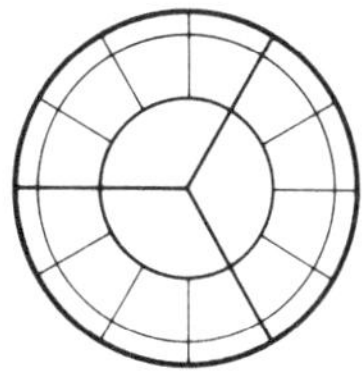

Astrologie ist das Wissen um die Zeit. Was uns auch immer unterscheidet, wir leben alle in der Zeit: wir werden alle gezeugt, geboren, leben und sterben. Um das Leben zu verstehen, muß man die Zeit verstehen.

Der Raum besteht aus drei Dimensionen, und die Zeit ist eine Bewegung durch diese hindurch. Wir glauben ja, Zeit sei etwas Absolutes; denn wo immer man die Zeit messe, sei es immer dieselbe Zeit, so wie ein einzelner Augenblick in gleichbleibender Geschwindigkeit auf einen anderen folgt. Die einzige Messung der Zeit geschieht durch Uhren, die, irgendwo im All aufgestellt, miteinander übereinstimmen müßten. Die Genauigkeit mechanischer Uhren verstärkt die Auffassung, daß eine Minute, eine Sekunde, eine Stunde, ein Tag, ein Monat oder ein Jahr für alle gleich lang sind. In Wirklichkeit sind diese Feststellungen nicht wahr!

Die Zeit ist nicht absolut, sondern relativ. Einstein stellte fest, daß Uhren langsamer gehen, wenn sie sich in Bewegung befinden, und je schneller diese Bewegung ist, desto langsamer zeigen sie die Zeit an. Eine Uhr, die annähernd so schnell wie die Lichtgeschwindigkeit in Bewegung wäre, bliebe praktisch stehen. Die Zeit existiert nicht unabhängig von einem Beobachter und steht daher mit diesem in Beziehung. Die Zeit ist die Demokratie regelmäßiger Bewegung, in der der Großteil der Uhren beschlossen hat, genau zu gehen! (Siehe Fraser, *Voices of Time,* S. 415.) Weil alles im Universum, einschließlich jeder einzelne von uns, ständig in Bewegung ist, haben wir alle unser eigenes relatives Zeitgefühl (mein Buch *The Round Art* enthält auf S. 107-113 viele

Hinweise darauf). Die «Relativität der Zeit» ist wichtig, weil sich unser Zeitempfinden unter verschiedenen körperlichen und emotionellen Bedingungen, und ohne Zweifel auch mit dem Älterwerden, verändert. Manchmal haben wir ein Gefühl völliger Zeitlosigkeit wie Mystiker und Seher zu jeder Zeit in der Geschichte. Wenn wir aktiv und interessiert sind, vergeht die Zeit schnell, sind wir aber passiv und gelangweilt, dann verstreicht sie langsam. So dauerten zum Beispiel Schultage in der Kindheit ewig, aber für alte Leute fliegen zehn Jahre wie ein Augenblick vorbei. Das Bewußtsein von Dauer und Standort im zeitlichen Kontinuum nennt man *biologische Zeit.*

Die biologische Zeit ist die Beziehung zwischen Stoffwechsel und Wahrnehmung. Der Stoffwechsel ist die Geschwindigkeit, mit der unser Körper Nahrung und Sauerstoff verarbeitet — die Geschwindigkeit, mit der wir leben — und ist von Körpergewicht, Atemrhythmus, Nahrungsaufnahme und Alter abhängig; wenn der Stoffwechsel sich verändert, verändert sich unser Zeitempfinden. Wird er schneller, erhöht sich die Geschwindigkeit, mit der Bilder von unseren Augen und unserem Hirn verarbeitet werden; dies führt zu einer Überschätzung der Dauer und zum Gefühl, daß die Zeit langsamer vergeht. Normalerweise verarbeiten wir sechs Bilder pro Sekunde; wenn wir in aufgeregtem Zustand neun Bilder pro Sekunde aufnehmen, scheint es, daß jede gemessene Sekunde eineinhalb Sekunden lang dauert. Wird unser Stoffwechsel dagegen langsamer, nehmen Augen und Hirn in einer gegebenen Zeitspanne weniger auf; dann neigen wir dazu, die Dauer zu unterschätzen, und das Gefühl entsteht, die Zeit vergehe schnell. Wir verarbeiten ja normalerweise sechs Bilder pro Sekunde, aber jede Sekunde auf der Uhr scheint nur eine halbe Sekunde zu dauern, wenn wir im Ruhezustand drei Bilder je Sekunde aufnehmen. Wir haben das Gefühl, die Zeit werde kürzer.

In Jugend und Alter ist der Stoffwechsel entsprechend schneller oder aber langsamer. Die Zeit vergeht für junge Menschen langsam und für alte schneller, weil unser Zeitempfinden sich mit dem Älterwerden verändert. Bei der Empfängnis ist der Stoffwechsel unserer befruchteten Eizelle so schnell wie der eines Moleküls, und unglaubliche Zustandsveränderungen finden jede Sekunde statt. Nach der Empfängnis wird unser Stoffwechsel nach und nach langsamer bis zum Augenblick, in dem wir sterben. Der Tod aus Altersschwäche bedeutet, daß sich unser Stoffwechsel so verlangsamt, daß er einfach stehenbleibt.

Die Gesamtgeschwindigkeit unseres Stoffwechsels verändert sich im Lauf des Lebens und ist ständigen kurzfristigen Schwankungen unterworfen. Erregung und Ruhe führen zu momentanen Veränderungen von Stoffwechsel und Zeitempfinden. Aufregung, Beruhigung, Stimmungsschwankungen, Nahrungsaufnahme und Verdauung, Medikamente, körperliche Betätigung, Sex, äußere und innere Reize verändern alle vorübergehend den Stoffwechsel. Rauchen, Kaffeetrinken oder Treppensteigen erhöhen ihn momentan: wir fühlen uns jünger. Alkoholische Getränke, Beruhigungsmittel oder Ruhe reduzieren den Stoffwechsel und führen zu Schwerfälligkeit wie im Alter. Vorübergehende Veränderungen bewirken ständige Schwankungen unserer durchschnittlichen Stoffwechselgeschwindigkeit. Mit dem Alter verliert der Körper seine Fähigkeit, Sauerstoff aufzunehmen und zu verarbeiten, und wir brauchen länger, um uns nach kleineren Unfällen zu erholen. Die Wunde eines Kindes verschwindet lange, bevor eine entsprechende Wunde bei einem Erwachsenen heilt.

Ein zusätzlicher Faktor, der die Zeitwahrnehmung verkürzt, ist die Erinnerung. Täglich vergleichen wir unsere Wahrnehmungen mit Erinnerungen aller vergangenen Tage; unsere gesamte Vergangenheit ist in jedem nächstfolgenden gegenwärtigen Augenblick enthalten. Die heutigen Erfahrungen kommen zu einer Sammlung von Lebenserinnerungen hinzu, und je älter wir werden, desto größer wird diese Ansammlung von Erinnerungen. Die Bedeutsamkeit jedes gegenwärtigen Tages steht in direktem Verhältnis zur Gesamtzahl aller gelebten Tage. So ist der erste Tag unseres Lebens ein Tag geteilt durch eins oder 100 % unseres Lebens. Die Erfahrungen dieses Tages sind sehr lebendig und von außerordentlicher Bedeutung. Der zweite Tag wird mit der Erinnerung des ersten verglichen, was ihn halb so intensiv macht. Der dritte Tag ist 1/3, der vierte 1/4, dann 1/5 und so weiter. Mit einem Jahr macht der Tag ein 1/365stel unseres Lebens aus! Nach zehn Jahren ist ein Tag nur noch 1/3.650stel des Ganzen. Mit dreißig macht jeder Tag nur noch 1/10.000stel unseres Lebens aus! *Je älter wir werden, umso kleiner wird die Proportion jedes nächstfolgenden Tages im Verhältnis zu unserem ganzen Leben.* Die mathematische Reihe, die diese Dichte des Lebens in der Zeit beschreibt, ist eine logarithmische Progression.

Mit dem Älterwerden scheint die Zeit sich zusammenzuziehen, zu verdichten, schneller vorbeizugehen. Eine Stunde im Alter ist nicht dieselbe Stunde wie eine Stunde in der Kindheit. Man kann sich leicht erinnern, daß als Kind ein Tag ewig dauerte; auch wenn heute Wochen, Monate und Jahre vorbeizufliegen scheinen.

Die Zeitraffung bringt mancherlei Folgeerscheinungen mit sich. Da den frühesten Ereignissen im Leben eine größere Gewichtung im Zeitempfinden zukommt, haben sie eine tiefere und inhaltsschwerere Bedeutung. Psychologen bestätigen, daß während der Kindheit und Jugendzeit auftretende Ereignisse unsere psychologische «Ausrüstung» für das Leben weitgehend bestimmen. Freud war der Auffassung, daß die bedeutungsvollsten Erlebnisse des Lebens zwischen dem zweiten und dem fünften Lebensjahr stattfinden. Psychoanalytiker versuchen, unsere frühesten entscheidenden Erlebnisse aufzudecken, wann sie stattfanden und was sie bedeuten; das Paradoxe dabei ist, daß, obwohl die frühesten Begebenheiten die wichtigsten in bezug auf die Anlagen der Lebenspsychologie sind, wir uns nur selten an Dinge erinnern, die vor dem Alter von fünf Jahren stattfanden! Es kommt uns auch nie in den Sinn, uns zu fragen, was während der Schwangerschaft geschah. Hast du je darüber nachgedacht, wie du gezeugt wurdest?

Die meisten Erinnerungen betreffen alltägliche Situationen, wie im Kinderwagen in der Sonne zu liegen. Schwierige Kindheitserlebnisse, die durch emotionalen oder körperlichen Schmerz belastet sind, wurden verdrängt, blockiert und vergessen. Viele Therapien haben das Ziel, durch das Wiedererleben vergangener traumatischer Erlebnisse wieder an die verdrängte Wirklichkeit heranzukommen und wenden Traumdeutung, Hypnose, Suggestion, freie Assoziation, Spiele, Tests und andere Methoden an und versuchen, wichtige Lebensbegebenheiten wieder aufzudecken. Das allen Methoden gemeinsame Problem ist dabei, daß Informationen aus uns gewonnen werden müssen; aber ohne klare Erinnerung an unser ganzes Leben ist unsere Selbsterkenntnis nicht möglich. Oft können wir uns wirklich nicht erinnern, was geschehen ist, und niemand kann das für uns tun. Das Problem, einen Zugang zur Erinnerung zu finden, ist der große Abgrund in der Psychotherapie.

Lebens★Zeit Astrologie ist eine Methode, das Leben nachzuvollziehen. Sie setzt die Relativität der Zeit und der Erinnerung astrologisch um, indem sie den Kreis des Horoskops anhand unseres Lebensprozesses einteilt. Die beiden Ereignisse, die das Leben begrenzen, sind Empfängnis und Tod. Da unser Zeitempfinden mit Stoffwechsel und Alter zusammenhängt, wird die dazwischenliegende Zeit anhand einer logarithmischen Reihe aufgefächert, die als Zeiteinheit den Mondmonat von 28 Tagen benutzt. Die Lebensspanne der Eizelle, aus der wir entstanden sind, beträgt einen Mondmonat, und unser gesamtes Leben dauert eintausend solcher Mondmonate oder siebenundsiebzig Jahre. Die Zeiteinheit der Eizelle ist um eintausend Mal kürzer als die Zeiteinheit eines Erwachsenen am Ende seines Lebens. Anders ausgedrückt: mit 77 Jahren scheint unser Leben um eintausendmal schneller zu vergehen als bei der Empfängnis. Derart beschleunigt sich das Leben mit der Zeit!

Lebens★Zeit Astrologie teilt unser Leben gemäß einer logarithmischen Reihe von 1, 10, 100 und 1000 ein, analog einer arithmetischen Reihe von 1, 2, 3, und 4. Unterteilt man das Leben von 1 Mondmonat bis 1000 Mondmonate wie in Tabelle 2 — die *logarithmische Reihe,* dann stechen zwei dazwischenliegende Daten hervor:

Tabelle 2: Die logarithmische Reihe

28 Tage	280 Tage	2800 Tage	28000 Tage
1 MM	10 MM	100 MM	1000 MM
Empfängnis	Geburt	7 Jahre	77 Jahre

Schwangerschaft — *Kindheit* — *Reifezeit*

Zehn Mondmonate nach der Empfängnis entsprechen neun Kalendermonaten, der Dauer der Schwangerschaft und dem Zeitpunkt der Geburt. Einhundert Mondmonate nach der Empfängnis ergibt sieben Jahre, was viele als das Ende der Kindheit und den Beginn des Lebensalters der Vernunft betrachten. Diese beiden Unterteilungen im Leben schaffen drei Entwicklungsstadien: *Schwangerschaft*, von der Empfängnis bis zur Geburt; die *Kindheit*, von der Geburt bis zu sieben Jahren; und die *Reifezeit*, von sieben Jahren bis zum Tod. Obschon sie mit der Uhr gemessen ungleich lang sind, werden sie in unserer Erinnerung, entsprechend dem Stoffwechsel und der biologischen Uhr, als relativ gleich lang empfunden. Alle Menschen durchlaufen im Leben diese drei Entwicklungsstadien.

Während der *Schwangerschaft* entsteht der *Körper* im Mutterleib. Die befruchtete Eizelle wandert den Eileiter hinauf und setzt sich in der Wand der mütterlichen Gebärmutter fest, wo ihre weitere Entwicklung stattfindet. Während der Schwangerschaft machen wir viele Entwicklungsstadien durch, welche vom genetischen Code gesteuert werden, der die Entstehung unseres physischen Körpers lenkt. Während wir ausgetragen werden, nehmen wir alles wahr, was unsere Mutter denkt, fühlt, empfindet und intuitiv erkennt, und es besteht ein wechselseitiger Austausch zwischen ihr und uns. Diese frühesten Einflüsse werden in unseren Körper integriert. Bei der Geburt werden wir in eine neue Umgebung, die Luft, versetzt. Die *Kindheit* beginnt mit den Umständen, die unsere Geburt begleiten; dann verbinden sich unser Geschlecht, unsere körperliche Erscheinung und die Art der Geburt mit der Wirkung, die Anwesende und was sie tun auf uns ausüben, unsere *Persönlichkeit* entsteht.

In den sieben Kindheitsjahren wird unsere Persönlichkeit im Familiensystem daheim entwickelt. So, wie die Umstände während der Schwangerschaft unsere körperliche Wirklichkeit bedingen, bestimmen die Verhältnisse in der Kindheit unsere emotionale Realität.

In der *Reifezeit* verbinden wir unsere Persönlichkeit mit unserem Körper und projizieren diese Verbindung in die Außenwelt, um unsere verschiedenen Möglichkeiten durchzuspielen. Die Entwicklung der *Seele* hängt von unserer Fähigkeit ab, unsere Lebensziele zu erreichen und unsere Existenz in der Zeit als Ganzheit zu verstehen. Wie der Körper in der Mutter und die Persönlichkeit in der Familie herausgebildet wurden, so beinhaltet die Seele die gesamte Schöpfung der Welt als Spiegel des universellen Lebensprozesses. Sich mit der Seele zu verbinden, heißt über das Leben hinausgehen.

Diese drei «Oktaven» beschreiben die Transformation der persönlichen Wirklichkeit und des Bewußtseins. Die Schwangerschaft ist vorpersönlich und unbewußt (kollektives Unbewußtes); die Kindheit ist persönlich und ich-bewußt; und die Reifezeit ist transpersonal und überbewußt. Im Leben durchlaufen wir die Entwicklung des Bewußtseins der Menschheit vom reinen Instinkt bis zur Transzendenz.

Die drei Oktaven Schwangerschaft, Kindheit und Reifezeit belegen den Kreis des Horoskops. Überträgt man die logarithmische Zeit auf den Kreis, schafft diese eine Feineinteilung der Häuser deines Horoskops von Empfängnis bis zum Tod und verbindet den biologischen Zeitmechanismus mit dem astrologischen Horoskop (Abbildung 3).

Im Horoskop richtet der Aszendent — der Geburtsmoment — die Oktaven auf die Häuser aus. Unterteilt man die drei Oktaven weiter in je vier Abschnitte, dann entsprechen die Lebensperioden, in denen bestimmte Entwicklungen stattfinden, der Reihenfolge der zwölf Häuser im Horoskop. Diese astrologisch definierten Phasen stimmen genau mit den streng abgeleiteten Lebensphasen überein, die der Entwicklungspsychologe Jean Piaget in seinen klinischen Untersuchungen definierte (siehe Ruth Beard, *An Outline of Piaget's Developmental Psychology*). Die Bedeutung der Häuser leitet sich von den Entwicklungsstadien des Durchschnittsmenschen ab.

Die Häuser zählt man im Gegenuhrzeigersinn vom Aszendenten aus. Wir müssen vier Häuser im Uhrzeigersinn bis zur Spitze des 9. Hauses zurückgehen, um zur Empfängnis zu gelangen. Vier Häuser nach dem Aszendenten, auf der Spitze des 5. Hauses, liegt das 7. Jahr, das Ende der Kindheit und der Beginn der Reifezeit. Die Reifezeit füllt den Raum von der Spitze des 5. bis zur Spitze des 9. Hauses aus. Empfängnis und Tod fallen an der 9. Häuserspitze zusammen.

Empfängnis und Tod, Beginn und Ende, scheinen außer der Begrenzung des Lebens nichts gemeinsam zu haben, aber es besteht eine tiefe Verbindung zwischen den beiden. Bei der Empfängnis verbindet sich die befruchtete Eizelle mit einem Code, der die Entwicklung unseres ganzen Lebens bestimmt — unser Lebensmuster in der Zeit als gestaltende Ursache unserer Existenz (siehe Sheldrake, *Das Schöpferische Universum*). In jenem Moment besteht das Leben nur aus Möglichkeiten. Im Augenblick des Todes läuft das gesamte Leben im Nu vor unseren Augen ab; eine dramatische Wiederaufführung unseres ganzen Lebens wie ein *«letztes Gericht»*. Im Tod ist unser Leben ganz gegenwärtig, mit all seinen genutzten Möglichkeiten. Jede Sekunde zwischen Empfängnis und Tod ist ein Stadium in der Übertragung von Möglichkeiten in aktuelle Wirklichkeit: Dies ist ein wesentliches Prinzip in der Analyse und Deutung eines Horoskops. In der alten Welt symbolisierten Alpha und Omega Anfang und Ende, den ersten und den letzten Augenblick, auch als Schlange Ouroboros dargestellt, die einen Kreis bildet und sich in den Schwanz beißt. Beide sind Symbole der Ganzheit und Ewigkeit allen Lebens.

Ein althergebrachtes Problem in der Astrologie ist, daß das Zeichen Skorpion und das 8. Haus dem Tod zugeschrieben werden, diese aber erst auf zwei Dritteln des Weges durch die Zeichen- und Häuserfolge liegen. Dem Schützen und dem 9. Haus schreibt man Selbstverwirklichung und Wiedergeburt zu. In der *Lebens★Zeit*-Einteilung ist die Grenze zwischen dem 8. und dem 9. Haus *sowohl* der Augenblick der Empfängnis *als auch* des Todes. Das 8. Haus ist das Ende des Lebens und das 9. Haus der Ursprung des Lebens. Das Leben ist ein kreisförmiger Prozeß, der Anfang und Ende miteinander verbindet, um mit T. S. Elliot zu sprechen:

Was wir Anfang nennen, ist oft das Ende
Und ein Ende machen, heißt einen Anfang machen.

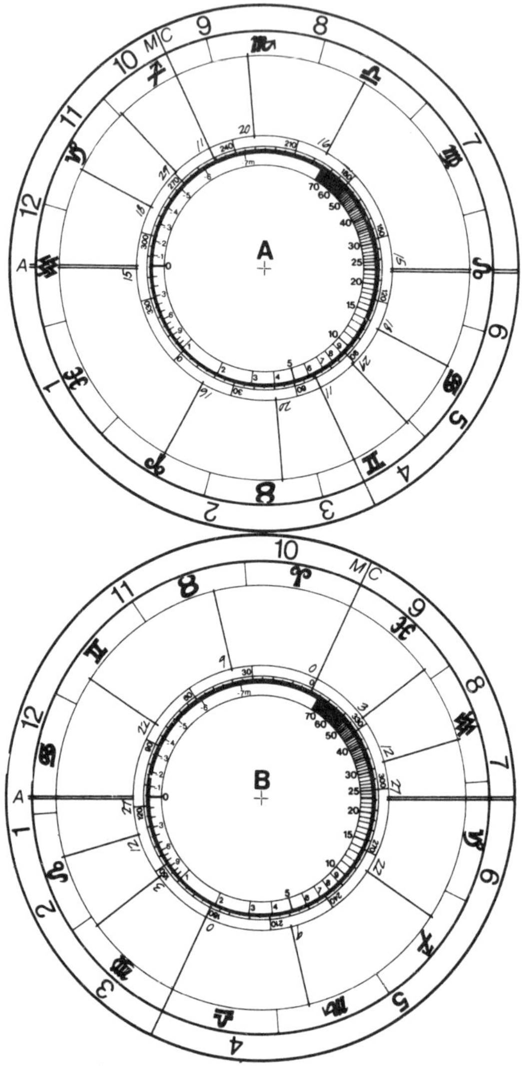

Abbildung 6: Die Unterteilung der Häuser nach Placidus

Diese beiden Horoskope sind für den gleichen Tag berechnet, die aber siebeneinhalb Stunden auseinanderliegen. In Horoskop A wird die 5. Häuserspitze mit neun Jahren fällig, während dieselbe Spitze in Horoskop B schon unter fünf Jahren ausgelöst wird; das bedeutet zwei verschiedene Entwicklungsgeschwindigkeiten bei Menschen, die am gleichen Tag zur Welt gekommen sind.

DRITTES KAPITEL

DER LEBENSPROZESS

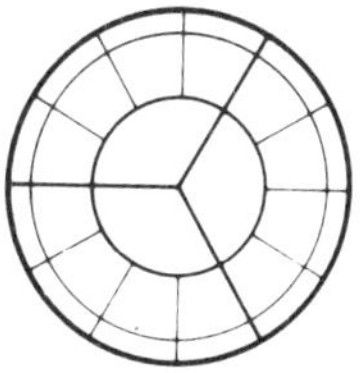

Das Leben ist ein Prozeß von einer unbestimmten Dauer: es beginnt mit der Zeugung und endet mit dem Tod. Um zu verstehen, was Leben bedeutet, müssen wir erkennen, daß es ein *Prozeß in der Zeit* ist.

Zwischen Empfängnis und Tod ist jeder Augenblick im Leben eine Zwischenstufe in der Umwandlung unserer Anlagen in tatsächliche Wirklichkeit. Die aufeinander folgenden zwölf Häuser in unserem Horoskop beschreiben diesen Prozeß.

Jedes der drei Entwicklungsstadien des Lebens besteht aus vier Häusern. Die zwölf Häuser beschreiben die Umwandlung von Lebensenergie und Wahrnehmung der Wirklichkeit. In jedem Haus erfüllen wir nacheinander die Anforderungen einer entsprechenden Entwicklung, dann gehen wir weiter zur nächsten Entwicklungsstufe. Unsere Energien werden in umso komplexere und anspruchsvollere Wege geleitet, je älter wir werden. Wenn wir eine Wachstumsmöglichkeit zurückweisen oder mißverstehen, schwenkt ihr Brennpunkt in frühere Entwicklungsstadien zurück, in denen wir uns auskennen und wohl fühlen. Regression ist eine Rückkehr in die Gewohnheiten und Verhaltensweisen einer früheren Lebensphase: können wir uns nicht mehr auf das Leben in der Welt einlassen, dann ziehen wir uns zurück und richten uns auf etwas aus, zu dem wir Zugang haben. Stellt Heirat (7. Haus) eine zu große Herausforderung dar, dann findet eine Regression in die Wettbewerbshaltung der höheren Schule (6. Haus) statt; hält ein Kind den Anforderungen der Volksschule (5. Haus) nicht stand, so kommt es zu einer Regression in die Babysprache und dem

Daumenlutschen des frühkindlichen Lebens (3. Haus). Regressionen sind nicht immer wirksam, aber grundsätzlich sind sie in uns allen vorhanden.

Die Dauer jedes Hauses in seiner Abfolge spiegelt seine Bedeutung im Leben wider, da sie immer mehr Zeit in Anspruch nehmen. In der Schwangerschaft dauert der Lauf durch ein Haus bloß Wochen, in der Reifezeit aber Jahrzehnte. Leben ist eine Anhäufung, und je älter wir werden, desto mehr Erinnerungen aus sämtlichen vergangenen Erfahrungen werden in unserer Psyche gespeichert, ob wir uns daran erinnern oder nicht. In jedem Haus wird die Erfahrung auf der Erfahrensgrundlage von allen vorangehenden Häusern aufgebaut; deshalb müssen wir uns an unsere frühere Entwicklung erinnern und sie in neue Verhaltensweisen mit einbeziehen. Altes wird nie abgelegt, sondern ist Grundlage für Neues.

Das mathematische Gesetz der *Lebens★Zeit Astrologie*-Einteilung führt dazu, daß jedes Haus der Reihe nach annähernd von gleicher Dauer ist wie die gesamte vorher durchlaufene Zeit, von der Spitze des Hauses zurück bis zur Empfängnis. Die Dauer des Hauses, in dem wir uns gerade befinden, ist im Verhältnis nahezu gleich lang wie unser gesamtes vorheriges Leben bis zum Beginn dieses Hauses.

Tabelle 3: Die archetypischen Altersstufen in den Häusern

Haus	*Archetypisches Alter*	*Grade vom AC*	*Schlüsselbegriffe*
SCHWANGERSCHAFT			
9.	Empfängnis bis +7 Wo	240 — 270	Selbstverwirklichung der Mutter
10.	+7 bis +12 Wo	270 — 300	Erkennen der Schwangerschaft
11.	+12 bis +22 Wo	300 — 330	Idealismus und Planen
12.	+22 Wo bis Geburt	330 — 360	Isolierung und Opfer
KINDHEIT			
1.	Geburt bis 7 Mo	0 — 30	Persönlichkeit und Durchsetzung
2.	7 Mo bis 1 J+8 Mo	30 — 60	Körperliche Realität der Sinne
3.	1 J+8 Mo bis 3 J+6 Mo	60 — 90	Bewegung und Kommunikation
4.	3 J+6 Mo bis 7 J	90 — 120	Gefühlswerte in Heim und Familie
REIFEZEIT			
5.	7 J bis 13 J	120 — 150	Selbstbewußtsein und Erziehung
6.	13 J bis 23 J+5 Mo	150 — 180	Unterscheidung und Gesundheit
7.	23 J+5 Mo bis 42 J	180 — 210	Partnerschaft und weltliche Angelegenheiten
8.	42 J bis zum Tod	210 — 240	Trennung, Metaphysik, Tod.

Wir alle gehen im Leben durch dieselbe Reihenfolge von Entwicklungsstadien. Verhaltensweisen, die jeweils in einem Stadium erlernt werden und Form annehmen, können auch außerhalb dieses Stadiums auftreten; ebenso variiert das Alter, in dem ein Haus beginnt, von Mensch zu Mensch.

Da wir uns alle mit unterschiedlicher Geschwindigkeit entwickeln, führt Tabelle 3 die durchschnittlichen *archetypischen Altersstufen in den Häusern* auf. Die Stellung der Häuserspitzen in unserem Horoskop bestimmt die Dauer der entsprechenden Entwicklungsabläufe. Der Einfachheit halber sollten wir zuerst die Durchschnittswerte und -prozesse verstehen lernen; danach können wir die tatsächlichen zeitlichen Unterschiede auf unser eigenes Horoskop übertragen.

Benützen wir das auf der Zeit beruhende Häusersystem von Placidus, um das Horoskop in zwölf Häuser zu unterteilen, dann wird jedes Haus in einem bestimmten Alter akut. Abbildung 6 stellt zwei Horoskope dar, die am gleichen Tag um siebeneinhalb Stunden auseinanderliegen. Häuser, die kleiner als das Regelmaß von 30 Grad sind, deuten auf dichte Entwicklungsphasen hin, größere Häuser auf längere Entwicklungszeiten als der Durchschnitt.

Das Tierkreiszeichen, das zur Zeit der Geburt am Aszendenten steht, setzt die Reihenfolge der Zeichen und ihre Beziehungen zu den Entwicklungsstadien unseres Lebens fest. Am Anfang genügt es, den Aszendenten in einem Horoskop zu kennen, um die Lebensphasen treffend zu beschreiben. Später wird es wichtig sein, den Abschnitt des Zeichens, in dem der Aszendent liegt, zur Feineinstellung dieses Ablaufs zu nutzen.

Der *Aszendent* bestimmt die Beziehung zwischen Horizont und Tierkreis. Drehen wir die Häuser mit den entsprechenden Altersstufen um die zwölf Tierkreiszeichen herum, dann sehen wir, wie viele verschiedene Blickwinkel uns zur Verfügung stehen. Jedes der zwölf Zeichen kann in jedes der zwölf Häuser zu liegen kommen, die Reihenfolge der Zeichen und Häuser dagegen bleibt immer gleich. Jedes Haus wird je nach Größe von einem, zwei oder drei Zeichen besetzt. So entspricht das 5. Haus etwa dem Alter von sieben bis dreizehn Jahren. Angenommen, es wäre durch die Zeichen Fische und Widder besetzt, dann würde der Fische-Teil dieses Hauses bis zu zehn Jahren wirksam sein und Gefühle der Isolation und Opfer in der Schule bedeuten; mit Eintritt aber in den Widder im Alter von zehn Jahren würden persönliche Durchsetzungskraft und Selbstbehauptung zunehmen. Die Zeichenqualitäten werden auf die Zeitspanne in den Häusern und ihre archetypischen Entwicklungsziele übersetzt. Widder-Qualitäten führen in der Lebenszeit zu Selbstbehauptung, in der man in dieses Zeichen eintritt. Im 7. Haus würde es Partnerschaften betreffen, im 11. Haus Pläne und idealistische Einstellung.

Steht der Widder bei der Geburt am Aszendenten, dann erfahren wir die Reihenfolge der Häuser im Einklang zu den traditionellen Zeichen, da der Widder zur Frühlings-Tagundnachtgleiche bei Sonnenaufgang am Aszendenten steht. Das ganze Leben hindurch wären die Entwicklungsphasen archetypisch. Wir würden im entsprechenden Alter von sieben Monaten bis zu einem Jahr die erdigen Merkmale des Stiers durchleben und die ausgleichenden Eigenschaften der Waage im 7.-Haus-Alter der Partnerschaft. Läge das Gegenzeichen Waage am Aszendenten, dann wäre jedes Haus von der Qualität seines Gegenzeichens besetzt. Dies würde dann eine «Waage»-Persönlichkeit mit deren abwägenden Eigenschaften, Ausgeglichenheit und Partnerschaftlichkeit bedeuten.

In der folgenden Beschreibung der zwölf archetypischen Häuser sollten wir verstehen, daß jeder Mensch Variationen derselben Reihenfolge durchlebt. Wir alle machen Gebrauch von denselben zyklischen Qualitätenbesetzungen, aber zu verschiedenen Zeiten in unserem Leben und für eine unterschiedlich lange Dauer.

Die Zeichen, die jedes Haus besetzen, beeinflussen als erstes unseren Charakter. Sie beinhalten die Qualitäten, die den Hintergrund und Rahmen für die Entwicklungsstadien abgeben. Der zweite Faktor sind die Planeten, die darin stehen: sie geben der Bedeutung der Häuser eine zusätzliche «Färbung». Je mehr Planeten in einem Haus stehen, desto komplexer und wichtiger ist die entsprechende Zeit im Leben. Die Planeten bedeuten Einflüsse, die von anderen Menschen auf uns wirken, auch Mechanismen in uns selbst sowie die Wechselbeziehung zwischen beiden. Die Planeten sind Katalysatoren für Ereignisse, die eine durch das Haus angezeigte Entwicklungsstufe mit der Qualität des Zeichens verbinden. Die genaue Rolle der Planeten wird im vierten Kapitel beschrieben.

Der Prozeß des Lebens fängt mit der Empfängnis an, dem einzig wirklichen Beginn des Lebens. Man kann gar nicht oft genug betonen, wie wichtig diese früheste Lebensphase ist. Alle anderen astrologischen Systeme, sogar diejenigen, die den Horoskopkreis einzuteilen suchen, erwähnen Empfängnis und Schwangerschaft nicht einmal, geschweige denn, daß sie deren Bedeutung für Interpretation und Lebenseinstellungen erkennen (so etwa die Systeme von Rudhyar und Huber). Auch die meisten psychologischen Theorien beziehen die vorgeburtliche Entwicklung nicht mit ein. Daher mag die Beschreibung der Ereignisse der Schwangerschaft anfänglich fremd erscheinen, wobei Frauen, die Kinder haben, dies leicht verstehen. Die feminine Schau ist sehr wichtig für das Erreichen der Ganzheit.

Wir werden als Ergebnis eines Geschlechtsaktes unserer Eltern gezeugt, etwa zehn Mondmonate lang von unserer Mutter ausgetragen und dann geboren. Sämtliche autonomen und selbstregulierenden Körperfunktionen entstehen während der Schwangerschaft; die Einflüsse, die wir aufnehmen, werden in unseren physischen Körper aufgenommen und haben eine ständige Wirkung auf uns.

Die Funktion des Lebensprozesses ist, das Leben in der Zeit zu beschreiben; nur wenige Menschen aber betrachten je die Wirklichkeit ihres Lebens in dieser Weise. Der einzige Zeitpunkt, zu dem wir dies wahrscheinlich tun, ist kurz bevor wir sterben.

Die meisten von uns sind in einem gegenwärtigen Augenblick gefangen, der weder Vergangenheit noch Gegenwart kennt, da wir die Vergangenheit vergessen und Angst vor der Zukunft haben. Während «lebe im Hier und Jetzt» wie eine tiefe Weisheit klingt, ist unser Leben ein Prozeß. Um eine weitere Perspektive zu erlangen und über die Zeit hinauszugehen, müssen wir die Höhen und Tiefen verstehen, die Ereignisse, die Ebbe und Flut kontrapunktieren sowie die Menschen, deren Leben mit dem unseren verwoben ist. Ganzheit bedeutet, daß wir unser Leben von der Empfängnis bis zum Grab nachvollziehen müssen. (Des besseren Verständnisses halber wird das Tierkreiszeichen, das jedem Haus entspricht, am Rand in Klammern erwähnt.)

DER LEBENSPROZESS

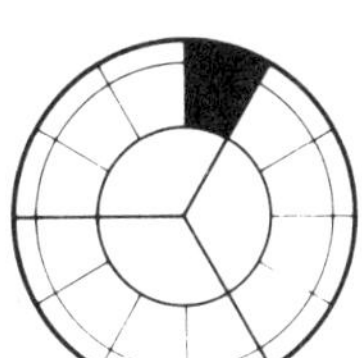

Das 9. Haus **(Schütze)**

Empfängnis bis sieben Wochen nach der Empfängnis

Während der Lebenszeit der befruchteten Eizelle von einem Mondmonat läuft die Zeit so schnell wie beim Molekül, und das gesamte

Muster unseres Lebens in der Zeit wird festgelegt. Die drei spiralförmigen Keimschichten der Eizelle bilden ein Muster, das im Zeitablauf den drei höheren Entwicklungsstufen oder *Oktaven* unseres zellularen Lebens ähnlich ist. Die Lebenszeit der Eizelle stellt tatsächlich einen um eintausend Mal verdichteten Mikrokosmos unserer Lebenszeit dar.

Am Ende des ersten Mondmonats ist die befruchtete Eizelle den Eileiter hinauf in die Gebärmutter gewandert und hat sich in der Gebärmutterwand festgesetzt. Am Ende dieses Hauses sind unsere wichtigsten Körperfunktionen vollends ausgebildet, die Leber kann Abfall verarbeiten und das Embryo wird nun zum eigentlichen Foetus.

Die Medizin nimmt an, daß eine Mutter bis mindestens 38 Tage nach der Empfängnis noch nichts von der Existenz ihres Kindes wissen kann. Offensichtlich spüren jedoch viele Frauen bald nach, wenn nicht sogar bei der Empfängnis, daß sie schwanger sind. Je sensitiver eine Mutter die subtilen Energien ihrer Psyche und ihres Körpers wahrnimmt, umso größer ist die Wahrscheinlichkeit, daß sie die Existenz ihres Kindes früh im 9. Haus entdeckt haben wird, und umso empfindsamer wird ihr Kind auf die entsprechenden Einflüsse reagieren.

Im Körper der Mutter hat bereits eine dramatische Hormonumstellung eingesetzt, die nicht nur ihren Körper, sondern auch ihr Leben verändert. Ihr ganzes Verhalten schlägt sich während dieser Zeit in uns nieder: Die Art, wie sie wahrnahm, daß etwas geschehen ist, in welche symbolische Richtung ihre Gedanken gingen, an wen sie sich zur Bestätigung wandte sowie die allgemeine Qualität dieser Umstände liefern einen Schlüssel zu unserer eigenen Orientierungsweise in der Welt. Die Einstellung der Mutter zu Religion, elterliche Weisheit und ihre individuelle Lebensausrichtung während dieser ersten Schwangerschaftsphase gehen sehr tief und sind von großer Bedeutung; Frauenbewegungen haben das erkannt.

Das 9. Haus ist die Fähigkeit, sich innerhalb der Welt zurechtzufinden, als Spiegelung der Art und Weise, wie unsere Mutter sich unserer Existenz bewußt wurde.

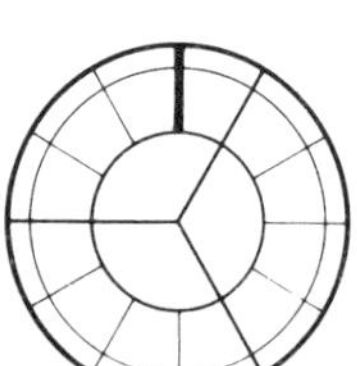

Die Mitte des Himmels (MC)

Sieben Wochen nach der Empfängnis oder dreiundreißig Wochen vor der Geburt

Die Mitte des Himmels (MC) wird etwa neunundvierzig Tage nach der Empfängnis erreicht. Zu diesem Zeitpunkt ist die Entwicklung der Bausteine unseres Körpers im wesentlichen abgeschlossen: das Geschlecht steht fest, das Gesicht ist vollkommen menschlich, Gesichtszüge sind erkennbar, und wir leben und bewegen uns im Fruchtwasser. Um den achtundvierzigsten Tag ersetzen die ersten wirklichen Knochenzellen unser Knorpelskelett. Wenn dieses Entwicklungsstadium des Körpers erreicht ist, nimmt eine Mutter wahr, daß sie schwanger ist.

Hinduisten und Buddhisten glauben, daß die Seele neunundvierzig Tage nach der Empfängnis in den Körper eintritt. Der mittlerweile menschliche Körper nimmt sein *Karma* (Spuren vergangener Leben) auf, das Sinnbild seiner genetischen Erbschaft und das astrologische Zeitmuster, das nun faßbar geworden ist. In dieser ersten Schwangerschaftsperiode werden die ersten Bausteine des Hirns — der Archikortex, das limbische System und der Neokortex entwickelt, als Wiederholung der menschheitsgeschichtlichen Entstehung.

Der MC ist unser Ego und wird durch die Stellung der Sonne am Mittag symbolisiert, wenn sie am heißesten und strahlendsten ist. Das Ego ist das Zentrum des Bewußtseins, unser(e) Lebensziel(e) und Fähigkeit, unseren Willen im Leben durchzusetzen. Es ist der Brennpunkt jeder bewußten Handlung. Die Qualität, Kraft und Komplexität unseres Ego wird durch das Zeichen am MC und die Planeten, die einen Aspekt zu ihm bilden, umrissen. Wenn der MC etwa in den Zwillingen steht, haben wir oft doppelte Ziele; steht er im Steinbock, so geht es um praktische und materielle Ziele; im Löwen sind sie spekulativer Art; in den Fischen sondern sie uns von äußeren Einflüssen ab oder aber setzen uns ihnen aus. Planeten in der Nähe oder im Aspekt zum MC bedeuten Ziele, die wir ausdrücken.

Vor dieser Zeit weiß eine Mutter, auch wenn sie es fühlt oder träumt, noch nicht sicher, ob sie schwanger ist. Der Moment der Bestätigung bewirkt eine Unterscheidung zwischen unserer foetalen Wirklichkeit und ihrem eigenen Bewußtsein. Eine Mutter wird sich ihres Kindes in derselben Weise bewußt, wie wir selbst-bewußt werden. Ob sie diese Entdeckung als Ergebnis ihrer eigenen Wahrnehmung macht, Meinungen von außen braucht, sich nicht auf sich selbst verläßt, alles ist ein Sinnbild für unseren eigenen Weg der Selbstentdeckung im Leben.

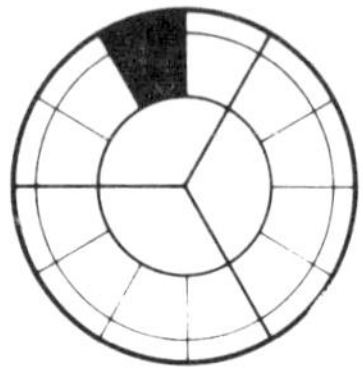

Das 10. Haus **(Steinbock)**

Dreiunddreißig Wochen bis achtundzwanzig Wochen vor der Geburt

In der Zeit, wenn unsere Mutter sich über unsere Existenz im klaren ist, sind wir in mancher Hinsicht eine Miniaturausgabe unseres erwachsenen Seins — die Entwicklung im 10. Haus geschieht völlig unwillkürlich, und so sind auch unsere Bewegungen.

Das 10. Haus bedeutet traditionsgemäß unsere Eltern und beginnt oft damit, daß dem Vater unser Dasein mitgeteilt wird. Die Mutter kündigt die Veränderung in ihrem Leben und ihren neuen körperlichen Zustand an und beginnt, die Umgebung für die Neuankunft vorzubereiten. Zu den praktischen Fragen, die sich in dieser Zeit stellen, gehören die Wahl des Arztes oder der Hebamme, Ernährungsfragen und Körperübungen, und ob die Geburt im Spital oder zuhause stattfinden soll, mit technischen Hilfsmitteln oder auf natürliche Weise. Es gibt viele Entscheidungen zu treffen; die Anpassung der Lebensgewohnheiten muß überlegt und praktische Dinge müssen gelöst werden.

Alles, was unsere Eltern beschäftigt, deutet darauf hin, wie wir später fähig sein werden, Vorbereitungen zu treffen und unseren Weg in der Welt zu gehen. Zögert die Mutter, dem Vater ihre Schwangerschaft mitzuteilen, wird die Folge davon sein, daß wir unsere schöpferischen Ziele nur widerstrebend der Welt mitteilen. Wenn unsere Eltern die Tatsache herausposaunen, werden wir erwarten, daß viel Aufsehen den Weg zu unseren Lebenszielen begleitet. Eine neutrale Reaktion würde wenig Wirkung auf die äußere Welt mit sich bringen und auch keine besonders starke Ausrichtung unsererseits. Wären wir für unsere Eltern gar unerwünscht, dann werden wir uns durch die Welt bedroht fühlen. Die später daraus entstehende Art unserer Verwirklichung und Handlungsweisen kann von offen bis vollkommen unterdrückt, von natürlich bis zu oberflächlich reichen. Eine Schwangerschaft, in der ein medizinisches Instrumentarium bestimmend ist, würde uns auf ein Leben vorbereiten, das durch Maschinen beeinflußt wäre. Die Art, wie unsere Mutter mit unserem Dasein umgeht, entscheidet über die Haltung, mit der wir selbst unsere Lebensziele zu erreichen suchen.

Das 10. Haus ist unsere Fähigkeit, der Wirklichkeit so entgegenzutreten, wie unsere Eltern auf die Entdeckung unseres Daseins reagiert und daraufhin gehandelt haben.

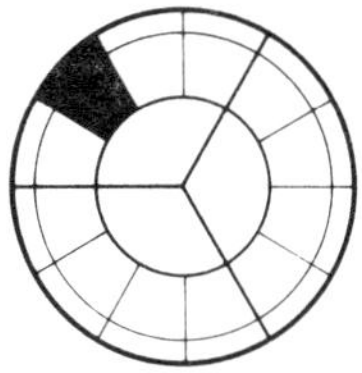

Das 11. Haus **(Wassermann)**

Achtundzwanzig bis siebzehn Wochen vor der Geburt

Am Anfang des 11. Hauses verändern sich unsere Bewegungen; von marionettenhaft-unwillkürlich werden sie anmutig und fließend. Unsere zunehmend rhythmischen Bewegungen werden gleichzeitig schneller, und die Mutter fängt an, diese Bewegungen in sich zu spüren. Dem Fruchtkuchen kommt jetzt eine wesentliche Bedeutung als Mittler zwischen dem Körper der Mutter und dem Foetus zu. Keine Körperfunktion der Mutter steht in direktem Austausch mit denen des Babys — es ist vielmehr so, daß der Fruchtkuchen Kohlendioxyd gegen Sauerstoff austauscht, Ausscheidungs- gegen Nährstoffe und Mineralien, Vitamine und Hormone für Foetus und Mutter bereitstellt. Die Nabelschnur ist eine geschlossene Schleife, die das Blut getrennt befördert, und die Blutgefäße filtern große Zellen, unerwünschte ganze Proteine und Bakterien aus (siehe Flanagan, *Die ersten neun Monate des Lebens*).

In der mittleren Schwangerschaftsphase steht das Planen an der Tagesordnung. Die Mutter erwägt alle möglichen Varianten für uns, von Geschlecht über Aussehen zu Charakter und Leben, und geht unendliche Möglichkeiten durch, eine nach der anderen. Die Vielfalt und Breite ihrer Anschauungen spiegeln unsere zunehmende Bewegung in ihr wider. Die praktischen Fragen sind größtenteils gelöst, die Schwangerschaft ist akzeptiert, wobei bis gegen Ende dieser Zeitspanne weder ihre Bewegungsmöglichkeiten eingeschränkt sind noch ihr Körperumfang größer geworden ist. Die Mutter ist in einer einzigartigen Lage, sich von der äußeren Welt zu lösen und auf ihre innere Welt zu konzentrieren. Ihre geschlechtlichen Beziehungen nehmen ab, weil ihr Zustand ihr eine natürliche Befriedigung vermittelt, sie schafft und unterhält selbstlose Freundschaften mit Menschen, die sie umgeben. Gespräche mit anderen Frauen, die schwanger waren und geboren haben, kommen ihr jetzt zugute; dies kann zu einem Interesse an Gruppen und Organisationen führen, die lehren, beistehen, ermutigen und ihren Zustand, ihre Gefühle und Gedanken verstehen. Ihr Verhalten in bezug auf die Möglichkeiten dieser Zeitspanne können von Unwissen über jegliche Art der Beziehung überhaupt bis zu tiefer Erkenntnis der gegenseitigen Verbindung reichen, die jeden Schritt im Schwangerschaftsprozeß durchdringt. Sie kann sich auf sich selbst einstellen, oder auf die allgemeine Bedeutung des Schwangerseins und des Gebärens.

Gegen Ende dieses Hauses fühlt sie sich nicht nur anders als die anderen, sie ist auch körperlich, gefühlsmäßig und geistig von ihrem früheren Ich losgelöst. Dies kann zu einem einmaligen Verständnis für andere führen, zu Mitgefühl und Sympathie für Menschen im allgemeinen und zu fortschrittlichem Denken, und dies alles überträgt sich auf uns.

Das 11. Haus ist unsere Fähigkeit, von der physischen Welt Abstand zu nehmen, uns von ihr zu lösen und in das Reich der Gedanken und Vorstellungen aufzusteigen.

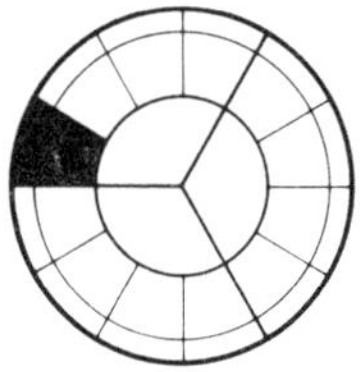

Das 12. Haus **(Fische)**

Siebzehn Wochen vor der Geburt bis zur Geburt

In dieser Zeit beginnt die Mutter zuzunehmen, was wiederum ihre Beweglichkeit einschränkt. Das Fruchtwasser erneuert sich regelmäßig; es ist unser Polster und unsere Stütze, erleichtert unsere Bewegung und gleicht unsere Temperatur aus. Wir leben völlig geschützt von der Außenwelt in dieser wässrigen Hülle. Unsere Mutter wird mehr und mehr abhängig, und ihre Empfindlichkeit auf äußere Einflüsse wird mit zunehmend psychischem Kontakt zu uns größer.

Je näher die Geburt rückt, umso stärker wird das selbstaufopfernde Element des 12. Hauses. Untersuchungen beim Arzt oder der Hebamme werden häufiger, so auch die Vergegenwärtigung, daß die eigentliche Geburt bald stattfindet. Sowie die psychischen Fähigkeiten, Phantasien und Träume der Mutter ihren Höhepunkt erreichen, beschäftigt sie sich ausschließlich mit der Geburt. Während Ehemann, Freunde, Hebamme, Arzt und ihre anderen Kinder sie unterstützen, erkennt sie doch, daß sie allein gebären wird. Der Zeitpunkt, in dem die Mutter ihre zutiefst angelegten Instinkte annimmt und ihnen freien Lauf läßt, fällt mit dem Ende unserer Entwicklung zusammen. Wenn die Gebärmutter sich nicht weiter ausdehnen kann, setzen die Vorwehen ein. Hier ist die Mutter völlig allein, und doch trägt sie uns in sich. Ihre Wahl der Art und Umstände der Geburt spiegelt unser späteres Vertrauen wider, ob wir unabhängig sind von dem inneren oder äußeren Leben. Je mehr sie ihre eigenen instinktiven Gefühle mißachtet und sich auf mechanische Anleitungen verläßt, umso schwächer wird der Kontakt zu unseren eigenen Instinkten sein.

Die letzten acht Wochen der Schwangerschaft sind besonders wichtig, weil die zehn Grade direkt über dem Aszendenten die verborgenen Anteile unserer Persönlichkeit darstellen; es sind jene Einflüsse, Träume und Phantasien, die gerade unter der Oberfläche des Bewußtseins schlummern oder sogar dort bleiben. Dieser Mechanismus leitet sich aus der Verzerrung der Sonne bei Sonnenaufgang ab. Reagiert die Mutter instinktiv, dann können sich diese Einflüsse am besten ausdrücken; in einer natürlichen Geburt neigt man eher dazu, diesen angeborenen Instinkten ihre eigentliche Rolle zu überlassen. Am Ende dieses Hauses ist die Oktave der Schwangerschaft abgeschlossen, und der Übergang in unser unabhängiges Dasein an der Luft findet statt.

Das 12. Haus zeigt die Beziehung zwischen den Kräften, die von außen auf uns wirken, und unserer inneren psychischen Einstellung an.

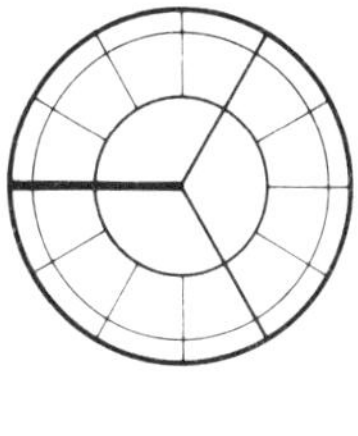

Der Aszendent

Die Geburt

Der Aszendent steht bei Geburt mit dem ersten Atemzug fest. Die Art der Geburt und ihre Begleitumstände zeigen an, wie unsere Persönlichkeit sich auszudrücken vermag. Der in der Schwangerschaft entstandene Körper ist faßbar und physisch, aber die Persönlichkeit, deren Substanz bei der Geburt geformt wird und sich in der Kindheit entwickelt, ist ein Prozeß und wie eine Maske, die Instinkte, Gewohnheiten, Gehabe, Ausdrucksformen und Phantasien beinhaltet; sie ist das Ausdrucksmittel für unsere Anpassung in der Welt.

Die Persönlichkeit wird durch die Art unserer Geburt, unsere körperliche Erscheinung und unser Geschlecht bestimmt sowie durch die Ein- und Vorstellungen der Menschen, die bei der Geburt anwesend waren oder uns von weitem beeinflussen. Das Tierkreiszeichen an unserem Aszendenten zeigt die Atmosphäre und welche Einstellungen auf die Geburt einwirkten. Krebs bedeutet Wärme, mütterliche Ausstrahlung und gefühlsmäßige Reaktionen als Qualitäten in der Umgebung und später der Persönlichkeit. Skorpion zeigt Trennung bei der Geburt und in der darauffolgenden Behandlung an. Der Stier hat eine völlig körperbetonte Ansicht über die Geburt und Persönlichkeit. (Eine vollständige Aufstellung von Zeichen am Aszendenten und ihres Einflusses findet sich auf S. 204/205.)

Planeten in der Nähe des Aszendenten beschreiben Menschen, die außer der Mutter bei der Geburt anwesend sind und zu direkten Anteilen der Persönlichkeit führen. Oft bilden sich Unter- oder Teil-Persönlichkeiten, die vom entbindenden Arzt, jungen Anästhesisten, Großvater oder der drängenden Großmutter herrühren. Planeten, die einen Aspekt zum Aszendenten bilden, deuten auf Menschen, die indirekt unsere Geburt beeinflussen. Steht der aspektierende Planet unter dem Horizont, so handelt es sich um einen unbewußten Einfluß auf unsere Persönlichkeit, über dem Horizont ist er bewußt. Diese Einflüsse können von einem nervösen Vater zuhause oder kleinen Kindern ausgehen, die nicht recht wissen, was da geschieht. All die Einflüsse kommen direkt von den Anwesenden sowie von Menschen, die sich aus der Ferne Vorstellungen machen und unsere Teil-Persönlichkeiten bestimmen. Haben wir diese Einflüsse einmal definiert, dann können wir auch genau wissen, um welche Menschen es sich handelte.

Da die Persönlichkeit einem Prozeß unterworfen ist, wird der Geburtsprozeß selbst ein Schlüssel zum Verständnis des Aszendenten sein. War die Geburt schnell und einfach, kann sich die entstehende Persönlichkeit sowohl in kurz- wie längerdauernden Situationen im Leben ausdrücken. Ob in der Ortskneipe oder in lebenslangen Arbeitsverbindungen, die Persönlichkeit fließt immer leicht dahin. Lange Wehen, die die Mutter sehr anstrengen, führen zu einer hart arbeitenden Persönlichkeit. Je länger und heftiger die Wehen, desto mehr wird die Persönlichkeit Belastung und Beanspruchung ausgesetzt sein. Wenn ein Arzt oder eine Hebamme bei der Entbindung helfen müssen, braucht unsere Persönlichkeit die Unterstützung von anderen, um sich zu behaupten. Wenn die Geburt eine Zangengeburt war oder einen Kaiserschnitt erforderte, wird der physische Eingriff eines anderen (Arztes) nötig, um unserer Persönlichkeit zum Ausdruck zu verhelfen. War ein ganzes Team von Ärzten und Spitalpersonal dabei, dann braucht die entstehende Persönlichkeit kollektive Situationen, um sie zum Leben zu bringen, wie etwa Massenbewegungen, Gurus oder eine religiöse Erweckung. Je mehr Menschen bei der Geburt anwesend waren, desto größer der kollektive Einfluß auf die Persönlichkeit.

Zusätzlich zu den physischen Umständen der Entbindung wirken die Reaktionen der Anwesenden auf unsere Geburt und auf unsere Einstellung ein. Neuzeitliche Geburtsbewegungen unterstreichen die Wichtigkeit, wer bei der Geburt dabei ist, wie auch die allgemeine Atmosphäre bei jeder Geburt. Narkosen, seien sie lokal oder Vollnarkosen, haben Betäubung, Verschwommenheit oder Überempfindlichkeit für bestimmte Einflüsse zur Folge. Einleitung der Geburt setzt unsere Persönlichkeit einer Überbeanspruchung durch äußere Kräfte aus und führt zu einem Zwangsverhalten. Wir hätten ein Gefühl, daß andere uns durch äußere Umstände bedrängen würden, vor der Zeit aus uns herauszugehen. Diese Geburts«komplikationen» sind Eingriffe in das, was ein natürlicher Vorgang sein sollte, aber selten ist. Die Medizin hat solche Routine-Eingriffe akzeptiert und unterstützt mit dem Resultat, daß dies problematische und gewalttätige Persönlichkeiten mit sich bringt, die viele Menschen heute zur Schau tragen. Das Ausmaß und die Art der Beteiligung der Anwesenden bei unserer Geburt bedingt, wie nahe oder distanziert unsere Persönlichkeit zu anderen ist. Wenn der Arzt die Dinge vorantrieb, um Golf spielen gehen zu können, würde sich dies in unserer Persönlichkeit durch einen ständig überstürzten Selbstausdruck spiegeln.

Der Aszendent herrscht auch über die persönlichen Merkmale der körperlichen Erscheinung, des Geschlechts und der Gesundheit am Anfang des Lebens. Umgeben Familie und Freunde die Mutter, dann empfangen uns viele wohlwollende Helfer bei unserer Geburt. Reaktionen auf unser Geschlecht und unser Aussehen sollten mannigfaltig und reichhaltig sein, wobei ein solches Echo bei Spitalgeburten gewöhnlich fehlt. Je näher wir bei der Geburt mit anderen Menschen verbunden sind, umso mehr Beziehung haben wir zu unserem Geschlecht und Körper.

Die Begleiterscheinungen der Geburt mit der darauffolgenden Behandlung haben eine derart große Wirkung auf die gesamte Lebenseinstellung, daß diese allgemeinen Ansichten über die Geburt ganze Generationen von Kindern beeinflussen. Natürliche Methoden und das zunehmende Bewußtsein von Frauen und Männern schaffen wieder eine natürlich vorhandene Bewußtheit bei den Kindern. Steife, unterdrükkende Geburtstechniken wie am Fließband produzieren Schwachköpfe.

Der Aszendent stellt unsere Persönlichkeit dar, die sich aus der Art unserer Geburt und dem Einfluß der mitbeteiligten und anwesenden Menschen ableitet.

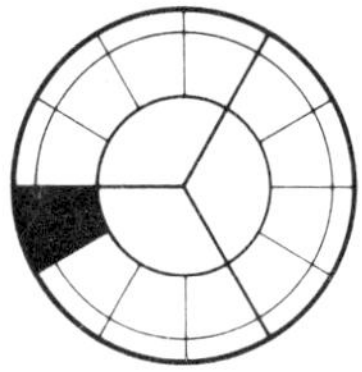

Das 1. Haus **(Widder)**

Geburt bis zu sieben Monaten

Das 1. Haus umfaßt die Zeit, in der wir uns in der Welt behaupten. Von vordringlicher Bedeutung für das Leben in dieser Zeit sind Nahrung, Wärme und Zuwendung. Unsere Fähigkeit, diese Bedürfnisse mitzuteilen, die schwierige oder harmonische Anpassung, die wir erleben, die Behandlung, die uns im Spital und zuhause zuteil wird, sind richtungweisend für die Durchsetzungskraft unseres weiteren Lebens.

Wenn man uns wiegt, behütet, eine unterstützende Familie und Verwandtschaft uns umgeben, werden wir eine solche Unterstützung das ganze Leben hindurch erwarten. Weist man uns in dieser Zeit der Mutter-Kind-Bindung zurück und läßt uns im hintersten Zimmer liegen, dann fühlen wir uns verlassen, wann immer wir unsere Persönlichkeit ausdrücken wollen.

In dieser Zeit können wir unseren eigenen Körper nicht frei bewegen, andere müssen unsere elementaren und selbstorientierten Wünsche erfüllen. Da unser Auge bis zu etwa drei Monaten das Licht nicht richtig bündeln kann, erkennen wir andere zuerst auf einer energetischen Ebene, und erst danach auf einer visuellen Ebene, daher akzeptieren wir diejenigen, die unsere Bedürfnisse stillen. Unsere instinktiven Reaktionen auf Mutter, Vater und andere stehen in einem direkten Verhältnis zu unserer Befriedigung, und unsere Persönlichkeit spiegelt diesen äußeren Einfluß wider.

Weil die Persönlichkeit einem Anpassungsmechanismus unterworfen ist, ist die Hauptbeschäftigung in dieser Phase die Anpassung an das Leben. Unsere Instinkte beherrschen das ganze Feld, und Bedürfnisbefriedigung muß sofort stattfinden.

Das 1. Haus steht für die Fähigkeit, seine eigene Persönlichkeit innerhalb der Familie zu behaupten.

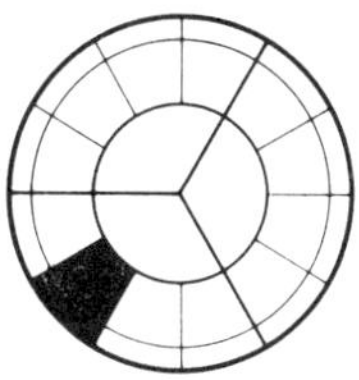

Das 2. Haus **(Stier)**

Von sieben Monaten bis zu einem Jahr und acht Monaten

Im 2. Haus werden wir in die physische Welt eingetaucht und eingebettet. Unser Körper ist das Primärobjekt, und alles, was im Raum um uns herum auftaucht, wird sofort untersucht. Dinge werden geschmeckt, berührt, beobachtet und abgelegt. Oft beginnt dieses Stadium, wenn wir von der Muttermilch abgesetzt werden und anfangen, feste Nahrung aufzunehmen. Unser ganzes Streben ist auf reine Empfindung ausgerichtet, bevor die Wahrnehmung von Subjekt und Objekt getrennt stattfindet, was erst das nächste Haus kennzeichnet.

In dem Maße, wie wir Kontrolle über den Körper erlangen, weitet sich der Bereich der Empfindungen aus. Was schlecht schmeckt, unangenehm riecht und sich unangenehm anfühlt wird zurückgewiesen, was gut schmeckt und angenehme Empfindungen hervorruft, akzeptieren wir. Die Dinge, die die stärksten Empfindungen auslösen, werden vorgezogen. Je größer die Auswahl an «empfindbarem» Material, zu dem wir Zugang haben, desto freier und weiter wird unser Gefühl körperlicher Sicherheit. Das schließt körperliche Berührung von Eltern, Brüdern, Schwestern und unserer Umgebung mit ein. Alles, einschließlich des Körpers, hat in dieser Zeitphase eine dinghafte Qualität; jetzt bildet sich Flexibilität aus und die Art und Weise, wie wir auf die physische Welt reagieren. Die Sinne fächern sich noch nicht in Ebenen auf, sondern bleiben für jedes neue Objekt und jede neue Empfindung offen. Berührt werden und berühren, ist ein wesentlicher Austausch. Ist der Zugang zu Objekten beschränkt, dann wird unsere Verbindung zur Welt eingeengt. Da diese Mechanismen letztlich unsere Einstellung zu

Eigentum, Besitz und der physischen Welt bestimmen, ist Empfindungsfreiheit lebenswichtig.

Das 2. Haus stellt die Fähigkeit dar, Energie in der rein physischen Welt umzusetzen und eine Beziehung zur Anwendung unserer Sinne herzustellen.

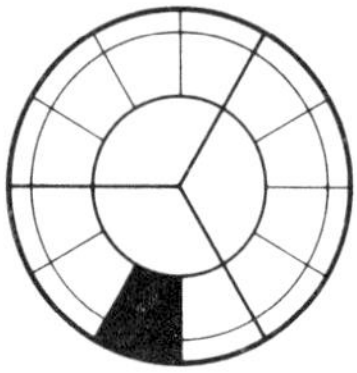

Das 3. Haus **(Zwillinge)**

Von einem Jahr und acht Monaten bis zu drei Jahren und sechs Monaten

Im 3. Haus wenden wir Energie auf Objekte an, um uns mitzuteilen. Wir nehmen viele Dinge gleichzeitig wahr, während vorher nur ein Objekt auf einmal aufgenommen werden konnte. Wie die Dinge zueinander in Beziehung stehen, wird ebenfalls langsam wichtig. Die Objekte fließen zwischen einer Existenz in Ausdehnung unserer Wirklichkeit und einer eigenen unabhängigen Existenz hin und her. Diese Subjekt-Objekt Dualität ist das hervorstechendste Merkmal dieser Phase und führt zur Unterscheidung.

Wir verbinden die Laute, die wir im 2. Haus gelernt haben, mit Handlungen. Sogar die Laute selbst erscheinen wie ein Besitz, mit dem man spielen kann. Die Namen von Menschen und Dingen sind mit den Menschen und Dingen selbst identisch; ein Name ist unser Zugang zur Person oder zum Objekt, das er beschreibt.

Wir lernen gehen, und das bringt Leben in unsere Welt, da der Bereich unserer Eindrucksmöglichkeiten sich dramatisch erweitert. Die Abhängigkeit von anderen nimmt ab und die Fähigkeit, Gedanken in Handlungen umzusetzen, erlaubt uns, uns mitzuteilen. Menschen, die uns umgeben, sind Vorbilder, deren Verhaltensmuster wir übernehmen. Weil die Wahrnehmungsgeschwindigkeit Erwachsener in dieser Zeit logarithmisch so viel langsamer ist als die unsere, sind andere Kinder unsere wichtigsten Modelle. Wenn Erwachsene eine Zeitung lesen, scheint das Ewigkeiten zu dauern. Ein Gleichgewicht zwischen Kinder- und Erwachsenen-Modellen führt zum größten Erfahrungsbereich in der Kommunikation. Wenn Menschen um uns herum sich mit Worten unterhalten, dann machen wir ihnen das nach, so gut wir können.

Sprechen Eltern etwa Babysprache, dann lernen wir ein bedeutungsloses Vokabular, denn was immer wir an Mitteilungen aufnehmen, machen wir uns nach und nach zu eigen.

Immer dann, wenn die äußere Welt für unser Verständnis zu kompliziert wird, ziehen wir uns in eine parallele magische innere Welt zurück. Wenn wir Wörter falsch verstanden haben, benennen wir Objekte einfach mit unseren eigenen Wörtern oder Lauten. Solche naturgemäßen Mitteilungsschwierigkeiten lassen uns ins 2. Haus-Stadium des Saugens und der Körperkontakte zurückrutschen, und wir geben den Wörtern selbst die Schuld. Die verbale Fähigkeit beruht auf der Übertragung von rhythmischen Saug- und Kaubewegungen in die Sprache. Singen, Tanzen und Spiele erleichtern diese Energieübertragung in den Bereich der Mitteilung. Je länger wir allein mit uns sind oder umso problemreicher die Sprache wird, desto mehr entwickelt sich unsere Phantasiewelt.

Das 3. Haus bedeutet Kommunikationsfähigkeit.

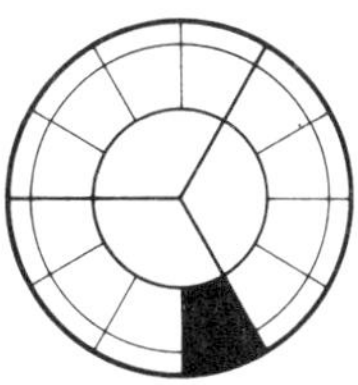

Das 4. Haus **(Krebs)**

Von drei Jahren und sechs Monaten bis zu sieben Jahren

Im 3. Haus ist die Sprache immer noch elementar und nicht ausdrucksvoll, aber im 4. Haus spielen wir unsere Fähigkeit zu kommunizieren aus. Wir merken, daß Wörter bestimmte Reaktionen von Eltern und Geschwistern hervorrufen — manche Wörter bewirken Lachen, andere Verweise. Zuhause sollte die ganze Bandbreite an Mitteilungsmöglichkeiten aufgetischt werden dürfen, da nur erlaubte Verhaltensweisen und Reaktionen unsere gefühlsmäßige Ausstattung fürs Leben festlegen. Der Wertmaßstab sind dabei die Emotionen: unsere Gefühle über unser Zuhause, die Kirche, Heimat oder Natur werden durch die in der Familie vorherrschenden Gefühle und die Ausdrucksweise unserer Eltern geprägt. Wir erkennen, daß unsere Familie ihre eigene Sicht der Welt hat, oder daß die Familienansichten wenig Ähnlichkeiten mit denen in der Welt draußen haben. Wenn es nicht erlaubt ist, Familienansichten in Frage zu stellen, dann halten wir unsere Gefühle zurück.

Damit fallen wir ins 3. Haus zurück, wo bestimmte Wörter noch wertfrei waren und bloß Dinge beschrieben.

Eltern beeinflussen unsere Gefühle, weil ihre Verhaltensweisen Richtlinien für uns sind, ob wir sie annehmen wollen oder nicht. Unsere Gefühlsgrundlage ist eine Mischung und Ergänzung derjenigen unserer Eltern, und wir realisieren, daß das Familiensystem durch Gefühle zusammengehalten wird, die nicht unbedingt in sich stimmen oder gerecht sein müssen. Es kann sein, daß wir uns mit dem einen Elternteil verbundener fühlen als mit dem anderen; mit der Zeit müssen wir aber ihre Beziehung zueinander berücksichtigen. Unsere Fähigkeit, diese komplexen Beziehungen zu verstehen, zeigt an, welche Art von Zuhause und Familiensystem wir später im Leben selbst suchen oder vermeiden. Der Elternteil, mit dem wir die engere Verbindung hatten, wird oft Vorbild für unsere eigene spätere eheliche Rolle. In Familien, in denen ein Elternteil fehlt, muß der andere beide Rollen übernehmen.

Sonne und Mond stellen den Einfluß unseres Vaters und unserer Mutter im Horoskop dar; ihre Stellung bedingt die gefühlsmäßigen Wertmaßstäbe der Eltern. Je nach ihrer Stellung können die Lichter (Sonne und Mond) einen die Bedeutung dieses Hauses unterstreichenden Einfluß, einen ihm gleichlaufenden, einen unterdrückenden oder gar keinen Einfluß darauf haben.

Gefühle sind der Kitt der Familienbeziehungen, und unsere Gefühle sind für unsere Familie wie auch für uns wichtig. Sind unsere Gefühle blockiert oder können wir sie nicht ausdrücken, dann wenden wir uns zum 3. Haus mit seinem Instinktdenken zurück — wir fühlen uns einfach nicht zuhause.

Das 4. Haus betrifft Gefühle über unsere Mitteilungsfähigkeit daheim und in der Familie.

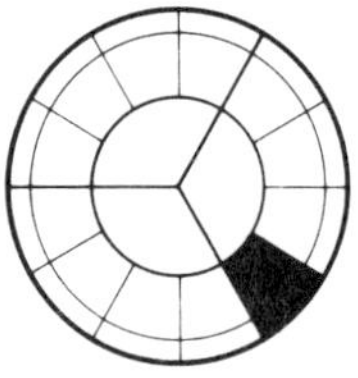

Das 5. Haus (Löwe)

Von sieben bis dreizehn Jahren

In den ersten vier Häusern der Kindheit entwickeln wir unsere Persönlichkeit, und im 5. Haus drücken wir uns in der Außenwelt aus und werden selbst-bewußt. Diese Zeit fällt mit der Volksschulzeit zusammen.

Das hauptsächlichste Ausdrucksmittel ist hier das Spiel, da Spiele ein natürliches Ausdrucksmittel für unsere Fähigkeiten sind, mit anderen in Verbindung zu treten. Die besonderen Spiele, die wir aussuchen oder spielen müssen, stecken eine Reihe von Möglichkeiten ab: manche Spiele kanalisieren unsere Energie, während andere keinen Selbstausdruck erlauben. Einige unter uns stellen lieber eigene Regeln auf, andere spielen nach allgemein akzeptierten Grundsätzen, wieder andere müssen ihre Spielregeln von anderen erhalten, und manche lassen überhaupt nicht zu, daß jemand mit ihnen spielt. Die Art unserer Spiele und unsere Einstellung gegenüber festgelegten Regeln bestimmen später unsere persönlichen Beziehungen. Zu Freunden, mit denen wir spielen und Regeln erstellen, bauen wir einen herzlichen Kontakt auf. Persönliche Beziehung entsteht aus der Einwilligung zum Spiel.

Im Spiel kann man Energie austauschen, körperliches Können oder intellektuelle Überlegenheit beweisen; Spiele liefern ein Ventil für Gefühle, oder das alles in beliebigen Mischungen. Die besten Spiele enthalten all diese Elemente. Der Rahmen, in dem sich diese Beziehungen entwickeln, ist die Schule, welche uns Regeln beibringt, die in unserer sozialen Schicht, Religion, unserem geographischen Gebiet oder Land für wichtig gehalten werden. Wir entscheiden uns für bestimmte konventionelle Spiele und übergehen andere oder lehnen sie ab. Die offenen Spielmöglichkeiten bilden einen Kontrast zur strengen Schuldisziplin. Ein gut angepaßtes Kind bringt beides ins Gleichgewicht.

Außerhalb des Einflußbereichs unserer Eltern werden Lehrer und Menschen, die berufsmäßig «spielen», hauptsächliche Rollen-Vorbilder für Denken und Handeln. Oft werden hier Ideale «angebetet». Die Beschäftigung mit Schule oder Spielen schafft ein Muster, dem wir später im Leben, vor allem in geschlechtlichen Beziehungen, folgen. Gibt es mit Spiel und Schule Schwierigkeiten, dann findet eine Regression in die Sicherheit von Zuhause und zur Mutter im 4. Haus statt.

Das 5. Haus akzeptiert das Spiel als eine Möglichkeit, sich auszudrücken und mit anderen Beziehungen einzugehen.

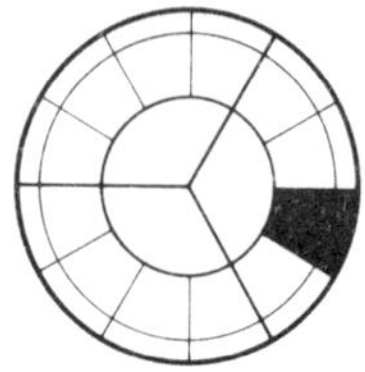

Das 6. Haus **(Jungfrau)**

Von dreizehn bis dreiundzwanzig Jahren und fünf Monaten

Im 6. Haus macht man Unterschiede; hier wird auch die Körperlichkeit selbstbefangener Adoleszenz erlebt. Die Pubertät begleitet diese Zeit, in der der Übergang in höhere Schulen und der große Kampf zwischen den Spielen, die wir lernen, und der Realität der Welt stattfindet.

Die Identifizierung mit den Eltern, die wir im 5. Haus auf Lehrer oder Helden übertragen haben, haben wir jetzt in uns aufgenommen. Ausdrucksmittel wird der Körper, da unser Rollenspiel jetzt Sexualität mit einbezieht — die Art der Beziehung zu unserem Körper bestimmt die Art unserer Arbeitsbeziehungen. Werden wir von sinnlichen Reaktionen Dingen gegenüber, einschließlich unserem Körper, geleitet, dann erwarten wir, für andere zu arbeiten oder zu dienen; kontrollieren wir unsere Empfindungen, dann können wir damit rechnen, selbst zu führen und daß andere uns bei der Arbeit dienen. Wie stark wir uns mit unserer Körperlichkeit beschäftigen bestimmt, wo zwischen diesen beiden Extremen wir liegen. Wir müssen uns entscheiden, Verantwortung für unsere eigenen Entscheidungen zu übernehmen und eine physische Realität aufzubauen.

Viele unserer Entscheidungen betreffen den Körper: Wir müssen Kleider aussuchen, essen, uns um unsere Gesundheitspflege und Information kümmern. Unsere Gesundheit spiegelt das allgemeine Gleichgewicht unserer körperlichen Bedürfnisse wider.

Entscheidungsschwierigkeiten führen zu Krankheit. Die vielen im 5. Haus möglichen Spiele und Betrachtungen werden jetzt eingeschränkt, und wir müssen uns für das Wesentliche entscheiden.

Es ist unmöglich, vor dieser Zeit Ideale von der Wirklichkeit zu trennen; so erscheint es, als habe man eine vollständige Kontrolle über die Welt, bis faßbare Hindernisse dazwischentreten, etwa geistige oder körperliche Behinderungen, fehlende finanzielle Möglichkeiten oder gesellschaftliche Schranken. Die Ordnungssysteme, die wir kennengelernt haben, stehen im Widerspruch zu jetzigen Abläufen in der Schul-

oder Arbeitswelt. Spielverhalten und -techniken müssen in Arbeitssituationen kanalisiert werden. Wurde vorher spezielles Wissen gefördert, so ist jetzt Flexibilität gefragt. Entweder übernehmen wir die Kontrolle über unser eigenes Leben oder lehnen sie ab.

Die Beziehungen, die bislang bestimmten Regeln gehorchten, werden nun außerhalb von familiären und gesellschaftlichen Gesetzen erprobt. Die Sexualität besteht zu Beginn dieses Hauses bloß aus Phantasien; diese werden entweder zugunsten wirklicher körperlicher Beziehungen aufgegeben, oder aber bleiben für immer Phantasien. Hier kann der Gegensatz zwischen dem Mädchen von nebenan und der Klappfigur im *Playboy* überwunden werden oder wird zu einer lebenslänglichen Phantasie. Oft wird eine getroffene Wahl zur Bindung, wenn wir etwa in einer frühen geschlechtlichen Erfahrung ein Kind zeugen. Versuchungen zu widerstehen führt zu Naivität, unvernünftiges Experimentieren dafür zu frühzeitigen Verpflichtungen. In dieser Zeit geht es um die Fähigkeit, frühe Eindrücke des Lebens zu verbinden und uns als zusammenhängendes Ganzes zu verstehen, anstatt eine Ansammlung von Teilstücken zu bleiben. Kritik an anderen bildet ein Gegengewicht zu unserer Selbstkritik; wir mögen andere präzise und objektiv beurteilen, uns selbst aber nicht. Wenn wir keine Entscheidungen treffen oder uns organisieren können, fallen wir in die spielerische Haltung des 5. Hauses zurück.

Das 6. Haus ist die Fähigkeit, sich mit Körper, Gesundheit, Arbeit und Geschlechtlichkeit in der Welt zurechtzufinden.

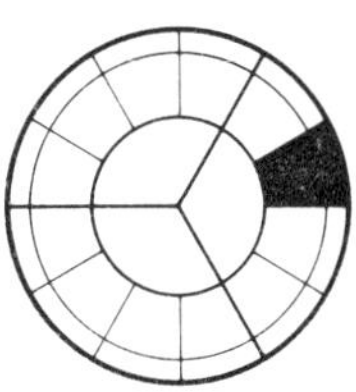

Das 7. Haus **(Waage)**

Von dreiundzwanzig Jahren und fünf Monaten bis zu zweiundvierzig Jahren

Jetzt stehen wir der Zeit genau gegenüber, zu der unsere Persönlichkeit bei der Geburt in der logarithmischen Zeitrechnung ausgelöst wurde; wir sehen uns als Gegenteil dessen, was wir wirklich sind, wobei die Polarität eine objektive Sicht fördert. Unsere Persönlichkeit wurde durch Eltern, Brüder, Schwestern und unsere frühere Umgebung beeinflußt und muß nun mit der Außenwelt in Einklang gebracht werden. Das Gleichgewicht, das wir zwischen innen und außen anstreben, schlägt sich sowohl in unserer ehelichen als auch beruflichen Partnerwahl nieder. Wir verlassen die Subjektivität und Unbewußtheit der unteren Hälfte unseres Horoskops und steigen in die obere, bewußte und objektive Hemisphäre auf. Synthese bedeutet, sowohl die positiven wie negativen Züge, die sich während unserer ersten dreiundzwanzig Jahre und fünf Monate entwickelt haben und zum Ausdruck gekommen sind, miteinander zu verbinden.

Partnerschaften ergeben sich aus der Summe unserer Erscheinung, Beziehung zu den Eltern, Erziehung, Kommunikationsfähigkeit, Anziehungskraft, unseres Ehrgeizes und unserer Konflikte: unser Partner ist der ausgleichende Faktor in dieser komplizierten Gleichung, jemand, der diejenigen Eigenschaften zu besitzen scheint, die uns fehlen, die wir jedoch gerne besäßen. Diese Eigenschaften werden auf Partner projiziert, ob sie sie wirklich haben oder nicht. Oft ist es wichtiger herauszufinden, was wir über einen Partner denken und fühlen, als wie er oder sie wirklich ist.

Das 7. Haus liegt dem 1. Haus gegenüber, das in den Monaten nach der Geburt Selbstbehauptung erforderte. Wir suchen eine Partnerschaft, die ein Gegengewicht zur Stärke unserer Persönlichkeit darstellt. Das Wesentliche in einer Partnerschaft ist der *Prozeß*. Und ein Hineinwachsen, das Wachstum, das der Partnerschaftsprozeß erlaubt und fördert, ist sehr wichtig. Wenn wir uns selbst darstellen können und mit den entgegengesetzten Eigenschaften unseres Partners vertraut werden, nehmen wir sie nach und nach in unser ganzes Wesen auf, genau wie ein gleichlaufender Prozeß in diesem abläuft. Übermäßige Stärke oder Schwäche in einem der Partner spiegelt ein ähnliches Ungleichgewicht *in* jedem der beiden Partner wider.

Geschäftsbeziehungen entsprechen unseren persönlichen Beziehungen: Erfolgreiche Geschäfte bedingen, daß Angestellte ihre persönlichen Bestrebungen zum Wohl des Ganzen zurückstellen. Trotzdem möchte jeder einzelne vorankommen und weiterhin seinen oder ihren eigenen Einfluß ausüben. Die Individualität aller Beteiligten greift in der gemeinschaftlichen Arbeit ineinander. Je höher man im Beruf steigt, desto notwendiger wird es, sich über das ganze Unternehmen ein Bild machen zu können.

Die jetzige Ehe ist eine vertragliche Vereinbarung und damit der Moral und gesetzlichen Kontrolle unterworfen. Folglich sind viele Ehen Transaktionen, in denen die Beteiligten außer Wohnung und

Kindern wenig in bezug auf Wachstum und Entwicklung gemeinsam haben. Die Verhaltensregeln innerhalb einer Beziehung sollten beiden Partnern den Spielraum zur Entfaltung gewähren, sie müssen aber im gemeinsamen Interesse auch zusammenhalten. Das trifft sowohl für heterosexuelle wie homosexuelle Beziehungen zu. Man muß Rollen zuerst definieren und sie dann spielen. Der Erfolg einer Beziehung hängt von der Weitsicht ab, wie die miteinander verflochtenen Bedürfnisse sowohl jedes Partners als auch der Ehe als Ganzem bestimmt werden. Die Befreiung von Frau und Mann aus stereotypen Familienrollen ist wichtig, vergessen wir dabei aber nicht, daß wir es selbst sind, die diese Rollen und Regeln aufstellen und mißachten.

Wenn unsere Persönlichkeit sehr komplex ist, wird es notwendig sein, über eine Zweierbeziehung hinauszugehen. Das kann eine Reihenfolge von Wachstums-Partnerschaften bedeuten oder zum Wunsch nach einer Beziehung mit der Welt selbst führen. Menschen, die in der Öffentlichkeit stehen, opfern oft persönliche Beziehungen zugunsten ihrer Karrieren.

Ein Unvermögen, mit anderen in Beziehung zu treten, bedingt eine Regression zurück in die unbewußte Hälfte des Horoskops. Wir stellen dann fest, daß Partnerschaften zu Arbeit werden (6. Haus), zu Spiel (5. Haus), zu Schutz (4. Haus), kindlich (3. Haus), rein körperlich (2. Haus) oder allein in der Selbstbehauptung stattfinden (1. Haus). Im Idealfall finden sich alle in den früheren Häusern beschriebenen Elemente in einer Mischung vor.

Im 7. Haus geht es um die Fähigkeit, dauerhafte Beziehungen einzugehen.

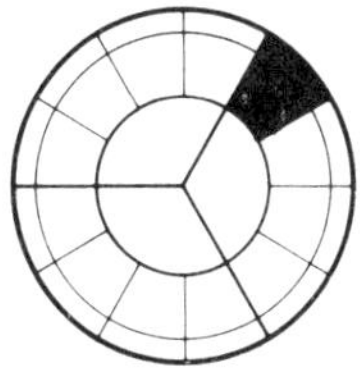

Das 8. Haus (Skorpion)

Von zweiundvierzig Jahren bis zum Tod

Das 8. Haus ist das letzte Haus und beherrscht den langsamen Rückzug aus dem Leben. Da es dem 2. Haus gegenüberliegt, dem Eintritt in die körperliche Welt der Sinne, bedeutet das 8. Haus das Loslassen unserer Herrschaft über die sinnliche Welt. Wir lernen die Ergebnisse unseres Lebenswerkes kennen, und alle ausstehenden Schulden werden bezahlt. Am Ende dieser Zeit sollten wir «unseren Frieden» mit der Welt geschlossen haben.

Dies ist das Alter, in dem wir langsam die Kontrolle über unsere eigenen Geschäfte auf- oder weitergeben müssen. Das Ende des 7. Hauses entspricht der Zeit des größtmöglichen Erwerbs, wenn wir aber durch das 8. Haus vorwärtsschreiten, muß der Wunsch nach Anhäufung in eine Bereitschaft verwandelt werden, Dingen ihren Lauf zu lassen. Losgelöstheit von der Welt begleitet das Altern. Die Abhängigkeit von Gefühlen, Gedanken, Willensäußerungen anderer Menschen bis zur Abhängigkeit von körperlicher Unterstützung wird größer. Nach einem Leben der Eigenkontrolle ist es hart, die eigenen Angelegenheiten aus der Hand geben zu müssen.

In dieser letzten Lebensphase nimmt der Spannungsbogen unserer Energie ab, was sich in unseren Betätigungen spiegelt. Eine gesunde Zunahme der Beschäftigung mit Metaphysik, Religion und dem Unfaßbaren ist ein Weg, den Mittelpunkt des Interesses von einer jugendgemäßen Befriedigung auf symbolische Beschäftigungen des Alters zu verlagern. Freunde sterben; altbekannte Stätten scheinen nicht mehr dieselben zu sein; die Betätigungen im reifen Alter ermüden; die physische Welt löst sich in eine innere, spirituelle Welt auf, die hinter den Erscheinungen liegt. Beim senilen Menschen greift die innere Welt buchstäblich auf die äußere Welt über und fängt an, diese zu beherrschen.

Die wichtigste Folgeerscheinung des Alterns ist, daß unser Zeitgefühl derart zusammengedrängt wird — weil unser Stoffwechsel sich immer mehr verlangsamt, bis er ganz aufhört, so daß die Welt vorbeizufliegen scheint. Alles was wir noch tun können, ist dasitzen und zusehen. Bis wir auf eine Situation reagiert haben, ist sie vorbei. Der Geist bewegt sich schneller, als der Körper reagieren kann. Wenn wir autofahren, sehen wir, wie unser Auto an einer Stange aufprallen wird, aber können nicht rechtzeitig handeln, um das zu verhindern. Die Verschlechterung der Sinne bedeutet Verlangsamung der Wahrnehmung — unser Verständnis kann einfach nicht mehr mit der Wahrnehmungsgeschwindigkeit um uns herum Schritt halten.

Das 8. Haus und der Tod, der es beendet, ist die wichtigste Zeit im Leben. Wir sollten fähig sein, uns mit Anmut und Würde von der Welt zurückzuziehen. Verstehen wir die Notwendigkeit richtig, Kontrolle und Besitz aufzugeben, dann schaffen wir die besten Bedingungen für den Tod. Bleiben Dinge ungetan und herrscht ein Festhalten vor, dann wird der Tod zu einer schrecklichen Qual. Das wichtigste Ziel ist jetzt, unsere schwindenden Energien auf ihre unfaßbare Herkunft auszurichten, unser Verständnis des Lebens und der Welt an die weiterzugeben, die jünger sind, und ein Interesse für die letzte große Transformation beizubehalten.

Das 8. Haus ist die Trennung vom Leben, je mehr wir uns dem Tod nähern.

DIE HÖHERE OKTAVE

Der Prozeß des Lebens von der Empfängnis an der Spitze des 9. Hauses bis zum Ende des 8. Hauses beschreibt unser Dasein auf der Erde. Das Leben ist ein Kreis in der Zeit. Wie. T. S. Eliot dies so schön in Worte faßte:

> Wir werden nicht nachlassen in unserem Forschen.
> Und das Ende unseres Forschens
> Ist, an den Ausgangspunkt zu kommen
> Und zum erstenmal den Ort zu erkennen.

Um das Leben zu verstehen, müssen wir es in seiner Ganzheit in der Zeit sehen. Die Freuden, Leiden, bedeutungsvollen Momente und trivialen Vergnügen, die Komplexität und Einfachheit, Liebe und Ängste, die Hauptpersonen und die Mitspieler, alle müssen sie zu einem *Leben* verwoben werden. Solange wir das Ganze nicht verstehen, können wir nicht über uns selbst hinauswachsen.

Die meisten Menschen leben ein Leben der Gewohnheit: sie werden gezeugt, geboren, wachsen auf und sterben. Wenn wir sehen, wie sie die Straße hinuntergehen, müssen wir nicht Astrologen sein, um vorherzusagen, woher sie kamen und wohin sie gehen. Sie versuchen nie, ihre Wirklichkeit über ihre körperliche, persönliche Situation hinaus auszudehnen. Ihre Handlungen und Gefühle werden ihnen von der Welt vorgeschrieben, sie sind in der Zeit gefangen und können sich nicht davon lösen, noch wollen sie es. Vielleicht wehrten sie sich früh im Leben eine kurze Zeit lang, aber schließlich haben sie sich um der Anpassung willen dem Druck der Welt gebeugt.

Das eben beschriebene Leben ist wie der Kreis des Horoskops, weil beide in einer Dimension existieren. Wie das Blatt Papier, auf dem das Horoskop aufgezeichnet ist, wird der Kreis zu einer Linie, wenn du ihn aus einem bestimmten Winkel betrachtest. Für die meisten ist das Leben eine immerwährende, sich wiederholende Bewegung um den Kreis herum. In seiner unbewußtesten Form ist das Leben eine gerade Linie von einer bestimmten Länge, aber ohne Höhen oder Tiefen. Die Zeit wirkt als vollständiger Zwang, und die Bewegungsmöglichkeit ist minimal, wenn nicht gar inexistent, falls das Leben um die Peripherie des Horoskopkreises unbewußt gelebt wird. Am Ende des Lebens findet die Rückkehr zum Beginn statt, aber ohne zu wissen, daß eben das geschehen ist.

Die zweidimensionale Anschauung der Wirklichkeit gleicht der Vorstellung, die die meisten Menschen, Männer oder Frauen, von unserem Sonnensystem haben. Allgemein wird angenommen, die Planeten und deren Monde kreisten um die Sonne, die im Zentrum feststehe. Tatsächlich aber ist die Sonne nur eine von Milliarden Sonnen in der Galaxie der Milchstraße, und sie dreht sich mit einer Geschwindigkeit von 1,69 Millionen km am Tag um das galaktische Zentrum! Bei dieser hohen Geschwindigkeit scheinen die sich drehenden Planeten und Monde den inneren leuchtenden Pfad der Sonne spiralförmig zu umkreisen wie Glühfäden einen glühenden Draht (siehe Abbildung auf dem Umschlagrücken). In der Zeit bildet der Spiralen bildende Kreis unseres Sonnensystems einen komplexen Zylinder.

Abbildung 7 ist ein Horoskop, das in einem Lebenszylinder auseinandergezogen worden ist, in dem die Empfängnis auf dem Boden und die Oktave der Transzendenz zuoberst liegen. Während des Lebens füllt sich der Zylinder mit Erinnerungen, und der gegenwärtige Augenblick ist die Oberfläche. In und außerhalb dieses Zylinders kreisen die Planeten, als Spiegel unseres Lebensmusters und in zeitlicher Abfolge mit diesem synchron. Die meisten sehen ihr Leben nur als Oberfläche des Zylinders über einer trüben Flüssigkeit, während der selbstverwirklichte Mensch einen kristallklaren Zylinder vor- und rückwärts in der Zeit wahrnimmt und fähig ist, willentlich über dessen Begrenzungen hinauszugehen.

Die graphische Darstellung des Sonnensystems in der Zeit weist in seiner Struktur eine deutliche Ähnlichkeit mit dem genetischen Code DNS-RNS auf, ebenfalls ein Muster, das in der Zeit abläuft. Die Sprache der Astrologie ist eine Schwester der Sprache der Genetik. Die zwölf Grundeinheiten der DNS (Desoxyribonukleinsäure) lassen sich in vier Hauptbestandteile unterteilen, ähnlich den zwölf astrologischen Zeichen und vier Elementen. Sowohl die Spirallinie des Sonnensystems in der Zeit als die doppelte Helixspirale der DNS sind Energiemuster, die die Gestalt des gesamten Entwicklungsprozesses des Lebens in sich tragen und aufzeichnen. Ein Querschnitt durch die DNS legt ein Gen,

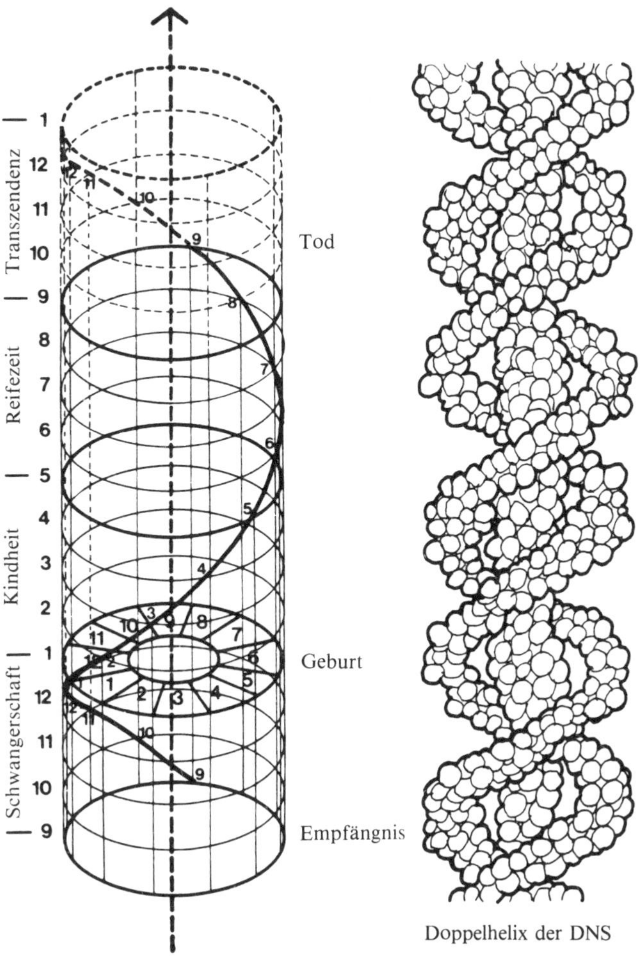

Abbildung 7: Der Lebens★Zeit Astrologie-Zylinder

Dehnt man das Horoskop in der Zeit um die mittlere Achse aus, dann kommt die Empfängnis zuunterst und die Transzendenz zuoberst auf den Zylinder zu liegen. Mit dem Älterwerden füllt sich der Zylinder mit Wahrnehmungen und Erinnerungen. Die Gegenwart ist die Oberfläche des Inhalts, was die meisten als das Ganze anschauen. Äußere Lebensumstände finden an der Außenseite des Zylinders statt, während innere Ereignisse innen im Zylinder ablaufen.

eine codierte Mitteilung frei, welche die biologische Zusammensetzung und Entwicklung lenkt, genauso wie eine astrologische Planetenkonstellation mit ihren Aspekten einen Lebensmechanismus und das Ereignis beschreibt, durch welches sie sich ausdrückt. In Übereinstimmung mit Rupert Sheldrakes revolutionärem Konzept der Gestaltresonanz wird die Entstehung von Organismen nicht allein durch die DNS bestimmt. Es gibt ein Entwicklungsmuster in der Zeit, das von der DNS auf die physische Ebene übertragen wird. Ähnlich schaffen die Planeten keine Ereignisse, sondern sind bloß Träger der umfassenden Entwicklung aller Individuen, die hier als Lebensprozeß dargestellt wird. Die Astrologie schildert die gesammelten Erinnerungen aller Menschen, die je gelebt haben, und die Tierkreiszeichen sind die astrologischen Symbole, die die zwölf Entwicklungsstadien beschreiben.

Die Fähigkeit, alles Leben zu verstehen, setzt ein Verständnis unseres eigenen Lebensprozesses voraus. Unser Leben als eine zylindrische spiralförmige Bewegung des Sonnensystems zu sehen, weitet die Perspektive des zweidimensionalen Kreises aus, den wir als die Gestalt des Sonnensystems annehmen. Ein analoger Prozeß ist notwendig, um unser Leben auf eine höhere Ebene der Wirklichkeit zu heben, auf eine *transzendente Wirklichkeit.*

Um den Zugang zur Oktave der Transzendenz in unserer Entwicklung zu erreichen, müssen wir unsere Wirklichkeit über die Grenzen der dreidimensionalen Welt der Sinne ausdehnen. Der Prozeß der Empfängnis und der Schwangerschaft beschreibt, wie wir erschaffen werden; er ist ebenfalls das Grundmuster für unsere transzendente Wirklichkeit. Die Art und Weise, wie unsere Eltern uns gezeugt haben, ist ein Gleichnis für die Art, wie die männlichen und weiblichen Seiten unseres Wesens sich schöpferisch miteinander verbinden. Die Art, wie unsere Mutter wahrnahm, daß sie schwanger war, ist ein Vorläufer für die Art, wie wir zum ersten Mal unsere kreative Natur entdecken. Der Prozeß der Schwangerschaft beschreibt, wie unsere Kreativität sich auszudrücken vermag.

Die Oktave der Transzendenz ist die höhere Ebene der Schwangerschaft; wenn wir also unsere Schwangerschaft nachvollziehen können, können wir den Prozeß der Transzendenz verstehen. Wenn unsere Mutter eine problemlose und befriedigende Schwangerschaft erlebte, dann wird dasselbe auf unsere transzendente Wirklichkeit zutreffen. Schwierigkeiten während der Schwangerschaft spiegeln Blockierungen wider, die uns vom Zugang zu höheren Wahrnehmungen abhalten können; ein Abtreibungsversuch etwa führt zur Tendenz, einen kreativen Prozeß vorzeitig abzubrechen. Die Ereignisse während der Schwangerschaft bilden ein Grundmuster dafür, wie wir unser kreatives Potential im Leben ausdrücken.

Die Oktave der Schwangerschaft beginnt und beendet auch unser Leben in der Zeit: sie vervollständigt und umschließt den Kreis, wobei sie uns die Möglichkeit gibt, uns vom Kreis zu befreien. Das Tor zur Oktave der Transzendenz im Horoskop ist der Empfängnis- und Todespunkt an der Spitze des 9. Hauses. Die Art, wie wir gezeugt wurden, ist ein Vorläufer der Art, wie wir in die Oktave der Transzendenz eintreten; wir müssen durch die Pforten des Todes treten, bevor wir die Grenzen eines reflexartigen Lebens überschreiten können. Der Durchgang durch diese Pforte ist die Initiation.

DIE INITIATION

Die Initiation war ein Ritual, dem sowohl Frauen wie Männer unterzogen wurden. Die Einzuweihenden wurden von ihrem Elternhaus entfernt, der Merkmale ihrer Kindheit entledigt und strengen Geduldsoder Kraftproben unterworfen. Oft mußte der Eingeweihte ein Totemtier aufspüren und töten, das bedeutete Kampf auf Leben und Tod. Wenn die Prüfung erfolgreich bestanden war, wurde der Eingeweihte in der Geschichte und inneren Tradition seines ganzen Stammes oder seiner Religion unterrichtet. Er oder sie bekam einen neuen Namen, eine neue Identität und einen neuen Stand als Individuum.

Ein Ziel der Initiation war, Eingeweihten die Erkenntnis zu vermitteln, daß es lebenswichtig war, ein höheres Ziel anzustreben — etwa das Überleben des gesamten Stammes —, das über persönliche Werte im Leben hinausging. Die Kraft liegt im ganzen Leben oder im ganzen Stamm oder in der ganzen Kultur, und nicht nur in einem Teil; das ist ein Gedanke, der heute vonnöten wäre. Der Schock der körperlichen Prüfung und des Schmerzes verlieh dem übermittelten Gedankengut mehr Eindringlichkeit. Die Initiation gab dem Leben eine Ausrichtung und einen Inhalt, die der Unbewußtheit in der Kindheit gefehlt hatten.

Der klassische Initiationsprozeß ist ausgestorben, aber es gibt Möglichkeiten, durch die wir heute noch Zugang dazu haben. Eine der augenfälligsten Einweihungen ist das Austragen und Gebären von Kindern, das Mysterium der Frau in praktisch allen Kulturen der Welt. Die Initiation beginnt mit der ersten Menstruation des jungen Mädchens und erreicht ihren Höhepunkt mit der Geburt ihres ersten Kindes. Diese Mysterien der Frauen waren ebenso schmerzhaft und traumatisch wie die äußerlich heftigeren Einweihungsrituale der Männer, und möglicherweise waren sie noch wirkungsvoller.

Die erste Menstruation ist ein biologisches Signal, daß die Frau erwachsen ist und empfangen kann. Es beschwört die Reifung der Eizelle herauf, aus der die Frau selbst empfangen worden war. Wie die Eizellen in ihrem jungen Körper reifen, ist auch sie selbst reif für das Leben. Menstruationsblut war heilig, und ausgeklügelte Tabus wurden eingehalten, gewöhnlich in Form von Absonderung, um eine Frau und ihren Stamm gegenseitig voreinander zu schützen. Das erste Zeichen der Schöpfung in ihr wurde mit einer rituellen Trennung beantwortet — einem symbolischen «Tod» in ihrer Beziehung zum Stamm. Sie würde nie mehr dieselbe sein wie vorher. Ähnlich ist die Schwangerschaft ein Initiationsprozeß für die Mutter.

Wenn eine Frau ihr erstes Kind empfängt, verändern sich die Muster und Orientierungen ihres Lebens unwiederbringlich, sie «stirbt» für ihr früheres Leben. Die Gedanken, Gefühle, Intuitionen und Empfindungen, die ihre Schwangerschaft begleiten, sind eine innere Wandlung, die mit ihrer äußeren, körperlichen Veränderung einhergehen. Das Element «Leben oder Tod» beeinflußt sowohl sie als auch das Kind, das sie trägt, besonders bei der Geburt. Eine Frau kann erfahren,wie es sich anfühlt, ihr Leben für ein anderes aufs Spiel zu setzen.

Wird eine Frau schwanger, durchlebt sie den Prozeß wieder, als ihre Mutter mit ihr selbst schwanger ging. Durch die Zeiteinteilung der *Lebens★Zeit Astrologie* kann ihre eigene Embryonalzeit als Grundlage herausgeschält werden, auf der sie und ihr Kind eine eingeweihte Wirklichkeit aufbauen können. Es ist weniger wichtig, auf den Prozeß des Austragens selbst einzuwirken als zu verstehen, wer sie ist und was ihr Verhalten und ihre Entscheidungen für Folgen haben. Einweihung ist die Fähigkeit, Verantwortung für die Schöpfung außerhalb des eigenen Lebens zu übernehmen.

Der Initiationsprozeß des Mannes ist, trotz ähnlichen Ursprungs, sehr verschieden. Männer können keine Kinder empfangen oder austragen. Das Mysterium der Schöpfung wird idealisiert, abstrahiert und ritualisiert. Der Akt des männlichen Orgasmus ist wie eine Erlösung im Tod: der Kampf jeder einzelnen von Millionen Samenzellen um das Überleben im Wettrennen, die Eizelle zu erreichen, ist äußerst symbolisch. Die Kraftprobe der Einweihung beschwört diesen Zeugungsakt herauf und liefert das Sprungbrett zu einem höheren Ziel im Leben.

Es gibt viele Möglichkeiten, die Einweihung zu erfahren. Da sie den symbolischen Tod einer vorhergehenden Lebenseinstellung bedeutet, kann der Prozeß durch die Nähe des Todes ausgelöst werden, durch einen körperlichen Schock oder Unfall, durch Gemütserschütterungen, intellektuelle Bewußtseinskrisen, psychedelische Drogen oder Pflanzen, durch Meditation oder einen religiösen Impuls. Ereignisse dieser Art sind nie geplant, sondern geschehen zufällig. Manchmal wird die Wirkung von Gipfelerfahrungen sofort unterdrückt oder vergessen, aber haben wir einmal gesehen, wie verletzlich das Leben ist, werden wir nie wieder dieselben sein. Dies ist wahr, ob wir uns nach dieser Erfahrung richten oder nicht.

Der Schauspieler oder die Schauspielerin, die ihre Persönlichkeit ablegen können, um in andere Rollen zu schlüpfen, erfüllen die Bedingungen eines sinnbildlichen Todes und einer sinnbildlichen Wiedergeburt. Der Historiker, der vergangene Zivilisationen erforscht, verlagert seine «Wirklichkeit» letztlich in eine frühere Zeit zurück. Er ist in dem Maße erfolgreich, als es ihm gelingt, die zeitgenössische Weltsicht hinter sich zu lassen, um die Sichtweise eines gewählten historischen Zeitalters anzunehmen, und dann die beiden durch die Zeit getrennten Welten zu vereinen.

Psychedelische Pflanzen und Drogen heben ebenfalls aus der «normalen» Wirklichkeit in Raum und Zeit heraus. Da psychedelische Drogen durch ihre chemische Wirkung den Stoffwechsel des Körpers beschleunigen, ist die daraus erfolgende Reise buchstäblich eine Reise rückwärts durch das Leben. Ein schnellerer Stoffwechsel ist die Qualität jugendlicher Wahrnehmung, und je schneller er wird, umso jünger wird unser Wahrnehmungsalter. Wir sehen die Welt, wie wir sie als Kind sahen. Astrologisch gesehen reisen wir im Uhrzeigersinn gegen die natürliche Bewegung der Zeichen und Häuser zurück zum Aszendenten und weiter in die Schwangerschaft hinein. Starke Dosen schleudern uns in die Gebärmutter zurück. Der Persönlichkeitsverlust, den wir durch psychedelische Drogen erfahren, geschieht, wenn wir durch unsere eigene Geburt hindurch zurückgehen! Werden Drogen richtig verstanden und verabreicht, dann liefern sie eine Möglichkeit, das Leben nachzuerleben und die Existenz ohne Persönlichkeit zu erfahren — das gewöhnliche Leben zu transzendieren.

Unsere eigene Sexualität verbindet Empfängnis und Tod. Der Orgasmus ist ein symbolischer Tod und eine Gelegenheit, unsere Empfängnis zu Lebzeiten zu erleben. Die Verbindung von Sexualität und Kreativität wird durch die Art des Geschlechtsakts zwischen unseren Eltern bestimmt, der jedesmal, wenn wir Liebe machen, heraufbeschworen wird. Sex ist eine Einweihung, wie die Übungen des östlichen «Tantrischen Yoga» bestätigen. Der Nachvollzug des Geschlechtsakts, in dem wir gezeugt wurden, liefert einen einmaligen Schlüssel zum Verständnis unserer eigenen Kreativität, Sexualität und einen Zugang zu unserer die Wirklichkeit transzendierenden Oktave.

Die Psychoanalyse, Psychotherapie und andere analytische Prozesse können Initiationen sein, da wir unser Leben mit Unterstützung eines geschulten Führers in Richtung Schwangerschaft zurückverfolgen. Freie Assoziation, Hypnose, Nacherleben archetypischer Situationen durch Psychodrama, Bewegung, Worte oder Symbole können Einblicke erlauben; solche können auch in Anwesenheit eines einfühlenden Zuhörers zustande kommen. Richtig ausgeführte Körperbewegungen im Sport, Laufen, in Streckung und Dehnung, im Tanz und Sex führen oft zu einem Durchbruch in die Transzendenz. Yoga, Kampfkünste, Tai Chi, Meditation und andere im Osten entwickelte Techniken sind besonders auf das allen gemeinsame Ziel der Einheit ausgerichtet.

Einweihungsprozesse rufen jene Wirklichkeit hervor, die hinter der physischen liegt, und setzen schöpferisches Potential frei. Die Anwendung der logarithmischen Zeiteinteilung der *Lebens★Zeit Astrologie* ist ein weiteres Mittel zu diesem Zweck. Sie ist äußerst hilfreich als ein Grundmuster, das man zusammen mit anderen Techniken anwenden kann. Wenn einmal ein Durchbruch in die höhere Oktave der Transzendenz gelungen ist, dann bekommen die vier Schwangerschaftshäuser eine zusätzliche, tiefere Bedeutung.

DIE HÄUSER DER HÖHEREN OKTAVE

Die Zeit der Schwangerschaft, die mit der Empfängnis beginnt und mit der Geburt endet, ist ein Muster unseres eigenen kreativen Prozesses und unserer potentiellen transzendenten Entwicklung.

Die Art, wie wir gezeugt und empfangen wurden, kann anhand von *Lebens★Zeit Astrologie* rekonstruiert werden. Vater und Mutter sind die männlich + weibliche, positiv + negative und Samen- + Eizelle-Verbindung, aus der wir hervorgingen, und jeder Elternteil trägt beide Polaritäten in sich. Es kann sein, daß unser Vater aktiv oder passiv war, daß unsere Mutter passiv oder aktiv war oder irgendeine Mischung dieser beiden entgegengesetzten Spielarten der Lebenskraft. Welcher Elternteil für den Zeugungsimpuls verantwortlich war, schlägt sich als kreativer Impuls in unserem Leben nieder. Der andere Elternteil stellt jene Anteile in uns dar, auf die eingewirkt wird. Die Art und Weise, wie unsere Eltern umeinander geworben und einander verführt haben, ist das Spiegelbild unseres eigenen kreativen Verlaufs. Wir können zufällig entstanden oder geplante Kinder gewesen sein, die Werbung kann einseitig erfolgt oder beidseitig stattgefunden haben, gelangweilt, in hohem Maße sexuell, geschlechtslos, rein körperlich, außerordentlich gefühlvoll, intellektuell, gewaltsam, distanziert, voller Zuneigung, sportlich oder faul stattgefunden haben. Wie auch immer die Umstände waren, unser Zugang zur Kreativität wird die Art der Empfängnis als Beziehung zwischen unseren Eltern widerspiegeln.

Der physische Zeugungsakt ist ein Sinnbild für unsere Fähigkeit, uns schöpferisch in der physischen Welt auszudrücken. Jeder der Eltern mag ursprünglich den kreativen Impuls verspürt haben, aber ohne genügend Kraft oder Willen, ihn auszuführen. Die Analyse unseres Zeugungsmoments liefert den Schlüssel zu unserem eigenen sexuellen Antrieb sowie zu unserer Kreativität.

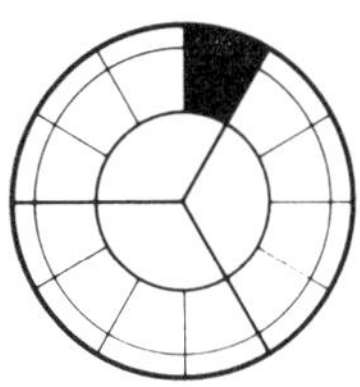

Das 9. Haus in der Höheren Oktave

Die höhere Oktave des 9. Hauses spiegelt die ersten sieben Schwangerschaftswochen, als unsere Mutter langsam wahrnahm, daß sie schwanger war. Ähnliches findet auch nach unseren ersten initiatorischen, kreativen oder sexuellen Erlebnissen statt. Das Gefühl reinen Lebens durchdringt uns, als hätte nie vorher jemand geliebt, ein Bild gemalt oder den tiefen Sinn seines oder ihres Glaubens erkannt. Der Durchbruch, der beim Laufen langer Strecken eintritt, entspricht einer höheren Oktave physischer Aktivitäten, und wir müssen den Impuls des Anhaltenwollens, bevor es zum Durchbruch gekommen ist, überwinden. Das 9. Haus steht in Beziehung zu religiösen, philosophischen und psychologischen Anschauungen, die weitere Ausblicke auf unser Leben und unsere Ansichten erlauben. Die Fähigkeit einer Mutter, ihren neuen schöpferischen Zustand zu verstehen, bildet ein Verhaltensmuster für unsere transzendenten, schöpferischen und sexuellen Erlebnisse.

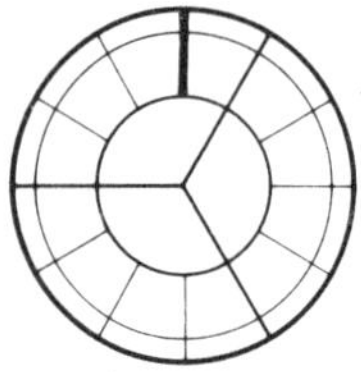

Die Mitte des Himmels (MC) in der Höheren Oktave

Der MC spiegelt jenen Augenblick wider, in dem unsere Mutter erkennt, daß sie schwanger ist. Zu diesem Zeitpunkt schlägt sich unser Ego nieder, unsere Mutter wird sich ihrer neuen Ziele bewußt, und die Seele tritt in unseren physischen Körper ein. Die Qualität des Bewußtseins unserer Mutter entspricht der Natur unseres eigenen Selbstbewußtseins im Leben. Welche Wunschgedanken unsere Mutter damals hatte, ihre Reaktionen, die Menschen, die sie um Rat fragte und wie diese wiederum reagierten, ihre Fähigkeit, die Nachricht über ihre Fruchtbarkeit zu verbreiten, das alles bestimmt die Stärke und Qualität unseres Egos. Wenn ein Arzt ihr mitteilen mußte, daß sie schwanger war, dann werden wir für unsere Bestätigung eine Beschützerfigur wie einen Familienarzt oder Psychoanalytiker benötigen, um unsere eigenen Lebensziele zu rechtfertigen. In früheren Zeiten hätten die Mütter oder andere Frauen eine Schwangerschaft erkannt, aber in der modernen Welt wird die Schwangerschaft gewöhnlich durch einen Test mit chemischen Mitteln oder einer Untersuchung beim Arzt festgestellt. Die Rückkehr zu natürlichen Methoden ist nicht nur in bezug auf diese offensichtlichen Dinge wichtig! Wenn unsere Mutter ihre Schwangerschaft anfangs wegen einer Unklarheit über die Vaterschaft verborgen hat, dann würden auch wir unsere Lebensziele geheim halten. Die Reaktion unserer Mutter auf die Schwangerschaft ist ein direktes Vorbild unserer Stellung in der Welt.

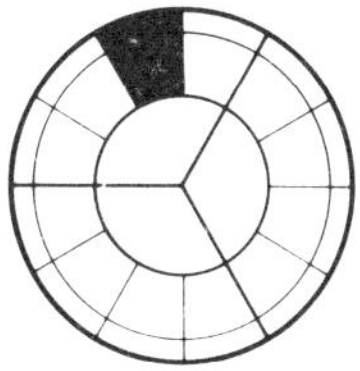

Das 10. Haus in der Höheren Oktave

Die höhere Oktave des 10. Hauses spiegelt die Fähigkeiten unserer Eltern wider, sich in der Welt zurechtzufinden, nachdem sie die Tatsache unseres Daseins akzeptiert haben. Wie sie darauf eingehen und ihr Tun zeigt an, wie wir selbst Lebensziele in der wirklichen Welt angehen und umsetzen. Die höheren Wahrnehmungen aus dem 9. Haus müssen in unser Alltagsleben einbezogen werden. Wenn unsere Eltern während der Schwangerschaft praktische Dinge unterstreichen, dann werden wir unser Leben auf praktische Dinge ausrichten. Nahmen sie eine tiefergehende Haltung ein, dann wird unsere Lebensphilosophie höhere Werte unterstreichen.

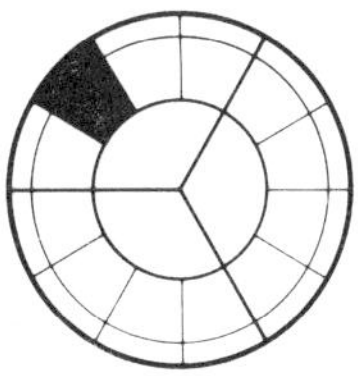

Das 11. Haus in der Höheren Oktave

In der höheren Oktave wird im 11. Haus sichtbar, welche idealistische Haltung die Mutter in ihren Beziehungen zu anderen Menschen einnimmt. Wie sie sich mit Menschen in ihrer Umgebung einläßt oder sich von ihnen distanziert, vor allem Gruppenwerte sind für jenes Muster bestimmend, das unserem Leben in der Gemeinschaft zugrundeliegt. Ist die Mutter einmal über körperliche Belange in der Schwangerschaft hinausgegangen, um sich innerlich zu reinigen und höhere Werte auf uns zu übertragen, dann werden wir unsererseits unsere Sicht der Welt über bloßes Sicherheitsstreben hinaus ausdehnen. Sind wir einmal über die körperliche Wirklichkeit zu den höheren Werten des 10. Hauses hinausgetreten, müssen wir diese an die Gemeinschaft weitergeben. Das fängt bei unserer unmittelbaren Familie an, dehnt sich auf Lokalgemeinschaften aus und später auf die gesamte Öffentlichkeit. Der Gegensatz zwischen persönlichen und kollektiven Idealen bringt höhere visionäre Ziele, Gemeinschaftsunternehmen und originelle Gesellschaftsformen hervor.

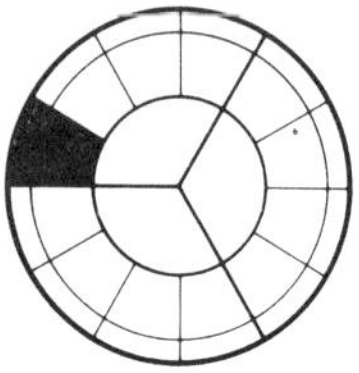

Das 12. Haus in der Höheren Oktave

Die höhere Oktave des 12. Hauses reflektiert die aufnehmende und aufopfernde Ausrichtung unserer Mutter in der letzten Phase der Schwangerschaft. Haben wir unsere Ideen der Welt erst einmal mitgeteilt, dann müssen wir die Folgen unserer Handlungen ernten. Im Gegensatz zur physischen Transformation im 8. Haus beschreiben hier letzte karmische Einflüsse die spirituelle Wirkung, die unser Leben mit seinen Idealen sowohl innerlich wie äußerlich auf andere hat. Hier zeigt sich, in welchem Ausmaß wir willens sind, uns, auch körperlich, für höhere Bestrebungen zu opfern. Ist eine Mutter bereit, auch leisesten Signalen, die wir ihr während der letzten Phase der Schwangerschaft vermitteln, zu entsprechen, dann können wir selbst einfühlend auf feinste spirituelle Werte eingehen.

Mit dem Abschluß dieses letzten Hauses ist das Leben auf allen Ebenen der vier Oktaven des Lebens vollendet: Schwangerschaft, Kindheit, Reifezeit und Transzendenz. Das ganze Potential, das wir bei der Empfängnis mitbekommen haben, kann nun in die Wirklichkeit umgesetzt werden, und der Lebensprozeß ist damit abgeschlossen. Indem wir das Leben mit der Zeiteinteilung der *Lebens★Zeit Astrologie* nachvollziehen, bekommen wir ein volles Verständnis dafür, wie es sich in der Zeit entfaltet.

Orientierung in der Zeit

Die genaue Geburtszeit bestimmt, wie die Zeichen in den Zeitrahmen der Häuser zu liegen kommen, und beide können leicht datiert werden. In Tabelle 4, *Lebens★Zeit-Einteilung,* kann man das Alter auf jedem Grad des Horoskops ablesen, ausgerichtet auf den exakten Aszendenten in unserem Horoskop.

Das leere Horoskop am Anfang dieses Buches zeigt die Grade der Tierkreiszeichen vom Beginn des Widders bei 0 Grad bis zum Ende der Fische mit 360 Grad, wo wiederum der Widder beginnt. Jede Stellung in den Tierkreiszeichen läßt sich in eine von 0 Grad Widder aus berechnete Gradzahl übertragen. Diese Zahl nennt man absolute Länge. Tabelle 5 enthält die absolute Länge aller zwölf Zeichen.

Um die absolute Länge von 27 Grad Zwillingen (Abbildung 8) zu finden, zähle man 27 Grad zum Anfangspunkt der Zwillinge hinzu, der bei 60 Grad liegt.

27 + 60 = 87 Grad absolute Länge.

Ein Aszendent von 6 Grad Schütze wird in 240 + 6 Grad übertragen, d.h. 246 Grad absolute Länge. Mit etwas Übung kann man leicht in beide Richtungen übersetzen.

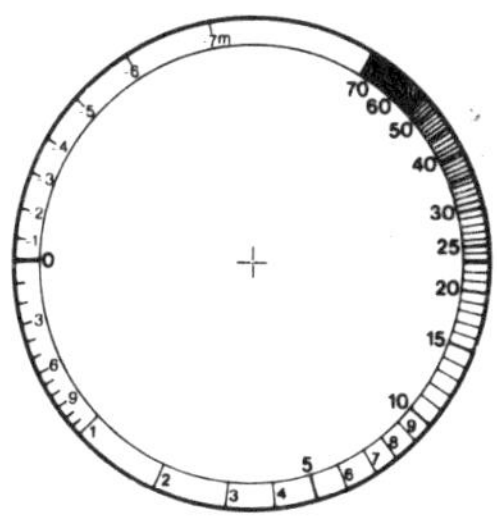

Datierscheibe

Photokopiere diese Seite und schneide die Datierscheibe aus, oder photokopiere sie auf Folie. Lege diese Scheibe mit 0 Grad auf den Aszendenten im Horoskop und lies das korrekte Alter im Leben direkt von der Scheibe ab.

Tabelle 5: Absolute Länge

Grade	*Zeichen*
000-030	Widder
030-060	Stier
060-090	Zwillinge
090-120	Krebs
120-150	Löwe
150-180	Jungfrau
180-210	Waage
210-240	Skorpion
240-270	Schütze
270-300	Steinbock
300-330	Wassermann
330-360	Fische

Tabelle 4: Lebens★Zeit Astrologie-Einteilung

Grade vom AC	Woche	Grade vom AC	Woche	Grade vom AC	Jahr	Monate	Grade vom AC	Jahr	Monate
240°	**4**	**300°**	**12**	**00°**	**00**	**00**	**60°**	**1**	**8**
241		301		01			61		
242		302		02			62		
243		303		03			63		
244		304		04			64		
245	4	305	13	05	0	1	65	1	11
246		306		06			66		
247		307		07			67		
248		308		08			68		
249		309		09			69		
250	4	310	15	10	0	2	70	2	2
251		311		11			71		
252		312		12			72		
253		313		13			73		
254		314		14			74		
255 9th	5	315 11th	16	15 1st	0	3	75 3rd	2	5
256		316		16			76		
257		317		17			77		
258		318		18			78		
259		319		19			79		
260	5	320	18	20	0	4	80	2	9
261		321		21			81		
262		322		22			82		
263		323		23			83		
264		324		24			84		
265	6	325	20	25	0	6	85	3	2
266		326		26			86		
267		327		27			87		
268		328		28			88		
269		329		29			89		
270	**7**	**330**	**22**	**30**	**0**	**7**	**90**	**3**	**6**
271		331		31			91		
272		332		32			92		
273		333		33			93		
274		334		34			94		
275	7	335	24	35	0	9	95	4	0
276		336		36			96		
277		337		37			97		
278		338		38			98		
279		339		39			99		
280	8	340	26	40	0	11	100	4	5
281		341		41			101		
282		342		42			102		
283		343		43			103		
284		344		44			104		
285 10th	9	345 12th	29	45 2nd	1	0	105 4th	5	0
286		346		46			106		
287		347		47			107		
288		348		48			108		
289		349		49			109		
290	10	350	32	50	1	3	110	5	6
291		351		51			111		
292		352		52			112		
293		353		53			113		
294		354		54			114		
295	11	355	35	55	1	5	115	6	2
296		356		56			116		
297		357		57			117		
298		358		58			118		
299		359		59			119		
300	**12**	**360**	**40**	**60**	**1**	**8**	**120**	**6**	**10**

Grade vom AC	Jahr	Monate	Grade vom AC	Jahr	Monate	Grade vom AC	Jahr	Monate
120°	**6**	**10**	**180°**	**23**	**5**	**240°**	**75**	**11**
121	7	1	181	23	11	241	77	5
122	7	2	182	24	4	242	78	11
123	7	4	183	24	10	243	80	6
124	7	6	184	25	4	244	82	0
125	7	8	185	25	10	245	83	6
126	7	10	186	26	4	246	85	4
127	8	0	187	26	11	247	86	11
128	8	2	188	27	5	248	88	8
129	8	4	189	28	0	249	90	5
130	8	6	190	28	6	250	92	2
131	8	8	191	29	1	251	94	0
132	8	10	192	29	8	252	95	10
133	9	0	193	30	3	253	97	8
134	9	3	194	30	11	254	99	7
135 5th	9	5	195 7th	31	6	255	101	7
136	9	7	196	32	2			
137	9	10	197	32	9			
138	10	0	198	33	5			
139	10	3	199	34	1			
140	10	5	200	34	9			
141	10	8	201	35	5			
142	10	10	202	36	2			
143	11	1	203	36	10			
144	11	4	204	37	7			
145	11	7	205	38	4			
146	11	10	206	39	1			
147	12	1	207	39	11			
148	12	4	208	40	8			
149	12	7	209	41	6			
150	**12**	**10**	**210**	**42**	**3**			
151	13	1	211	43	2			
152	13	4	212	44	0			
153	13	8	213	44	10			
154	13	11	214	45	9			
155	14	2	215	46	8			
156	14	6	216	47	7			
157	14	9	217	48	6			
158	15	1	218	49	5			
159	15	4	219	50	5			
160	15	8	220	51	5			
161	16	0	221	52	5			
162	16	4	222	53	6			
163	16	8	223	54	6			
164	17	0	224	55	7			
165 6th	17	4	225 8th	56	8			
166	17	8	226	57	10			
167	18	1	227	58	11			
168	18	5	228	60	1			
169	18	10	229	61	3			
170	19	2	230	62	6			
171	19	7	231	63	9			
172	20	0	232	65	0			
173	20	4	233	66	3			
174	20	9	234	67	7			
175	21	2	235	68	11			
176	21	7	236	70	3			
177	22	1	237	71	7			
178	22	6	238	73	0			
179	22	11	239	74	5			
180	**23**	**5**	**240**	**75**	**11**			

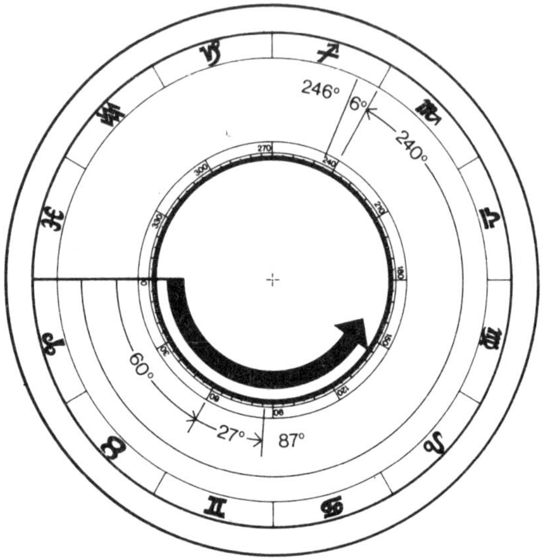

Abbildung 8: Absolute Länge

Die absolute Länge ist der Abstand in Graden von 0° Widder aus zu irgendeinem Planeten oder persönlichen Punkt, in Richtung der Tierkreiszeichenfolge gerechnet.

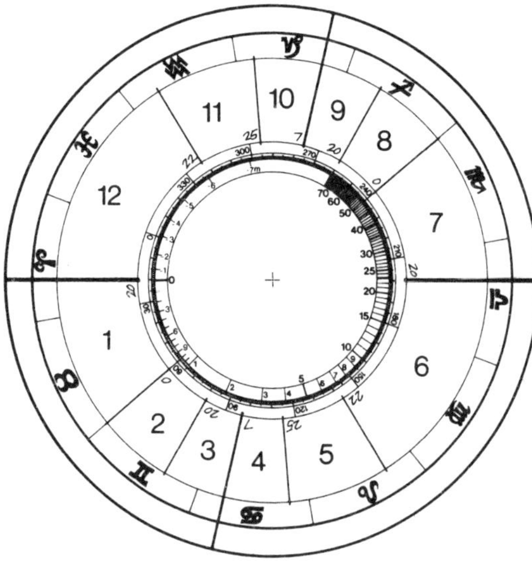

Abbildung 9: Häuser- und Zeichenspitzen datieren

Richte die Datierscheibe mit 0 Grad auf den Aszendenten aus und lies das Alter an den Häuserspitzen und Zeichengrenzen ab. Fällt in der Kindheit eine Spitze zwischen zwei runde Jahre, dann schätze das ungefähre Alter. In der Schwangerschaft ist die Zeit in Monaten vor der Geburt gerechnet, deshalb muß man hier auf den nächstliegenden Monat aufrunden.

(Liegt eine Spitze mehr als 240 Grad vom Aszendenten entfernt, muß man das Alter in Tabelle 4 in der letzten Kolonne (dem hohen Alter) ablesen. Manchmal liegt die Spitze des 9. Hauses auf über hundert Jahren. In diesem Fall gibt man kein Alter für die 9. Spitze an.) Beim Datieren der Häuserspitzen während der Schwangerschaft erhält man Wochenangaben vor der Geburt:

Jede Häuser- und Zeichenspitze muß in Grade vom Aszendenten aus übertragen werden. Dann kann man das Alter, in dem man über eine Häuserspitze läuft und ein neues Zeichen beginnt, direkt von Tabelle 4 ablesen.

Tabelle 6: Häuserspitzen datieren

Spitze	*Stellung im Tierkreis*	*Absolute Länge*	*Minus AC*	*= Grade vom AC*	*Alter in Jahren + Monaten*
Aszendent	20° Widder	020	— 020	= 000	Geburt
2. Haus	00° Zwillinge	060	— 020	= 040	0 J 11 M
3. Haus	20° Zwillinge	080	— 020	= 060	1 J 8 M
4. Haus	07° Krebs	097	— 020	= 077	2 J 7 M
5. Haus	25° Krebs	115	— 020	= 095	4 J 0 M
6. Haus	22° Löwe	142	— 020	= 122	7 J 2 M
7. Haus	20° Waage	200	— 020	= 180	23 J 5 M
8. Haus	00° Schütze	240	— 020	= 220	51 J 5 M
9. Haus	20° Schütze	260	— 020	= 240	75 J 11 M
9. Haus	20° Schütze	260	— 020	= 240	— 40 Wochen
10. Haus	07° Steinbock	277	— 020	= 257	— 35 Wochen
11. Haus	25° Steinbock	295	— 020	= 275	— 33 Wochen
12. Haus	22° Wassermann	322	— 020	= 302	— 27 Wochen

(Da die Spitze des 9. Hauses/Empfängnispunkt das Ende des ersten Mondmonates in der Lebenszeit der Eizelle darstellt, muß man vier Wochen zur Zahl in der Tabelle hinzufügen, um den ungfähren Zeitpunkt der Empfängnis zu bekommen.)

Damit sind die zwölf Häuserspitzen im Horoskop von John Lennon vollständig datiert; das zeigt das Alter an, in dem er in seinem Leben von einer Entwicklungsstufe in die nächste eingetreten ist. Die folgenden Berechnungen erlauben, die zwölf Zeichenspitzen in seinem Horoskop zu datieren:

Tabelle 7: Zeichenübergänge datieren

Spitze	*Stellung im Tierkreis*	*Absolute Lange*	*Minus AC*	*= Grade vom AC*	*Alter in Jahren + Monaten*
Stier	0° Stier	030	— 020	= 010	0 J 2 Mo
Zwillinge	0° Zwillinge	060	— 020	= 040	0 J 11 Mo
Krebs	0° Krebs	090	— 020	= 070	2 J 2 Mo
Löwe	0° Löwe	120	— 020	= 100	4 J 5 Mo
Jungfrau	0° Jungfrau	150	— 020	= 130	8 J 6 Mo
Waage	0° Waage	180	— 020	= 160	15 J 8 Mo
Skorpion	0° Skorpion	210	— 020	= 190	28 J 6 Mo
Schütze	0° Schütze	240	— 020	= 220	51 J 5 Mo
In der Schwangerschaft:					
Steinbock	0° Steinbock	270	— 020	= 250	— 36 Wochen
Wassermann	0° Wassermann	300	— 020	= 280	— 32 Wochen
Fische	0° Fische	330	— 020	= 310	— 25 Wochen
Widder	0° Widder	360	— 020	= 340	— 14 Wochen

Damit wären auch die zwölf Zeichenübergänge im Horoskop von John Lennon vollständig datiert; sie zeigen das Alter an, in dem er im Leben von einem in das andere Zeichen eintrat. Im achten Kapitel — das die vollständige Deutung des Horoskops von John Lennon enthält, werden wir sehen, was das bedeutet.

VIERTES KAPITEL

DIE ROLLEN UND IHRE DARSTELLER

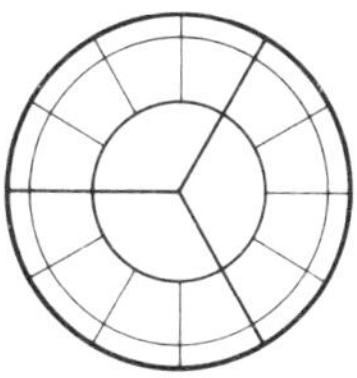

Die zehn Planeten stellen die Rollenträger im «Schauspiel» Leben dar. Die Darsteller sind die Eltern, Geschwister, Verwandte, Ärzte, Nachbarn, Freunde, Geliebte, Feinde, Kollegen, Partner, Kinder und andere wichtige Menschen. Jeder Rollenträger tritt zu einem bestimmten Zeitpunkt ins Leben, spielt seine Rolle und geht zu einer Zeit wieder ab, die einer entsprechenden Planetenstellung im Horoskop entspricht. Einige Rollen ziehen sich durch das ganze Leben, andere sind wie kurze Auftritte. Die meisten aber werden von nacheinander auftretenden «Darstellern» gespielt. Die Sonne ist ursprünglich unser Vater, dann ist sie ein Lehrer, dann Arbeitgeber, dann wird der Mann selbst zum Vater. Alle Rollenträger beeinflussen unser ganzes Sein und haben ihren Anteil an unserer Charakterentwicklung. Die Anwendung der *Lebens★Zeit Astrologie* ist ein Schlüssel zur Erkenntnis unseres Wesens und erlaubt, alle Rollen zu identifizieren und zu verstehen, in welchen Verkleidungen und zu welchen Zeiten die Darsteller auftreten und welche Bedeutung sie haben, wenn sie in unser Leben treten und wieder daraus verschwinden. Jeder der zehn Planeten wird zu einer bestimmten Zeit fällig, nimmt durch ein äußeres Ereignis oder eine innere Erkenntnis Gestalt an und wird von einem oder mehreren Rollenträgern verkörpert. Das Ereignis, der Rollenträger und ihre Wechselwirkung sind Spiegelungen unseres Wesens.

Wenn wir Kontakt mit Menschen aufnehmen, machen wir uns ein Bild von ihnen, das unsere Art, sie zu sehen, und unser Gefühl ihnen gegenüber widerspiegelt (Abbildung 10). Mit der Zeit ändern sie sich und wir uns, wir verhalten uns anders zueinander und unser inneres Spiegelbild von ihnen verändert sich. Eine wesentliche Entwicklung im Leben ist, den Ausgleich zwischen dem, wie Menschen wirklich sind, und dem Bild und Gefühl, das wir von ihnen haben, zu schaffen.

Da das Leben mit der Empfängnis beginnt, erscheinen einige Hauptrollenträger — Eltern, Familie und deren Freunde — vor uns auf unserer Lebensbühne. Am Anfang sind sie sich unserer möglichen Existenz nicht bewußt und spielen ihre Rollen, ohne von uns beeinflußt zu sein. Wir haben nicht die geringste Kontrolle über Menschen, die die frühesten und tiefsten Grundlagen zu unserer Persönlichkeit legen. Ein Urparadox des Lebens besteht darin, daß der Einfluß derer, die in Schwangerschaft und Kindheit eine Wirkung auf uns ausgeübt haben, bereits vorbei ist, wenn wir sie in Frage stellen. Ob gut oder schlecht, wir können die Eltern und die Ereignisse der Empfängnis und Schwangerschaft nicht verändern. Nur wie wir sie verstehen und unsere Einstellung zu ihnen können wir ändern. Um zu entdecken, warum wir so sind, wie wir sind, müssen wir unsere Vergangenheit ins richtige Licht rücken, indem wir feststellen, wer am Anfang in unserem Leben war, wie und warum diese Menschen so gehandelt haben, wie sie es taten, und was das alles bedeutet.

Die wichtigsten Wechselbeziehungen zwischen Planeten und Rollenträgern sind die Sonne als Vater und der Mond als Mutter. Die Sonne ist nicht nur der Vater, sondern auch jede Art der Beziehung zu ihm und zu unserer Idee von «Vater». Die Sonne ist jeder, der in einer väterlichen Beziehung zu uns steht und ebenso der Vater in uns selbst. Das Konzept «Mutter» bedeutet viel mehr als die persönlichen Qualitäten, die die eigene Mutter verkörpert. Es schließt alle Mütter und alle mütterlichen Gefühle mit ein. Unsere Mutter hat ihre eigenen einmaligen persönlichen Eigenschaften, aber sie ist auch Teil des Archetyps «Mutter». Es ist möglich, daß sie die empfangenden, nährenden oder beschützenden Eigenschaften nicht einmal selber hat, aber sie formt unsere Einstellung zu diesen Qualitäten.

Planeten haben eine *archetypische* Funktion. Diese Archetypen sind musterbildende Strukturen, die mit psychischer Energie geladen sind und diese umwandeln. Sie sind Symbolträger instinktiver Reaktionen wie Liebe, Haß, Angst, Flucht, Nähren und Abneigung, die das Erbgut der gesamten Menschheit bilden. Jeder Planet ist ein Archetyp, der Instinkte kanalisiert. Ebenso ist jeder planetarische Archetyp Sinnbild aller sowohl positiven wie negativen verfügbaren Züge. Venus ist die Liebe und Liebende, aber auch die Zurückweisung von Beziehun-

Abbildung 10: Planetarische Verkörperungen

Diese Karikaturen zeigen die allgemeinen planetarischen Entsprechungen innerhalb der Familie. Die Sonne ist der Vater, der Mond die Mutter; Merkur ist das Baby, Venus die Schwester, Mars der Bruder; Jupiter und Saturn sind Großeltern. Die äußeren Planeten zeigen Generationseinflüsse an: Uranus steht für Knalleffekte; Neptun für sensitive Gegebenheiten; Pluto verkörpert gewaltsame Ereignisse und der Mondknoten Gruppen, einschließlich der ganzen Familie. (Zeichnung von John Astrop.)

gen, wenn sie schlecht aspektiert ist. Venus kann — bei enttäuschter Liebe — auch die ihr entgegengesetzten marsischen Qualitäten hervorkehren.

Jeder planetarische Archetyp wird von vielen Menschen im Leben verkörpert. Zum Beispiel werden am Anfang des Lebens alle mütterlichen Eigenschaften durch die Bindung des Kindes an die Eltern auf die Mutter projiziert. Nach und nach lernen wir andere Menschen kennen, die mütterliche Eigenschaften haben, etwa Kindermädchen, Großmütter, Tanten und Lehrerinnen. Unsere eigene Mutter ist die erste Verkörperung des Archetyps Mutter. Möglicherweise entdecken wir, daß andere Frauen beschützender, aufnehmender oder offener sind als unsere eigene Mutter; es kann sein, daß die Mutter keine dieser Eigenschaften besitzt! Das Gesamtgefühl für all unsere «Mütter» wird schließlich zum Grundstein unseres eigenen persönlichen Wertsystems, zur Mutter in uns. Wir alle besitzen Mütter, Väter, Brüder, Schwestern und eine gesamte Reihe von Menschen, die wir in uns selbst erkennen.

Wenn wir älter werden, verändert sich unsere Einstellung zu den Eltern, Freunden, Geschwistern und anderen Menschen, wie auch sie selbst sich verändern. Wir bewegen uns nacheinander durch die Häuser unseres Horoskops; durch diese Bewegung werden die Planeten durch jene Qualitäten des Entwicklungsstadiums beeinflußt, die das jeweilige Haus darstellt. Die Natur eines jeden Planeten und seine Rollenträger verändern sich je nach dem Haus, in dem sie stehen, und den Zeichenqualitäten entsprechend, die im Haus vorherrschen. Venus im 12. Haus kann eine Hebamme oder eine Freundin der Mutter sein; Venus am Aszendenten kann eine Kinderschwester oder eine Mutterhilfe sein; Venus im 2. Haus ein Lieblingsgegenstand oder -spielzeug, während Venus im 3. Haus eine Schwester oder Gespielin sein könnte usw.

Das Haus, in dem ein Planet steht, verändert zusätzlich zu den Rollenträgern, die einen bestimmten Planeten verkörpern, auch die Qualität der entsprechenden Ereignisse. Da Venus Beziehung bedeutet, färbt das Haus und das Alter, in dem Venus fällig wird, die Art der Beziehung. Venus im 3. Haus im Alter von 2 Jahren bedeutet Kommunikation mit einer Schwester oder Gespielin, während Venus im 7. Haus mit zweiunddreißig Jahren eine Liebesbeziehung ist.

Die Häuserstellung eines Planeten bezeichnet jeden, der dessen Gefühlsladung übermittelt. Am Anfang des Lebens werden Ereignisse allermeistens durch Menschen um uns herum bewirkt; daher *sind* die Planeten andere Leute. Später wird es im Leben wahrscheinlicher sein, daß die Ereignisse das Ergebnis unserer eigenen Handlungen sind, falls wir sie nicht sogar direkt verursacht haben. Im 2. Haus würden marsische Unfälle *uns* zustoßen, aber im 6. Haus würden *wir* sie selbst verursachen. Es ist wichtig zu wissen, ob wir oder andere die entscheidenden Ereignisse im Leben auslösen, auch wenn wir letztlich die Verantwortung für alles selbst tragen müssen.

Die Zeichenstellung eines Planeten färbt seine Handlungen und seinen Charakter. Jeder Planet herrscht über ein oder mehrere Zeichen und das entsprechende Haus oder Häuser. Wenn ein Planet in dem Zeichen steht, in dem er herrscht, so wirkt er in seiner reinsten und sehr archetypischen Form. Der Mond ist Herrscher des Zeichens Krebs und des vierten Hauses; beide stehen für Mutter, Heim, Familie und Gefühle. Nimmt unser Mond eine dieser Stellungen ein, dann haben wir eine archetypische Beziehung zur Mutter. Merkur herrscht über das positive Zeichen Zwillinge und das dritte Haus der Kommunikation, der Fortbewegung und des Redens; er herrscht ebenfalls über das negative Zeichen Jungfrau und das sechste Haus der Unterscheidung, Kritik und Entscheidung, um unsere Stellung im Leben festzulegen.

Tabelle 8: Planetenherrschaften

Planet	*herrscht in*	*positivem Zeichen / Haus*		*negativem Zeichen / Haus*	
Die Sonne	herrscht in	Löwe	& 5. Haus		
Der Mond	herrscht in			Krebs	& 4. Haus
Merkur	herrscht in	Zwillinge	& 3. Haus	Jungfrau	& 6. Haus
Venus	herrscht in	Waage	& 7. Haus	Stier	& 2. Haus
Mars	herrscht in	Widder	& 1. Haus	Skorpion	& 8. Haus
Jupiter	herrscht in	Schütze	& 9. Haus	Fische	& 12. Haus
Saturn	herrscht in	Wassermann	& 11. Haus	Steinbock	& 10. Haus
Uranus	herrscht in	Wassermann	& 11. Haus		
Neptun	herrscht in	Fische	& 12. Haus		
Pluto	herrscht in	Skorpion	& 8. Haus		

Wenn ein Planet dem Zeichen, dessen Herrscher er ist, gegenüber steht, etwa Venus im Skorpion oder im 8. Haus, so befindet er sich im *Exil* und wirkt sich negativ aus.

Planeten, die in einem Horoskop über dem Horizont stehen, sind bewußt, unter dem Horizont sind sie unbewußt. Venus steht für Beziehungen, somit ist Venus über dem Horizont eine bewußte Beziehung und Venus unter dem Horizont eine unbewußte Beziehung. Die von Natur aus objektive, aktive und lebensstarke Sonne behält diese Qualitäten bei, wenn sie unter dem Horizont steht, aber wir sind uns ihrer nicht bewußt. Steht der von Natur aus subjektive und empfängliche Mond über dem Horizont, dann tritt unsere mütterliche Seite hervor, aber wir sind uns dieses Verhaltens bewußt.

Planeten in der linken, östlichen Hälfte eines Horoskops sind auf sich selbst ausgerichtet; Planeten in der rechten, westlichen Hälfte sind auf die äußere Welt geöffnet. Jupiter als Hinweis auf die Lebensphilosophie wäre auf der linken Seite ausschließend und in der rechten Horoskophälfte umfassend. Planeten, die in einem Horoskop nahe beim Aszendenten stehen, beeinflussen die Persönlichkeit, Planeten in der Nähe des MC beeinflussen Lebensziele.

Aspekte sind geometrische Beziehungen zwischen den Planeten, die im nächsten Kapitel erklärt werden; hier sollen sie nur kurz erwähnt werden. Planeteneinflüsse können vereinzelt stattfinden, aber in der

Regel beeinflussen sie einander gegenseitig, so daß sich die planetarischen Einflüsse verbinden. Saturn ist Hemmung und Venus Beziehung, so ist ein Saturn-Venus Aspekt eine «gehemmte Beziehung». Planeten verbinden sich ganz natürlich miteinander, wie man auch in der Natur Elemente selten in ihrer reinen Form vorfindet, vielmehr in vielerlei Mischungen und komplexen Verbindungen mit anderen Elementen.

Steht irgendein Planet in einem der Doppelzeichen Zwillinge, Krebs, Waage, Schütze, Wassermann oder Fische, dann verkörpern mehr als eine Person diesen planetarischen Einfluß, und das entsprechende Ereignis hat mehrfache Bedeutung.

Die Planeten sind entweder männlich, weiblich oder neutral. Frauen und Männer haben sowohl männliche wie weibliche Eigenschaften, und das männlich-weibliche Gesamtgleichgewicht kann sich während des Lebens drastisch verändern. Frauen können Objektivität, Bewußtheit und Vitalität zur Schau stellen, ebenso wie Männer Subjektivität, Unbewußtheit und Passivität ausleben. Wenn männliche Planeten durch ihre Zeichen- und Häuserstellung im Horoskop überwiegen, dann überwiegen unsere männlichen Eigenschaften, egal, ob wir biologisch männlich oder weiblich sind. Die Planeten bilden männlich-weibliche Zweiheiten, die voneinander abhängen, um eine Ganzheit zu erlangen. Die einzigen Ausnahmen sind Merkur als neutrale Intelligenz und Uranus, der Originalität und Unabhängigkeit bedeutet.

Die Sonne symbolisiert die Fähigkeit, zu verstehen und alle Einflüsse im Leben zu einem bewußten und objektiven Ganzen zusammenzuschließen, während der Mond Gefühle und Emotionen fördert, die das innere Wertsystem im Leben bilden. Die Sonne differenziert, während der Mond integriert. Der geometrische Aspekt zwischen Sonne und Mond in unserem Horoskop beschreibt die Art der Beziehung zwischen unseren Eltern; er bildet aber auch ein Muster für unsere eigenen Beziehungen und das männlich-weibliche Gleichgewicht in uns.

Merkur bedeutet die Fähigkeit, eine Verbindung sowohl mit Vater wie Mutter, als ein Maß unserer Intelligenz und unseres Gleichgewichts herzustellen. Er ist ein neutraler Planet, verbindet männlich und weiblich und die linke und rechte Hirnhälfte.

Venus und Mars entsprechen der weiblich-männlichen Polarität, die im körperlichen und sexuellen Bereich sichtbar ist. Venus ist die passive Sexualität, die eine feste Beziehung wünscht und besessen werden will, während Mars die aktive Sexualität darstellt, die das Objekt ihrer Zuneigung verändern möchte und den Wunsch nach einem Wechsel hegt.

Jupiter ist eine männliche Erweiterung des Horizonts und Saturn ein weibliches Zusammenziehen der Konzentration. Diese Polarität setzt Philosophie, Religion und Psychologie einer materialistischen, pragmatischen Schau und der Wissenschaft entgegen.

Die drei äußeren Planeten brauchen so lange, um durch jedes Zeichen zu wandern, daß sie transpersonale oder Generationen beeinflussende innerpsychische Mechanismen anzeigen. Uranus benötigt etwa sieben Jahre, um durch ein Zeichen zu gehen; Neptun etwa vierzehn Jahre, und Pluto etwa zweiundzwanzig Jahre. Jeder Mensch wird einen vollständigen Zyklus von all den inneren Planeten durch alle zwölf Zeichen erleben, wenn Saturn nach neunundzwanzig Jahren und sechs Monaten seine Runde durch das Horoskop vollendet hat. Die Planeten Sonne bis Saturn entsprechen den persönlichen Eigenschaften, die wir alle in uns tragen. Die drei äußeren Planeten zeigen Einflüsse an, die die Massen bewegen, sowie das entsprechende innere Verständnis kollektiver Werte, das manche Menschen besitzen.

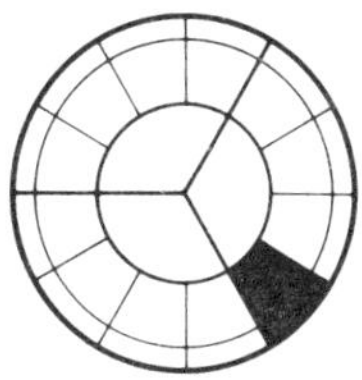

Die Sonne **(herrscht im Löwen)** ☉

Die Sonne im Horoskop beschreibt unsere Beziehung zu den männlichen, bewußten und vitalen Lebenskräften, wie sie unsere Haltung zu unserem Vater festlegt. Da der erste Körperkontakt mit dem Vater nach der Geburt stattfindet, ist der Kontakt zu ihm selten so unmittelbar wie die Bindung zur Mutter. Das männliche Prinzip wird zum ersten Mal klar, wenn etwa 80 Tage nach der Geburt die Lichtstrahlen anfangen, klare Formen zu beleuchten, die objektiv und losgelöst von uns bleiben. Dieser Zeitpunkt spiegelt den ersten vollständigen Kreislauf der Sonne von 365 Tagen nach der Empfängnis (280 + 85). Oft wird die Sonne als wichtigster Planet in einem Horoskop betrachtet (oder als einziger Planet in der sogenannten Sonnenstand-Astrologie), sie ist es aber nicht immer. Viele von uns haben schwache, abwesende oder mehrere Väter. Die Sonne als Vater ist ein Teil des Ganzen, auch wenn sie in unserem Leben eine zentrale Rolle spielt.

Mit den Jahren erfahren wir, daß unser Vater nicht der einzige Mann auf der Welt ist; es gibt andere Männer, stärkere, intelligentere, vorurteilslosere und männlichere. Dies leitet die Übertragung vom Einfluß unseres wirklichen Vaters auf den Sonneneinfluß ein, der von anderen ausgeht. Das Bild, das wir von der Sonne haben sowie unsere Lebenskraft hängen davon ab, ob wir immer höhere Lebensziele finden, nach denen wir in unserem Leben streben und für welche wir Energie einsetzen können. Sexualenergie, Libido, psychische Energie oder Kundalini verwandeln sich mit dem Alter in einen reineren Fluß. Im 1. Haus richtet sich die Energie auf das Saugen, verwandelt sich im 2. in Kauen, im 3. in Reden, im 4. in gefühlsmäßiges Geben und Nehmen, im 5. in Spielen, im 6. in Wettbewerb und im 7. Haus in Sexualität. Wird die Energie blockiert und kann sie sich nicht auf der nächsthöheren Ebene ausdrücken, die durch die Sonnen- oder eine andere Planetenstellung im folgenden Haus gefordert wird, dann regrediert sie. Wenn wir den nächsten Schritt zum Ausdruck der Energie nicht finden, drücken wir sie einem früheren Haus entsprechend aus. Wenn wir unsere Sexualenergie nicht ausleben können, müssen wir zum Spiel zurückgreifen, um ihr Ausdruck zu verleihen. Die Sonne ist ein Symbol für die Schritt für Schritt vor sich gehende Bewußtwerdung des Selbst, der Energie und des Lebens.

Früh im Leben wird die Sonne von denen verkörpert, die unsere Umgebung organisieren oder kontrollieren. Zusätzlich zum Vater können dies die männlichen Qualitäten der Mutter, Großeltern, Haushälterinnen, Onkel, Ärzte, Priester und diejenigen sein, die einen Einfluß auf die Mutter ausüben. Früh im Leben projizieren wir das väterliche Prinzip auf Lehrer, Helden, Schauspieler, Sportler, Politiker, Ideologen, Berühmtheiten, Mitglieder von Königshäusern, Impresarios, reiche und einflußreiche Menschen mit Autorität. Vom Beginn der Reifezeit mit etwa sieben Jahren bis zum Deszendenten mit dreiundzwanzig Jahren und fünf Monaten passieren diese Projektionen, und das ist ganz natürlich. Nach dem Deszendenten kommt die Zeit, diese väterlichen Projektionen langsam wieder zurückzunehmen: wir müssen selbst «Vater» werden. Die Qualität, Vielfalt und Anzahl von Vaterprojektionen im frühen Leben definieren unsere eigene männliche Natur. Unser Vater und seine Stellvertreter liefern Modelle des Bewußtseins, und der Grad der Bewußtheit hängt vom Verständnis dieser Beziehung ab, gleich ob wir Mann oder Frau sind. Wir können und müssen unseren Vater und seine Rolle wahrnehmen, auch wenn er nicht sympathisch, abwesend, unbewußt oder ein instinktiver Mensch ist. Die Sonne in einem Horoskop ist Lebenskraft, Objektivität, Bewußtheit, Organisation, Entschlußkraft und Brennpunkt der Spiritualität.

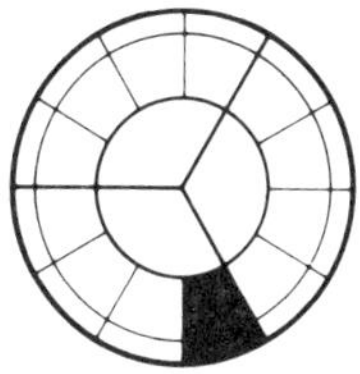

Der Mond **(herrscht im Krebs)** ☾

Der Mond im Horoskop ist die Fähigkeit zu werten, zu fühlen und Gefühle zu erwidern. Das Gefüge und der Tiefgang unseres unwillkürlichen Wertsystems leitet sich von der Art der Verbindung ab, die wir mit unserer Mutter haben; diese beeinflußt unsere instinktiven Wertungen. Sie trägt uns während der Schwangerschaft in sich und geht bei der Geburt eine feste Bindung mit uns ein. Von diesem Augenblick an beginnen wir uns von ihr zu unterscheiden. Gefühle über die eigene Mutter wandeln sich ständig, wie allmonatlich die wechselhaften, aber sich wiederholenden Mondphasen. Der Zeitpunkt der Mondeintragung im Horoskop zeigt die Zeit an, in der wir am stärksten mit der Mutter verbunden sind. Im frühen Leben ist sie eine Ausdehnung unserer eigenen Wirklichkeit, aber mit dem Alter nimmt sie eine relative Stellung in unserer Zuneigung ein.

Schon in der Gebärmutter umgeben uns frühzeitig mütterliche Einflüsse und Projektionen; sie werden jedoch auch durch Großmütter, Tanten, Hebammen, weibliche Ärzte, Gemütsmenschen, Frauen im allgemeinen und den weiblichen Anteil in unserem Vater übermittelt. Von der Geburt an bezeichnet der Mond all jene, die beschützen, nähren und Mitgefühl mit uns haben, Kindermädchen, Menschen in pflegenden Berufen und Männer in unserer Umgebung eingeschlossen. Vom Schulalter an werden Mondprojektionen auf Lehrer oder Freundinnen übertragen, genau wie das Zuhause und die Familie durch die Schule und Schulkameraden abgelöst werden. Vom Deszendenten an wird der Mond zum Grundmuster für Gefühle über Partnerschaft, Sexualität, Paarung, Kindererziehung und die Welt. Letztlich müssen wir mütterliche Gefühle mit unserem ganzen Wesen aufnehmen. Lehnt man die traditionelle Funktion des Kinderaufziehens ab, so nehmen Varianten davon diesen Platz ein; man findet etwa Menschen, die man gefühlsmäßig beschützen kann oder die einen gefühlsmäßig beschützen, oder aber kehrt instinktiv zu Sport, in die Natur oder aufs Land zurück.

Der Mond wandert schnell und stellt eine verbindende Kraft, einen

Katalysator im Horoskop dar. Er spiegelt und färbt die übrigen Planeten und legt den Grundton des Gefühlslebens durch Ereignisse fest, die unsere weibliche Natur hervorkehren.

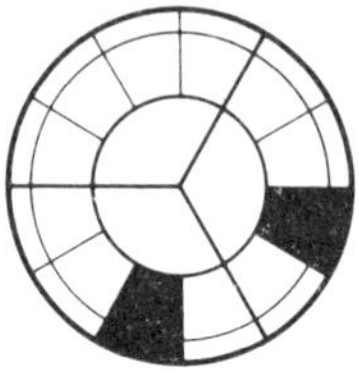

☿ Merkur (herrscht in Zwillinge und Jungfrau)

Merkur ist die Fähigkeit, im äußeren Leben mit Mutter und Vater in Verbindung zu treten und zwischen ihnen zu vermitteln, und dies innerlich mit der weiblichen und männlichen Seite unseres Wesens zu tun. Intellekt, Intelligenz, geistige und nervliche Abläufe werden durch die Art dieses Kommunikationsflusses bestimmt. Indem für die Kommunikation eine visuelle und hörbare Sprache erlernt werden muß, nimmt man sie vorwiegend durch Nachahmung auf. Wir kommunizieren wie wir beobachten und hören, wie andere um uns herum ins Gespräch kommen. Unser Geist verwebt männliche und weibliche Aspekte über die verbindende Brücke zwischen den beiden Hirnhälften, und zwar sind der linken Hirnhälfte logische, analytische, mathematische und sprachliche Funktionen mit linearen männlichen Qualitäten zugeordnet. Die rechte Hirnhälfte verfügt dagegen über ganzheitliche, geistige, künstlerische und räumliche Funktionen, die man mit den weiblichen Qualitäten der Gleichzeitigkeit assoziiert. Wenn Merkur auftaucht, zeigt es sich, in welchem Alter der entscheidenste Moment für die geistige Entwicklung stattfindet. Merkur im 3. Haus paßt sich der mitteilsamen Meinung an, wogegen Merkur im 7. Haus vergleicht, abwägt und gruppenspezifisch denkt.

Während der Schwangerschaft zeigt Merkur an, wie unsere Mutter ihren veränderten geistigen Zustand ausdrückt; er kann auch ihre Brüder oder Schwestern, Freunde, Vertraute oder unsere Geschwister darstellen. In der Kindheit bedeutet Merkur andere Kinder und Lehrer zugleich; die Menschen, die Vorbilder für unsere eigenen Kommunikationsmuster sind. Merkurischer Einfluß wird auch durch Bücher und Medien, heute vor allem durch das Fernsehen, vermittelt. Später wird er auch durch Geschäftssinn, Kritik, wissenschaftliche Arbeit und individuellen Selbstausdruck verkörpert.

Merkur ist ein Maß für die Breite unserer Kommunikation, die sich in der frühen Kindheit formt und durch die Beziehung zu den Eltern moduliert wird. Auch wenn die Eltern in einem offenen Konflikt zueinander stehen, in uns müssen wir sie verbinden. Merkur reicht von schnellem Witz und leichtfüßiger Oberflächlichkeit bis zu beißender Kritik und ernster wissenschaftlicher Logik. Merkurische Ereignisse sind Anpassung, Gesinnungswechsel, scharfsinnige Einsichten, Lern- und Lehrphasen im Leben.

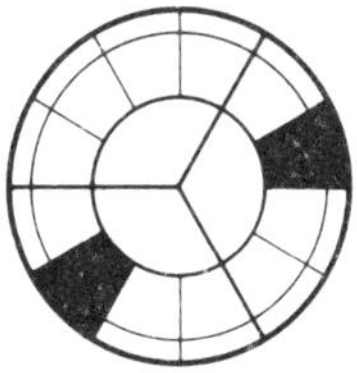

Venus **(herrscht in Stier und Waage)** ♀

Venus verkörpert Beziehungen, Harmonie, Liebe und persönliche Ästhetik, wie sie sich etwa durch die Fähigkeit ausdrückt, im Leben äußere Gegebenheiten anzunehmen und ihnen Möglichkeiten abzugewinnen, sei dies in der Einrichtung eines Zimmers, beim sich Schönmachen, in der Partnerwahl oder in der körperlichen Liebe. Venus integriert und wirkt körperlich attraktiv.

Während der Schwangerschaft zeigt Venus die Beziehung einer Mutter zu sich und anderen an. Venus kann durch ältere Schwestern, Freundinnen unserer Mutter oder jede Frau verkörpert sein, die sie durch Schwangerschaft und Geburt begleitet hat, wie Hebammen, Menschen, die sich für die natürliche Geburt einsetzen oder diese lehren bzw. andere, die über diese Themen schreiben. In der Kindheit zeigt Venus andere Kinder an, Tanten, Freundinnen der Mutter, ja sogar unsere Mutter selbst. In der Reife bedeutet Venus Freundinnen, Geliebte, Künstler, Ehepartner, alle, die körperlich anziehend sind oder Menschen, die mit Schönheit, Kunst, Kleidern und äußerer Erscheinung zu tun haben.

Venus zeigt die Beziehung zur physischen Welt an, die sich in unserer Art des Geschlechtskontaktes erweitert. Beziehungen zu anderen spiegeln unser Verständnis der weiblichen Wirklichkeit in uns wider wie auch die Art und Weise, diese in Verbindungen, in künstlerischem Einsatz und in Toleranz hinauszutragen.

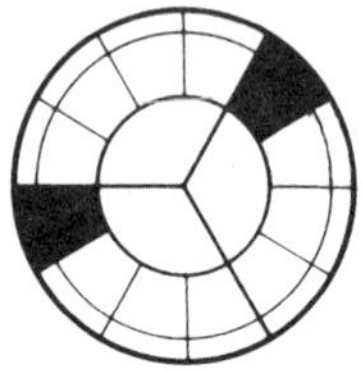

♂ **Mars** **(herrscht in Widder und Skorpion)**

Mars ist das Sinnbild männlicher Geschlechtlichkeit sowie der äußeren Gegebenheiten, die wir nicht akzeptieren können und daher zu verändern wünschen. Mars ist nie zufrieden mit dem was ist, sondern nur mit dem, was verändert werden kann, aber wie es seinen Neigungen gerade gefällt. Mars wehrt sich dagegen, verschlungen zu werden, besteht auf Selbstbehauptung, ergreift die Initiative, ist leidenschaftlich, energisch und streitsüchtig. Die Sexualenergie kann in die äußere Welt geleitet werden; besteht jedoch keine Möglichkeit dazu, dann wird Mars gewalttätig, anmaßend und rücksichtslos.

In der Schwangerschaft wird Mars durch Ärzte, ärztliche Untersuchungen, Männer im allgemeinen und aggressive Hebammen verkörpert und zeigt die geschlechtliche Beziehung unserer Eltern auf. Bei der Geburt ist Mars oft der Arzt als Chirurg und eingreifende Kraft. In der Kindheit bedeutet Mars aktive Kinder, Männer, Sportler, Menschen in medizinischen Berufen, Brüder, Onkel oder Handwerker. In der Reifezeit nimmt er irgendeine der vorgenannten Beschäftigungen oder Rollen an und entspricht denen, die die Welt verändern. Auf der geschlechtlichen Ebene wird Mars von Männern verkörpert, die uns sexuell anziehen, und ebenso durch die männliche Seite der Frauen, die eine Anziehungskraft auf uns ausübt.

Mars stellt das aktive Bedürfnis dar, die physische Welt nach eigenem Bild umzuformen, Nachkommenschaft zu zeugen und den eigenen Willen durchzusetzen. Das Ausmaß an Wettbewerbsgeist in unserer Persona spiegelt die Stärke und das Wesen unserer inneren männlichen Realität. Marsische Ereignisse sind Unfälle, kreative Momente, Wechsel, Veränderungen von Haltung oder Situationen, Geschäfte, die wir einfädeln, Krisen, Entschlossenheit und unternehmungslustige Schritte. Wenn Mars keine gangbare Ausdrucksmöglichkeit findet, wird er gewalttätig, böse und selbstzerstörerisch.

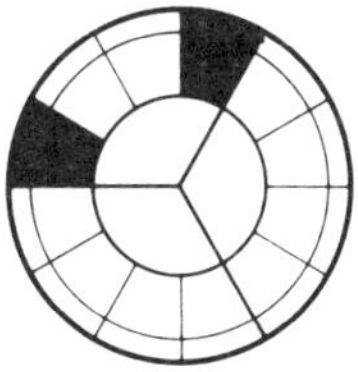

Jupiter **(herrscht in Schütze und Fische)** ♃

Jupiter steht für Expansion mit optimistischen, positiven, großzügigen, enthusiastischen, verbindenden, philosophischen, psychologischen oder religiösen Einflüssen. Sogar in Verbindung mit negativen Kräften hinterläßt Jupiter, obwohl er dann nachgiebig und faul sein kann, eine positive Lebenseinstellung und versieht Menschen mit einem optimistischen Grundmuster.

Während der Schwangerschaft zeigt Jupiter religiöse Einflüsse an, dann auch die Großeltern, Salonlöw(inn)en, Berühmtheiten, geistige oder psychologische Ratgeber, wohlwollende Hebammen und Ärzte. Wenn er bei der Geburt auftaucht, steht Jupiter für alle, die Lebensfreude vermitteln oder weise sind. In der Kindheit zeigt er Ersatzeltern an, Kindermädchen, Tanten oder Onkel, Großeltern, die ersten Lehrer, religiöse Erzieher oder Händler. Jupiter in der Reifezeit deutet auf Menschen, die unsere Sicht der Welt bestimmen, Psychologen und Therapeuten, Berater, erfolgreiche Leute oder solche mit Rang und Namen, Politiker und Menschen, die eine Verbindung zur Erziehung haben.

Jupiter ist das Ausweitungsvermögen, die Offenheit für neue Einflüsse und die Bereitschaft, Standpunkte im Leben für Erziehung, Religion oder Psychologie einzunehmen. Wir wachsen den Zielen entgegen, die wir uns selbst setzen; je höher die Ziele, umso größer die Möglichkeiten. Jupiter-Ereignisse sind Expansion in Arbeit oder Philosophie, bedeuten eintretenden Reichtum und Menschen, die auftauchen, um uns zu helfen. Jupiter beinhaltet die Fähigkeit, höhere Aufgaben zu übernehmen, die über die Befriedigung unserer materiellen Wünsche hinausgehen.

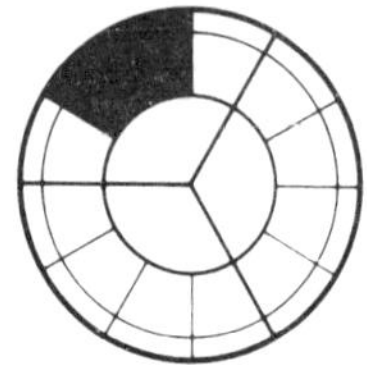

♄ Saturn **(herrscht in Steinbock und Wassermann)**

Saturn stellt ein selbstregulierendes Gegengewicht zu Jupiter dar; er untersucht, beschränkt, konzentriert, strukturiert, ordnet, bündelt, kristallisiert, zieht zusammen und bewahrt. Saturn nimmt die materiellen und unvermeidlichen Einschränkungen des Lebens an. Sträuben wir uns gegen die Verantwortungen des Lebens, dann werden die Einschränkungen größer; die Bereitschaft aber, der Realität ins Auge zu schauen, befähigt uns zur Konzentration und unsere Mitte zu finden.

In der Schwangerschaft wird Saturn durch einschränkende Großeltern verkörpert, durch ernste Ärzte, Pessimisten, Behörden und Menschen, die unsere Mutter hemmen. Wenn er bei der Geburt auftaucht, zeigt Saturn übermäßige Kontrolle über den Geburtsprozeß an, die Anwesenheit von Leuten, die Gefühle hemmen und eine ernste Atmosphäre verbreiten. In der Reifezeit wird Saturn durch Lehrer, Arbeitgeber, ältere Menschen, Bankdirektoren, Behörden und Menschen verkörpert, die versuchen, unserer Wirklichkeit Form zu geben und diese zu kristallisieren. Saturn symbolisiert Menschen, die älter, depressiver, konzentrierter und eingeschränkter sind als wir.

Saturn bedeutet, durch Disziplin, Prüfungen der eigenen Stärke, Ernsthaftigkeit, das Leben anzunehmen und zu vervollkommnen, indem man den Dingen ins Gesicht schaut und die Probleme des Alterns löst. Saturnische Ereignisse sind Entscheidungshemmungen, lähmende Umstände, Krankheiten, Mißgeschicke und Schwierigkeiten, die aus Veränderungen entstehen.

DIE ÄUSSEREN PLANETEN

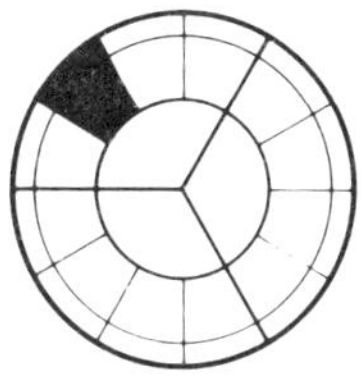

Uranus (herrscht im Wassermann) ♅

Uranus versinnbildlicht die Fähigkeit, über die rein persönlichen Charakterzüge der sieben inneren Planeten hinauszutreten. Uranus steht für Originalität, Exzentrizität, Einzigartigkeit, Intensität, Eingebung, Erfindungsgabe und Rhythmus, die dir erlauben, verschiedene Einflüsse zusammenzubringen, die anfangs auseinanderstrebend, ungewöhnlich oder unzusammenhängend erscheinen. Er ist der Teil in dir, der einzigartig und frei von den Fesseln der Körperlichkeit sein möchte.

Während der Schwangerschaft zeigt Uranus alle an, die in einer originellen Weise auf Mutters Schwangerschaft reagieren, einschließlich medizinischer Fachkräfte, Hebammen, Geburtsanleiter, anderer Frauen oder derer, die ihren natürlichen Rhythmus durchbrechen oder neue Rhythmen einführen wie etwa Atemübungen. Steht Uranus bei der Geburt oder bildet er einen Aspekt zum Aszendenten, so zeigt er medizinische Techniken an, Ärzte oder alle, die bestehende Verhaltensweisen verändern und unabhängig von diesen handeln. In der Kindheit steht Uranus für rebellische, exzentrische Spielkameraden, für unabhängige Freunde und ehrgeizige Menschen. In der Reifezeit deutet Uranus auf Exzentriker, unabhängige Menschen, Reformer, Erfinder, Tänzer, Techniker, inspirierte Menschen und solche, die ihre Heilkunst am Rande der Medizin ausüben. Uranus symbolisiert alle, die unsere festbegründeten Lebensmuster in unerwarteter Weise zunichte machen und Vorbilder für unsere eigene Unabhängigkeit sind.

Gefühlsmäßige und geistige Rhythmen konditionieren materielles Erstarren, und Uranus liefert die Möglichkeit, neue Ergebnisse zu schaffen, zu integrieren und auszugleichen. Uranische Ereignisse finden plötzlich statt, schockartig, sind ungewöhnlich, exzentrisch und treten oft in rhythmischen Zyklen auf.

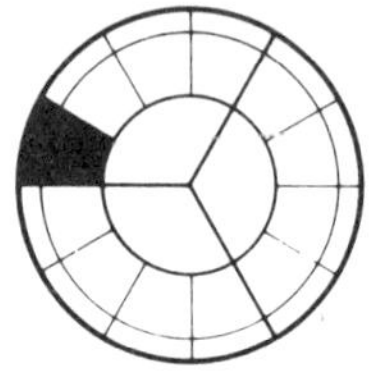

♆ **Neptun** **(herrscht in Fische)**

Neptun versinnbildlicht unsere psychische, sensitive, einfallsreiche, mediale und intuitive Natur, die aus subtileren Realitätsebenen stammt und sich in Träumen, Phantasien, Idealismus, utopischen Vorstellungen und Ideenreichtum spiegelt. Neptun zeigt unsere Sensibilität und Empfänglichkeit für spirituelle Impulse an, aber auch unsere Illusionen, den Bereich der Drogen, psychischen Erlebnisse, ASW und Traumzustände. Diese Mechanismen ermöglichen, daß bestehende, aber versteckte Prinzipien an die Oberfläche des Bewußtseins aufsteigen können.

Während der Schwangerschaft steht Neptun für Menschen, die unserer Mutter nahe sind, die fühlen, daß sie schwanger ist oder als Medium für sie handeln: oft erahnen andere unsere tiefste psychische Befindlichkeit vor uns selbst. Übersinnlich veranlagte Freunde, Träumer, Mystiker, Gurus, Diätetiker, Drogenhändler und alle, die einen seelischen Einfluß auf die Mutter ausüben, sind auch neptunische Erscheinungsformen. Bei der Geburt bedeutet Neptun Narkose, Pflegepersonal im Spital, das wässrige Medium der Geburt selbst oder sensible Anwesende. Hier gibt es eine amüsante Parallele: neptunische Einflüsse, die durch eingeleitete Geburten oder solche mit Hilfe von Betäubungsmitteln angezogen werden, tauchen gleichermaßen in einer modernen Gebärmethode auf, nämlich wenn Babies in Wasser hineingeboren werden. Neptun in der Kindheit deutet auf Träumer, Idealisten, Kinderärzte, Phantasiegestalten, Traumbilder und erfundene Rollen hin, aber auch auf allgegenwärtige Teddybären oder Puppen. In der Reifezeit bedeutet Neptun Menschen, die in der Phantasie leben, in Illusionen, Träumen oder Krankheit, oder auch Sensitive, Medien, Schwindler, übersinnlich Begabte, Astrologen und Mystiker, zusätzlich zu empfindsamen Menschen und solchen, die Arzneien, Drogen zusammenstellen.

Neptun symbolisiert Menschen, die uns bewußt machen, daß die höheren und feineren Ebenen des Bewußtseins und der Wirklichkeit zugänglich sind und uns lehren, wie man Zugang zu diesen bekommen kann. Neptunische Ereignisse sind besonders schwer zu beschreiben, weil sie verschwommen, traumhaft, psychosomatisch oder spirituellen Charakters sind und innerlich stattfinden.

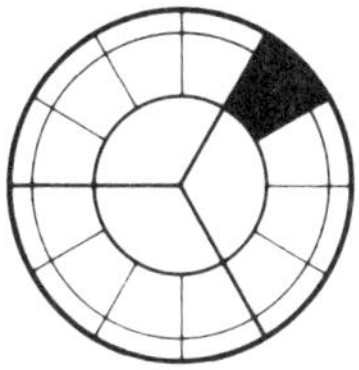

Pluto **(herrscht im Skorpion)** 

Pluto stellt den Kontakt mit den Massen dar und den Wandel, der die Zerstörung existierender Verhaltensmuster und äußerer Lebensbedingungen als notwendige Voraussetzung für die Erneuerung beinhaltet. Oft bezieht sich Pluto auf Weltereignisse, die Menschen und Gesellschaften auseinanderreißen — Weltkriege, wirtschaftliche Zusammenbrüche, Massenbewegungen und die Politik der Supermächte. Pluto zeigt die Wirkung, die die Welt, in der wir leben, auf uns hat, besonders in ihren historischen Zeiten des Umbruchs. Massenereignisse berühren die meisten von uns, ohne daß ihre Bedeutung verstanden würde. Pluto beschreibt, in welcher Beziehung wir zu Einflüssen stehen, die auf ganze Generationen wirken; parallel dazu bedeutet er auch unsere eigene innere Verwandlung. Wohnsitzwechsel, Wechsel von Schule, Einstellung, Partner und andere drastische wesentliche Veränderungen werden von Pluto inszeniert.

Pluto in der Schwangerschaft deutet auf Weltereignisse, die auf die Schwangerschaft einer Mutter einen Einfluß haben; dann auch auf ihre Beziehung zu Persönlichkeiten der Öffentlichkeit wie zu Spezialärzten und Autoritäten auf dem Gebiet der Geburt; ja sogar auf den indirekten Kontakt mit öffentlichen Einflüssen durch Bücher oder Medien. Beispiele solcher Einflüsse sind z.B. während eines Weltkrieges zur Welt zu kommen, nach Dr. Spock aufgezogen oder nach der Methode von Leboyer geboren zu werden. Bei der Geburt steht Pluto für Menschen, die einflußreich sind, Verantwortung übernehmen oder uns verändern. Pluto in der Kindheit weist auf herrschsüchtige Menschen, Eltern oder Lehrer hin. In der Reifezeit deutet Pluto auf Persönlichkeiten, die Generationen beeinflussen, wie etwa Politiker, Musiker, Schauspieler, Propagandisten und all jene, die über die öffentliche Meinung auf uns einwirken oder unsere Welt verändern.

Pluto ist der Teil in uns, der auf Herausforderungen und Heimsuchungen der Massen reagiert und an öffentlichen Ereignissen teilnimmt, entweder tatsächlich oder in Form von Massenbewegungen als Ersatz für Freunde oder Bekanntschaften. Plutonische Ereignisse kommen allmählich, sind aber extrem, außergewöhnlich machtvoll, entscheidend und haben einen nachhaltigen Einfluß.

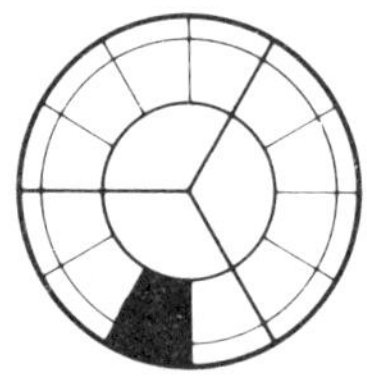

☊ Der Mondknoten (herrscht in den Zwillingen)

Zieht man eine Linie durch die Längsachse der elliptischen Umlaufbahn des Mondes um die Erde, so schneidet diese die Ekliptik an zwei Stellen, dem aufsteigenden Nordknoten, der süd-nördlichen Kreuzung, und dem absteigenden Südknoten. Für astrologische Zwecke wird, außer in der indischen Astrologie, nur der nördliche Knoten verwendet. Der Mondknoten vollendet in achtzehn Jahren seinen Zyklus durch den Tierkreis. Im Horoskop bedeutet der Mondknoten Anpassungsfähigkeit, Verbindungen, Familie und Gruppen aller Art. Der Mondknoten in der Schwangerschaft zeigt den Einfluß von Gruppen auf eine Mutter, insbesondere ihrer Familie. Bei einer Geburt ist er der Gesamteinfluß aller Anwesenden. Eine natürliche Geburt oder Frauengruppen spiegeln oft den Mondknoten wider. In der Kindheit ist der Mondknoten andere Kinder und unsere Familie; in der Reifezeit Clubs, soziale oder politische Organisationen, Freunde, Kollegenrunden und alle anderen Menschengruppen.

Der Mondknoten zeigt kollektive Einflüsse im Leben; zu ihm gehören als Ereignisse Zusammenkünfte mit anderen und der Wunsch, sich Gruppen anzuschließen.

Im dritten Kapitel haben wir die Häuser- und Zeichenspitzen in einer Zeitskala von der Empfängnis bis zu neunundzwanzig Jahren datiert. Mit einem ähnlichen Vorgehen können wir das Alter, in dem jeder Planet in einem Horoskop akut wird, berechnen.

Jede Planetenstellung muß vom Aszendenten aus in Grade umgerechnet werden, dann kann man das Alter, in dem sie fällig wird, direkt von der Tabelle auf Seiten 74/75 ablesen. Tabelle 9 zeigt die Altersberechnung der Planeten in John Lennons Horoskop (Abbildung 11).

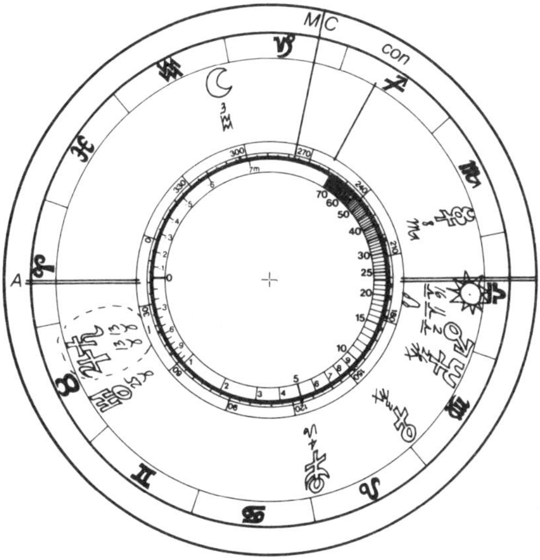

Abbildung 11: Zeitberechnung der Planeten

Die runde Datierscheibe wird so auf das Horoskop gelegt, daß die «o» (Geburtsmoment) im inneren Kreis auf den Aszendenten im äußeren Kreis ausgerichtet ist. Daten während der Schwangerschaft (im 9., 10., 11. und 12. Haus) sind in Monate vor der Geburt unterteilt. Daten direkt nach der Geburt, im ersten Lebensjahr, ebenfalls, und danach folgt eine Einteilung in Jahren. Fällt eine Häuserspitze zwischen zwei Jahre, kann man die Zeit dazwischen schätzen. In den meisten Horoskopen entspricht der Empfängnis/Todespunkt nicht dem entsprechenden Punkt auf der Datierscheibe. Der Empfängnismoment entspricht der tatsächlichen Lage der 9. Häuserspitze im Horoskop, nicht dem End/Anfangspunkt auf der Datierscheibe! Das spiegelt die Tatsache, daß die meisten Geburten entweder nach einer kürzeren oder längeren als der exakten Schwangerschaftsdauer stattfinden.

Tabelle 9: Zeitberechnung der Planeten

Planet	*Stellung im Tierkreis*	*Absolute Länge*	*Minus AC*	= *Grade vom Aszendenten*	*Alter*
MC	7° Steinbock	277	— 19	= 258	— 34 Wochen
Mond	3° Wassermann	303	— 19	= 284	— 31 Wochen
AC	19° Widder	19	— 19	= 0	Geburt
Saturn	13° Stier	43	— 19	= 24	0 J 6 Mo
Jupiter	13° Stier	43	— 19	= 24	0 J 6 Mo
Uranus	25° Stier	55	— 19	= 36	0 J 9 Mo
Pluto	4° Löwe	124	— 19	= 105	5 J 0 Mo
Venus	3° Jungfrau	153	— 19	= 134	9 J 3 Mo
Neptun	26° Jungfrau	176	— 19	= 157	14 J 9 Mo
Mars	2° Waage	182	— 19	= 163	16 J 8 Mo
Mondknoten	10° Waage	190	— 19	= 171	19 J 7 Mo
Sonne	16° Waage	196	— 19	= 177	22 J 1 Mo
Merkur	8° Skorpion	218	— 19	= 199	34 J 1 Mo

FÜNFTES KAPITEL

ASPEKTE DES LEBENS

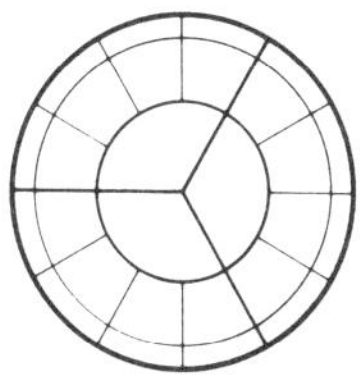

Aspekte sind Winkelbeziehungen zwischen Planeten; sie verbinden und verschmelzen planetarische Qualitäten je nach dem exakten Winkel, den sie, von der Erde aus gesehen, bilden. Das Aspektbild in einem Horoskop zeigt an, auf welche Weise die Planeten sich zusammenschließen. So wie die Aspekte Planet mit Planet verbinden, verbinden sie auch Ereignisse, Menschen und Teile unseres eigenen Wesens miteinander. Die Quantität und Qualität der Aspekte spiegelt die Einfachheit oder Komplexität eines Lebens wider. Eine Vielzahl von Aspekten deutet auf die Möglichkeit, viele Teile in uns zu kombinieren, während wenige Aspekte auf weniger naturgegebene Verbindungen hinweisen.

Die Wanderung um das Horoskop ist ein Prozeß, der in der Zeit abläuft. Die äußeren Lebensereignisse folgen nacheinander im Uhrzeigersinn von Ursache zu Wirkung. Das Zentrum eines Horoskops ist die Mitte unseres Wesens — die Nabe, um die alle Ereignisse sich drehen und die Gesamtheit all unserer Qualitäten, die wir besitzen. Im Osten nennt man es das Rad oder Rund des Samsara, der Illusion. Der äußere Kreis bedeutet die Bewegung durch die Zeit, die Mitte aber ist zeitlos. Wie stark ein Aspekt ist, erkennt man daran, wie weit er in die Mitte eindringt und welche Planeten er miteinander verbindet (Abbildung 12). Die einzelnen Aspekte unterscheiden sich durch ihre Winkelabstände voneinander, und dadurch, auf welche Planeten/Zeichen/Häuser sie treffen. Ähnlich beeinflußt die Winkelbeziehung der Planeten zur Erde den Radioempfang: 60° und 120° Winkel schaffen störungsfreie Felder, während 90°- und 180°-Winkel atmosphärische Störungen und statische Elektrizität erzeugen (siehe dazu die Arbeit von Nelson); ebenso führen die entsprechenden Winkel entweder zu Harmonie oder Störungen im Horoskop.

Die *Konjunktion* ist eine Winkelbeziehung von 0° und der Aspekt der Einheit («a» in Abbildung 12), bei welcher zwei oder mehr Planeten dieselbe Stellung im Tierkreis einnehmen. Ihre Qualitäten vermischen sich und treten zum selben Zeitpunkt in unserem Leben auf; das erschwert es, sie auseinander zu halten. Wenn der eine Planet einen Aspekt zu einem dritten Planeten hat, so gilt dies im allgemeinen auch für den anderen. Je näher die Planeten beieinander stehen, umso enger sind sie miteinander verbunden und umso stärker sind ihre Qualitäten vermischt. Konjunktionen sind völlig an die Peripherie des Horoskops gebunden und im kausalen Ablauf des Lebens eingebettet.

Das *Sextil* ist eine Winkelbeziehung von 60° über einem Sechstel des Kreises und ein oberflächlicher Aspekt, der nur zu einem Achtel in die Mitte eindringt («b» in Abbildung 12). Da jedes Zeichen 30° des Kreises belegt, überspringen Sextile zwei Zeichen. Ein Planet im Zwilling bildet Sextile zu Planeten nach vorn zum Löwen und rückwärts zum Widder. Ein Planet im Skorpion bildet Sextile rückwärts zur Jungfrau und vorwärts zum Steinbock. Sextile bedeuten eine kleine Vor- oder Rückwärtsbewegung. Männliche und weibliche Zeichen wechseln einander durch den Tierkreis hindurch ab, und Sextile verbinden weiblich mit weiblich und männlich mit männlich. Das Sextil ist der Aspekt geistiger oder geschlechtlicher Beziehung und führt eher dazu, an der Oberfläche zu bleiben, als innere Substanz zu berühren.

Das *Trigon* ist ein Aspekt von 120°, der zur Hälfte in den Kreis eindringt und zwischen Oberfläche und Mitte vermittelt, was eine fließende Kommunikation, Ausgewogenheit und Unterstützung ergibt («c» in Abbildung 12). Das Trigon ist eine Kommunikation, die weder oberflächlich noch zentral ist; der Kontakt ist zwar nahe, aber nicht zu nahe! Das Trigon verbindet Planeten derselben Elemente miteinander, und die Leichtigkeit ihrer Beziehung verdanken sie dieser Ähnlichkeit. Das Erdzeichen Stier steht im Trigon zu den beiden anderen Erdzeichen Jungfrau und Steinbock, das Luftzeichen Zwillinge bildet ein Trigon zu den beiden anderen Luftzeichen Waage und Wassermann. Die Oktaven der *Lebens★Zeit-Einteilung* bilden ein Dreieck, daher verbindet das Trigon einen Zeitpunkt in einer Oktave mit der entsprechenden Entwicklungsphase in den anderen Oktaven. Ein Planet im selbstbehauptenden 1. Haus kann ein Trigon zu einem Planeen im selb-

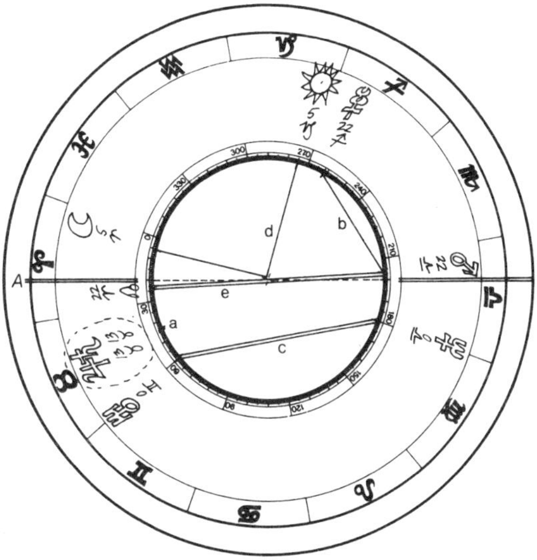

Abbildung 12: Aspekte

Aspekte werden durch das Maß ihres Eindringens in die Mitte des Horoskops definiert. «a» ist eine Konjunktion zwischen Jupiter und Saturn im Stier, die an die Peripherie des Kreises gebunden ist; «b» ist ein Sextil zwischen Mars in der Waage und Merkur im Schützen, das an der Oberfläche bleibt; «c» ist ein Trigon zwischen Uranus in den Zwillingen und Neptun in der Waage, das bis zur Hälfte in die Mitte eindringt; «d» ist ein Quadrat zwischen der Sonne im Steinbock und dem Mond im Widder, das in die Mitte gespannt ist und dort zwangsläufig die Richtung ändert; «e» ist eine Opposition zwischen dem Mondknoten im Widder und Mars in der Waage, die durch die Mitte geht und das Horoskop entzweiteilt.

stausdrückenden 5. Haus oder dem selbstverwirklichenden 9. Haus bilden. Die Oktaven beschreiben die Erschaffung des physischen Körpers (Empfängnis), des Gefühlskörpers (Kindheit) und des Geistkörpers (Reifezeit); somit setzt ein Trigon eine Seite eines dieser Körper mit der gleichwertigen Entwicklungsphase eines der anderen Körper in Beziehung, nämlich in Form von Gefühl-zu-Körper oder Körper-zu-Geist oder Gefühl-zu-Geist. Das Trigon ist der ausgeglichenste Aspekt, aber auch der ruhendste.

Das *Quadrat* ist ein 90°-Aspekt, belegt ein Viertel des Kreises und wird als rechter Winkel zur Mitte dargestellt oder schließt diese ein («d» in Abbildung 12). Das Quadrat verbindet Planeten an der Oberfläche, die in die Mitte gespannt sind, jedoch Lösungsmöglichkeiten enthalten und Bewegung bringen. So wie das Sextil und Trigon friedliche Aspekte darstellen, ist das Quadrat eine Quelle des Antriebs und zwingt Richtungswechsel herbei. Quadrate verbinden Zeichen eines Geschlechts mit Zeichen des entgegengesetzten Geschlechts: weiblich mit männlich und umgekehrt. Der männliche Löwe steht im Quadrat zum weiblichen, materiellen Stier und dem metaphysischen Skorpion. Dieser geschlechtliche Kontrast der Tierkreiszeichen wirkt explosiv, sein Einfluß ist jedoch, genauso wie im Leben, eine Quelle der Kreativität und Energie.

Die *Opposition* ist ein 180°-Aspekt, teilt den Kreis in zwei Hälften und verbindet zwei Planeten, die einander gerade gegenüberstehen («e» in Abbildung 12). Die Opposition erzeugt die größte Spannung, was entweder zur Polarisierung oder Versöhnung führt. Die Energie geht von einer Seite direkt durch die Mitte zur anderen, und da Gegensätze einander anziehen, besteht gleichzeitig ein Widerstreit *und* eine Ergänzung. Die betreffenden Ereignisse, Menschen und die Auswirkungen sind einander in Qualität, Art und Zeitpunkt im Leben entgegengesetzt, genauso wie in unserer Psyche beide Pole des Gegensatzpaares vertreten sind. Gewöhnlich ist unsere Aufmerksamkeit auf einen der Gegensatzpole gerichtet mit dem Ergebnis, daß der andere verdrängt werden muß oder auf jemanden oder etwas anderes außerhalb unserer selbst projiziert wird. Wenn wir das Weibliche in uns nicht integrieren können, projizieren wir die entsprechenden Inhalte auf eine Frau, die verfügbar ist und sich dazu anbietet. Die natürliche Polarität des Lebens führt zur Notwendigkeit, Gegensätze als einen Weg zur größtmöglichen Energieerzeugung zu vereinen.

Es gibt viele kleinere Aspekte, die man zusätzlich zu den obigen nutzen kann und die harmonische Obertöne der Hauptaspekte sind. Das *Halbquadrat* ist ein 45°-Winkel, belegt ein Achtel des Kreises und ein halbes Quadrat; dieser Aspekt ist wie das Quadrat Spannungsträger, hat jedoch vermittelnde Funktion. Das *Anderthalbquadrat* ist ein 135°-Winkel, der zwischen einem Quadrat und einer Opposition liegt; es ist ebenfalls ein Spannungsträger, aber dringt nicht so tief ein wie ein Quadrat oder eine Opposition. Das *Halbsextil* von 30° belegt ein Zwölftel des Kreises oder ein vollständiges Zeichen; das ist der äußerlichste Aspekt und zeigt oberflächliche Verbindungen an. Das *Quincunx* mit 150° liegt in der Mitte zwischen dem äußeren statischen Trigon und der zum äußersten gespannten Opposition und ist somit veränderlich und irrational.

ZUSAMMENGESETZTE ASPEKTFIGUREN

Bilden mehr als zwei Planeten Aspekte zueinander, dann entstehen zusammengesetzte Aspektfiguren mit besonderen, klar erkennbaren Formen.

Im *Dreieck* stehen drei Planeten jeweils im Trigon zueinander und bilden ein gleichseitiges Dreieck im Horoskop (Abbildung 13). Die Planeten stehen gewöhnlich im selben Element und bilden Dreiecke im Element Feuer, Luft, Erde oder Wasser. Das Dreieck wird oft als die günstigste Figur überhaupt angesehen; da aber ein Dreieck in der Geometrie eine starre Figur ist, zeigt es oft eine Ausgewogenheit an, die an Langeweile grenzt. Das große Dreieck umgibt und schließt die Mitte des Horoskops ein; der Horoskopeigner erscheint so ausgeglichen, daß es unmöglich ist, in seinen Wesenskern einzudringen. Ein großes Dreieck der Erde würde Planeten im Stier, in der Jungfrau und im Stein-

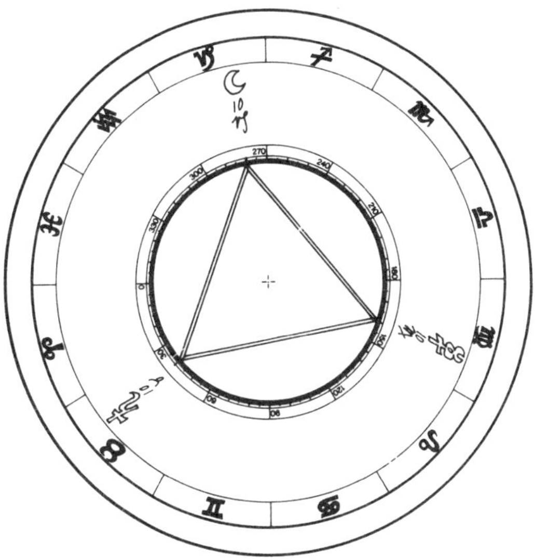

Abbildung 13: Das große Dreieck

Das Dreieick ist eine starre Figur, die hier den Mond im Steinbock über ein Trigon mit Saturn im Stier und Merkur in der Jungfrau verbindet; die Figur umschließt den Mittelpunkt und ist sehr statisch. Das hier abgebildete Dreieck ist «erdig», weil alle beteiligten Planeten in Erdzeichen stehen, was eine physisch unbewegliche Situation mit sich bringt.

bock haben und zu Besessenheit mit Körperlichem neigen, zu greifbaren Systemen und Besitz.

Das *große Kreuz* (auch geschlossenes Quadrat genannt) setzt sich aus zwei Planetenpaaren zusammen, die in Opposition und gegenseitig im Quadrat zueinander stehen und so ein Kreuz bilden, das sich in der Mitte des Horoskops konzentriert (Abbildung 14). Jeder Planet im großen Kreuz steht im Quadrat zu zwei anderen und in Opposition zu einem Planeten, was zu höchster Spannung im Horoskop und im ganzen Leben führt. Diese Figur gibt es in drei Erscheinungsformen: kardinal, fix oder veränderlich. Beim fixen großen Kreuz stehen Planeten im Stier, Löwen, Skorpion und Wassermann, wobei keiner der vier nachzugeben oder zur Veränderung gewillt ist. Stehen keine ungewöhnlichen Betätigungsmöglichkeiten zu Gebote oder besteht kein Zugang zu einem außergewöhnlichen Verständnis, dann ist die innere Spannung hier so groß, daß die betreffenden Planeten den Menschen vollständig beherrschen.

Das *T-Quadrat* (oder Tau-Quadrat) besteht aus einer Opposition

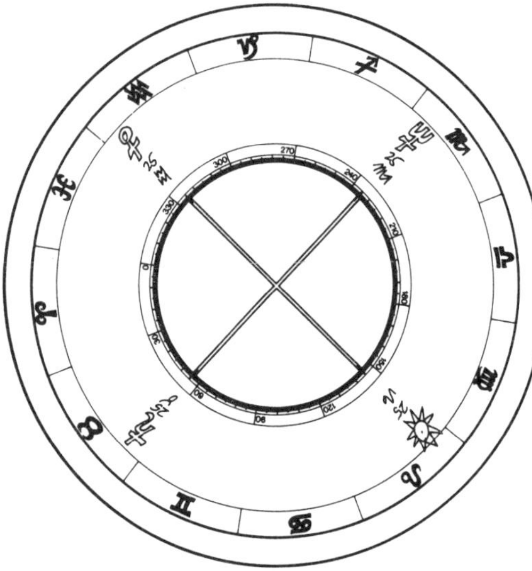

Abbildung 14: Das «große Kreuz»

Das große Kreuz besteht aus zwei Oppositionen, die im Quadrat zueinander stehen. Jeder Planet steht in Opposition zu einem und im Quadrat zu den beiden anderen Planeten.

mit einem dritten Planeten im gegenseitigen Quadrat. Es ist zwar spannungsgeladen, da jedoch alle Planeten in einer Horoskophälfte liegen, ist diese Figur oft einfacher zu lösen als das große Kreuz. T-Quadrate gibt es ebenfalls in kardinaler, fixer oder veränderlicher Form. Ein veränderliches T-Quadrat könnte sich etwa aus Planeten in den Fischen, Zwillingen und im Schützen zusammensetzen, alles doppelte Zeichen und doppeldeutig. Es kommt nicht selten vor, daß man in einem Horoskop eine Reihe von T-Quadraten findet.

Die Art und Weise, wie sich alle Planeten in unserem Horoskop miteinander verbinden, entspricht der Art und Weise, in der wir mit den verschiedenen Teilen in uns und mit andern in Verbindung treten: die Aspekte stellen mögliche Kommunikationswege dar. Die Konjunktion bedeutet Gleichartigkeit von Anschauung und Haltung; das Sextil stellt den Austausch oberflächlicher Anschauungen dar; das Trigon zeigt die Übermittlung zwischen Freunden, die eine gute Beziehung zueinander haben, aber nie wesentliche oder schwierige Fragen anschneiden. Das Quadrat zeigt gegenseitige Aufregung durch verschiedene, aber nicht gegensätzliche Ansichten an. Die Opposition bringt verschiedene Ansichten zutage, die in Richtung verschiedener Pole auseinandergehen und mit der Vorherrschaft des einen über den andern, oder aber in einer Distanzierung enden. Sind Planeten nicht durch einen Aspekt miteinander verbunden, so findet keine Kommunikation statt.

Wir können uns vorstellen, daß sich das Horoskop folgendermaßen im Leben niederschlägt: nehmen wir an, wir geben ein großes Fest und laden alle ein, die in unserem vergangenen und gegenwärtigen Leben wichtig waren und sind. Wir beziehen einen günstigen Beobachtungsposten außerhalb des Raumes und beobachten einfach, wie diese Menschen miteinander umgehen. Einige kennen einander schon, andere haben sich nie gesehen. Interessant ist, wer mit wem Beziehung aufnimmt und welchen möglichen Verlauf das Treffen insgesamt nimmt. Diese Zusammenkunft würde die innere und äußere Ordnung unseres Horoskops und unseres Lebens widerspiegeln! In einem Horoskop mit wenigen Aspekten und vielen nicht aspektierten Planeten würden wir erwarten, daß viele Menschen in einem Raum umhergehen, sich nicht wohl fühlen und überhaupt nicht versuchen, miteinander ins Gespräch zu kommen. Ein wohl-vernetztes Horoskop mit vielen Aspekten würde ein geselliges und lebendiges Treffen ergeben, wo jeder jeden kennenlernt. Natürlich wäre es außerordentlich interessant zu erfahren, was alle über ihre Beziehung zu uns sagen würden ...

Die Planeten bilden in einem Horoskop natürliche Verkettungen. Jeder Planet kann mit jedem anderen Planeten in einen Aspekt treten oder aber ein Glied in einer Kette sein, obwohl dies selten vorkommt. Eine Verkettung entsteht, wenn zwei oder mehr Planeten in einem Aspekt zu einem Ausgangsplaneten stehen, ohne selbst Aspekte untereinander zu bilden. Im Horoskop von John Lennon (Abbildung 16) stehen Pluto und Uranus in einem Aspekt zum Mond, aber nicht zueinander. Wenn Uranus in der Zeiteinteilung ausgelöst wird, ist das Trigon Mond-Uranus als Aspekt mitbetroffen; ist Pluto an der Reihe, kommt die Opposition Mond-Pluto ebenfalls zum Tragen; wenn jedoch der Mond interpretiert wird, so gehören das Trigon Mond-Uranus *und* die Opposition Mond-Pluto dazu. Der Mond als Mutter von John Lennon ist das Bindeglied zwischen seiner Wandlungsfähigkeit (Uranus) und seiner Anlage, von den Massen anerkannt zu werden

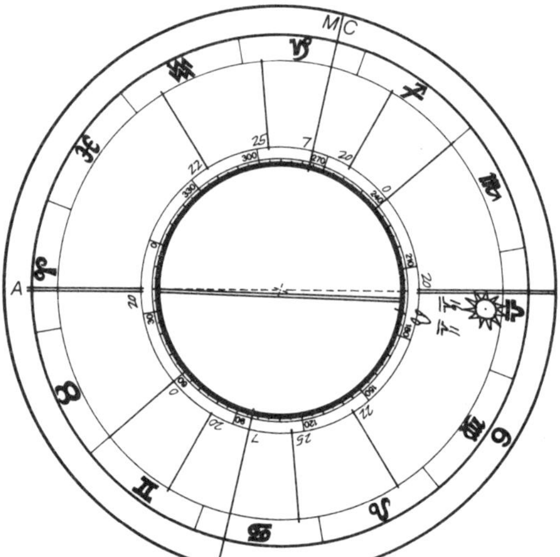

Abbildung 15: Figur A

Die Opposition zwischen dem Widder-AC und der Waage-Sonne ist vom Rest in John Lennons Horoskop losgelöst: die Energie kann zwischen den beiden nur hin- und zurückfließen.

(Pluto). So ist der Mond ein Glied in einer Kette, an der Uranus, Pluto, ein Quadrat zu Merkur und ein Trigon zu Neptun hängen.

Planetenverkettungen entsprechen Beziehungs-«netzen» im Leben. Zu bestimmten Zeiten verbinden sie in dramatischer Weise Ereignisse, Menschen und Teile von uns miteinander. Die Aspekte sind nicht, wie in der Bewertung der traditionellen Astrologie, «gut» oder «schlecht»; sie beschreiben einfach die Vielfalt von Verbindungen, die in einem ganzen Leben möglich sind. Eine sehr einfache Verbindung zwischen zwei alleinstehenden Planeten über ein Trigon mag weniger wünschenswert sein, als ein Netz von fünf Planeten, die durch Spannungsquadrate und oberflächliche Sextile miteinander verbunden sind. Jedes Ereignis in einem Horoskop — und Leben — steht mit bestimmten anderen Ereignissen im Zusammenhang, und manchmal ist diese Verbindung interessanter als jedes Ereignis für sich allein. Irgendein Ereignis oder einen Menschen aus der Ganzheit des Lebens loszulösen ist irreführend und kann schaden.

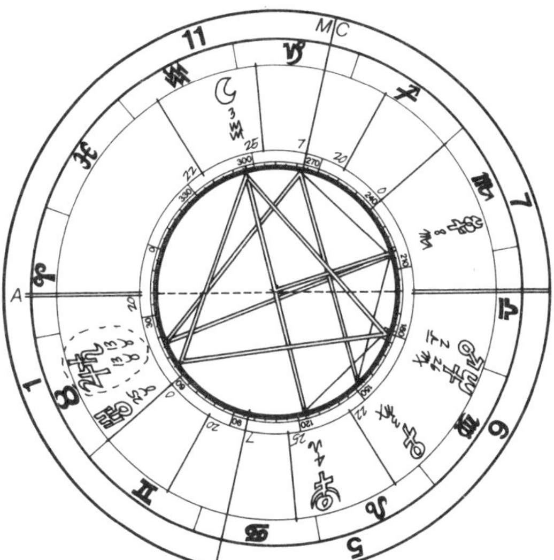

Abbildung 16: Figuren B und C

Figur B besteht aus dem MC, Jupiter und Saturn, Venus, Mars und Merkur. Figur C setzt sich aus dem Dreieck mit dem Mond, Uranus, Neptun und Mars zusammen und dem T-Quadrat mit Mond, Pluto und Merkur. Das verleiht dem Mond (dem Weiblichen) eine große Bedeutung, weil es sowohl im Dreieck wie dem Quadrat steht. Merkur kommt noch mehr Bedeutung zu, weil er das einzige Bindeglied zwischen den beiden großen Figuren ist.

Planetengruppen funktionieren wie psychologische *Komplexe*, nämlich wie ein Netz emotional geladener aktiver Verbindungen, in denen sich Energie speichert und entlädt. Komplexe sind natürliche Strukturen und nur dann krankhaft, wenn sie nicht integriert sind oder verdrängt werden. Genauso, wie die meisten Menschen verschiedene Komplexe haben können, finden sich meistens im Horoskop mehrere Planetengruppen, die nicht miteinander verbunden sind. Im Horoskop von John Lennon gibt es drei klar unterscheidbare Konstellationen, die wir A, B und C nennen. Figur A (Abbildung 15) besteht aus der Opposition vom Aszendenten zur Sonne, zwei sehr wichtige Elemente, die in Spannung zueinander vom restlichen Horoskop losgelöst sind. Konstellation B (Abbildung 16) schließt den MC, Jupiter und Saturn, Venus, Mars und Merkur ein. Gruppe C umfaßt Mond, Uranus, Neptun und Pluto und wiederum Merkur. Merkur als Lennons Fähigkeit, Verbindungen herzustellen, ist in seinem Horoskop ein sehr wichtiges Element, weil er das einzige Bindeglied der eben erwähnten zwei größeren Figuren ist.

Komplexe wetteifern miteinander um die Kontrolle über den Augenblick. Da wir uns im Älterwerden um das Horoskop herum bewegen, gehen wir ständig in den Einflußbereichen unserer verschiedenen Komplexe ein und wieder aus. Wenn wir uns im Einflußbereich eines Komplexes befinden, scheinen die anderen zurückzutreten, aber im Laufe der Zeit tauchen diese wieder auf und übernehmen ihrerseits die Herrschaft. Der Einfluß von Aspektverbindungen wird dann spürbar, wenn einer der beteiligten Planeten aktiviert wird und nimmt dann wieder ab.

Innerhalb einer Figur folgt die Energie dem Weg des geringsten Widerstandes. Wenn zwei Planeten in Opposition zueinander stehen, aber ein dritter Planet über ein Trigon zum einen und ein Sextil zum anderen zwischen ihnen vermittelt, so kann die Opposition über einen einfacheren, aber oberflächlicheren Weg der Sextil-Trigon-Verbindung vermieden werden. Im Horoskop von John Lennon kann die Mond-Pluto Opposition umgangen werden, indem man vom Mond dem Trigon entlang zu Mars gelangt und dann dem Sextil entlang zu Pluto; dies würde man als Vermeiden einer femininen, emotionalen Einseitigkeit (Opposition Mond-Pluto) beschreiben, und zwar werden Verbindungen mit anderen Männern (Mars) in Arbeitsbeziehungen (6. Haus) geschaffen, wobei viel Kraft und Ehrgeiz (Sextil Mars-Pluto) zum Ausdruck kommen. In solchen Fällen steht es der Energie frei, beide Wege einzuschlagen — das wäre in jedem Fall die gesündeste Situation. Für wahres Wachstum sollte so oft wie möglich die Wahl zwischen Spannung und Ausgleich bestehen und man sollte erkennen, daß diese Wahl besteht. Je mehr Aspekte zu einem Planeten laufen, umso mehr Variationen seines Archetyps versinnbildlicht der Planet und umso breiter wird die uns damit zugängliche Erkenntnis.

Jedes Merkmal hat seine Bedeutung in der Bewertung unseres Lebensmusters: die Anzahl der Planeten in jeder Aspektfigur; die Anzahl einzelner Figuren; welche Planeten kleinere Figuren bilden und welche Planeten losgelöst stehen.

ORBES

Die Aspekte wirken am stärksten, wenn der Winkelabstand zwischen zwei Planeten genau 0, 60, 90, 120 oder 180° beträgt. Der *Orbis* eines Planeten ist die Distanz beidseitig eines exakten Aspekts, innerhalb derer die Aspektqualität noch wirksam ist. Die Orbes unterscheiden sich je nach Größe und Bedeutung der betroffenen Planeten, der Aspekte und des angewendeten Deutungssystems. Am Anfang dieses Jahrhunderts benutzten Astrologen manchmal Orbes bis zu 15° zu beiden Seiten der Planeten, so daß jeder Planet mit jedem andern einen Aspekt bildete!

Es ist wichtig, die Bewegung der Planeten zu verstehen, weil das Horoskop die ständige Planetenbewegung zur bestimmten Zeit und am bestimmten Ort der Geburt «einfriert», aber die Planeten selbst in ihrer Bahn weiterlaufen. Je schneller die Bewegung eines Planeten ist, umso schneller bildet er einen Aspekt und löst sich auch wieder daraus, desto kürzer ist die Dauer seiner Wirkung und desto schwächer sein Wirkungsvermögen. Je langsamer Planeten laufen, umso länger dauert ihr Einfluß und umso stärker ist ihre Wirkung. Die Sonne bewegt sich etwa um 1° am Tag vorwärts, der Mond um etwa 13°; daher läuft der Mond dreizehn Mal schneller als die Sonne durch den Tierkreis. Deshalb ist zu erwarten, daß die Auswirkungen des Mondes verhältnismäßig gering fühlbar sind. Pluto braucht mehrere Monate, um 1° hinter sich zu bringen; der Mond ist also etwa eintausend Mal schneller als Pluto! Je langsamer der Planet, umso enger der Orbis. Tabelle 10 enthält angenommene Orbes für jeden Planeten.

Wenn ein Planet in den Orbis eines andern eintritt, so nimmt die gegenseitige Beeinflussung nach und nach zu bis zu dem Punkt, an dem der Aspekt exakt ist und zum größten Energieaustausch führt. Wenn ein Planet auf einen Orbis zuläuft, so nennt man ihn *applizierend*. Wenn er den genauen Winkel erreicht hat, verläßt der Planet den Orbis, seine Wirkung nimmt langsam ab; dann nennt man ihn *separans* (trennend). In Abbildung 17 steht die Sonne auf 15° Krebs; ihr Orbis reicht von 7° Krebs (97° absolute Länge) bis zu 23° Krebs (113°). Planeten, die durch diesen Abschnitt oder im Aspekt zu diesem Abschnitt laufen, verbinden sich ab 7° Krebs mit dem Einfluß der Sonne, kommen bei 15° Krebs zum stärksten Austausch und verlassen den Sonneneinfluß bei 23° Krebs wieder.

Im Rahmen der *Lebens★Zeit Einteilung* bekommt der Orbis eine zusätzliche Bedeutung. Die Bewegung um das Horoskop herum bestimmt das Tempo unserer Wahrnehmung, und die Dauer eines Orbiseinflusses in Kalenderzeit gemessen, erfährt entsprechende Unterschiede. Ein Orbis von 5° bedeutet in der frühen Kindheit zwei Wochen, während derselbe 5°-Orbis mit sechzig Jahren sich über mehr als sechs Jahre erstreckt. Ereignisse geschehen und gehen schneller vorbei, je jünger wir sind; je älter wir sind, desto länger brauchen sie, um sich zu manifestieren. Dies erinnert an die Tatsache, daß Wunden in der Kindheit viel schneller heilen als im Alter (s. Du Nouy, *Biologische Zeit*), und ebenso an die Ergebnisse anderweitiger Untersuchungen über die menschliche Zeitwahrnehmung.

Nehmen wir 8° zu beiden Seiten als normalen Orbis für die Sonne an, und daß die Sonne im Alter von achtundzwanzig Jahren (wie in Abbildung 17) fällig wird, so würde der Einfluß der Sonne von vierundzwanzig Jahren und vier Monaten bis zum exakten Aspekt im Alter von achtundzwanzig Jahren dauern und sich dann abschwächen, bis er mit dreiunddreißig Jahren und fünf Monaten endet. Der gleiche Aspekt würde sich in der Schwangerschaft in nur wenigen Tage annähern, genau werden und wieder auflösen. Benutzen wir die *Lebens ★Zeit-Einteilung*, so müssen wir die Zeitdauer der Orbes bei der Betrachtung aller Aspekte mit berücksichtigen. Die Entstehung und Nachwirkungen der Ereignisse dauern in der Reifezeit zunehmend länger. Die Tabelle mit den Grad-Altersentsprechungen auf S. 74/75 gibt die Zeitspanne für einen Orbis in jedem Alter wieder. Zähle einfach die Orbisgrade vor oder nach dem betrachteten Alter hinzu und lies die absoluten Gradwerte ab, wie in Abbildung 17.

Tabelle 10: Die Orben der Planeten

Planet oder persönlicher Punkt	*Orbis (in Graden)*
Sonne	8
Mond	8
Merkur	5
Venus	5
Mars	5
Jupiter	4
Saturn	4
Uranus	4
Neptun	4
Pluto	4
Mondknoten	3
Aszendent/AC	5
Mitte des Himmels/MC	5
Empfängnispunkt	2

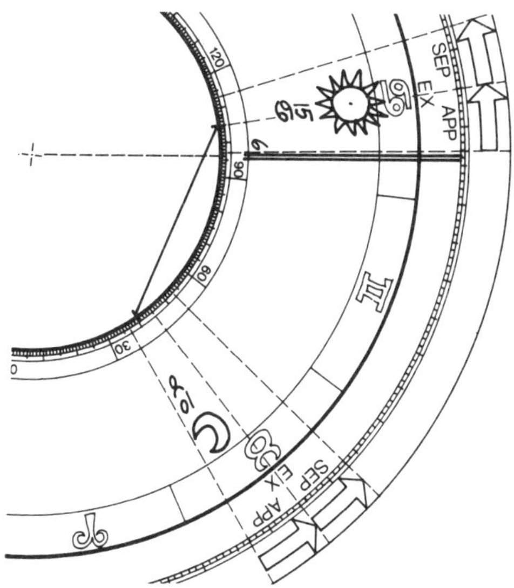

Abbildung 17: Die Orben

Wenn die Sonne auf 15° Krebs steht, so heißt ein Orbis von 8 Grad, daß er sich auf einen Bereich von 7° Krebs (15 minus 8) bis 23° Krebs (15 plus 8) erstreckt. Planeten, die diesen Bereich aspektieren oder hindurchlaufen, treten bei 7° Krebs in den Orbis der Sonne ein, haben eine immer stärkere Wirkung bis zu ihrer Auslösung bei 15° Krebs und verlieren dann an Einfluß, bis sie den Orbis bei 23° Krebs wieder verlassen.

Jeder Aspekt ist ein Zusammenspiel oder ein Prozeß, in dem zwei Planeten eine Beziehung eingehen und einander verändern. Für die Deutung verbindet man einen Planeten über einen Aspekt mit einem anderen Planeten. Wenn Venus für Beziehung steht und in einem Spannungsquadrat mit dem Hemmung darstellenden Saturn verbunden ist, so lautet die entsprechende Interpretation des Quadrats von Venus zu Saturn: «eine Beziehung, die sich durch Hemmung in einer Spannung befindet oder aber diese verursacht». Wird Saturn zuerst ausgelöst, so ist die Hemmung vor der Beziehung da, während die Beziehung die Hemmung verursacht, wenn Saturn später fällig wird. Es ist von wesentlicher Bedeutung für unser persönliches Leben, daß wir diese Art der Interpretation verstehen. Die jeweils beteiligten Menschen oder Teile von uns verkörpern die Planeten, und wenn Venus als schöne oder harmonische Person erscheint und Saturn als eine alte, ernste oder deprimierte Person, so bedeutet ein Venus-Saturn-Quadrat «eine Schönheit, die durch eine ernstere Person gehemmt wird oder diese hemmt»; oder: «der Teil in uns, der anziehend wirken möchte, wird durch unsere Ernsthaftigkeit gehemmt». Ein Aspekt verbindet eine Gruppe von Ideen, Zuständen oder Menschen, welche die miteinander verbundenen Planeten anzeigen. Die Deutungstabellen im sechsten Kapitel enthalten auf Seiten 154-163 das äußere und parallel dazu innerpsychische Geschehen mit jeder möglichen Planetenverbindung. Sie verdienen Beachtung, da sich die ganze Aspektdeutung aus den einfachen aufgeführten Verbindungen ableitet.

Das Alter, in dem ein Aspekt fällig wird, gibt ihm eine nähere Bedeutung: Wird Venus mit drei Monaten im 1. Haus ausgelöst und steht sie im Quadrat zu Saturn, so bedeutet dies, daß «du als Baby von den Großeltern eingeschränkt wirst», oder «deine Schwester ist wegen der Aufmerksamkeit, die du von älteren Menschen bekommst, eifersüchtig». Erscheint Venus mit dreizehn Jahren im 6. Haus im Quadrat zu Saturn, dann «hindern deine Eltern dich an der Wahl deiner Freundinnen» oder «du wirst entmutigt, in der Schule Kunst zu belegen, und zwar durch einen naturwissenschaftlich ausgerichteten Ratgeber (Saturn)». Die Eigenart jedes Hauses während der ganzen Entwicklung muß bei der Planetendeutung berücksichtigt und dieser beigefügt werden.

Die Zeichen, in denen die Planeten stehen, fügen der Deutung eine zusätzliche Qualität hinzu. Steht Venus im sicherheitsbedachten Stier und Saturn im gesellschaftlich ausgerichteten Löwen, so bedeutet ein Venus-Saturn-Quadrat bei der Auslösung von Venus mit dreizehn Jahren «ein junges Mädchen, das sich nach Sicherheit sehnt, fühlt die Spannung zu einem älteren Mann mit guten gesellschaftlichen Verbindungen».

Die durch Haus- und Zeichenqualitäten sowie das Alter «gefärbte» Verbindungen von Planet-über-Aspekt-zu-Planet löst einen Assoziationsprozeß aus, der astrologische Ereignisse treffend beschreibt und der mit ein wenig Übung leichter wird.

SENSITIVE PUNKTE

Sensitive Punkte bezeichnen diejenigen Stellungen rund um das Horoskop, von wo aus Aspekte exakt auf Planeten und ihre Verbindungen fallen, egal ob diese Punkte selbst von Planeten besetzt sind oder nicht. Sie sind in der *Lebens★Zeit Astrologie* wichtig, weil sie sämtliche Auslösungsdaten für die Geburtsplaneten und persönlichen Punkte (AC und MC) mit dem entsprechenden Alter angeben. Abbildung 18 zeigt die elf gewöhnlichen sensitiven Punkte zu einem Geburtsplaneten

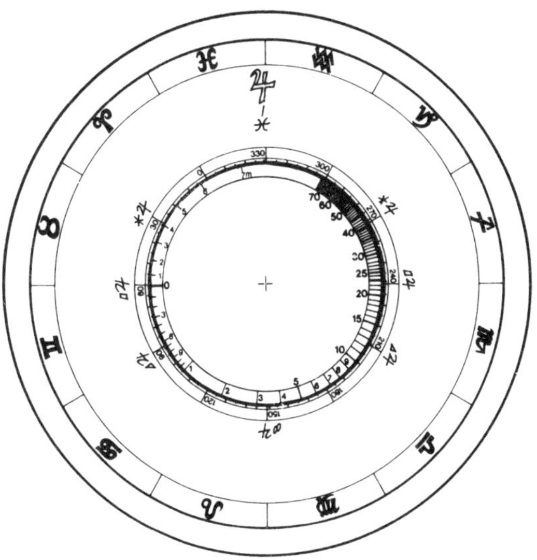

Abbildung 18: Die sensitiven Punkte der Planeten

rund um das Horoskop. Jedesmal, wenn einer dieser Punkte von einem Planeten besetzt ist oder wenn ein Planet (im Transit) darüber hinwegläuft, wird die Energie des Ausgangsplaneten, in diesem Falle Jupiters, freigesetzt. Wenn Jupiter im Geburtshoroskop als freizügiger Beschützer auftritt, macht sich ein ähnlich schützender Einfluß jedesmal dann bemerkbar, wenn die sensitiven Punkte von Jupiter berührt werden, sei dies innerlich oder äußerlich. Mit der Datierscheibe für die Zeiteinteilung kann jeder sensitive Punkt im Leben exakt datiert werden, wann für jeden Planeten und persönlichen Punkt mit einer Auswirkung im Leben zu rechnen ist.

Jeder Planet im Horoskop nimmt zur Zeit der Geburt eine bestimmte Stellung ein und bildet sieben wichtige sensitive Punkte. Insgesamt gibt es 96 (12 x 8) wirksame Punkte in einem Horoskop, die man in Lebensdaten übersetzen kann. Zählt man die sekundären 30°-, 45°-, 135°- und 150°- Aspekte mit dazu, so bekommt man 192 Punkte (12 x 16). Sensitive Punkte sind entweder gleichmäßig verteilt oder treten in Bündeln auf, je nachdem, wie verteilt oder nahe beieinander die Aspekte im Geburtshoroskop liegen. Viele exakte Aspekte ergeben ganze Trauben von sensitiven Punkten und damit aktive und wirkungsvolle Serien von Lebensereignissen, die durch weniger aktive Zeitlücken getrennt sind. Ereignisse, die sich vor vielen Jahren zugetragen haben, schwingen weiterhin in uns nach, und genauso klingen Ereignisse, die in unserer Zukunft geschehen werden, bereits jetzt in uns an.

Sensitive Punkte liegen rund um den ganzen Lebenskreis; es gibt deren so viele, daß es unsinnig wäre, sie alle anzuwenden. Sie sind nützlich, wenn wir scheinbar leere Räume und Zeiträume zwischen der Auslösung von Geburtsplaneten füllen wollen. Um diesen Prozeß zu veranschaulichen, wollen wir die sensitiven Punkte in John Lennons Horoskop berechnen, die zwischen Pluto im Alter von fünf Jahren und Venus im Alter von neun Jahren und zwei Monaten fällig werden (Abbildung 19).

Diese sensitiven Punkte werden für Merkur, Mondknoten, Saturn, Jupiter und den Aszendenten im Löwen und im 5. Haus und für Uranus im Löwen und im 6. Haus interpretiert. Zusätzlich zur Interpretation jedes Planeten in seiner Zeichen- und Hausstellung, die der jeweilige Aspekt näher umschreibt, können die Zwischenräume zwischen Planetenpaaren benutzt werden, um die dazwischenliegende Zeit zu beschreiben. Der Zwischenraum zwischen dem sensitiven Sextil Sonne

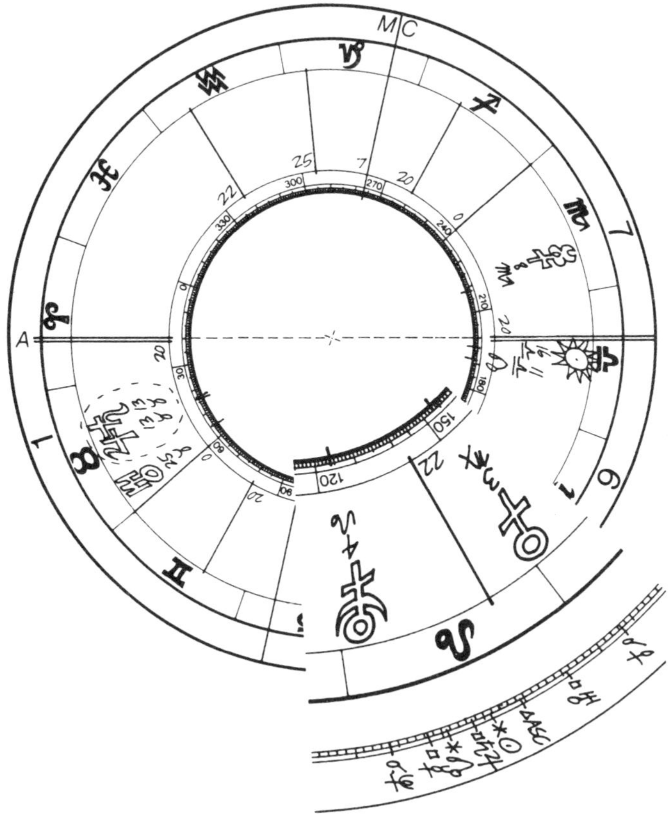

Abbildung 19: Sensitive Punkte der Planeten

Die sensitiven Punkte füllen die scheinbare Lücke zwischen der Fälligkeit von Pluto im Löwen und Venus in der Jungfrau aus. Jeder Zwischenraum wird wie ein Aspekt zwischen den begrenzenden Planeten gedeutet.

* *Geburtspluto*	*4° Löwe*	*4 Jahre*	*11 Monate*
Quadrat zu Merkur	8° Löwe	5 Jahre	5 Monate
Sextil zum Mondknoten	11° Löwe	5 Jahre	8 Monate
Quadrat zu Saturn	13° Löwe	6 Jahre	0 Monate
Quadrat zu Jupiter	13° Löwe	6 Jahre	0 Monate
Sextil zur Sonne	16° Löwe	6 Jahre	5 Monate
Trigon zum Aszendenten	20° Löwe	6 Jahre	11 Monate
Quadrat zu Uranus	25° Löwe	7 Jahre	9 Monate
* *Geburtsvenus*	*3° Jungfrau*	*9 Jahre*	*2 Monate*

mit sechs Jahren und 5 Monaten und dem sensitiven Trigon zum Aszendenten fünf Monate später mit sechs Jahren und zehn Monaten wird wie ein Aspekt Sonne-Aszendent beschrieben. Die Deutung der sensitiven Punkte und ihrer Zwischenräume fügt der Reihe der Geburtsplaneten in einem Horoskop eine weitere genau beschreibbare Dimension hinzu.

ASPEKTFIGUREN IN DER ZEITEINTEILUNG

Die logarithmische Zeiteinteilung teilt den ganzen Umfang des Horoskops nach Alter ein: Alle Planetenstellungen, persönliche Punkte (AC und MC) sowie sensitive Punkte werden nacheinander bestimmt und datiert, was einundneunzig wesentliche formende Ereignisse im Leben ergibt.

Jede Aspektfigur wird in Beziehung zu einem Geburtsplaneten betrachtet, der in einem bestimmten Alter ausgelöst wird. Im dritten Kapitel lernten wir, wie man die Planeten von der Empfängnis bis zum Ende des Lebens örtlich und zeitlich bestimmt — jetzt müssen wir nur noch die Reihenfolge bestimmen, in der die Aspektverbindungen gedeutet werden sollen.

Aspektfiguren werden auf zweierlei Arten betrachtet: Erstens werden die Planeten, die im Aspekt zu einem Ausgangsplaneten stehen, in der zeitlichen Abfolge entweder vor diesem fällig (wenn sie rückwärts in Richtung Empfängnispunkt/Spitze 9. Haus stehen), oder aber nach diesem (gegen das 8. Haus zu). Die Stellungen der aspektierenden Planeten «erzählen» in ihrer Abfolge die «Geschichte» jeder Aspektfigur. Zweitens beeinflußt die Nähe der sensitiven Punkte der aspektierenden Planeten zum Ausgangsplaneten sowohl die Stärke des Aspekts (je näher der Aspekt, desto stärker), wie auch den Ablauf in der Entfaltung der Figur, indem die sensitiven Punkte entweder vor oder nach dem Ausgangsplaneten fällig werden.

Die Strukturanalyse einiger Aspektfiguren in einem Horoskop soll diesen Prozeß beleuchten. Da in diesem Buch hauptsächlich das Horoskop von John Lennon als Grundlage dient, verweise ich für die endgültige Deutung dieser Aspektverbindungen auf das achte Kapitel. Sehen wir uns unterdessen einige seiner Aspektfiguren an (siehe Abbildungen 15 und 16, S. 106-107).

Untersucht man den Mond im Wassermann im 11. Haus im Alter von einunddreißig Wochen vor der Geburt, so schließt dies die Aspekte zu Uranus, Pluto, Neptun, Mars und Merkur ein. Der Mond wird zuerst mit jedem Planeten paarweise betrachtet, je nachdem, ob dessen sensitiver Punkt vor oder nach 3° Wassermann zu liegen kommt. Die Fälligkeit jedes aspektierenden Planeten wird schließlich wie folgt aufgeführt:

1. Trigon von Uranus (25° Stier) mit 10M auf	25° Steinbock
2. Trigon von Neptun (26° Jungfrau) mit 14J 9M auf	26° Steinbock
3. Trigon von Mars (2° Waage) mit 16J 8M auf	2° Wassermann
4. *Geburtsmond auf*	*3° Wassermann*
5. Opposition von Pluto (4° Löwe) mit 5J auf	4° Wassermann
6. Quadrat von Merkur (8° Skorpion) mit 34J auf	8° Wassermann

In dieser Reihenfolge entfalten sich die Aspekte zum Mond. Jeder aspektierende Planet ruft entweder frühere Ereignisse wach oder ist ein Vorbote späterer Geschehnisse. Da der Mond in die Zeit der Schwangerschaft fällt, werden alle auf ihn zulaufenden Aspekte später akut und bedeuten die erste Auslösung eines sehr tiefgehenden mondhaft-mütterlichen Einflusses, was den Ereignissen in der Schwangerschaft eine große Bedeutung verleiht! Die stärksten Planeten in dieser Aspektfigur sind die nächstliegenden Aspekte in der Reihenfolge: Mond-Mars, Mond-Pluto, Mond-Merkur, Mond-Neptun und Mond-Uranus. Diese Hierarchie der Stärke sollte bei der Deutung dieser Aspektfigur mit ihrem Einfluß ebenfalls berücksichtigt werden.

Die nächste Position im Horoskop von John Lennon ist sein Widder-Aszendent, zu dem einzig die Sonne in der Waage einen Aspekt wirft (Abbildung 15). Bilden zwei Planeten oder ein Planet und ein persönlicher Punkt (AC oder MC) einen Aspekt zueinander, haben aber sonst keine Aspekte zum restlichen Horoskop, dann schwingen sie meist hin und zurück: die Energie fließt von einem Ende zum anderen und wieder zurück. Dies führt durch die Opposition in Lennons Fall zu Spannung und zu einer einengenden Anschauung. Der Aszendent entspricht dem Geburtsmoment, und die Sonne wird im Alter von einundzwanzig Jahren und zehn Monaten ausgelöst, somit sind dies zwei kritische Zeitpunkte in seinem Leben.

Wenn der Planet, den wir als Ausgangspunkt wählen, später im Leben fällig wird, wie Merkur in Lennons Horoskop, dann muß ein zusätzliches Zeitelement in die Deutung einbezogen werden. Planeten im Aspekt zu Merkur belegen eine Zeitperiode vor und nach seiner eigenen Auslösung. Wenn wir älter werden, weist der Orbis der aspektierenden Planeten auf die Tatsache hin, daß spätere Ereignisse ziemlich lange brauchen, bis sie sich entwickelt haben, dann in Erscheinung treten und wir uns ihre Nachwirkungen zu eigen gemacht haben. Merkur wird vom MC, dem Mond, der Jupiter-Saturn Konjunktion, Pluto und Venus aspektiert. Diese Planeten werden, unter Berücksichtigung der Auslösungsdaten ihrer sensitiven Punkte, in folgender Reihenfolge fällig:

1. Sextil von Venus (3° Jungfrau) auf	3° Skorpion mit 30J 7M
2. Quadrat vom Mond (3° Wassermann) auf	3° Skorpion mit 30J 10M
3. Quadrat von Pluto (4° Löwe) auf	4° Skorpion mit 31J 2M
4. Sextil vom MC (7° Steinbock) auf	7° Skorpion mit 33J
5. *Geburtsmerkur auf*	*8° Skorpion mit 34J*
6. Opposition von Saturn (13° Stier) auf	13° Skorpion mit 37J 3M
7. Opposition von Jupiter (13° Stier) auf	13° Skorpion mit 37J 7M

Die Merkur-Konstellation dauert von dreißig Jahren und sieben Monaten (Mai 1971) bis zu siebenunddreißig Jahren und sieben Monaten (Mai 1978), das heißt ganze sieben Jahre! Die Reihenfolge der Planeten ist in der Deutung von Aspektfiguren wesentlich, da entscheidende Unterschiede zwischen Horoskopen mit Aspektfiguren, an denen die gleichen Planeten beteiligt sind, entstehen, wenn sich ihre Reihenfolge ändert. Jede Aspektfigur beschreibt eine besondere Reihenfolge planetarischer Ereignisse, die jedesmal aktiviert wird, wenn Planeten nacheinander über den Ausgangsplaneten laufen. Die Reihenfolge der Planeten ist die wichtigste Information, die das Horoskop uns vermittelt!

Diese Art der Analyse eines Aspekts muß für jeden Planeten in einem Horoskop durchgeführt werden. Jeder Planet wird nach Zeichen, Haus und Alter bestimmt, ebenso seine Aspekte. Die Aspektverbindungen werden in der Reihenfolge ihrer sensitiven Punkte miteinander in Zusammenhang gebracht; die Auslösungszeiten aller Planeten werden aufgeführt und schließlich wird die Deutung aller Einzelelemente miteinander verbunden.

Diese Deutungsmethode der Analyse ist der Arbeitsweise des Gedächtnisses ähnlich. Wir leben das Leben in einer zeitlichen Abfolge. In bestimmten Zeiträumen oder Ereignissen im Leben finden Assoziationsballungen statt, die vor dem ursprünglichen Ereignis liegen oder aus diesem entstanden sind. Jedes dieser Ereignisse hat seinerseits eine eigene Vergangenheit. Jedesmal, wenn ähnliche Ereignisse, Ereignisanhäufungen oder sogar Teile davon eintreten, erinnern wir uns wieder an die gesamte Konstellation dieser Ureinflüsse. Da sensitive Punkte die Zeiten angeben, zu denen Ausgangsereignisse und ihre Gesamtkonstellationen höchst wahrscheinlich wieder im Bewußtsein auftauchen, sind sie für das Verständnis der zeitlichen Abläufe, Anordnung und Wirkungsweise aller Ereignisse sehr nützlich.

TABELLEN FÜR DIE ASPEKTDEUTUNG

Das folgende Kapitel enthält als Interpretationshilfe kurze Aufstellungen von Aspekten zwischen zwei Planeten. Sie sind so einfach und vollständig wie möglich gehalten, weil man zuerst Material braucht, mit dem man frei assoziieren und Ereignisse und Menschen im Horoskop zutreffend bestimmen kann: Alle Planetenpaare mit ihren grundlegenden Prinzipien und wahrscheinlich eintretenden Ereignissen; haben möglicherweise negative Auswirkungen, wenn sie bei Quadraten, Oppositionen oder in ungünstigen Häusern oder Zeichen stehen; und der Personifizierung eines jeden Paares. Man darf nicht vergessen, daß alle Ereignisse sowohl eine äußere als auch eine innere Bedeutung und ebensolche Einflüsse auf uns haben. Der verschrobene Greis, von Saturn verkörpert, ist bereits mit 22 Jahren in uns!

Es ist sehr wichtig, paarweise Verbindungen zwischen Planeten und den persönlichen Punkten zu benützen, um die Arbeitsweise der *Lebens★Zeit Astrologie* zu verstehen. Die Aspektverbindungen sind jedoch derart vielfältig, daß man ein ganzes Buch damit füllen könnte. Das beste Buch ist *Die Kombination der Gestirneinflüsse* von Reinhold Ebertin. Sein Deutungsmaterial ist so vollständig, daß seine 184 Seiten 1117 Aspektkategorien enthalten! Abbildung 20 gibt zwei gegenüberliegende Seiten daraus wieder. Ebertins Kosmobiologisches Institut in Deutschland hat alle Informationen anhand von Lebensgeschichten, die von Tausenden von Astrologen gesammelt wurden, nachgeprüft.

Die linke Seite zeigt das Ausgangspaar der miteinander verbundenen Planeten, in diesem Fall Saturn-Uranus, mit ihren psychologischen, biologischen, soziologischen Entsprechungen und wahrscheinlichen (Ereignis-) Gestalten. Auf der rechten Seite stehen die übrigen Planeten, die mit ihnen Verbindungen eingehen können, wenn sie in der gleichen Aspektfigur vorkommen oder das Ausgangspaar durch Transit oder Direktion aktivieren. Indem ein dritter Planet einbezogen wird, wird die Deutung viel präziser.

♄/♅

0866 SATURN/URANUS

Prinzip:

Erregung und Hemmung, Spannung.

Psychologische Entsprechung:

\+ Jeder Lage gewachsen sein, Kraft zum Durchhalten, Ausdauer, Unermüdlichkeit, Willenskraft, Entschlossenheit.

— Ungewöhnliche seelische Spannungen, Reizbarkeit, seelische Konflikte, Auflehnung, Freiheitsdrang, herausforderndes Verhalten, Gewalttätigkeit.

K Eigenwilligkeit, Zähigkeit, Hartnäckigkeit, starke seelische Spannungen.

Biologische Entsprechung:

Rhythmushemmungen, Herzblock, Cheyne-Stockes' Atmen. — Arhythmien. — Gliederverlust durch plötzliche Erkrankung (nur in diesem Sinne eine chronische Erkrankung), Operationen, bei denen etwas weggenommen wird. (Darmresektion, Milzexstirpation, Amputation usw.)

Soziologische Entsprechung:

Gewaltmenschen.

Auslösungsmöglichkeiten:

\+ Durch Überwindung von Schwierigkeiten noch stärker werden, schwere aber erfolgreiche Lebenskämpfe, um eine gefährliche Lage zu überwinden. (Operation).

— Sich gegen Bevormundung und Freiheitsbeschränkung wehren, Beunruhigung der Umwelt, Streit, Trennung, Gewaltanwendung, Eingriffe in das Schicksal, Freiheitsbeschränkung.

Abbildung 20: Kombination der Gestirneinflüsse

Die linke Seite beschreibt das Prinzip der Verbindung von Saturn und Uranus, ihre Psychologische, Biologische, Soziologische Entsprechungen sowie die Auslösungsmöglichkeiten. Die rechte Seite enthält Beschreibungen der Verbindung von Saturn/Uranus mit jedem anderen Planeten und persönlichen Punkt.

(Aus: «Kombination der Gestirneinflüsse» von Reinhold Ebertin, S. 194/195.

Den Körper schweren Kraftproben aussetzen, Wider- ☉ 0867
standskraft, Auflehnung, Unbeugsamkeit — Trennung —
Krankheit durch Überanstrengung.

Starke seelische Spannungen, Depressionen, Unbeständig- ☽ 0868
keit. — Sich von seelischem Druck plötzlich befreien wol-
len, Trennung von weiblichen Personen.

An die Nervenkraft hohe Anforderungen stellen, sich ☿ 0869
nichts gefallen lassen, Widerstand organisieren, sich tren-
nen. — Notwendige Veränderungen.

Spannungen im Liebesleben, die oft zur Trennung führen. ♀ 0870

Gewalttätigkeit, außergewöhnliche Energie nicht immer ♂ 0871
richtig einsetzen, sich abplagen. — Gewaltsame Lösung
von Spannunen, zum Entscheidungskampf herausfor-
dern. — Verletzung, Unfall, Freiheitsberaubung.

Sich in jede Lage hineinfinden, glückliche Lösung von ♃ 0872
Spannungen. — Plötzliche Wendung, in Schwierigkeiten
hineingeraten. — Verluste, Gebäudeschaden, Motorde-
fekt.

Seelischen Spannungen nicht gewachsen sein, aus Schwä- ♆ 0873
che heraus falsch oder böswillig sein. — Sich ins Unver-
meidliche fügen, Widerstand aufgeben, erlahmende Kräf-
te, Trennung, Trauerfall.

Gewalttätigkeit, Brutalität. — Mit außergewöhnlicher An- ♇ 0874
strengung eine schwierige Lage überwinden wollen. —
Auflehnung gegen das Schicksal, Schädigung durch höhe-
re Gewalt.

Sich in eine Gemeinschaft nicht einordnen können, her- ☊ 0875
ausforderndes Verhalten. — Gemeinsamer Widerstand,
Trennung.

In schwierige Verhältnisse hineingestellt sein, allein daste- **A** 0876
hen. — Schwierigkeiten durch andere, seelisches Leid mit
anderen erleben, Trauerfall.

Höchste Anforderungen an die eigene Kraft stellen, Auf- **M** 0877
lehnung, Herausforderung. — Sich trennen.

Ebertin gründet sein System auf die *Kosmischen Planetenbilder* — Planetengruppen, die durch eine mathematische Formel miteinander in Beziehung stehen — darin hat ein Planet, der exakt in der Mitte (auf der Achse) zwischen zwei anderen steht, nämlich in der *Halbsumme*, an den Qualitäten der beiden äußeren teil. Diese Betrachtung entfernt sich von der statischen traditionellen Astrologie und bereitet den Weg für die *Lebens★Zeit Astrologie* vor, die das Leben als dynamisches Beziehungsnetz ansieht. Mit Hilfe der *Kombination der Gestirneinflüsse* ist es möglich, bis zu zehn Planeten oder persönliche Punkte mit irgendeinem Ausgangsplanetenpaar zu vergleichen. Ebertins Werk ist für eine weiterführende Arbeit von grundlegender Bedeutung.

Dieser Überblick über die Aspekte vervollständigt das strukturelle Rüstzeug für die Auslegung eines Horoskops. Jetzt müssen wir sie nur noch zur Deutung deiner Lebensgeschichte zusammenfassen.

SECHSTES KAPITEL

DEUTUNGSTABELLEN

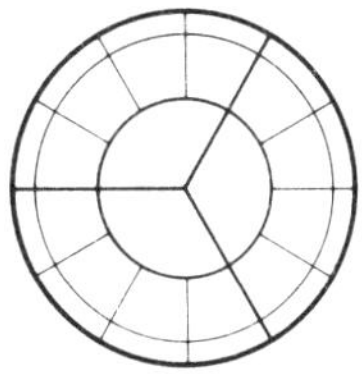

Die Deutungstabellen enthalten alle Auslösungsmöglichkeiten für jeden Planeten in jedem Tierkreiszeichen, jedem Haus des Horoskops und im Aspekt zu jedem anderen Planeten. Jeder Planet im Horoskop wird gedeutet, indem folgende drei Kategorien miteinander verbunden werden:

1. Planet im Zeichen (Qualität der Planetenwirkung)
2. Planet im Haus (Alter und Entwicklungsstadium im Leben)
3. Planet im Aspekt zu anderen Planeten (Verbindungen zu anderen Ereignissen zu einem andern Zeitpunkt im Leben)

Innerhalb jeder Kategorie gibt es eine Reihe von möglichen Auswirkungen, von äußerst positiv bis äußerst negativ. Was zutrifft, entscheidet man anhand folgender Kriterien:

Erstens besitzt jeder Planet eine Qualität, die von Natur aus schwierig oder einfach sein kann. Die Planeten Sonne, Venus und Jupiter wirken sich in den meisten Umständen positiv aus; Mars, Saturn, Uranus und Pluto deuten oft auf Spannung, negative Energie oder schwierige Umstände hin; der Mond, Merkur und Neptun sind neutral und leicht beeinflußbar. Die äußeren Planeten Uranus, Neptun und Pluto vermitteln überdies Einflüsse, die jeweils auf eine ganze Generation einwirken.

Zweitens muß man berücksichtigen, welche Aspekte die Planeten miteinander verbinden. Konjunktionen sind neutrale Aspekte der Einheit, in denen die Qualitäten der vereinten Planeten einfach miteinander verglichen werden. Sextile und Trigone bilden unterstützende oder positive Verbindungen, die die beteiligten Planeten ins Gleichgewicht bringen. Quadrate und Oppositionen erzeugen Spannungen, die in Planetenverbindungen störende Einflüsse erzeugen können.

Drittens beeinflußt die Planetenstellung in einem Horoskop die Deutung. Planeten, die in der Schwangerschaft auftauchen, stellen sehr tiefgehende und archetypische Einflüsse dar, die sich primär im Körper auswirken; Planeten in der Kindheit stellen emotionale Einflüsse dar, die ihren Ursprung in der Familie haben und ihren Niederschlag in der Persönlichkeit finden, während Planeten in der Reifezeit geistigen Charakter haben und die Seele des Individuums oder sein ganzes Wesen berühren. Die Oktaven führen in der Zeit eines Lebens vom Allgemeinen zum Speziellen. Planeten in der Nähe oder im Aspekt sowohl zum MC als auch zum AC sind besonders wichtig, da ersterer unsere Sicht der Welt und letzterer unsere Persönlichkeit bedingt; die Bedeutung dieser Stellungen macht sich auch in Aspektverbindungen bemerkbar.

Viertens zeigt das alte System der Planetenherrschaft die Stärke oder Schwäche eines Planeten je nach Zeichen und Hausstellung an (siehe Aufstellung auf Seite 83). Planeten sind in jenen Zeichen (und entsprechenden Häusern) am stärksten, in denen sie herrschen, in den gegenüberliegenden Zeichen und Häusern aber am schwächsten. Die anderen Zeichen und Häuser sind neutral. Zum Beispiel herrscht Venus im aktiven Zeichen Waage sowie im 7. Haus, ebenso im passiven Zeichen Stier und im 2. Haus; im aktiven Zeichen Widder und dem 1. Haus sowie dem passiven Zeichen Skorpion und dem 8. Haus ist sie schwach und «im Exil».

In Abbildung 21 soll Venus als Ausgangsplanet interpretiert werden. Venus steht hier in Fische und im 6. Haus, hat ein Trigon zu Jupiter und dem MC, ein Quadrat zu Saturn und ein Sextil zu Uranus; sie wird im Alter von achtzehn Jahren ausgelöst. Von Zeichen- und Hausstellung her ist Venus neutral. Venus in Fische wäre «Sehnsucht nach Liebe, Romantik, kosmisches Gefühl» und Venus im 6. Haus wäre «arbeitsliebend, puritanisch, bescheiden». Die Verbindung deutet auf eine romantische Liebessehnsucht, die durch eine puritanische Arbeitsliebe behindert wird. Da Venus im Alter von achtzehn Jahren fällig wird, bezieht sie sich auf eine junge Frau oder Geliebte. Die aspektierenden Planeten werden einzeln gewertet, dann zusammengelegt und in einem Gesamtbild verschmolzen. Venus ist von Natur aus positiv. Uranus bedeutet einen spannungsvollen Generationseinfluß und ist

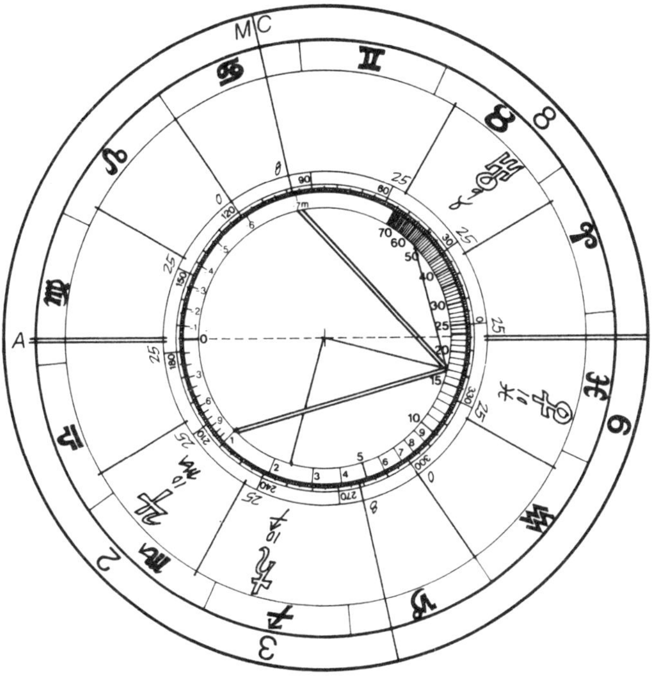

Abbildung 21: Die Deutung der Aspekte

Venus in Fische ist der Ausgangsplanet in dieser Konstellation und wird mit siebzehn Jahren fällig. Das Trigon zum MC geht auf sieben Monate vor der Geburt zurück; das Trigon zu Jupiter geht auf ein Jahr zurück; das Quadrat zu Saturn kommt vom Alter von zwei Jahren und vier Monaten her und das Sextil zu Uranus weist vorwärts auf dreiundfünfzig Jahre. Die Venus-Konstellation rekapituliert die früheren Ereignisse und führt zur uranischen Auslösung im späteren Leben. Mit Hilfe der Datierscheibe auf Seite 5 können alle Aspektverbindungen in dieser Weise ausgewertet und datiert werden.

über ein positives Sextil mit ihr verbunden; Saturn ist negativ und steht in einem spannungsgeladenen Quadrat dazu; der MC ist objektiv und konservativ (im Krebs); und Jupiter ist positiv und durch ein unterstützendes Trigon mit ihr verbunden. Somit haben wir es beim Ausgangsplaneten Venus mit zwei positiven, einem neutralen und einem negativen Planeten zu tun. Die Verbindung ist eher positiv als neutral. Die Aspekte teilen sich in drei positive und einen negativen auf. Dieser Einschätzung zufolge sollte die Konstellation aus den Deutungstabellen eher positiv gewählt werden.

In den Aspekttabellen ist für jedes Planetenpaar eine positive Liste von Schlüsselbegriffen aufgeführt, dann folgt eine Liste von negativen Schlüsselbegriffen und schließlich eine Reihe von möglichen Verkörperungen. Da unser Ausgangsplanet mit achtzehn Jahren fällig wird und in der Oktave der Reifezeit steht, wie übrigens auch Uranus, da der MC früh in der Schwangerschafts-Oktave erscheint, während Jupiter und Saturn in der Gefühls-Oktave der Kindheit fällig werden, in der die Persönlichkeit geformt wird, handelt es sich hier um ein Gefühlsereignis, aber mit einem starken Einfluß auf die gesamte Lebensausrichtung. Die vier Aspektverbindungen ergeben:

1. *Venus im Trigon zum MC:* die neutralen Schlüsselbegriffe sind «objektive Liebe, Anhänglichkeit, künstlerische Neigungen», verkörpert durch «einen Künstler, Bewunderer oder Liebhaber», was auf eine Liebesaffäre hindeutet und eine konservative Saite in der Mutter zum Klingen brachte, als sie entdeckte, daß sie schwanger war. Andererseits könnte dies sehr wohl die Besorgnis wegen der Möglichkeit einer unerwünschten Schwangerschaft zum Ausdruck bringen.

2. *Venus im Trigon zu Jupiter:* die eher positiven Schlüsselbegriffe sind «Beliebtheit, gutes Formempfinden, Glück» und als Verkörperungen «Künstler, geselliger Mensch, überschwenglicher Liebhaber, was eine Beziehung beinhaltet. Da Jupiter im Alter von einem Jahr fällig wurde, als eine Trennung auf eine positive Beziehung (zu einem Onkel) folgte, klingt diese Bedeutung hier wieder an. Eine positivere Verbindung könnte Heirat bedeuten, während eine negativere Faulheit und Arroganz wäre.

3. *Venus im Quadrat zu Saturn:* Die neutralen Schlüsselbegriffe sind «Zurückhaltung, Sparsamkeit, Treue zu einer älteren Person, Angst vor unehelicher Geburt», mit den Verkörperungen: «älterer Liebhaber, einsame Menschen, Witwer», was darauf hinweist, daß der Liebhaber älter ist und daß sehr wohl die Gefahr einer unerwünschten Schwangerschaft besteht, was zu Zurückhaltung führt. Saturns ursprüngliche Auslösung fand im redseligen dritten Haus statt, so daß dieser Einfluß hier als Verschlossenheit und Kindlichkeit in die Beziehung fließt.

4. *Venus im Sextil zu Uranus:* Dieser Aspekt weist auf dreiunddreißig Jahre in die Zukunft und bedeutet «Auflehnung, exzentrische Impulse, musikalisches und künstlerisches Talent», das jemandem eigen ist, der ein «Künstler, Musiker oder exzentrischer Liebhaber» ist.

Das Gesamtbild zeigt, daß der Horoskopeigner mit achtzehn Jahren mit einer älteren künstlerischen Frau in eine Liebschaft verwickelt ist. Er hütet sich aus Angst vor einer unehelichen Schwangerschaft vor einer Bindung, aber diese Situation schafft einen Präzedenzfall für eine spätere exzentrischere Haltung im Alter von dreiunddreißig Jahren, wenn er sexuell unternehmungslustiger sein wird. Das war ein Beispiel für die Benützung der Deutungstabellen.

GÜNSTIGE UND UNGÜNSTIGE ASPEKTVERBINDUNGEN

Anhand dieser Tabelle kann man feststellen, ob Aspektverbindungen eher positiv oder negativ zu deuten sind. Die Mehrheit gibt den Ausschlag.

☉	SO/SO	+	☽	MO/SO	+	♀	ME/SO	+	☿	VE/SO	+
	SO/MO	+		MO/MO	+		ME/MO	+		VE/MO	+
	SO/ME	+		MO/ME	+		ME/ME	+		VE/ME	+
	SO/VE	+		MO/VE	+		ME/VE	+		VE/VE	+
	SO/MA	?		MO/MA	—		ME/MA	—		VE/MA	?
	SO/JU	+		MO/JU	+		ME/JU	+		VE/JU	+
	SO/SA	—		MO/SA	—		ME/SA	—		VE/SA	—
	SO/UR	?		MO/UR	—		ME/UR	+		VE/UR	+
	SO/PL	+		MO/PL	—		ME/PL	+		VE/PL	—
	SO/NO	+		MO/NO	+		ME/NO	+		VE/NO	+
	SO/AS	+		MO/AS	+		ME/AS	+		VE/AS	+
	SO/MC	+		MO/MC	+		ME/MC	+		VE/MC	+

♂	MA/SO	?	♃	JU/SO	+	♄	SA/SO	—	♅	UR/SO	?
	MA/MO	—		JU/MO	+		SA/MO	—		UR/MO	—
	MA/ME	—		JU/ME	+		SA/ME	—		UR/ME	?
	MA/VE	—		JU/VE	+		SA/VE	—		UR/VE	?
	MA/MA	—		JU/MA	+		SA/MA	—		UR/MA	—
	MA/JU	+		JU/JU	+		SA/JU	—		UR/JU	+
	MA/SA	—		JU/SA	?		SA/SA	?		UR/SA	—
	MA/UR	—		JU/UR	+		SA/UR	—		UR/UR	?
	MA/NE	—		JU/NE	?		SA/NE	—		UR/NE	—
	MA/PL	—		JU/PL	+		SA/PL	—		UR/PL	+
	MA/NO	+		JU/NO	+		SA/NO	—		UR/NO	—
	MA/AS	—		JU/AS	+		SA/AS	—		UR/AS	?
	MA/MC	+		JU/MC	+		SA/MC	—		UR/MC	?

♆	NE/SO	—	♇	PL/SO	?	☊	NO/SO	+		AS/SO	+
	NE/MO	?		PL/MO	—		NO/MO	+		AS/MO	+
	NE/ME	—		PL/ME	?		NO/ME	+		AS/ME	+
	NE/VE	—		PL/VE	+		NO/VE	+		AS/VE	+
	NE/MA	—		PL/MA	—		NO/MA	+		AS/MA	—
	NE/JU	?		PL/JU	—		NO/JU	+		AS/JU	+
	NE/SA	—		PL/SA	—		NO/SA	—		AS/SA	—
	NE/UR	—		PL/UR	+		NO/UR	?		AS/UR	?
	NE/NE	?		PL/NE	+		NO/NE	—		AS/NE	—
	NE/PL	?		PL/PL	+		NO/PL	+		AS/PL	?
	NE/NO	—		PL/NO	+		NO/NO	+		AS/NO	+
	NE/AS	—		PL/AS	+		NO/AS	+		AS/AS	+
	NE/MC	—		PL/MC	+		NO/MC	+		AS/MC	+

☉ SONNE

Prinzip	Geist; Verstand; Energie; Ganzheit; Holismus; Herrschaft; Individualiät; Leben; Lebenskraft; Organisation; Bewußtheit; Libido; Kundalini; Objektivität; bewußtes Leben; Sympathie.

Zeichen	**Deutung**
Widder *Erhöhung*	Durchsetzung; Energie; Kühnheit; Anführer; kriegerisch; ungeduldig; sportlich; unternehmungslustig; egoistisch; stolz.
Stier	Ausdauer; materialistisch, praktisch; sicher; körperlich; hartnäckig; besitzbetont; eifersüchtig.
Zwillinge	Gewandt; artikuliert; erziehbar; zweifach; Identitätskrisen; nervös; zungenfertig; oberflächlich; launisch; unbeständig; lebhaft.
Krebs	Häuslich; schlau; konservativ; elterlich; gemütlich; religiös; psychologisch; Gefühl; Tiefe.
Löwe *Herrscher*	Selbstsicher; gebieterisch; zuversichtlich; Aufstieg im Leben; wird veröffentlicht; Schutz; spekulativ; lehrt; herrschsüchtig; arrogant.
Jungfrau	Tüchtig; detailorientiert; ordentlich; aufmerksam; kritisch; nörglerisch; dienend; anspruchsvoll; Heiler.
Waage *Fall*	Ausgleichend; entspannt; verträglich; gesellig; politisch; reizend; zugänglich; verbindend; unzuverlässig; faul; läßt sich beherrschen; treue Begleiter.
Skorpion	Leidenschaftlich; abhängig; launisch; rachsüchtig; eifersüchtig; eindringlich; selbstzerstörerisch; dynamisch; gemäßigt; faszinierend; unerschütterlich.
Schütze	Strebt; frei; nachlässig; erfinderisch; weitreichende Erfolge; undiszipliniert; offen; verwirklicht; forschend; Hedonist; gespalten.
Steinbock	Zielbewußt; egozentrisch; gehemmt; pflichtgetreu; hart arbeitend; selbstsüchtig; fleißig; loyal; unbeugsam; großmütig; materiell.
Wassermann *Exil*	Abstrakt; humanitär; klug; Menschenkenntnis; verständig; gesellig; methodisch; Hilfe von andren; selbstsüchtig.
Fische	Mitgefühl; allumfassend; liebend; zur Sucht neigend; einfühlsam; poetisch; trügerisch; aufnahmefähig; nachlässig; eingeschränkt.

SONNE

Verkörperungen Verwaltung; Herrscher; Regent; Politiker; Anführer; Kapitän; Spekulationen; öffentliche Persönlichkeiten; Vater; Großeltern; Arzt; Persönlichkeiten in den Medien; Beamte; Berühmtheiten.

Haus	Deutung
Kindheit	
1.	Beachtung; Anerkennung durch Eltern; starker Wille; Vitalität; Bewußtheit; Wiederherstellung; Temperament; Egoismus; körperliche Gesundheit; zwanghaft.
2.	Ausdauer; Humor; Genuß; sanft; beständig; sinnlich; sicher; zurückhaltend; eigensinnig; stabil; besitzbetont; nachsichtig; beschützende Eltern.
3.	Schneller Verstand; verbal; Neugier; beweglich; anpassungsfähig; lernt; Veränderungen; Geschwister; Ausdruck; wißbegierig; reizend.
4.	Sichere Familienverhältnisse; Gefühlsgrundlage; Stolz; Eltern; schön; besitzbetont; häuslich; natürlich; liebt Bequemlichkeit; wohlwollend.
Reifezeit	
5.	Ausdruck der eigenen Persönlichkeit; selbstbewußt; prahlerisch; gebieterisch; anführend; künstlerisch.
6.	Methodisch; analytisch; naiv; einfach; kritisch; kleinlich; emsig; verbal; praktisch; anspruchsvoll; jungfräulich; unterscheidend.
7.	Verfeinerung; Partnerschaft; anpassungsfähig; eitel; weltlich; Beständigkeit; Verbindungen sind wichtig; beliebt; abhängig; diplomatisch; freundlich.
8.	Neigt zur Trennung; isoliert; intensiv; metaphysisch; geheimnisvoll; verschwiegen; hartnäckig; mißtrauisch; esoterisch; fanatisch; furchtlos.
Schwangerschaft (Transzendenz)	
9.	Beweglich; begeistert; veränderlich; dualistisch; spirituell-religiös; inspiriert; fremd; moralisch; positiv; offen; einfallsreich; unzuverlässig.
10.	Pragmatisch; väterlich; praktisch; berechnend; zurückhaltend; straff; bedrückt; auf sich selbst konzentriert; Umkehr; zäh; anklammernd; Härte.
11.	Idealistisch; Gruppen; beobachtend; losgelöst; Freundschaft; intuitiv; planend; schrullig; unabhängig; bekehrend; unberechenbar.
12.	Mitfühlend; beeindruckbar; verschwiegen; sich zurückziehend; einzelgängerisch; entfremdet; in Institutionen; verdrogt; aufopfernd; passiv; zurückhaltend; seltsam.

☽

MOND

Prinzip	Das Weibliche; Mutter; Gefühl; Emotion; das Heim; die Familie; Spiegelung; Rhythmus; Instinkt; Veränderung; Beschützerdrang; katalysierende Handlungen; Kinder aufziehend; Integration.

Zeichen	**Deutung**
Widder	Flatterhaft; ruhelos; Eile; Überstürzung; machtlüstern; ursprünglich; begierig; rebellisch; gefühlsspontan; ungeduldig.
Stier *Erhöhung*	Beständigkeit; Kunstverständnis; Genuß; Standhaftigkeit; Vorsicht; Schutz; hartnäckig; Gärtner; reich; faul.
Zwillinge	Unvorhersehbar; Wankelmut; geschwätzig; mannigfaltige Beziehungen; sentimental; nachahmend; unbeständig; instinktiv.
Krebs *Herrscher*	Verbunden; sicher; zu Zwangsvorstellungen neigend; sippenhaft; magengeschwürgefährdet; überempfindlich; zurückhaltend; gehemmt; ausschweifend.
Löwe	Spieler; fruchtbar; kindlich; amüsant; üppig; gesellig; großherzig; offen; eindrücklich; angeberisch; unterhaltsam.
Jungfrau	Anspruchsvoll; methodisch; hart arbeitend; ordentlich; sauber; zurückhaltend; gefühlsmäßig kritisch; dienend; perfektionistisch.
Waage	Reagierend; enge Partnerschaft; Liebreiz; Eleganz; braucht Bestätigung; Öffentlichkeitsarbeit; abhängig von anderen; gesellschaftlich.
Skorpion *Fall*	Todessehnsucht; Wollust; Kontrolle; Voreingenommenheit; Ernst; extreme Eifersucht; Rache; Herrschaft; Spitzfindigkeit.
Schütze	Einfallsreichtum; fremde Gefühle; liebenswürdig; sinnenfreudig; heiter; hochfliegend; traditionell; Reisen; Veränderlichkeit; «heilig»tuerisch.
Steinbock *Exil*	Nüchtern; unzuvorkommend; zurückhaltend; materialistisch; ehrgeizig; selbstgefällig; persönlich voreingenommen; selbstsüchtig; berechnend.
Wassermann	Kein Einzelgänger; kultiviert; menschenfreundlich; kalt; geistlos; geistesabwesend; Absonderung; politisch; frostig; unzuverlässig.
Fische	Nachgiebig; ruhelos; verführerisch; poetisch; verschwiegen; okkult; mitfühlend; verletzbar; einsam; geheimnisvoll; zu offen.

MOND

☽

Verkörperungen Mutter; Frauen im allgemeinen; Hebamme; Großmutter; Tante; Ehefrau; Gefühlsmenschen; Frauenärzte/innen; Geburtshelfer/innen; Koch/Köchin; (Ein-)Sammler; Hausangestellte; Gärtner.

Haus	**Deutung**
Kindheit	
1.	Selbstbewußtsein; beeinflußt; beeindruckbar; impulsiv; starke Persönlichkeit; empfindlich; mütterliche Stärke; Körperfülle; reizbar.
2.	Stabiles Heim; Bequemlichkeit; Körperlichkeit im Mittelpunkt; Nahrung; tiefe Gefühlsbindungen; Schönheit; Festigkeit; beständig; besitzbetont; eifersüchtig; zu Gewohnheit neigend; Wachstum.
3.	Vielfältiger Gefühlsausdruck; beweglich; Wechsel der Mutter; Phantasie; Träumen; neugierig; geschwisterliebend; ruhelos; widersprüchlich; oberflächlich.
4.	Familienbezogen; zärtlich; beeindruckbar; Gefühlstiefe; häuslich; unbewußt; medial; verbunden; empfindsam; unterdrückt; zurückgezogen.
Reifezeit	
5.	Spekulative Gefühle; intuitiv; vertrauensvoll; leidenschaftlich; eitel; eindrücklich; romantisch; einfallsreich; sinnenfreudig; warm; beliebt.
6.	Der Kopf beherrscht das Herz; psychosomatisch; praktisch; vorsichtig; korrekt; naiv; pedantisch; Kälte; zurückhaltend; bescheiden; verhalten; mangelnder Gefühlsausdruck.
7.	Gefühlsabhängigkeit; kompromißbereit; ausweichend; unverantwortlich; schicksalshafte Partner; lebhafter Ausdruck; sensitiv; Mutterfigur; unbeständig.
8.	Trennung; zerstörerische Beziehungen; intensiv; Tod der Mutter; besitzbetont; zurückhaltend; tief; übersinnliche Empfindsamkeit; nachtragend; abhängig.
Schwangerschaft (Transzendenz)	
9.	Lebhaftes Innenleben; launisch; strebend; idealistisch; Veränderungen; Fülle; aufrichtig; frei; ruhelos; wachsam; Gefühlsbindung; sorglos; lässig.
10.	Anerkennung; Patriarchat; verdrängt; geduldig; pflichtbewußt; nüchtern; unbefriedigt; bedrückt; vorsichtig; zurückhaltend; loyal; besitzbetont.
11.	Freundlich; wenig bedeutend; Gruppenunternehmungen; Freundinnen; Idealismus; beeinflußt; starrköpfig; viele Pläne; einfühlend; hoffnungsvoll; Wünsche.
12.	Launisch; Einsamkeitsgefühle; Isolation; Opfer; übersinnlich; medial; verdrogt; eingeleitete Geburt; leicht verletzlich; hypnotisch; widerstrebend; empfindlich; verträumt.

☿

MERKUR

Prinzip	Ausrichtung aufs Denken; Intelligenz; Mitteilung; Verständnis; Vermittlung; Neutralität; Nervosität; Erwägen; Geschäftssinn; Kritik; wissenschaftliche Arbeit; Logik; Selbstausdruck; anpassungsfähig.

Zeichen	**Deutung**
Widder	Schnell denkend; Schlagfertigkeit; kreativ; voreilig; geistige Überarbeitung; entscheidend; polemisch; impulsiv; leicht erregbar; gereizt.
Stier	Logisch; materiell; entscheidend; gesunder Menschenverstand; organisiert; sachlich; blind; sicher; geordnet; hartnäckig; verschlossen.
Zwillinge *Herrscher*	Geschäftig; verträglich; Schriftsteller; Vielfalt; wechselhaft; unbeständig; begabt; wach; artikuliert; oberflächlich.
Krebs	Psychologisch; intuitiv; kapriziös; sentimental; elterliche Gedanken; langsamer Verstand; konservativ; tiefsinnig.
Löwe	Willensstark; feste Vorstellungen; Vorsicht; geplant; Voraussicht; würdevoll; expansiv; großzügig; intellektuell; ichbezogen.
Jungfrau *Herrscher* *Erhöhung*	Nicht holistisch; nervös; Zusammenarbeit; gewitzt; geduldig; organisiert; seßhaft; präzis; wissenschaftlich; psychosomatisch.
Waage	Gesellschaftlich; lernt durch andere; fad; eklektisch; wenig originell; vernunftmäßig; langweilig; vergleichend.
Skorpion	Kritisch; fanatisch; praktisch; skeptisch; schlau; listig; tiefgründig; scharfsinnig; nachforschend; durchdringend; beißend.
Schütze *Exil*	Freizügig; gewandt; Voraussicht; unbeständig; tief nachdenkend; vielerlei Interessen; philosophisch; gerecht; widersprüchliche Ansichten.
Steinbock	Organisiert; praktischer Verstand; fähig; materielle Vorstellungen; bewußte Ziele; realistisch; humorlos; geschickt; schlau.
Wassermann	Wohlunterrichtet; gemeinschaftlich; abstrakt; kalt; unbeständig; zerstreut; schnelle Auffassung; wissenschaftlich; archetypische Vorstellungen; okkult.
Fische *Exil* *Fall*	Empfänglich für andere; Einbildungskraft; Vorhaben ohne Energie; irrational; unbewußt; karmisch; Gefühl; übersinnlich.

MERKUR

Verkörperungen Geschwister; Freunde; Intellekt; Denker; Vermittler; Lehrer; Schriftsteller; Kunsthandwerker; Architekten.

Haus	Deutung
Kindheit	
1.	Geistige Beweglichkeit; Beobachtung; aufgeweckt; nervös; frühreif; laut; selbstbehauptend; Begeisterung; wach; überaktiv; Selbstausdruck.
2.	Geduld; Logik; besitzbetont; absichtlich; einseitig; geschwätzig; gewichtig; dumm; vernünftig; langsam; erwerbsorientiert; förmlich; ausdauernd.
3.	Vielseitig; vertraut; aktiv; anpassungsfähig; nachahmend; Geschwister; unartig; umgänglich; gescheit; freundlich; schwatzhaft; gewandt; oberflächlich.
4.	Wahrnehmend; familienbezogen; gedachte Gefühle; Gedächtnis; kann eintauchen; individuell; häuslich; Reden; Auseinandersetzungen; irrational; gutes Gedächtnis; eng.
Reifezeit	
5.	Begeistert; kreativ; extravertiert; schwatzhaft; herrisch; kritisch; geistiger Wettbewerb; Spiele; Lehrer; eingebildet; organisiert; dogmatisch; unverschämt.
6.	Spezialisiert; Fertigkeiten; methodisch; geduldig; wachsam; überdurchschnittlich intelligent; analytisch; kritisch; sarkastisch; naiv; geordnet; gesund.
7.	Verfeinert; Teamarbeit; gerecht; ausgeglichener Verstand; Gedanken von anderen; kooperativ; öffentlich; intellektuell; Vermittler; eigensinnig; bezaubert.
8.	Tiefgründig; okkult; versteckt; spiritualistisch; tödlich; ränkevoll; nachtragend; Interesse an Toten; durchdringend; senil; argwöhnisch.
Schwangerschaft (Transzendenz)	
9.	Tiefsinnig; erhabener Geist; Wiedergeburt; Ethik; Moral; Neugier; gut unterrichtet; religiös; Gurus; prophetisch; zerstreut; ausweichend; frei; lernend.
10.	Ehrgeiz; Selbstgefälligkeit; Ansehen; Macht; Planung; Karrieregedanken; Konzentration; Geduld; Zurückhaltung; rational; ernst; genau.
11.	Interessiert; losgelöst; fortschrittlich; Gruppen; Reform; Erfindung; einbezogen; utopisch; planend; erforschend; exzentrisch; gegensätzlich; alleinarbeitend.
12.	Beeinflußt; aufopfernd; reproduktiv; verträumt; Einbildungskraft; gutes Gädächtnis; medial; poetisch; beeindruckbar; verfeinert; durch andere beeinflußt.

♀ VENUS

Prinzip	Beziehung; Harmonie; Liebe; Ästhetik; körperliche Liebe; Schönheit; Kunst; Einheit; Integration; Verirrung; Geschmacklosigkeit; Gefühlsduselei; Schwelgen; Zuneigung; Affektiertheit; Illusion.

Zeichen	**Deutung**
Widder *Exil*	Aggressive Liebe; aus sich herausgehend; Leidenschaft; feurig; Kreativität; anziehende Persönlichkeit; erotisch; ichbezogen.
Stier *Herrscher*	Gefallen an Luxus; Geschmack; Beständigkeit; konservativ; künstlerisch; musikalisch; liebend; träge; loyal; rührend; angeborene Werte.
Zwillinge	Zahlreiche Liebschaften; gesellschaftlich; kokettierend; anziehend; reizend; gefällig; über Gedanken diskutierend; oberflächliche Beziehungen; romantisch.
Krebs	Häuslich; zart; feminin; sentimental; Verdauungsstörungen; üppig; zärtlich; schwelgend; ausgenützt; liebevoll; selbstlos.
Löwe	Frühreife Beziehungen; feurig; fixierte Zuneigung; feurige Beziehungen; ausgefallener Geschmack; verschwenderisch; schwelgend; Stolz.
Jungfrau *Fall*	Unterdrückte Gefühle; anspruchsvoll; artig; perfektionistisch; unentschlossen; Arbeitsteilung; überkritisch; äußerlich kalt; Schönheit.
Waage *Herrscher*	Lebhaft; kunstvoll; umgänglich; Verpflichtungen; künstlerische Talente; Gefühle sind wichtig; Bindung; Schönheit; Geld; konformistisch; gesellschaftlich.
Skorpion *Exil*	Unbeherrschtheit; Erbschaften; Liebesentzug; tiefe Gefühle; unmoralisch; verschwiegen; ernste Beziehungen; Haß; Gleichgültigkeit; okkulte Künste.
Schütze	Geistige Liebe; freimütig; Launenhaftigkeit; viele Liebschaften; demonstrativ; vorurteilslose Beziehungen; ethisch; fremd anmutende Ästhetik.
Steinbock	Materialistisch; mißtrauisch; eifersüchtig; Reife; anhänglich; erfahren; überkontrolliert; abgesondert; stolz; zurückhaltend.
Wassermann	Leichter Kontakt; freie Liebe; verfeinert; zugänglich; wahllos; unkonventionell; homosexuell; Gönnerschaft; übersprudelnd.
Fische *Erhöhung*	Liebessehnsucht; ausgenutzt; zärtlich; Vornehmheit; sentimental; musikalisch; romantisch; religiös; kosmisches Gefühl; Leiden.

VENUS ♀

Verkörperungen Liebende; Jungfrauen; Frauen; Schönheiten; Künstler; Musiker; Unterhalter; Kleidermacher.

Haus	**Deutung**
Kindheit	
1.	Schönheit; persönliche Anmut; gut gebaut; glücklich; Liebe; überschwenglich; beliebt; Liebe auf den ersten Blick; gesellschaftliches Leben; Kleider; Hervorheben.
2.	Körperliche Schönheit; Gegenstände; liebebedürftig; guter Geschmack; habgierig; tiefe Gefühle; persönliche Anziehung; besitzliebend; treu; unverdrossen.
3.	Liebe zum Wort; zeichnen; gesellschaftlich; Geschwister; enge Beziehungen; Abwechslung; Neugier; nett zu allen; leichtsinnig; unbeständig.
4.	Innige Liebe; familienbezogen; genießt das Heim; Liebe; verträumt; Einbildungskraft; besitzbetont; loyal; zärtlich; geschmeichelt; schüchtern; äußerst empfindsam; beständig.
Reifezeit	
5.	Liebesbeziehungen; Spiele; Genuß; amüsant; sinnenfreudig; lebhaft; kreativ; stolz; eifersüchtig; romantisch; beliebt; warm; gesellschaftlich.
6.	Arbeitsliebend; kritische Zuneigungen; naiv; freundliche Zusammenarbeit; Moral; praktische Erwägungen; puritanisch; verfeinert; bescheiden.
7.	Große Liebe; Affären; Treulosigkeit; anziehend; liebebedürftig; freundlich; künstlerisch; glückliche Ehe; öffentlich; bezaubernd; sanft; liebenswert; leichtfertig.
8.	Starke Anziehung; liebt Trennung; Lust; fanatische Liebe; Leidenschaft; Eifersucht; unstet; wollüstig; sexuell; magnetische Anziehungskraft; reizend.
Schwangerschaft (Transzendenz)	
9.	Liebe zur Kunst, Religion, Philosophie; romantisch; ansprechbar; zerstreute Gefühle; idealistisch; Vorstellungen; unstabil; kulturell.
10.	Gesellschaftlicher Ehrgeiz; gute Beziehungen; Rechtmäßigkeit; kalte Gefühle; Treue; Beständigkeit; Kontrolle; Gefühl für Formen; loyal; spielt sich nicht auf.
11.	Abstrakte Liebe; Frigidität; Homosexualität; idealistisch; fortschrittlich; Sozialgefühl; wohlwollende Freunde; Gruppenaktivitäten; Frauengruppen; geschützt.
12.	Verschwiegen; einsam; masturbierend; künstlerisch; verführerisch; beeinflußbar; sensitiv; weich; seelische Liebe; sexuell zurückhaltend; wohltätig.

♂

MARS

Prinzip	Energie; Aggression; Wille; Aktivität; Wunsch nach Veränderung; Konflikt; Eingreifen; Abenteuer; Impuls; Wettbewerb; Sexualtrieb; Initiativ; Leidenschaft; Gewalt; Rohheit.

Zeichen	**Deutung**
Widder *Herrscher*	Kampfgeist; Ehrgeiz; Erregbarkeit; Eifer; unabhängig; jähzornig; brutal; eigensinnig; Wettbewerbsgeist; Selbstüberhebung.
Stier *Exil*	Arbeitskraft; praktisch; voraussehend; leitend; Erwerbstrieb; arbeitsam; materiell; geschickt; aggressiv; stark.
Zwillinge	Beweglichkeit; mitteilsam; sarkastisch; vielseitig begabt; beweglich; lebhaft; schlagfertig; intellektuell; debattierend; journalistisch; unverschämt.
Krebs *Fall*	Instinktives Handeln; erregbar; Mangel an Ausdauer; irritierbar; sinnlich; hartnäckig; Enttäuschung; Magengeschwüre.
Löwe	Zuversicht; besitzbetont; feurig; offen; gebieterisch; kreativ; willensstark; Anführer; Wettbewerbsgeist; ausgeprägte Glaubenssätze; Stärke.
Jungfrau	Wissenschaftlich; ordentlich; reizbar; scharfsinnig; Kritikbereitschaft; geschickt; Medizin; praktische Tätigkeit; perfektionistisch; heikel; nervös.
Waage *Exil*	Gesellschaftliche Betätigungen; öffentliche Belange; führend; Teamarbeit; Abhängigkeit von Gefühlen; offen; feurig; idealistisch; liebevoll.
Skorpion *Herrscher*	Magnetische sexuelle Anziehung; starke Gefühle; ungestüm; selbstsüchtig; kritisierend; rachsüchtig; Okkultismus; sexuelle Magie; Mut; Eifersucht.
Schütze	Forschertrieb; Enthusiasmus; starker Glaube; religiös; sinnenfreudig; taktlos; unkonventionell; abenteuerlustig; spirituell.
Steinbock *Erhöhung*	Autorität; ausgerichtet; unabhängig; energisch; außerordentlich materialistisch; besitzstrebend; machthungrig; tüchtig; kontrolliert.
Wassermann	Organisiert; unbeständig; oberflächlich; Männergruppen; pervers; ungeduldig; revolutionär; umstürzlerisch; methodisch.
Fische	Zur Sucht neigend; Arbeit in der Stille; unbeherrscht; Gefühlsüberschwang; romantisch; betrügerische Männer; verführerisch; lebhafte Träume; abwartend.

MARS ♂

Verkörperungen Kämpfer; Soldaten; Chirurgen; Berufssportler; Mechaniker; Handwerker; Männer allgemein; starke Frauen; Ingenieure; Metallarbeiter; Techniker; Bauunternehmer; Polizisten.

Haus	**Deutung**
Kindheit	
1.	Energisch; lebhaft; eigenwillig; Gewalt; muskulös; robust; impulsiv; starke Persönlichkeit; Taten; Ungeduld; Verletzungen.
2.	Ausdauer; praktische Fähigkeiten; eigensinnig; widerspenstig; Erwerbstrieb; zielbewußt; voller Wünsche; zäh; sinnlich; beharrlich; Intensität.
3.	Witz; Kritik; zerstreut; aktiver Geist; direkt; schriftstellerisch; impulsive Bewegungen; Wut; streitsüchtig; nervös; schwatzhaft; hastig.
4.	Intensive Gefühle; launisch; impulsiv; Instinkt; keine Ausdauer; Herrscher im Haus; Ökologie; Erwerbstrieb; energisch; unbeherrscht; arbeitsam.
Reifezeit	
5.	Gestaltungskraft; Selbstsicherheit; unternehmerisch; Glücksspieler; Berufsspieler; wagemutig; geschlechtlich; Künstler; Spekulation; Selbstsucht; diktatorisch.
6.	Kleinarbeit; organisierend; ordentlich; Ausdauer; methodisch; kritisch; geschickt; Energie in der Arbeit; Chirurgen; Genauigkeit; erfinderisch; frustriert.
7.	Sucht Verbindungen; verfeinert; herzliche Art; Arbeitspartnerschaften; impulsiv; aggressive Liebesaffären; gemeinsame Finanzen; verwickelt; Leidenschaft.
8.	Überlebenstrieb; mutig; sinnlich; zerstreut; sadistisch; machtsüchtig; intensiver Wunsch nach Zugehörigkeit; gewaltsamer Tod; Gesetzlosigkeit.
Schwangerschaft (Transzendenz)	
9.	Sport; Überzeugungskraft; Abenteuerlust; tapfer; reiselustig; soziale Belange; Reform; Inspiration; erfahren; extravagant; sinnenfreudig; nachlässig.
10.	Berühmt; ehrgeizig; Selbstvertrauen; harte Arbeit; Wirklichkeitssinn; nüchtern; herausfordernd; starrköpfig; heroisch; reizbar; kalt; gefühllos; Umschwung; Macht.
11.	Männerfreundschaften; Reformdrang; Losgelöstheit; geschlechtslos; überlegt; Freiheitssinn; widersprüchlich; revolutionär; oberflächlich; fortschrittlich; pervers.
12.	Mangel an Energie; Verlangen nach Drogen; Alkoholiker; heimlich; verborgene Gefühle; sinnlich; hoffnungsvoll; unbewußt; Begierde; geschlossene Anstalten; Absonderung; unzuverlässig.

♃ JUPITER

Prinzip	Expansion; Optimismus; positive Einstellung; Großzügigkeit; Enthusiasmus; philosophisch; religiös; psychologisches Empfinden; reiselustig; weise; Gerechtigkeit; Harmonie; Streben; amoralisch; schwelgerisch; nachlässig.

Zeichen	Deutung
Widder	Anführer; Reisebedürfnis; Edelmut; positiv; großzügig; frei; spirituell; extravagant; offen; Erneuerer; treu; unüberlegt.
Stier	Sinnenfreude; gutherzig; schwelgend; ausnützend; finanzielle Interessen; Verwaltung; produktiv; wohltätig.
Zwillinge *Exil*	Zuvorkommend; vielfältige Beziehungen; Freude; listig; gesellig; frei; gute Umgangsformen; leer; gesetzlich; neugierig; fortgeschritten; freundlich.
Krebs *Erhöhung*	Genuß; kinderreich; Gefühlstiefe; barmherzig; intuitiv; Empfänglichkeit; tiefe Liebe; Familiensinn; sicher.
Löwe	Spekulativ; Großartigkeit; Offenheit; Künste; viel Energie; sicher im Spiel; verliebt; großzügig; weitherzig; Edelmut; eitel.
Jungfrau *Exil*	Moral; Vorsicht; ehrgeizig; ehrlich; intellektuell; gewissenhaft; kritisch; perfektionistisch; überschätzt; dienend; arbeitsam.
Waage	Das Gesetz; Milde; offene Partnerschaften; Vorteile durch Heirat; gütig; unerfüllte Verpflichtungen; Psychologie.
Skorpion	Metaphysisch; leidenschaftlicht; gerissen; besitzstrebend; genußsüchitg; gemeinschaftliche Geschäfte; mystisch.
Schütze *Herrscher*	Philosophie; religiös; menschenfreundlich; esoterisch; vornehm; fremd; jovial; liberal; psychologisch; abergläubisch.
Steinbock *Fall*	Gewinnstrebend; reich; anerkannt; vertrauenswürdig; verantwortungsvoll; integer; konservativ; karg; eng; materialistisch.
Wassermann	Unvoreingenommen; verständnisvoll; kameradschaftlich; Menschenkenntnis; okkultes Wissen; Sozialreform; intolerant; Astrologie; weit.
Fische	Gefühlstiefe; verborgenes Leben; Drogen; bescheidene Verhältnisse; gütig; unverläßlich; visionär; indolent; täuschend; Alkohol.

Verkörperungen	Priester; Philosophen; Psychologen; Psychiater; die Reichen; Rechtsanwälte; Bankiers; Ärzte; Beamte; Verleger; Gurus; Weise; Glücksjäger.

Haus	**Deutung**
Kindheit	
1.	Selbstgenügsam; optimistisch; extravertiert; dick; strebsam; unausgeglichen; gesellig; beliebt; Schutz; Nachsicht; Versprechen; Tatkraft.
2.	Expansiv; Wachstum; zuverlässig; verschwenderisch; großzügig; Genußfreude; Unsicherheit; Treuhänder; liberal; offen; ausnützbar; reich.
3.	Positive Einstellung; Optimismus; religiöser Einfluß; intelligent; beweglich; vielseitig; wechselhaft; beliebt; Reisen; eitel; sorglos; lieb.
4.	Empfänglich; anhänglich; zufrieden; religiös; Psychologie; Familiensinn; beeindruckbar; geistesverwandt; starkes Zuhause; Moral; Glückspilz.
Reifezeit	
5.	Kreativität; künstlerisch; Selbstvertrauen; Anführer; Beliebtheit; Eitelkeit; Ehren; Leistung; beehrt; intolerant; Prestige; gebieterisch.
6.	Ehrgeiz; lerneifrig; Lehrer; Teamarbeit; sorglos; dienend; heilend; Arbeitseinteilung; Moral; gewissenhaft; Organisationstalent; professionell.
7.	Glücklich in Ehe und Arbeit; Gerechtigkeit; Beliebtheit; Mäßigung; Wohltätigkeit; gesellige Kontakte; selbstlose Beziehungen; urteilsfähig; spirituell.
8.	Religiös; getrennt; Erbschaften; Beerdigungen; sexuelle Werte; Überschätzung; stolz; zügellos; friedlicher Tod; materialistisch; okkult.
Schwangerschaft (Transzendenz)	
9.	Religiös; moralische Bestrebungen; Voraussicht; Pläne; Gefühlsweite; spekulativ; Auslandsinteressen; innere Entwicklung; Gerechtigkeit; Ausgeglichenheit.
10.	Verantwortungsgefühl; produktiv; materiell; praktisch; herausragend; Anerkennung; verläßlich; Würde; Rang und Namen; Familienangelegenheiten; selbstüberheblich; fähig.
11.	Menschlichkeit; hervorstechende Freunde; Gruppe; Hilfe von anderen; liberal; zuvorkommend; kollektive Ziele; Erfindungen; zukunftsorientierte Motive; gesellig.
12.	Altruismus; Zufriedenheit; Alleinsein; Großzügigkeit; Einfallsreichtum; inneres Leben; Mitgefühl; spirituelle Suche; Meditation; Phantasie; Krisen.

♄ SATURN

Prinzip	Kontraktion; Pessimismus; Negativität; Geiz; Konzentration; Fokus; Ernst; Sparsamkeit; Hemmung; Zurückhaltung; Mangel an Anpassung; formgebende Kraft; Disziplin; Einengung; Leiden.

Zeichen	**Deutung**
Widder *Fall*	Selbstsucht; Fleiß; zurückhaltend; humorlos; einsam; gewohnheitsmäßig; alleinherrschend; eigenwilliger Charakter.
Stier	Ausdauer; Methodik; konstruktiv; Geldsorgen; Ehrgeiz; harte Arbeit; Vater; alte Leute; seriöse Finanzen.
Zwillinge	Intellektuell; wissenschaftlich; Geschäftssinn; ernst; schwierig; abstrakt; gehemmt; berechnend; losgelöst; systematisch.
Krebs *Exil*	Empfindsam; selbstbezogen; ältlich; paranoid; einsam; eifersüchtig; mißtrauisch; entfremdet; ehrerbietig; unbeständig.
Löwe *Exil*	Beschränkt; autoritär; Anführer; einfach; loyal; harte Arbeit; Verlust durch Kinder; unbefriedigt; nachtragend; braucht Anerkennung.
Jungfrau	Perfektionistisch; harte Arbeit; ernsthaft; materialistisch; eigenbrödlerisch; pedantisch; detailorientiert; aufmerksam; verschwiegen.
Waage *Erhöhung*	Arbeitsam; gewissenhaft; unvoreingenommen; nüchtern; zuverlässig; verwaltend; korporativ; vermittelnd; geschäftlich; gesetzlich; Feinde.
Skorpion	Erfinderisch; gedämpft; schwermütig; metaphyischer Ernst; vorsichtig; korporativ; Gesetzeskonflikte; Perfektionist.
Schütze	Moralisierend; hohe Gesinnung; religiös; ernster Reisender; Vorsicht; Gesetz; Trennung von der Heimat; Zweifel.
Steinbock *Herrscher*	Väterlich; fortgeschritten; mißtrauisch; langsam; geduldig; methodisch; pessimistisch; diplomatisch; materialistisch; voreingenommen; stark; Selbstüberhebung.
Wassermann *Herrscher*	Ernste Gruppen; Gemeinschaften; ehrgeizig; organisiert; verantwortlich; geistige Arbeit; losgelöst; selbstsüchtig; gebieterisch; Spiele.
Fische	Kampf; Melancholie; Einschränkung; ältere Freunde; Abgeschiedenheit; tiefe Meditation; Spiritualität; Zurückgezogenheit; Mißtrauen.

SATURN ♄

Verkörperungen Ärzte; Bankiers; Arbeiter; Bauern; Metallarbeiter; Wissenschaftler; Großeltern; Onkel und Tanten; Geschäftsleute; Archäologen; Geologen; Minenarbeiter; Programmierer.

Haus	Deutung
Kindheit	
1.	Ehrgeizig; zurückhaltend; hartnäckig; verantwortlich; kalt; unfreundlich; Beschränkung; Mühsal; einsam; ältere Leute; Trotz; selbstsüchtig; ernst.
2.	Materiell; geordnet; besitzbetont; Festigkeit; Ausdauer; gehemmt; eingeschränkte Bewegung; festhaltend; konservativ; Trägheit; Schwierigkeiten.
3.	Schwierige Geschwister; eifrig; gründlich; schlechte Anpassung; schüchtern; diszipliniert; praktisch; wissenschaftlich; kritisch; mechanisch; unbeholfen; logisch; ernst.
4.	Zurückhaltend; ehrgeizig; schwierige Familie; Liebe; unabhängig; Abwehrhaltung; unterdrückt; sparsam; verantwortungsvoll; isoliert; sicher; abgeschieden.
Reifezeit	
5.	Verantwortungsvoll; verläßlich; loyal; zwanglos; schüchtern; konservativ; unterdrückt; unsportlich; strikt; ernste Schule; gehemmte Sexualität.
6.	Kritisch; korrekt; verantwortlich; methodisch; pedantisch; wissenschaftlich; ernste Studien; ins Detail gehend; seßhaft; gehemmt; ungeschlechtlich; unverstanden.
7.	Pflichtbewußt; älterer Partner; ernsthafte Beziehungen; Entfremdung; unpraktisch; loyal; gehemmt; unzufrieden; ausdauernd harte Arbeit; verantwortlich.
8.	Einkünfte des Partners; Gefühle; fehlendes Kapital; stur; Wandlungen; stark; zurückhaltend; selbstsüchtig; okkult; kann sich konzentrieren; Wiedergeburt.
Schwangerschaft	*(Transzendenz)*
9.	Streben; ernsthafte Philosophen; Trennung; Hingabe; ehrlich; verletzt; religiös; stabil; unsozial; Errungenschaft; Status; Moral.
10.	Geduld; Willenskraft; Zurückhaltung; Ehrgeiz; starker Wille; Konzentration; Sparsamkeit; voreingenommen; selbstsüchtig; vorsichtig; karmische Liebesverbindungen; Schulden.
11.	Verantwortungsvoll; planend; verläßlicher Partner; überspannte Erwartungen; Streben; falsche Freunde; treu; losgelöst; gehemmter Liebespartner.
12.	Zurückhaltend; einsam; beherrscht; abgeschieden; nervös; schüchtern; isoliert; Versagensangst; minderwertig; bedrückt; zieht sich zurück; Opfer; beunruhigt.

URANUS

Prinzip Originalität; Exzentrizität; Unabhängigkeit; Rhythmus; Inspiration; Individualität; Erfindung; Auflehnung; Tanz; Wahrnehmung; Erregbarkeit; Starrköpfigkeit; Operationen; Unfälle; Veränderungen.

Zeichen	Deutung
Widder 1928-34	Utopisch; enthusiastisch; ungewöhnlich; eigen; sonderbare Persönlichkeit; frei; unkonventionell; Intuition; Mut; wagemutig; erregbar.
Stier *Fall* 1934-42	Ziellos; plötzliche Veränderungen; unsichere finanzielle Situation; unabhängig; erfinderisch; risikofreudig; spekulativ; frühreif; Reformen; originell.
Zwillinge 1942-49	Geistige Energie; spontan; wißbegierig; wissenschaftlich; methodisch; originelles Vorgehen; Freigeist; bizarr; Verständnis.
Krebs 1949-56	Regellose Gefühle; sonderbare Mutter; impulsiv; Wohnsitzwechsel; rebellisch; Freiheit; Erregung; übersinnlich; sensitiv.
Löwe *Exil* 1956-62	Krankhafte Selbstsucht; eigenartige Liebe; Kinder; individuell; zügellos; entschlossen; organisierend; unbeherrscht; sexuell befreit.
Jungfrau 1962-69	Heilende Berufe; mechanisch; frei; subtil; originelle Arbeit; intellektuell; revolutionär; erfinderisch; Computer.
Waage 1969-75	Neue Beziehungen; Scheidung; Reizbarkeit; Liebesaffären; freie Liebe; Anziehungskraft; schnelle Verbindungen; einfallsreich; ruhelos.
Skorpion *Erhöhung* 1975-81	Regenerationsfähigkeit; schnelle Veränderungen; Kampf mit dem Schicksal; Gewalt; Gefahr; Rücksichtslosigkeit; okkulte Ausbrüche; rebellisch; Astrologie.
Schütze 1981-88	Abenteuer; Astrologie; fortschrittliche Erziehung; erneuert; unorthodox; utopisch; erregbar; spirituell; neurotisch.
Steinbock 1988-96	Macht; hohe Ziele; Fanatismus; Durchdringung; Erwerbstrieb; Entschlossenheit; Unbeugsamkeit; sonderbare Laufbahn; radikal.
Wassermann *Herrscher* 1996-2003	Losgelöstheit; Scherereien; Übertreibungen; Durchdringung; spirituelle Energie; religiöse Veränderung; Erfindungsgeist; Unberechenbarkeit.
Fische 2003-2011	Intuitiv; seltsame Methoden; isoliert; erforschend; okkult; mystisch; eigenwillig; eigenartige Bestrebungen; Idealismus.

URANUS

Verkörperungen Exzentriker; Erfinder; ungewöhnliche Menschen; Techniker; Revolutionäre; Tänzer und Musiker; Astrologen; Radio & Fernsehen; Elektriker; Heiler; Feministen; Rebellen; Chirurgen.

Haus	**Deutung**
Kindheit	
1.	Energisch; ungewöhnlich; originell; ruhelos; sonderbar; wissenschaftlicher Einfluß; starrköpfig; irrational; blitzartig; eigenwillig; abrupt; unberechenbar; halsstarrig.
2.	Ungewöhnliche Gegenstände; Gewinn & Verluste; eigensinnig; entschlossen; eifersüchtig; spekulativ; voreilig; verwirrt; frühreif; unpraktisch; lebhaft.
3.	Erfinderisch; originell; frühreif; schöpferisch; planlos; schnelle Auffassung; ruhelos; intuitiv; zerstreut; scharfsinnig; witzig.
4.	Eigenartige Familie; sonderbare Gefühle; Intuition; Wandertrieb; seltsame Verbindungen; heimatlos; entfremdet; ungeduldig; rebellisch; Veränderungen.
Reifezeit	
5.	Unternehmerisch; kühn; kreativ; originell; sonderbare Spiele; dramatisch; plötzliche Zuneigungen; Spiel; abenteuerlustig; schnelle Auffassung; Bohemien.
6.	Eigenartige Arbeit; eigene Lehrmethoden; schnell; wissenschaftliche Bemühungen; genial; okkult; originell; reformierend; detailorientiert; töricht; kritisch.
7.	Exzentrische Beziehungen; Drogenerfahrungen; rebellisch; inspiriert; sonderbare Ansichten über die Ehe; viele Ehen; Ästhet; begabt; starr.
8.	Durchdringend; erforscht Okkultes; verwirklichte Energie; Gefahr; furchtlos; Stärke; zäh; große Veränderungen; Wiedergeburt; Gewalt; Übernatürliches.
Schwangerschaft (Transzendenz)	
9.	Spirituell; Erleuchtung; Prophezeiung; rebellisch; religiöse Reform; fortschrittliche Ideen; progressiver Fanatismus; ruhelos; unkonventionell; Gefahr.
10.	Ehrgeizig; schlau; konzentrierte Energie; entschlossen; technische Fähigkeiten; professionell; radikale Ideen; plötzlicher Fall; Unheil.
11.	Wissenschaftlich; tief; strebend; organisierend; Verherrlichung; progressiv; intuitiver Freund; Perversion; rebellisch; sonderbare Ideen.
12.	Mystisch; schwelgerisch; Intuition; Entfremdung; eigenartige Krankheit; seherisch; geheimnistuerisch; mißverstanden; Yoga; Befreiungssuche; unwirklich.

NEPTUN

Prinzip	Sensitivität; übersinnlich; beeindruckbar; Phantasie; Einbildungskraft; Träume; Illusion; Drogen; medial; Intuition; Idealismus; utopische Projektionen; außersinnliche Wahrnehmungen; transzendentale Erfahrungen.

Zeichen	**Deutung**
Widder 1861-74	Inspiration; Idealismus; selbstlos; äußerst sensitiv; Fernweh; sozial; verwirrt; verrückt; geisteskrank; süchtig.
Stier 1874-88	Guter Geschmack; Sinn für Formen; ungewöhnliche Gegenstände; idealistische Erwerbsquellen; visionär; Heilen; natürliche Schönheit; Alkoholismus und Süchte.
Zwillinge 1888-1901	Liebe zur Natur; mystisch; magisch; inspiriert; Verwirrung; Unklarheit; zerstreut; poetisch; schnelle Wahrnehmung; Vielfalt; beunruhigt.
Krebs 1901-14	Intuition; seelische Kraft; Empfindsamkeit für Heim und Mutter; anhänglich; gehemmt; empfindlich; haltlos; leidend.
Löwe *Erhöhung* 1914-28	Leidenschaftlich; schnell begeistert; schauspielerisch; anführend; Schmeichelei; Gewißheit; Genußfreude; fehlgeleitete Zuneigung; Verschwendung.
Jungfrau *Exil* 1928-42	Nörgelei; überkritisch; Schwierigkeiten in der Arbeit; seelische Kommunikation; Chaos; Chemie; verdrogt; besorgt.
Waage 1942-56	Ungewisse Beziehungen; Scheidung; empfindsamer Partner; Drogenmißbrauch; psychedelisch; seltsame Gefühle; enttäuscht; sexuell aufnehmend.
Skorpion 1956-70	Verborgene Gefühle; geheimnisvoll; Geschlechtstrieb; Verwirrung; seherisch veranlagt; Okkultismus; Sensationslust; Schwermut; Krankheit.
Schütze 1970-84	Höhere geistige Ziele; religiöse Erneuerung; Reisen; fremde Gedanken; Meditation; Erleuchtung; Ziellosigkeit; Inspiration.
Steinbock 1984-1998	Übernatürlich; Meditation; sonderbare Ziele; Täuschung; Schwermut; Aufopferung der Eltern; mystische Wirklichkeit.
Wassermann *Fall* 1998-2012	Seelenverbindungen; edles Streben; leicht verführbar; soziale Theorien; Gruppenanstöße; Unabhängigkeit; intuitiv.
Fische *Herrscher* 2012-2026	Hang zu Mystik; inneres Leben; medial; neurotisch; metaphysisch; Weltflucht; Drogen; Suchtneigung; Verführbarkeit.

NEPTUN ♆

Verkörperungen Medien; sensitive Menschen; Träumer; Utopisten; Gaukler; Mystiker; Gurus; Ernährungsspezialisten; Drogenhändler; Narkoseärzte; Apotheker; Erfinder.

Haus	**Deutung**
Kindheit	
1.	Empfindsame Persönlichkeit; Intuition; träumerisch; beeindruckbar; empfindliche Verdauung; Drogen; sonderbare Erscheinung; eigenartige Beziehungen.
2.	Formensinn; künstlerisch; sinnlich; Schönheit; sanft; Einbildungskraft; süchtig; launisch; sonderbare Formen; verwirrt; unpraktisch; faul; abhängig.
3.	Dualität; Empfindsamkeit; Phantasie; Verwirrung; unrealistisch; Eingebung; falsche Ideen; schlechtes Gedächtnis; Mißverständnis; Spitznamen; Geschwister.
4.	Große Empfindsamkeit; spirituelle Wahrnehmung; tiefe Gefühle; innere Verbindung; Unzufriedenheit; Ängstlichkeit; Wohnortwechsel; süchtig; aufopfernd.
Reifezeit	
5.	Schönheit; sonderbare Freuden; Sexualität; Schauspieler; Übertreibung; romantisch; psychische Probleme; zerrüttete Familie; Eingebungen; Verschwendung.
6.	Psychosomatisch; dienend; heilende Kräfte; sanft; trügerisch; überempfindlich; süchtig; einfach; verzagt; Magnetismus; Eingebung.
7.	Aufnehmend; idealistische Beziehungen; platonisch; verführerisch; künstlerisch; impulsiv; harmonische Beziehungen; übersinnliche Verbindungen; sonderbar.
8.	Medium; übersinnlich; spirituell; unbewußte Prozesse; medial; depressiv; verschwiegen; verdrogt; hinraffende Krankheiten; Spitäler; Enttäuschungen.
Schwangerschaft (Transzendenz)	
9.	Vorahnungen; hellseherisch; Idealismus; überaktiver Geist; Träume; unrealistisch; Wünsche und Pläne; Selbsttäuschung.
10.	Streben ohne Einsatz; tiefe Gedanken; Ungewißheit; Mangel an Realitätssinn; Familienschwierigkeiten; übersinnliche Erfahrungen; Skandal; geheimnisvoll.
11.	Künstlerisch; idealistisch; seltsame Anziehung; Hoffnungen; Wünsche; Gesinnungswandel; Unehrlichkeit; übersinnliche Erfahrungen; notorisch bekannt; theoretisierend.
12.	Zurückhaltung; übersinnliche Kommunikation; träumerisch; Kunst; äußere Einflüsse; Drogen; Spitäler; krank; eingeleitete Geburt; Sehnsucht; alkoholsüchtig; Pessimismus.

♇ PLUTO

Prinzip: Die Massen; Verwandlung; Revolution; Zerstörung; höherer Wille; Macht; Magie; Willenskraft; Propaganda; Zwang; Medien; größere Veränderungen; Regeneration; Übergänge.

Zeichen	**Deutung**
Widder 1823-1852	Selbstbehauptung in der Welt; Machthunger; neue Ideen; revolutionäre Person; Potential; mutig; kühn; frei.
Stier *Exil* 1852-1884	Besitzanspruch; materialistisch; Ausdauer; Nützlichkeitsdenken; genialer Umgang mit Materialien; Kunst; Abhängigkeit von Geld; produktiv.
Zwillinge 1884-1914	Erfinderisch; Mobilität; Verständnis; intellektuelle Selbstbehauptung; Wissenschaft; Abenteuer; rücksichtsloser Umgang.
Krebs 1914-1939	Tiefe persönliche Gefühle; Einengung durch Familie; zwanghaft; väterliche Fürsorge; Familie im Umbruch; befreite Frauen.
Löwe 1939-57	Revolution als Selbstausdruck; Gesinnungswechsel; Aus-sich-Herausgehen; Bewußtseinsausbrüche; schöpferische Fähigkeiten; Talent.
Jungfrau 1957-1972	Revolution auf dem Gebiet der Gesundheit; Geisteskrankheiten; psychosomatisch; ganzheitliche Medizin; Arbeiter; Reaktionäre; Punker; Geburtenkontrolle.
Waage 1972-1984	Befreiung; Homosexualität; Partnerwechsel; soziale Gerechtigkeit; erneuerte Zivilisation; schiedsgerichtliche Entscheidung; heikles Gleichgewicht.
Skorpion *Herrscher* 1984-2000	Tod und Wiedergeburt; Regeneration; Kraft; Fanatismus; Krieg mit Atomwaffen; Weltkrieg; dämonische Kräfte; Wandel; Wut.
Schütze 2000-	Prophetische Kräfte; Scharfsinn; Erkenntnisdrang; Reisen; Suche nach Weisheit; philosophischer Umschwung; Psychoanalyse; utopische Ziele; religiös.
Steinbock 1762-1777	Neue Ideen; praktische «Revolutionen»; großer Ehrgeiz; körperschaftlich; ausführend; erfinderisch; besessen; materialistisch.
Wassermann 1777-1799	Demokratie; geistiger Wandel; wissenschaftlich; Weiterkommen durch Freunde; psychologisch; synthetisierende Gedanken; intellektuell.
Fische 1799-1823	Tiefgründigkeit; apokalyptisch; universell; mitfühlend; christlicher Fanatismus; wiedergeboren; mystisch; astrologisch.

PLUTO ♇

Verkörperungen Revolutionäre; Menschen in den Massenmedien; Politiker; Diktatoren; Propagandisten; Schauspieler/innen; Redner; Atomwissenschaftler; Gesetzlose; Prostituierte.

Haus	**Deutung**
Kindheit	
1.	Machthunger; außergewöhnliche Energie; selbstbehauptend; Wut; machtvoller Wille; Schwierigkeiten; robust; stark; Elternwechsel; fortgeschritten; schnelles Wachstum.
2.	Großer Ehrgeiz; Erwerbstrieb; große Gewinne oder Verluste; Abhängigkeit vom Geld; Unersättlichkeit; Veränderung materieller Situationen; Verwaltung.
3.	Scharfsinnig; auf Spezialgebieten bewandert; schneller Redner; durchdringender Geist; einfallsreich; heimlichtuerisch; feste Überzeugungen; sonderbare Geschwister; Geschwätz.
4.	Erbmasse wirkt stark; außergewöhnliche Aufgabe; Einzelgänger; tiefgehende Gefühle; anziehend; magisch; herrscht zuhause; Liebe zur Natur; Ökologie; Okkultismus; Geheimnisse.
Reifezeit	
5.	Dynamische Gefühle; Autorität; Selbstbewußtsein; starker Wille; Stärke; schauspielerischer Ausdruck; große Leistungen; schöpferische Kräfte; Talente.
6.	Heilen; psychosomatische Krankheiten; Arbeit mit anderen; nachforschend; sammelnd; wissenschaftlich; tatkräftig; ausgeprägte Kritik; fanatisch; Eifer.
7.	Schicksalshafte Partnerschaften; Berühmtheit; starke Verbindungen; Scheidungen; mehrere Partner; persönliche Anziehungskraft; drastische Veränderungen; Herrschsucht; Intuition.
8.	Fanatismus; tragische Ereignisse; Höchstleistungen; Suche nach dem Sinn; Verwandlung; öffentlicher Tod; einflußreich; Zähigkeit; Okkultismus; Geheimnisse.
Schwangerschaft (Transzendenz)	
9.	Tieferes Wissen; spirituelle Erneuerung; bahnbrechend; das Unerreichbare; Reisen; Reform; sozialer Wandel; religiöser Fanatismus; Atheismus.
10.	Diktatur; Kampf um Anerkennung; praktische Schwierigkeiten; Unabhängigkeit; Gefahr; Isolation; Pläne; drastische Veränderungen; Willenskraft.
11.	Gemeinschaftssinn; utopische Gemeinschaften; Reformen; Freundschaften sind wichtig; plötzlicher Tod; Gesinnungswandel; übertriebene Hoffnungen; Beliebtheit.
12.	Isolation; Universalismus; offenbarend; zerstörerisch; metaphysisch; verschwiegen; Versuchung; unterdrückte Gefühle; sonderbare Krankheit; Zurückgezogenheit; okkult.

☊

MONDKNOTEN

Prinzip	Zusammenschluß; Verbindungen; Geselligkeit; Gemeinschaftssinn; Sublimierung; nähren und pflegen; kollektive Einflüsse.

Zeichen	Deutung
Widder	Freundschaften pflegen; Ehrungen; Reichtum; Bedürfnis nach Anschluß; extravertiert; gesellig; feurig; enthusiastisch.
Stier	Gewinn durch Besitz; Teilen der Mittel; Schulden; Gewinn durch Lernen.
Zwillinge *Erhöhung*	Heller Geist; Leichtigkeit für Sprachen; Gewinn durch Geschwister; verlegen; schreiben; Wörter machen Angst.
Krebs	Nähe zu Eltern; Seelenverbindungen; Gewinn durch Besitz; zuhause zuvorkommend.
Löwe	Spekuliert mit anderen; großer Freundeskreis; sportlich; Klubs; gesellschaftliche Unternehmungen; verschwenderisch; pompös; Liebesaffären.
Jungfrau	Wissenschaftliche Verbindungen; lehren; Arbeit in Institutionen; Forschung; Nörgelei; kritisch anderen gegenüber; zarte Gesundheit.
Waage	Kann nicht allein sein; Herdentrieb; abhängig von anderen; hadernd; Gemeinschaftssinn; gesellige Zusammenkünfte; geschäftlicher Erfolg.
Skorpion	Täuschung; geheime Verbindungen; esoterische Organisationen; sexuelle Beziehungen; subversiv.
Schütze *Fall*	Juristische Teamarbeit; administrativ; ordentlich; gemeinschaftlich; geistige Qualitäten; prophetische Träume; Psychoanalyse.
Steinbock	Anderen gegenüber verantwortungsbewußt; Ausnützung; praktische Gruppen; Verbindungen; berufliche Gruppen; Autoritäten; gesellschaftlicher Aufstieg.
Wassermann	Anregende Freunde; viele Freundschaften; gesellschaftliches Leben; unzertrennlich; festhaltend; hilfsbereit für die Gemeinschaft.
Fische	Glaubenssätze; religiöse Gemeinschaften; Kommunen; Institutionen; Isolation in der Gruppe; Gewinn von Gütern.

MONDKNOTEN ☊

Verkörperungen Verbindungen; Gruppen; Klubs; politische Parteien; Gewerkschaften; Organisationen.

Haus	**Deutung**
Kindheit	
1.	Selbstausdruck; Wunsch zu herrschen; Anerkennung; gesellschaftliches Leben; persönliche Verbindungen.
2.	Dauerhafte Bindungen; Bündnisse; Geld von anderen; hingebungsvolle Menschen; zuverlässig; loyal; Vermächtnis.
3.	Viele Verbindungen; Anregungen von anderen; wichtige Beziehungen; oberflächliche Verbindungen; kurzlebige Verbindungen; Kindergarten.
4.	Familienbindungen; auffallend starker Kontakt zu den Eltern; unklare Abstammung; seelische Verbindungen; Abhängigkeit; Anhänglichkeit.
Reifezeit	
5.	Beliebtheit; Spiele; große Schulen; viele Liebschaften; zärtlich zur Familie; organisiert; Gruppensport.
6.	Lehrverbindungen; Wissenschaft; gesundheitliche Interessen; tierliebend; Dienst am Mitmenschen; Arbeitsgemeinschaften; ehrliche Arbeitnehmer.
7.	Liebesaffären; Gruppengemeinschaften; öffentliche Angelegenheiten; Gewinn durch andere, durch Frauen und durch Partnerschaft; schließt leicht Freundschaften; gesellschaftlich.
8.	Okkulte Organisationen, Verbindungen; Bemühung zur Zusammenarbeit; Sozialismus; «Altersheim»; geheime Beziehungen; Geschenke; Vermächtnisse; gewaltsames Vorgehen.
Schwangerschaft (Transzendenz)	
9.	Utopische Ideen; idealistische Gruppen; juristische Angelegenheiten; erzieherische Interessen; Träume; Schiffsreisen; politischer Idealismus.
10.	Ehre und Ansehen; große Taten; Geschäftsorganisationen; körperschaftliche Angelegenheiten; Täuschung; materielle Ziele.
11.	Viele Freundschaften; Unterstützung durch die Familie; ideale Pläne; verwickelte Beziehungen; Zwang zum Zusammenschluß; gesellschaftliches Leben vorrangig; hilfreich.
12.	Geheimverbindungen; Erholungsheime; Spitäler; Pflegepersonal; Gruppen von Ärzten; Rückzug von anderen; philosophische Interessen.

ASZENDENT (AC)

Prinzip	Äußere Umstände; Persönlichkeit; Geburtsumstände; bei der Geburt anwesende Menschen; Reaktion auf die Welt; Maske; Art, seine Rolle zu spielen; persönliche Haltung; Umgebung.
Zeichen	**Geburts- und andere Umstände**
Widder	Ruhelosigkeit; Energie; Selbstbehauptung; aggressiv; ungeduldig; Operation; Zangengeburt; Eile; Rücksichtslosigkeit.
Stier	Stabile Bedingungen; Sicherheit; Ruhe; schöne Umgebung; Frauen bei der Geburt; Hebamme; Zuhause; Häuslichkeit; praktisch.
Zwillinge	Veränderungen; schnelle Geburt; Reden; viele Menschen bei der Geburt; Geschwister anwesend; Nervosität; Beobachter; ständige Bewegung; Anpassung.
Krebs	Launisch; Heim; Familienkontakt; feucht; besorgt; weiblich; beschützt; Einfachheit; Sensibilität; Anästhesie; Frauen.
Löwe	Autoritär; vertrauensvoll; extravertiert; aktiv; freudig; offen; hervorragender Arzt; zielbewußt; kühn; luxuriöse Umgebung.
Jungfrau	Kritisch; Spital; Ärzte; Krankenschwestern; Naivität; Erstgeburten; jungfräulich; nervös; stabil; gewissenhaft; hygienisch; beobachtend.
Waage	Harmonischer Ort; ausgeglichen; Arbeit im Team; äußerlich locker; gefällig; gesellschaftlich; beredt; Beifallshunger; Frauen; Krankenschwestern.
Skorpion	Unharmonisch; feucht; heißköpfig; brutal; operativ; Zangengeburt; Gewalt; Kraft; tragisch; Kaiserschnitt; Beschneidung; vorsichtig; böse.
Schütze	Enthusiastisch; athletisch; freudig; gute Laune; natürlich; einfach; aktiv; unordentlich; lebhaft; sich ausbreitend; Gefühl für das Fremde; anerkannt.
Steinbock	Konzentration; Hemmung; Beschränkung; lange Wehen; ernst; Selbstbeherrschung; älterer Arzt; zurückhaltend; ängstlich; methodisch.
Wassermann	Gemeinschaftlich; losgelöst; ernsthaft; idealistisch; zurückhaltend; kalt; fortschrittlich; freundlich; abstrakt; mechanisch; unorthodox; rhythmisch.
Fische	Selbstaufopfernd; verdrogt; außengelenkt; kein Selbstvertrauen; Anästhesie; eingeleitete Geburt; isoliert; medial; träumerisch; vage.

Zeichen	Persönlichkeit
Widder	Ruhelos; überstürzt; energisch; selbstbehauptend; aggressiv; aufbrausend; initiativ; gewalttätig; kraftvoll; Familienbande; Chirurg.
Stier	Schönheitsliebe; harmonische Persönlichkeit; Sicherheit; Besitz; praktisch; künstlerisch; besitzbetont; eigensinnig; liebevoll; aufmerksam; anziehend; gemütlich.
Zwillinge	Schlagfertig; redselig; lebhaft; anpassungsfähig; beweglich; unbeständig; mitteilsam; künstlerisch; überreizt; lebhaft; oberflächlich; prahlerisch.
Krebs	Sensibel; reiche Häuslichkeit; schüchtern; abhängig; beeinflußbar; einfühlend; medial; sanft; Neigung zur Abhängigkeit; unfähig, allein zu stehen; treu ergeben.
Löwe	Selbstverherrlichung; mutig; sinnenfreudig; herrschend; großzügig; liebt Spaß; eindrucksvoll; freudig; würdig; spielt Spiele; überheblich; arrogant; egozentrisch.
Jungfrau	Diskret; vorsichtig; zurückhaltend; kritisch; schüchtern; exakt; sauber; pedantisch; ängstlich; nervös; psychosomatische Krankheiten; Verdauungsstörungen; beständig.
Waage	Ausgeglichen; harmonische Persönlichkeit; Teamarbeit; körperlich anziehend; charmant; mag Schmeicheleien; eitel; zuckersüß; entspannt; überschwenglich; einmischend.
Skorpion	Aggressiv; leidenschaftlich; abgesondert; metaphysisch; zurückhaltend; paranoid; vorsichtig; abhängig; ausschlaggebend; geheimnistuerisch; heißblütig; sexuell; magnetisch.
Schütze	Positiv; jovial; glücklich; philosophisch; sportlich; enthusiastisch; expansiv; unabhängig; gesellschaftlich; lebhaft; nachlässig; naturliebend; sinnenfreudig; unbekümmert.
Steinbock	Zäh; unterdrückt; ernst; gehemmt; materialistisch; zielbewußt; hart arbeitend; ängstlich; pragmatisch; professionell; ehrgeizig.
Wassermann	Reformer; gemeinschaftlich; losgelöst; gruppenorientiert; freundlich; fortschrittlich; eigene Ideen; anpassungsfähig; gehemmt; kalt; launisch; wechselnde Ziele.
Fische	Aufopfernd; träumerisch; medial; sensitiv; bedrückt; bequem; faul; ruhig; abgesondert; einfühlend; einsam; einfach; empfänglich; eingeweiht.

MC

MITTE DES HIMMELS (MC)

Prinzip	Ego-Bewußtsein; Ziele; Brennpunkt; spirituelles Gewahrsein; Individualität; Vorhaben; Beruf; Ehren; Vertrauen; Anerkennung; Berufung.

Zeichen	**Umstände zum Zeitpunkt der Fälligkeit des MC**
Widder	Intuition; erfolgreiches Durchsetzen der Individualität; seiner Ziele bewußt; aktive Durchsetzung; Ehrgeiz; gebieterisch.
Stier	Sensibilität; produktiv; Festigkeit; körperlicher Ausdruck; Substanz; greifbar; sicher; willensstark; künstlerisch; stur.
Zwillinge	Denken; dualistisch; verworren; vielerlei Vorhaben; wechselnde Ziele; vielfältige Berufe; unbeständig; unentschlossen.
Krebs	Fühlen; sensibel; beschützend; mütterlich; hingebungsvoll; empfänglich; überschwengliche Gefühle; gierig; minderwertig; taktvoll; einfach; sparsam.
Löwe	Intuitiv; extravertiert; selbstbewußt; kontrolliert; anführend; egozentrisch; schöpferisch; strebt nach Höherem; Organisation.
Jungfrau	Empfindsam; gesundheitsbewußt; morgendliche Übelkeit; ordentlich; emsig; kritisch; praktisch; pedantisch; Hypochonder.
Waage	Denkend; harmonisch; ausgewogen; entspannt; gerecht; kooperativ; teilend; Anerkennungshunger; vertrauensvoll; diplomatisch; ausbeutend.
Skorpion	Fühlen; abgesondert; zieht Abtreibung in Betracht; eigensinnig; leidenschaftlich; intensiv; fanatisch; unterdrückend; zerstörerisch; mißtrauisch.
Schütze	Intuitiv; optimistisch; materialistisch; sicherheitsstrebend; verwirklicht; frei; beweglich; athletisch; religiös; moralisch; extrem.
Steinbock	Empfindsam; rational; pragmatisch; wirklich; selbstsüchtig; egozentrisch; diszipliniert; zäh; ernst; unbeugsam; zurückhaltend; vorsichtig.
Wassermann	Denkend; idealistisch; humanitär; losgelöst; gesellschaftlich; rebellisch; frigid; zerstreut; freundlich; vage; planend.
Fische	Fühlend; Einzelgänger; abgesondert; einsam; empfindsam anderen gegenüber; abwartend; hoffend; Klarheit; zielbewußt; beeinflußbar.

MITTE DES HIMMELS (MC)

MC

Verkörperungen Das Individuum; das Ego.

Zeichen	Das Ego
Widder	Ehrgeizig; erfolgreich; individuell; Durchsetzungswille; zuversichtlich; zielbewußt; schöpferische Kraft; initiativ.
Stier	Beharrliche Verfolgung der Ziele; Bestreben nach materieller Sicherheit; schwer zufriedenzustellen; zäh; Selbstüberhebung; materialistische Gesinnung; Ästhetik von Bedeutung; mißtrauisch.
Zwillinge	Liebt Veränderung; vielschichtig; periodisches Schaffen; umgänglich; unbeständig; mitteilsam; freundlich; oberflächlich; widerstreitende Ziele; charmant.
Krebs	Verantwortungsvoll; taktvoll; empfindsam; hingebungsvoll; anteilnehmend; konservativ; emotional; langsam; beständig; von der Frau beherrscht; weiblich.
Löwe	Drückt sich selbst aus; vertrauensvoll; offen; expansiv; sozialer Aufstieg; optimistisch; organisatorisch begabt; Ansprüche; Großzügigkeit; anführend; selbstsüchtig; steif.
Jungfrau	Perfektion; Sicherheitsstreben; lebhaft; kleinlich; konservativ; überempfindlich; hart arbeitend; dienend; verwalterisch; setzt einfache Mittel ein; kritisch.
Waage	Weiterkommen durch andere; glückliche Verbindungen; Ausgleich; Zusammenarbeit; Sublimierung; Anpassung; beutet andere aus; Umgangsformen.
Skorpion	Durchhaltevermögen; mystisch; unabhängig; ehrgeizig; energiegeladen; rücksichtslos; zwanghaft; herrschend; zielgerichtet; zerstörerisch; Erwerbssinn.
Schütze	Strebend; idealistisch; hohe Maßstäbe; weiträumiges Denken; hoher Geist; philosophisch-religiös; ehrgeizig; wechselhaft; utopisch; unzuverlässig.
Steinbock	Selbstvertrauen; einsam; zäh; überarbeitet; starker Vater; nüchtern; einfallslos; prosaisch; ichbezogen; gewissenhaft; ehrgeizig.
Wassermann	Erneuerer; utopisch; humanitär; abstrakt; zukunftorientiert; modern; strebend; undiszipliniert; neue Ideen; fortschrittliches Handeln; Neuerungen.
Fische	Passivität; hofft auf Ergebnisse; Glück; empfindlich für Äußeres; fühlt sich allein; isoliert; einfach; bescheidenes Trachten; zeitweilige Freuden.

☉

ASPEKTE ZUR SONNE

So/So Lebenswille; Macht; der physische Körper; Gesundheit und Energie; körperliche und geistige Harmonie. — Fehlender Ansporn; Krankheit; Schwäche; Änderung der Ausrichtung; ohne Mittelpunkt sein. — Der Körper; Vater und Sohn; vom Großvater zum Sohn; Kollegen; von Mann zu Mann.

So/Mo Bewußtes und Unbewußtes; Beziehung; inneres Gleichgewicht; öffentliches Leben; Erfolg. — Innere Unzufriedenheit; Konflikt; beziehungslos; innere Spannung; Kampf. — Mann und Frau; Vater und Mutter; Ehepartner; Freunde.

So/Me Gesunder Menschenverstand; Verständnis; Gedanken; Sinn für das Praktische; geschäftsmäßig; organisatorisch. — Unklar; Konfusion; Ziellosigkeit; Nervosität. — Jugendliche; Intellektuelle; Geschäftsleute.

So/Ve Körperliche Liebe; Schönheit; Beliebtheit; gesellschaftliches Leben; Ästhetik; Romantik. — Frigidität; Häßlichkeit; Unbeliebtheit; gesellschaftsfeindlich; geschmacklos; kalt; Verzärtelung. — Künstler; Geliebte/r.

So/Ma Lebenskraft; Körperkraft; Vorwärtskommen; beruflicher Erfolg; Ausdauer; Impulsivität. — Uneinigkeit; Gewalttätigkeit; Eigensinn; streitsüchtig; wagemutig; — Kämpfer; Soldat; Arzt; Ehemann; zänkischer Mensch.

So/Ju Gesundheit; Anerkennung; religiös; expansiv; glücklich; erfolgreich; kreativ. — Materialistisch; schwelgerisch; arrogant; illegal; faul. — Die Reichen; Gesunden; berühmte Leute; Salonlöwen.

So/Sa Getrennt; konzentriert; versenkt; ernst; harter Arbeiter; ehrgeizig; Hingabe. —Selbstsüchtig; gehemmt; unterdrückend; pessimistisch; minderwertig; ängstlich; schwach; negativ. — Ernste Leute; ältere Leute; die Kranken; Gehemmten; grausamer Vater; schwacher Vater; abwesender Vater.

So/Ur Progressiv; exzentrisch; Hang zur Technologie; originell; frei; veränderlich; dynamisch; individuell. — Halsstarrig; selbstzerstörerisch; rebellisch; angespannt; reizbar. — Neuerer; Reformer; Rebell; Techniker; Unruhestifter.

So/Ne Empfindsam; zart; reiche Vorstellung; unsicher; vergeistigt; inspiriert; visionär; übersinnlich veranlagt. — Unsicher; schwach; krank; irreführend; verführbar; geschmacklos. — Medium; romantisch; Träumer; übersinnlich veranlagt; sensitive Menschen; Drogenabhängige; Verführer; schwacher Vater.

So/Pl Macht; erreicht Ziele; bewußte Ziele; Anführer; wachsend; Autokrat; unbarmherzig. — Grausam; arrogant; gezwungen; brutal; fanatisch; zerstörerisch; — Anführer; Kämpfer; Revolutionär; Umgestalter; Märtyrer; starker Vater.

So/Mk Körperliche Verbindungen; Öffentlichkeit; anpassungsfähig; gesellig; beliebt; erzieherisch. — Asozial; unharmonisch; mangelnde Anpassung; beziehungslos; abgesondert. — Teilhaber; Gefährte; Kollege; Zeuge; Verwandter; Würdenträger; Polizei.

So/AC Persönliche und körperliche Beziehungen; Vertrauen; Beförderung; Ansehen; erkennbar. — Dränger; unharmonisch; unbeliebt; selbstsüchtig; schüchtern; streitsüchtig; abhängig. — Männer in der Umgebung; Kontakt; Ehemann.

So/MC Individualistisch; objektiv; Selbsterkenntnis; Erfolg; Gesandter; Autorität; berühmt. — Egozentrisch; unklar; arrogant; eitel; uninteressant; irregeführt. — Körper und Seele; «Ich»; das eigene Ego.

ASPEKTE ZUM MOND

Mo/Mo Gefühlsleben; weibliche Beziehungen; Veränderliches; angenehme Stimmungen; Mütterlichkeit. — Gefühlsverdrängung; Launenhaftigkeit; Trennung von der Mutter; gefühllos; Spannung. — Die Gefühle; die Seele; Mutter und Tochter.

Mo/Me Gefühlsbeladene Gedanken; Wahrnehmung; Urteil; Wertung; weibliche Gedanken; Klugheit. — Veränderlich; lügenhaft; schwatzhaft; Kritik; Verleumdung; erfinderisch; überspannt. — Intellektuelle Frauen; Mädchen; Autorin; Psycholog(inn)en; Reisende.

Mo/Ve Liebe; Hingabe; Kunst; Empfängnis; romantisch; kultiviert; Heirat; graziös. — Launisch; schüchtern; geschmacklos; steril; reizbar; lieblos. — Geliebte(r); Frau in Erwartung; Mutter; Künstler(in); Frau; Schauspieler(in).

Mo/Ma Aufregung; starkes Gefühl; Offenheit; aufrichtig; ehrlich; Gefühlswille; fleißig. — Impulsiv; überstürzt; kämpferisch; intolerant; rebellisch; reizbar. — Gattin; Kollegin; schwer arbeitender Mensch; Hausfrau; Geschäftsfrau.

Mo/Ju Glücklich; religiös; soziales Gewissen; Reisen; treu; Anerkennung; positive Gefühle. — Gleichgültig; nachlässig; rebellisch; unbeliebt; illegal; Eheprobleme; schlampig. — Erfolgreich; großzügig; glückliche Frau; Frauen; Braut; Frau in Erwartung; Beamtin.

Mo/Sa Selbstkontrolle; Pflicht; Sorge; aufmerksam; umsichtig; einsam; asketisch; kritisch; ehrgeizig. — Depressiv; getrennt; verwitwet; minderwertig; trübsinnig; ängstlich; entfremdet. — Gehemmte Leute; traurig; Witwe; einzelner Elternteil; Großmutter.

Mo/Ur Unbewußte Kräfte; Instinkt; plötzliche Ereignisse; okkult; intellektuelle Spezialisierung. — Schizophrenie; Gefühlsspannung; Überanstrengung; Abruptheit; Übertreibung; Angstzustände. — Ruhelose, ehrgeizige Frau; Reformerinnen; Schizophrenie.

Mo/Ne Verfeinert; inneres Schauen; Einbildungskraft; Inspiration; Entspannung; Romantik; Idealismus. — Zerbrechlich; Selbsttäuschung; wirklichkeitsfremd; Schwäche; süchtig; verführbar; übernatürlich. — Sensitive Menschen; beeinflußbare Menschen; Medien; Kartenlegerinnen; übersinnlich Veranlagte; nachlässige, schwache Menschen.

Mo/Pl Extreme Gefühle; einseitig; fanatisch; übereifrig; verschlingend; dynamisch; unersättlich. — Fanatisch; sadistisch; besessen; schockierend; eifersüchtig;

anspruchsvoll; wahnsinnige Ansprüche; Umwälzungen. — Emotionale Menschen; Public Relations-Menschen; Publizist; Schizophrene; Revolutionär.

Mo/Mk Spirituelle Verbindung; inneres Verbundensein; Verbindungen (zwischen Frauen) Familienbande; Hingabe. — Entfremdung; mehrfache Beziehungen; anpassungsfähig; frustriert; familienabgeneigt; abgesondert. — Verbindungen zwischen Frauen; Blutsbande; Gesellschafter.

Mo/AC Gefühlsmäßige Beziehungen; entgegenkommend; feminin; anpassungsfähig; persönliche, subjektive Bande. — Hyperempfindlichkeit; Meinungsverschiedenheit; launenhaft; wechselhaft; übermäßige Reaktionen; verärgert. — Weibliche Umgebung; Mutter; Alkoholiker; Drogensüchtige; Liebende; Persönlichkeiten.

Mo/MC Emotional verankerte Ziele; Gefühle; Zuhause; Familie; Seelenverbindungen; intuitives Verstehen. — Schwierige Frauen; unprofessionell; Unschlüssigkeit; unzuverlässig; sentimental; Wankelmut. — Frauen; fühlende und emotionale Menschen; Gouvernanten; Mutter; Seelenmenschen.

☿

ASPEKTE ZU MERKUR

Me/Me Bewegung; denken; Verstand; Nachrichten; Meinungen; Wahrnehmung; gute Auffassung; Verständnis; leichtfüßig. — Statische Zustände; Subjektivität; Stumpfsinn; mangelnde Objektivität; Lügen; fehlende Kommunikation. — Aktive Menschen; Freunde; Vertraute; Vermittler; Intellektuelle; Lehrer; Geschwister; die Jugend.

Me/Ve Liebesgedanken; Sinn für Schönheit; Design; gefühlsbetonter Intellekt; Fröhlichkeit; künstlerische Erfolge; Schreiben. — Eitelkeit; Einbildung; überempfindlich; unschlüssig; Verschwendung; Luxus. — Liebende; Schriftsteller; Autor; Verkäufer für Schönheitsprodukte; Kunsthändler; Ästhet; Künstler; Freundinnen.

Me/Ma Gedankenkraft; verwirklichte Vorhaben; Entschlossenheit; Schlagfertigkeit; unternehmungslustig; Debatten; Abwicklung von Geschäften. — Kritik; Nörgelei; Bösartigkeit; überstürzte Handlungen; Sprachschwierigkeiten; stur; zynisch. — Kritiker; streitsüchtiger Mensch; Diskussionsredner; Schriftsteller.

Me/Ju Konstruktiver Geist; Gelehrsamkeit; Literatur; Geschäftssinn; gesunder Menschenverstand; Wissenschaft; fließend. — Nachlässigkeit; Betrug; unzuverlässig; übertreibend; Konflikt; indiskret. — Redner; Autorität; Verhandlungspartner; Geschäftsmann; Verleger; Reisender; Philanthrop.

Me/Sa Geistige Arbeit; Konzentration; tiefe Gedanken; Logik; Organisation; Erfahrung; Fleiß. — Stumpfsinn; Zurückhaltung; Schüchternheit; Entfremdung; Schwierigkeiten; schwierige Kindheit; Mißtrauen. — Philosophen; Intellektuelle; Wissenschaftler; Gauner; Logiker.

Me/Ur Intuition; Scharfsinn; Flexibilität; Unabhängigkeit; Einfluß; Mathematik; origineller Geist. — Zerstreutheit; Irrsinn; Nervosität; verwirrt; exzentrisch; widersprüchlich. — Mathematiker; Wissenschaftler; Techniker; Musiker; Astrologe; lebhafte Leute.

Me/Ne Einbildungskraft; Phantasie; tiefe Wahrnehmungen; Visionen; Vorahnungen; poetisch; idealistisch; klar. — Fehlurteile; Lähmung; Täuschung; Betrug; zerstreut; albern. — Schauspieler; Phantasten; Träumer; Heilige; Lügner; Geistheiler; übersinnlich Begabte.

Me/Pl Überredung; Verständnis; Schlauheit; Diplomatie; Einfluß; Witz; List. — Zusammenbruch; hastige Ausdrucksweise; übertriebener Widerstand; Übereifer; Ungeduld; Rohheit. — Redner; Politiker; Faschisten; Kritiker; Tyrannen; Propagandisten.

Me/Mk Gemeinsame Pläne; Gedankenaustausch; gesellige Geschäftszusammenkünfte; Übereinstimmung; Beziehungen. — Asozial; Unbeliebtsein; verschlossen; blockiert; unloyal; Vereinsmensch; Gruppenmensch; Schriftsteller; Organisator; Verhandlungspartner; Arbeiter in Netzwerken.

Me/AC Persönliche Gedanken; Definition; Kommunikation über das Wort; Zusammenkünfte; Intelligenz; redefreudig. — Klatsch; Fehlurteile; Ängstlichkeit; oberflächlich; schwärmerisch. — Denker; Klatsch; Organisator; Freund; Verwalter; Diplomat.

Me/MC Intellektuelle Ziele; Beobachtung; Selbsterkenntnis; Meditation; eigene Ziele; Klarheit. — Ziellosigkeit; Mangel an Selbstbewußtsein; wechselhaft; Wankelmut; Unehrlichkeit. — Ausdrucksvolle Menschen; Schwätzer; Leute in den Medien; Zeremonienmeister; Berufsberater.

ASPEKTE ZU VENUS ♀

Ve/Ve Frieden; guter Wille; Liebe; Wunsch; gefühlvolle Liebe; Humor; Schönheitssinn; Kunst. — Beziehungslos; teilnahmslos; geschmacklos; Verirrung; Nachlässigkeit. — Liebende; Ästheten; Schönheiten; Modell; Mädchen; Schauspieler; Künstler; Musiker; Kleidermacher; Kinderschwestern.

Ve/Ma Sexuelle Liebe; Künstlertum; Leidenschaft; Kreativität; lebhafte Ausdrucksweise; Intimität; kinderreich. — Geschlechtslos; Verführung; Unbefriedigtsein; Treuelosigkeit; Reizbarkeit; Geschlechtskrankheiten. — Liebende; Frauenfeind; Verführer; polygame Männer; sinnlicher Liebhaber.

Ve/Ju Liebesfreude; Glück; Beliebtheit; Formensinn; Heirat; Seligkeit; Wohlbefinden; Fröhlichkeit; Sinnenfreude. — Faulheit; gefühllos; Gleichgültigkeit; Arroganz; Rechtsstreit; Sichgehenlassen. — Künstler; Filmstar; Modell; gesellige Person; überschwenglicher Liebhaber.

Ve/Sa Pflichtgefühl; Nüchternheit; Loyalität; Hemmung; Opfer; Treue; Sparsamkeit; Zurückhaltung. — Eifersucht; Qual; (Liebes)Entzug; einsam; bedrückt; Trennung von der Mutter. — Einsame Menschen; Witwe(r); uneheliche Kinder; ältere Liebhaber.

Ve/Ur Erweckung; Exzentrizität; impulsiv; Talente; Musik; Sentimentalität; Vornehmheit. — Unterdrückte Sexualität; Unbeständigkeit; Entfremdung; unkonventionell; locker. — Musiker; Künstler; exzentrische Liebende.

Ve/Ne Entzücken; Erotik; Mystik; Idealismus; platonische Liebe; Reisen; Vornehmheit. — Verführbar; geschmacklos; Betörung; träumerisch; Illusionen; Weltflucht. — Künstler; Musiker; Träumer; Visionär; Romantiker; Drogenhändler; Süchtige; schwacher Liebhaber.

Ve/Pl Fanatische Liebe; Sinnlichkeit; Begabung; gewinnend; zwanghaft; hingebungsvoll; talentiert; äußerst anziehend. — Lüstern; übersteigertes Liebesleben; Sado-Masochismus; Ungeschliffenheit; übermäßige Begierde. — Liebhaber; Pornograph; überempfindlich wie menstruierende Frauen; Künstler.

Ve/Mk Liebesverbindungen; Anpassung; umfassende Liebe; Bindungen; zuvorkommend; Künstlergemeinschaften. — Isolierung; Trennung; unglückliche Liebe; schwärmerisch. — Liebesleute; Verheiratete; Singles; Künstlergruppen-Mensch; Galeriebesitzer.

Ve/AC Harmonische Liebe; Schönheit; anziehende Persönlichkeit; sich schmücken; Kunst; Geschmack; Vornehmheit. — Schlechter Geschmack; Deserteur; gesellschaftsfeindlich; verschwenderisch; schwelgerisch. — Frau; Mutter; Gattin; Geliebte(r); Künstler.

Ve/MC Objektive Liebe; Zuneigung; Wohlwollen; künstlerisch; anhänglich; anziehender Mensch. — Eitelkeit; Einbildung; Eifersucht; zerstreut. — Geliebte(r); Künstler; Bewunderer.

♂ ASPEKTE ZU MARS

Ma/Ma Energie; Aktivität; Arbeit; Aggression; impulsiv; Vorsatz; Wille; Entschlossenheit; Erreichen der Ziele. — Energieverschwendung; Gewalt; Verletzung; Zerstörung. — Kämpfer; Soldat; Athlet; Handwerker; Chirurg; Polizist.

Ma/Ju Erfolgreiches Schaffen; Freude; Aktivität; Organisation; Großtaten; Rebellion; praktischer Sinn. — Konflikt; Entfremdung; Überstürztheit; Eile; Unruhe; Disput. — Manager; Organisator; Jurist; Richter; Beamter; Berufssportler.

Ma/Sa Hemmung; Ausdauer; Gefahr; fanatisch; spartanisches Leben; asketisch; zäh; Zerstörung; Tod; Impotenz; Hartnäckigkeit; Trennung; Prüfungen; Streit; Krankheit. — Arbeiter; Minenarbeiter; Kämpfer; Totschläger.

Ma/Ur Kraftanwendung; Eingriff; Mut; Unabhängigkeit; Operation; revolutionär; Geburt. — Meinungsverschiedenheiten; Hartnäckigkeit; emotionale Spannung; Stress; Nervenanspannung; Operation; Verletzung; Unfall. — Chirurg; gewalttätige Menschen; Revolutionäre; Reaktionäre; Fahrer; Feuerwehrmänner.

Ma/Ne Inspiration; Verlangen nach Sensitivität; Weltflucht; Romantik; Phantasie; Selbstverleugnung. — Zerstörung; Entzündung; Irreführen; Drogen; Minderwertigkeit; Rauchen; Lähmung; Enge. — Kranke Leute; Süchtige; Seeleute; Pathologen; (Drogen)Händler.

Ma/Pl Übermenschliche Kraft; Gewalt; Körperkraft; großer Ehrgeiz; Erfolg; Besessenheit; Forschung. — Grausamkeit; Angriff; Aggression; Verletzung; Sadismus; Totschlag; Rohheit. — Diktator; invalid; Nuklearforscher; Politiker; General.

Ma/Mk Körperliche Zusammenarbeit; Teamgeist; Gemeinschaft; Anteil am Erfolg; Nachkommenschaft; Eheschließung. — Streitigkeiten; Mangel an Kameradschaftlichkeit; zerrissene Zusammenkünfte; Eunuch; Auflösung; Spaltung. — Kollektiv; Kommunisten; Sozialisten; Eunuchen.

Ma/AC Kämpfergeist; erzwungener Wille; Teamarbeit; Erreichen der Ziele; Entschlußkraft; schöpferische Arbeit; Chirurgie. — Kaiserschnitt; Zangengeburt; Operation; Kampf; Aggression; Konflikt; Disput; Streit. — Chirurg; Soldat; Kollegen; Boxer.

Ma/MC Ego-bewußes Handeln; Ordnung; Entscheidung; Erfolg; Entschlußkraft; Beschäftigungswechsel; Vorsicht. — Erregbar; Stress; Frühgeburt; Ziellosigkeit; Fieber; Betrug; Unruhe; Mord. — Organisator; Anführer; Politiker; führende Persönlichkeiten.

ASPEKTE ZU JUPITER ♃

Ju/Ju Zufriedenheit; Optimismus; Glück; finanzieller Gewinn; Religion; Philosophie; gesellschaftliches Leben. — Unglück; Verluste; Pessimismus; illegal; extravagant; materialistisch; gierig; Fettleibigkeit. — Anwalt; Richter; Bankier; Versicherungsmann; Arzt; Onkel; Großvater; Verleger.

Ju/Sa Geduld; Ausdauer; Fleiß; Diplomatie; Abgeschlossenheit; Pflicht; Philosophie; Ruhe; Grundbesitz. — Unentschlossenheit; Unzufriedenheit; Ärger; Mißerfolg; Krankheit. — Professor; Lehrer; Anwalt; Beamter; Politiker; Verwandte; Pächter.

Ju/Ur Optimismus; glückliche Gedanken; Wahrnehmung; plötzliche Erkenntnis; Seligkeit; Erfindung; Veränderungen. — Unabhängigkeit; Opposition; Übertreibungen; Streitigkeiten; Spannungen; Stress. — Organisatoren; Erfinder; Abenteurer; Optimisten; religiöse Eiferer.

Ju/Ne Spekulation; Einbildungskraft; Metaphysik; Idealismus; Glück; Ethik; Großzügigkeit; Gewinn. — Empfindlich; träumerisch; unrealistisch;

Feindseligkeit; Verleumdung; Verluste; Schwindler. — Spekulanten; Träumer; Mystiker; Visionär.

Ju/Pl Geldherrschaft; spirituell-geistige Macht; Führerschaft; Erneuerung; Organisation; Transfusion. — Fanatismus; Verluste; Schuld; Versagen; rechtliche Verpflichtungen; Bankrott; Ausbeutung. — Organisator; Professor; Lehrer; Spekulant; Diktator; Propagandist.

Ju/Mk Guter Kontakt; Anpassungsfähigkeit; Takt; Gemeinschaftsinteressen; glückliche Verbindung; Lebenskraft. — Mangel an Kameradschaft; asozial; egoistisch; Konflikt; leblos. — Philosophische Gemeinschaften; Kameraden; Partner; Gesellschafter.

Ju/AC Angenehm; günstiger Einfluß; Großzügigkeit; Reichtum; Heilmittel; Erfolg; leichte Geburt; Teamarbeit. — Verschwendung; Reibereien; Rebellion; Heuchelei; Einbildung; Prahlerei. — Großzügige Menschen; die Reichen; Onkel; Großeltern; Tanten.

Ju/MC Philosophische Ziele; bewußte Ziele; Zufriedenheit; Seligkeit; Erfolg; Zielbewußtsein. — Risiken; unklare Ziele; Veränderungen des Lebensstils; Wunsch nach Ansehen. — Erfolgreiche Leute; Philosophen; Psychologen; Priester.

♄

ASPEKTE ZU SATURN

Sa/Sa Einengung; Geduld; Konzentration; Fleiß; Kristallisation; Ernst. — Hindernisse; Krankheit; Entwicklungskrise; Depression; Wirkungslosigkeit; Leid; Lähmung. — Gehemmte Leute; Wissenschaftler; Vater; alte Menschen; Bauern; Minenarbeiter; Geschäftsleute; Arzt.

Sa/Ur Spannung; Entschlossenheit; konzentriertes Denken; Ruhe; technische Geschäfte; Reisen; Ausdauer. — Gefühlsspannungen; Herausforderung; Kraftanwendung; Bumerang aus der Vergangenheit; Freiheitsbeschränkung. — Gewalttätige Menschen; Sterbende; Amputierte; chronisch Kranke.

Sa/Ne Verzicht; Leiden; Opfer; Vorsicht; Methodik; Zwiespältigkeit; Askese; Geduld. — Unsicherheit; Krankheit; Organfäulnis; Gewohnheit; Neurosen; Gefühlshemmungen; Unsicherheit. — Asketen; chronisch Kranke; ältliche Leute; Süchtige.

Sa/Pl Grausamkeit; lange Wehen; Zähigkeit; Selbstdisziplin; Adepten; Märtyrer; Kampf; Schweigen. — Egoismus; Gewalt; Scheidung; langsame Trennung; Mord; Selbstzerstörung; Geldverlust. — Wissenschaftler; Mörder; Reaktionäre; Märtyrer.

Sa/Mk Isolation; gehemmte Gemeinschaft; Reife; Förderung; Geheimnis. — Anpassungsfähig; schwierige Zusammenarbeit; Tod von Verwandten; Depression; Hemmung. — Alte Menschen; Trauernde.

Sa/AC Gehemmte Persönlichkeit; schwierige Geburt; frühreif; einsam; isoliert; Mitbewohner. — Bedrücktheit; falsche Anschauung; arme Familie;

Nachteile durch andere; Absonderung. — Mitbewohner; Patienten; einsame Leute; Ärzte; Spitalbelegschaft; Großeltern.

Sa/MC Ernste Ziele; langsame Entwicklung; Trennung; Beschäftigung mit sich selbst; Erfahrung. — Gefühlshemmung; Niedergeschlagenheit; Krankheit; Geisteskrankheit; Bewußtseinsverlust; verzagt. — Gehemmte Menschen; Patienten; Last.

ASPEKTE ZU URANUS ♅

Ur/Ur Plötzliche Ereignisse; Ehrgeiz; unternehmerisch; Kreativität; Veränderungen durch Krisen; Reformen; viele Pläne. — Schwierige Bedingungen; Veränderungen; Katastrophen; Nervenzusammenbruch; Selbstmordgedanken; Gefahr. — Reformer; Erfinder; Techniker; Revolutionäre; Astrologen; Heiler; Physiker.

Ur/Ne Unbewußtheit; innere Schau; Inspiration; Mystizismus; Kunst; Forschung; Reisen; Geist. — Haltlosigkeit; Konfusion; Tod; Revolution; Krise; Unfähigkeit; verworrene seelische Zustände. — Mystiker; Medien; übersinnlich Begabte; Revolutionäre.

Ur/Pl Transformation; Revolution; Neuerungen; Beweglichkeit; Reformen; Mutationen; Explosionen; Veränderungen. — Ungeduld; Manie; Zerstörung; Ärger; subversive Aktivitäten; Erzwingen; Explosion. — Pioniere; Reformer; Genies; Forschungsreisende; (Scharf)Schützen.

Ur/Mk Geteilte Erfahrungen; plötzliche Anziehung; unbeständige Beziehungen; Abwechslung; Erneuerung; Aktivität. — Störungen; Streitigkeiten; Trennung; Ruhelosigkeit; leichtsinnig; reizbar; Zwischenfälle; träumerisch. — Politiker; Gewerkschaften; aufgeregte Familie; nervöse Menschen.

Ur/AC Reaktion der Umgebung; Erfindung; neue Kontakte; originell; Nervosität; Neuordnung. — Erregbar; Unbeständigkeit; Unruhe; Unfälle; plötzliche Veränderungen; Zwang; Grobheit. — Leicht erregbare Menschen; Originale; Exzentriker; Techniker; Neurotiker.

Ur/MC Originelle Ziele; Selbstbehauptung; glückliche Veränderungen; Frühgeburt; Unzuverlässigkeit; leicht erregbar; Ärger; plötzliche Schicksalswenden. — Yogis; Gurus; Erfinder; Physiker; Musiker.

ASPEKTE ZU NEPTUN ♆

Ne/Ne Spirituelle Entwicklung; intellektuelle Wahrnehmung; Reisen; Einfühlung; Mystizismus; Drogen. — Überempfindlichkeit; Nervosität; Verwirrung; Gesundheitskrisen; Täuschung, Sucht, Betrug. — Medien; Betrug; Menschen mit feiner Sensitivität und Wahrnehmung; spirituelle Menschen; Süchtige; Träumer.

Ne/Pl Übernatürliches; Intensivierung; aktive Imagination; übersinnliche Menschen; Parapsychologie; Evolution. — Verwirrung; Qual; fixe Idee; Drogen-oder Alkoholsucht; Verlust; Besessenheit; Falschheit. — Mystiker; Astrologen; übersinnliche Menschen; Okkultisten; Medien; Süchtige; Spieler.

Ne/Mk Idealistische Gemeinschaften; sensitive Gruppen; Mystizismus; utopische Verbindungen; spirituell. — Asozial; irreführend; andere betrügend; Täuschung; Schlaflosigkeit; gestörte Träume. — Gruppenmenschen; übersinnliche Gruppen; Geheimbünde; magische Zirkel; Hexenkessel.

Ne/AC Beeindruckbarkeit; Sensitivität; Sympathie; Fremdheit; Vornehmheit; Idealismus; Geburt ins Wasser hinein. — Verrat; Schwäche; Verwirrung; Enttäuschung; Weltflucht; Betrug; Illusion; Drogen. — Narkotika; sensitive Menschen; Medien; Süchtige; übersinnliche Menschen; Mystiker; schwache Menschen.

Ne/MC Ungewisse Ziele; Unbestimmtheit; seltsame Gedanken; Utopie; übernatürlich; künstlerisch. — Vortäuschungen; Falschheit; schauspielernd; Dumpfheit; seltsame Ideen; Depression; Täuschung. — Utopisten; Parapsychologen; Schwächlinge; Schauspieler; geistig Verwirrte; Psychopathen.

♇ ASPEKTE ZU PLUTO

Pl/Pl Innere Wandlung; Metamorphose; Transformation; Propaganda; Massenbeeinflussung; Machthunger. — Rohheit; Fanatismus; aufrührerische Bestrebungen; Schwäche; Zwang; Indoktrinierung. — Diktatoren; Hypnotiseure; Politiker; Magier; öffentliche Redner; Schauspieler.

Pl/Mk Kollektivschicksal; öffentliche Persönlichkeiten; Einfluß auf die anderen; Gruppenverbindungen und -bewegungen. — Tragisches Schicksal; Karma; Einengung durch andere; asozial; leiden; ersticken. — Menschenmengen; Massenzusammenkünfte; Armeen; politische Parteien; Gewerkschaften; multinationale Gesellschaften.

Pl/AC Faszinierende Persönlichkeit; Ehrgeiz; magischer, ungewöhnlicher Einfluß; Kontrolle; Transformation. — Veränderung der Umgebung; Diktatur; Herrschaft über andere; Zurückweisung; Neuanpassung; Verletzung. — Große Spezialisten; faszinierende Persönlichkeiten; Stars; Politiker; öffentliche Persönlichkeiten.

Pl/MC Verwandelte Ziele; Individualität; Kraft; Wachstum; Autorität; Expertenwissen. — Mißbrauchte Macht; Widerstand; Rachsucht; gesellschaftsfeindliche Führung; Wiederherstellung; Schicksal. — Umwandler; Autoritäten; Spezialisten; Magier; Chirurgen.

ASPEKTE ZUM MONDKNOTEN

☊

Mk/Mk Vereine; Verbindungen; Zusammentreffen; Kommunikation; Annäherung; Gruppen; Klubs; Kameradschaft. — Beschränkungen; asoziales Verhalten; Unvereinbarkeit; unsozial; mangelnde Anpassung. — Kontakte; Vermittler; Verwandte; Familie; Vereinigungen; Kollegen.

Mk/AC Kameradschaft; persönliche Beziehungen; Familienkontakte; Gemeinschaftsgewissen; Charme; Liebschaften. — Kurze Beziehungen; Entfremdung; gestörte häusliche Beziehungen; asozial; schwierig. — Familie; Gesellschafter; Arbeitskollegen; Kameraden; Freunde.

Mk/MC Gruppenziele; individuelle Beziehungen; Astralverbindungen; gegenseitiges Verständnis. — Unbeständigkeit; Verschiedenheiten; Individuum versus Kollektiv; schwierige Gemeinschaften; Marxisten. — Vereinigungen; politische Parteien; Vereine; Freunde.

ASPEKTE ZUM ASZENDENTEN (AC)

AC

AC/AC Bekanntschaft; Lage; Umgebung; der Ort; Körper; gesellschaftliche und persönliche Beziehungen. — Schlechte Anpassung; sich verloren fühlen; verlegt; schwere Geburt. — Menschen der Umgebung; Ärzte; Hebammen.

AC/MC Synthese des Individuums; höheres und niederes Selbst; Persönlichkeit und Ego; Integration. — Synthese unmöglich; unvereinbare Ziele; Mangel an Ausrichtung. — Zusammenbringende Menschen; starke, ausgerichtete Persönlichkeiten.

ASPEKTE ZUR MITTE DES HIMMELS (MC)

MC

MC/MC Das Ego; spirituelle; intellektuelle und gemeinschaftliche Eindrücke; Ziele; Vorhaben. — Ego-los; materialistisch; ziellos; geisteskrank. — Egoisten; Menschen, die im Moment leben; zielbewußte Menschen.

SIEBTES KAPITEL

DEINE GESCHICHTE

Zwischen den Ereignissen, mit denen das Leben beginnt und mit denen es endet, besteht eine Einheit. In dem Augenblick, wenn die Samenzelle die Eizelle befruchtet, zeichnet sich ein komplexes Lebensmuster auf und beginnt sich unerbittlich zu entfalten. Bei der Empfängnis steht die Art des Lebens — körperlich, gefühlsmäßig, energetisch und intellektuell — schon zum Großteil fest; diese Wirklichkeit, die wir bereits in uns tragen, wird durch unsere Erfahrungen und Umgebung weiter ausgemalt. Viele, die mit dem Tod in Berührung kamen, berichten, daß sie die Ereignisse ihres Lebens wie einen Film vor ihrem inneren Auge ablaufen sahen. Dies Lebensmuster, das sich in der Zeit entfaltet, wird vom Augenblick seiner Vollendung her gesehen wieder aufgezeichnet.

Anders ausgedrückt: bei der Empfängnis ist das Leben voller Möglichkeiten. Im Augenblick des Todes sind alle Möglichkeiten verwirklicht worden und das Leben ist beendet. Der Lebensprozeß ist die Umsetzung der Möglichkeiten in gegenwärtige Wirklichkeit, und in jedem Augenblick halten vergangene Gegebenheiten und zukünftige Möglichkeiten einander die Waage. Der Angelpunkt, von dem aus du dieses Phänomen erlebst, ist die Gegenwart. Das Leben kann mit einem Transformator verglichen werden, der rohe Energie aus der irdischen Umgebung nimmt und sie mit der Zeit in immer feinere Energien umwandelt, bis der Prozeß abgeschlossen ist und der Körper im Tod erlöst wird.

Das Horoskop ist die graphische Darstellung deines Lebensmusters von der Empfängnis bis zum Tod. Du bewegst dich durch das Horoskop und folgst dem Leben und *Deiner Lebensgeschichte* — einer Geschichte, die alles, was in deinem Leben wesentlich ist, in sich schließt. Die Regeln, die für deine Geschichte gelten, gelten für alle Lebensgeschichten; sie werden nicht durch bestimmte psychologische Richtungen, Religionen oder Nationen hervorgebracht. In deiner Geschichte erlebst du eine Variante zeitloser archetypischer Muster, deren Code dir bei der Empfängnis übermittelt wurde. Seit der Geburt hast du immer wieder deine Lebensgeschichte erzählt, wiederholt, verändert, umgewandelt, dich an sie erinnert und sie wieder vergessen. Was du deinem Partner, deinen Kindern, Freunden, dem Bankdirektor, Psychoanalytiker und dir selbst erzählst, sind Varianten deiner Geschichte. Jedes Mal, wenn du deine Geschichte erzählst, wird sie unmerklich abgewandelt, um sie einer Zuhörerschaft und den Umständen anzupassen. Das, was du über alle, die du kennst oder gekannt hast, weißt, lebt in Form einer Geschichte in deiner Erinnerung weiter. Offenbar sind die Geschichten, die du über dich, deine Vergangenheit, deine Familie und Eltern erzählst, vollkommen wahr! Allen anderen dagegen unterlaufen subjektive Ausschmückungen, Beschönigungen der Tatsachen, um Inhalt, Bedeutung und Intelligenz zu erhöhen, nur dir selbst nicht. Dabei geht es dir nicht anders! Ohne eine objektive Sicht deines Lebens, die du aus der astrologischen Information deines Horoskops ableiten kannst, bleibt dir nichts übrig als die Dinge so zu sehen, wie du sie erzählst und damit verzerrst.

Die einzigen Erinnerungen vor dem 5. Lebensjahr, die dir wahrscheinlich geblieben sind — wenn du überhaupt welche hast — sind vermutlich verschwommene Eindrücke von Frühlingstagen; wahrgenommen aus einem hin- und herschaukelnden Kinderwagen und Erinnerungen an Eltern und Verwandte von Fotos, die für das Familienalbum gestellt wurden. Wenn du dich an irgendwelche Ereignisse erinnern kannst, dann stehen sie meist nur oberflächlich zu deinem wirklichen Wesen in Beziehung. Dabei besitzt du klar umrissene Charakterzüge, die ganz am Anfang deines Lebens gebildet wurden. Noch weniger weiß man über die Zeit während der Schwangerschaft, da sämtliche Informationen auf der Wahrheit inzwischen alt gewordener Eltern beruhen. Woher willst du wissen, ob deine Erinnerungen oder die deiner Eltern wahr sind? Auch sie verändern ihre Geschichten, wenn sie sie im Laufe der Jahre immer wieder erzählen, um sich in der Rolle als verantwortliche Eltern zu sehen und ihre eigenen Schwächen zu vertuschen. Je tadelnswerter sie sich möglicherweise benommen haben, umso wahrscheinlicher ist es, daß sie die damit verbundenen Geschichten vergessen haben. Herrschte ein Durcheinander, so war es deine Schuld. Indem sie sich an Geschichten aus deinem früheren Leben erinnern und diese wiedererzählen, legen sie ihre Rolle in deinem Leben neu fest und bestimmen mit ihren Geschichten in hohem Maße deine Wirklichkeit.

Um dich selbst klar zu sehen und zu verstehen, mußt du erkennen, welche Wege die Erinnerung gewöhnlich einschlägt, du mußt zum Anfang zurückgehen und dein Leben nachvollziehen. Das Wiedererleben ist in der Psychoanalyse das Wichtigste, indem sie in der Gegenwart ansetzt und zurück in die Vergangenheit hineintaucht. Die Vergangenheit wird nach und nach durch Traumdeutung, freie Assoziation, Erinnerungshilfen, Psychodrama oder Hypnose zurückgeholt, und je tiefer die Analyse geht, umso wichtiger werden die auftauchenden Inhalte. Oft dauert es Jahre, bis früh im Leben entstandene Lücken ausgeglichen werden, denn was du über deine frühen Erlebnisse «weißt», stiftet meistens viel Verwirrung. Ist das, was du weißt, denn überhaupt wahr?

Damit die Analyse hilft, ist es entscheidend, unechte Geschichten auszumerzen und Ereignisse aufzudecken, die deiner Vergangenheit wirklich zugrundeliegen. *Lebens★Zeit Astrologie* ist deshalb einzigartig, weil sie die Reihenfolge der Psychoanalyse umkehrt: anstatt rückwärts ins Leben zurückzugehen, erschaffst du dein Leben von Anfang an neu und in der Reihenfolge, wie du es gelebt hast.

Die astrologische Analyse anhand der *Lebens★Zeit*-Einteilung hat zum Ziel, die Muster und Nebenmuster deines Lebens neu zu beschreiben. Die daraus entstehende objektive Betrachtung der auf uns wirksamen Grundlagen und Menschen kann mit vorhandenen Erinnerungen verglichen werden; noch wichtiger ist, daß die Aspektverbindungen anzeigen, wie die Ereignisse in deinem Leben ineinander verflochten sind. Das Leben als einen Prozeß in der Zeit zu verstehen, der in die Zukunft weiterführt, anstelle eines losgelösten Momentes in der Gegenwart, der jeglicher tiefen Bedeutung entbehrt, ist ein großer Schritt zur Ganzheit hin.

Widersprüche sind eine wichtige Streitfrage in der Astrologie. Man kann einen Charakter nicht mit absoluten Feststellungen beschreiben, als ob er sich nie verändern würde, denn kein Verhalten ist statisch — es verändert sich immer je nach Alter und Umständen. Alle haben widersprüchliche Gefühle, Gedanken, Intuitionen und Empfindungen. Um realistisch zu sein, muß die Astrologie alle Seiten deines Wesens zu den Zeiten aufzeigen, in denen sie wirksam werden. Genau das tut die *Lebens★Zeit Astrologie.* Wenn du dein Leben anhand deines Horoskopes nachvollziehst, dann beschreiben Quadrate und Oppositionen oder Verbindungen von unvereinbaren Planeten die widersprüchlichen Ansichten, Ereignisse und Wesensteile, die du immer in dir trägst. Zu einem gewissen Zeitpunkt im Leben empfindest du in einer bestimmten Weise für deine Mutter und zu anderen Zeiten genau das Gegenteil davon. Dasselbe gilt für Beziehungen, Lebensaufgaben, Kinder, eigentlich für alle Bereiche der Wirklichkeit einschließlich der Einstellung, die du zu dir selbst hast. Die spannungsreichen und entgegengesetzten Teile deines Wesens und Lebens stellen jedoch keineswegs eine Gefahr dar, vielmehr sind sie wichtig für das Ganze. Du mußt alle widersprüchlichen Teile annehmen, sie verstehen und mit ihnen arbeiten, anstatt sie zum Verschwinden bringen zu wollen.

In der Psychologie von C.G. Jung machen all die Anteile des Selbst, derer du nicht bewußt oder gewahr bist, den *Schatten* aus. Der Schatten schließt sowohl die dunklen Teile deines Wesens ein als auch all jene Merkmale, die du in dir selbst nicht sehen willst. Gewöhnlich besteht die Lösung darin, diese unerwünschten Charakterzüge auf Menschen um dich herum zu projizieren, die dann in deinem Denken die Verantwortung dafür tragen. Ähnlich werden Ereignisse im Leben, in denen du versagt hast, verdrängt oder anderen zugeschoben. Wird ein Mensch oder ein Ereignis im Leben wichtiger als das Ganze, dann ist die damit verbundene starke Gefühlsladung ein Zeichen, daß der Schatten Gestalt annimmt. Alle Menschen gehen durch jene innere Erfahrung, in der sie Frieden mit dem Schatten schließen müssen, also mit den negativen Seiten ihres eigenen Wesens und Lebens. *Lebens★Zeit Astrologie* zeigt dir beide Seiten deines Wesens in der richtigen Reihenfolge. Wenn die Position des Merkurs große Intelligenz anzeigt, während seine Opposition zu Saturn auf eine gehemmte geistige Entwicklung deutet, so solltest du nicht zu entscheiden suchen, welches von beiden du jetzt «wirklich bist», sondern erkennen, daß beides zu verschiedenen Zeiten eintrifft. In Zeiten, wenn Merkur gerade seine Wirkung hat, bist du sehr intelligent, aber herrscht Saturn eine Zeitlang vor, bist du gehemmt. Du kannst Gewinn aus dem Wissen um den Zeitpunkt, wann jede dieser Gegebenheiten wirksam ist, ziehen. Kannst du deine Laster ebenso wie deine Tugenden annehmen, dann bist du auf dem Weg, dein Selbst zu einem Ganzen zu vereinen.

Du mußt akzeptieren, daß das Leben eine Geschichte ist, die du von deinem eigenen Standpunkt aus erzählst. Andere mögen die Bühne vor deiner Ankunft vorbereiten, du aber bist die Hauptperson. Während du in die Hauptrolle hineinwächst, kann es sein, daß andere zeitweise im Mittelpunkt der Bühne stehen, sogar für lange Zeitabschnitte sie besetzen und dich zwingen, winzige Rollen zu übernehmen; aber auch dann behältst du deine eigene einmalige günstige Stellung bei.

Deine Geschichte muß Hand und Fuß haben. Die handelnden Personen und Merkmale, die durch Planeten, Zeichen, Häuser und Aspekte festgelegt werden, müssen wir wirklichkeitsnah nacherschaffen können. Alle Mitspieler müssen eine Identität haben und sich mit der Geschichte weiter entwickeln.

Die Tierkreiszeichen stellen einen Ablauf von Verhaltensmustern dar. Im Leben gehst du durch alle zwölf Zeichen und hast Gelegenheit, viele verschiedene Standpunkte und Verhaltensweisen durchzuspielen. Der Unterschied zwischen dir und anderen liegt darin, daß alle *zu verschiedenen Zeitpunkten im Leben* durch die verschiedenen Zeichen gehen und daß die Planeten je nach Fall bestimmte Zeichen betonen, andere dafür nicht. Der Widder steht für «Selbstbehauptung»; der springende Punkt ist, ob du mit zwei oder zweiundvierzig Jahren durch dieses Zeichen gehst.

Die Häuser im Horoskop liefern eine genaue Zeiteinteilung für die Entwicklungsphasen im Leben. Von der Empfängnis ab gehst du hintereinander durch die zwölf Häuser. Das Zeitgefühl verändert sich mit dem Älterwerden, so daß jedes Haus einen Zeitraum in Anspruch nimmt, der ungefähr gleich lang ist wie die Zeit, die von der Spitze des betreffenden Hauses den ganzen Weg zurück bis zur Empfängnis verstrichen ist. In jedem Haus wiederholst du deine ganze vorher durchlebte Existenz. Die Zeichen, die in den Häusern liegen, geben jeder Entwicklungsphase ihre besondere Prägung. Die drei Oktaven sind die drei *Akte* des Lebens (Schwangerschaft, Kindheit und Reifezeit), und jeder besteht aus vier Szenen (Häusern).

Der erste Akt ist die Schwangerschaft, in der deine Mutter die Hauptrolle spielt, und dein Vater, die Großeltern, Ärzte und Hebammen untergeordnete Rollen innehaben. Jede Szene in der Schwangerschaft stellt die Veränderungen deiner Mutter dar, und die Zeichen, durch die sie geht, sind Bühnenbilder, vor denen sie ihre Rolle spielt. Ginge sie durch ein isolierendes 12. Haus, das vom physisch sicheren

Stier besetzt wäre, dann würdest du dich jedesmal, wenn du isoliert und von andern abhängig wärst, körperlich sicher fühlen.

Der zweite Akt ist die Kindheit, die mit deinem Auftritt beginnt, wenn sich der Vorhang bei deiner Geburt hebt. Während der Kindheit paßt du deine Persönlichkeit nach und nach all den Personen an, die im ersten Akt die Szene bestimmen, und möglicherweise kommen noch jüngere Mitspieler dazu, wenn die Familie sich vergrößert. Du wetteiferst zunehmend um einen besseren Dialog und mehr Rampenlicht. Um das Beispiel weiterzuführen, wenn du im mitteilsamen 3. Haus über ausdrucksvolle und extravertierte Löwe-Qualitäten verfügst, wirst du, sobald du reden und dich ausdrücken kannst, sehr durchsetzungsfähig werden.

Der dritte Akt ist die Reifezeit, wenn du, nachdem der physische und gefühlsmäßige Rahmen geschaffen ist, all deine verschiedenen Möglichkeiten in der Welt ausspielen kannst. Allmählich legen die frühesten Rolleninhaber ihre Rollen und Leben nieder, und am Schluß des Schauspiels sind sie von der Bühne abgegangen, du hast all ihre Rollen übernommen und behältst sie als Lebenserinnerungen bei. Höhepunkt des Spiels ist der Abgang des Hauptdarstellers — dein Abgang!

Die vierte, transzendente Oktave belegt keine eigene Zeit auf der Bühne, sondern liegt in der tieferen Bedeutung, die du dem Schauspiel als Ganzem zu geben vermagst.

Die Planeten sind die Darsteller des Stückes. Am Anfang sind die Hauptdarsteller all die «anderen», die dich hervorbringen, nähren und dir erlauben, viele Rollen zu entwickeln. Sie sind die Prototypen deiner Rollenauswahl; sie sind frühe Regisseure und Drehbuchautoren, die das Muster und den Umfang deiner ersten Auftritte bestimmen. Nach und nach beziehst du ihren Einfluß in deine Gesamtrolle ein. Der Großvater Saturn, der bei deiner Geburt anwesend war und besorgt im Wartezimmer auf und ab ging, wird zum versteckten Ernst, der nur für Menschen, die dich gut kennen, sichtbar ist. Die Zeiten, zu denen Planeten in der Häuser- und Zeichenfolge fällig werden, zeigen genau an, wann jeder Rollenträger seinen oder ihren wichtigsten Beitrag zum Ganzen liefert, wie auch jene anderen Zeiten, in denen sie wieder einen Einfluß auf dich ausüben. Da die Saturnopposition einen sorgenvollen Großvater anzeigt, wirst du dich mit vierundzwanzig Jahren, wenn Saturn tatsächlich akut wird, selbst um die Geburt deines eigenen Kindes sorgen. Die Qualität des Lebens hängt von deiner Fähigkeit ab, diese bedeutsamen Handlungsträger zu erkennen und ihre Rollen willig in deine Gesamtpersönlichkeit aufzunehmen.

Die Aspekte stellen Beziehungen zwischen den Entwicklungsstadien der Häuser, den Zeichen- und Planetenqualitäten her, die sich in deinem Leben miteinander verbinden, und zeigen ein Netz von Beziehungen, welches einerseits Spannung und andererseits Gleichgewicht in dein Wesen bringt. Sie legen das Muster und den Rhythmus der Ereignisse in deinem Leben in der Zeit fest. Wenn viele Quadrate und Oppositionen in einem Horoskop vorkommen, dann ist das Leben voller Spannungen, Prüfungen und Schwierigkeiten, aber potentiell auch sehr stark. Überwiegen Trigone und Sextile, dann ist das Leben einfach und bequem, dafür fehlen ihm möglicherweise Antrieb, Ehrgeiz und Lebendigkeit. Eine gleichmäßige Verteilung weist auf genügend Gleichgewicht hin, um eine sichere Ausgangslage für dein Tun zu liefern und dennoch die nötige Spannung für Bewegung und Abwechslung zu erzeugen.

Die Deutung ist eine aus der logischen Verbindung von Zeichen, Häusern, Planeten und Aspekten abgeleitete Information, welche inzwischen bekannt ist. Der beste Weg, diese Sammlung von Informationen zu ordnen und mitzuteilen, ist deine eigene Geschichte. Wie fließend die Geschichte wird, hängt vom Verständnis der astrologischen Grundabläufe ab, deshalb ist es ratsam, die Aufstellungen im sechsten oder jeweiligen Kapitel nachzulesen und deine Erinnerung aufzufrischen, wenn du dich nicht mehr an die Bedeutung eines Zeichens, Hauses, Planeten oder Aspekts erinnern kannst. Mit genügend Übung und Wiederholung wirst du Horoskope auf den ersten Blick deuten können.

Die Beschreibung deiner Geschichte führt dich von Oktave zu Oktave, fängt bei der Empfängnis an und geht bis zum Ende des Lebens oder einem angenommenen Alter in der Zukunft. Du beginnst damit, die Beziehung zwischen deinen Eltern zu deuten, die zur Empfängnis geführt hat, danach interpretierst du die Empfängnis selbst. Die Planetenstellungen bestimmen, wie schnell du durch die Häuser vorwärtsgehst. Häuser ohne Planeten werden übergangen, während Häuser mit Planetenkonzentrationen auf wichtige Entwicklungsphasen weisen. Im nächsten Abschnitt wird dargestellt, wie man sämtliche Bausteine eines Horoskops aufbaut und sie miteinander verbindet. Der durch die Häuser fließende Lebensprozeß wird in Oktaven unterteilt, wobei die Planeten als Darsteller und Charakterzüge ebenfalls Oktave für Oktave beschrieben werden.

Jedes Haus wird einzeln mit Beispielhoroskopen behandelt, anhand derer man die Lebensereignisse präzise zu interpretieren lernt. Damit es keine Verwirrung gibt, werden jeweils nur die wichtigsten Planeten aufgeführt, obschon in Wirklichkeit alle Planeten zusammen die astrologische Ganzheit ausmachen. Besitzt du dein eigenes berechnetes Horoskop, so übertrage es in das leere Horoskop am Anfang dieses Buches; dann kannst du, während du weiterliest, dein ganzes Horoskop deuten.

DIE BÜHNE VORBEREITEN

Zuerst mußt du die Bühne für deinen Auftritt vorbereiten. Es ginge nicht an, irgendwo anders anzufangen außer in der Zeit vor deiner Zeugung. Zuerst mußt du feststellen, welcher Elternteil den Wunsch hatte, dich zu zeugen oder zu empfangen, warum diese Regung entstanden und wie die Beziehung der Eltern zueinander zu jenem Zeitpunkt war.

Die Empfängnis schließt den Mondmonat mit ein, den die Eizelle zur Reifung brauchte, welche mit der letzten Menstruation der Mutter beginnt. Die Befruchtung findet in der Mitte des Monatszyklus statt und endet, wenn die befruchtete Eizelle sich in der Gebärmutterwand festsetzt und der Zellkörper beginnt, sich zu entwickeln. Bewegst du dich vom Empfängnispunkt, im Horoskop von der Spitze des 9. Hauses, im Uhrzeigersinn weiter, dann zeigt dir der Kreis das Modell der Geschehnisse, die der Eizelle zugestoßen sind (Abbildung 22). Die Lebensdauer der Eizelle ist ein Mikrokosmos des zellularen Lebensprozesses. Da die Befruchtung der Eizelle an einem mittleren Punkt in ihrem Leben stattfindet, kannst du im Horoskop erkennen, wie deine Eltern an deiner Empfängnis beteiligt waren.

Der Auftakt zu deiner Geschichte ist die Beziehung zwischen deinen Eltern gerade vor der Empfängnis. Die Sonne ist dein Vater, der Mond deine Mutter und der Empfängnispunkt die Spitze des 9. Hauses. Die Schwangerschaft beginnt an diesem Punkt und entwickelt sich im Gegenuhrzeigersinn. Um festzustellen, welcher Elternteil für den Empfängnisimpuls, der dich hervorgebracht hat, verantwortlich war, gehst du im Uhrzeigersinn vom Empfängnispunkt aus zurück, bis du entweder auf die Sonne oder den Mond stößt, genau wie in *Horoskop 1*. Triffst du zuerst auf die Sonne, dann war dein Vater für die Empfängnis verantwortlich, und wenn du den Mond findest, dann war es deine Mutter.

Während der Schwangerschaft entsteht der Körper; die Empfängnis ist der schöpferische Akt, mit dem die Schwangerschaft beginnt. Die Beschreibung, wie deine Eltern sich während deiner Zeugung verhalten haben, beschreibt die Art, wie du selber erschaffen wirst. Anders ausgedrückt: der Geschlechtsakt, der zu deiner Zeugung geführt hat, ist ein Sinnbild für das Erschaffensprinzip in deinem eigenen Leben. Steht der Sonnen-Vater am Anfang, so haben die männlichen Einflüsse in dir über die weiblichen Vorrang, aber ist die Mond-Mutter die erste, dann herrschen die weiblichen Einflüsse in deinem schöpferischen und geschlechtlichen Leben vor. Für Frau und Mann besteht dieselbe Möglichkeit eines weiblichen oder männlichen Ursprungs und schöpferischen Einflusses bei der Empfängnis.

Nachdem du weißt, welcher Elternteil den ursprünglichen Zeugungsimpuls hatte, ist die Einstellung deiner Eltern der nächste entscheidende Punkt. Diese Information vermitteln Sonne und Mond

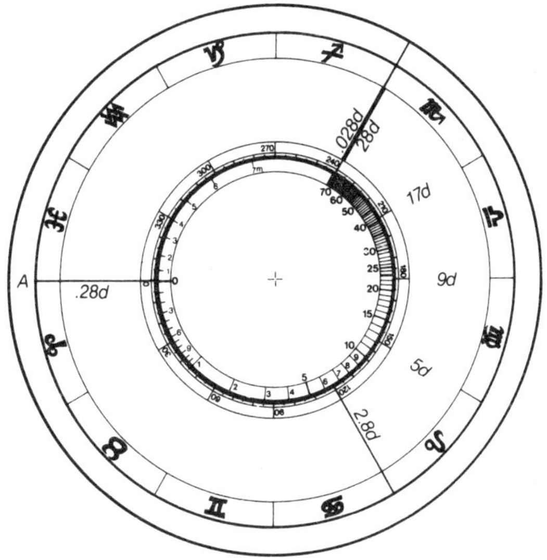

Abbildung 22: Die Lebensdauer der Eizelle

Die Lebensdauer der Eizelle von achtundzwanzig Tagen folgt demselben Muster wie ein Achtundzwanzigtausendstel des Lebens des Zellenkörpers. Diese Abbildung zeigt die Lebensdauer der Eizelle einschließlich der Zeit vor der Befruchtung. Die Unterteilungen sind (im Uhrzeigersinn) achtundzwanzig Tage, zwei Tage und acht Zehntel, ein Achtundzwanzig-Hundertstel-Tag und achtundzwanzig Tausendstel eines Tages. Die Eizelle ist ein Mikrokosmos des Lebens des Zellenkörpers.

Horoskop 1: Vor der Empfängnis

Wenn man von der Empfängnis an der Spitze des 9. Hauses im Uhrzeigersinn zurückgeht, so zeigt die Sonne im Schützen im 3. Haus den Vater an, der für den Zeugungsimpuls verantwortlich war. Die Mutter wird durch den Mond im Löwen im 11. Haus dargestellt, mit einem Quadrat zur Sonne, das auf Spannung in ihrer Beziehung hinweist. Die Sonne steht in der unbewußten unteren Horoskophälfte, der Mond in der bewußten oberen Horoskophälfte, und beide stehen auf der linken Seite, dem Bereich der selbstorientierten Motivierung.

durch ihre betreffenden Zeichen und Häuser sowie gegebenenfalls ihr gegenseitiger Aspekt.

Zuerst stellst du fest, ob der schöpferische Elternteil bewußt oder unbewußt den Wunsch nach einem Kind hegte. Die Sonnen- oder Mondstellung zeigt es an: entweder ist sie über dem Horizont, das heißt bewußt, oder unter dem Horizont, also unbewußt. Liegen beide Himmelskörper über dem Horizont, dann sind sich beide Eltern des Kinderwunsches bewußt, oder sie haben die Empfängnis geplant. Stehen beide unter dem Horizont, dann ist die Wahrscheinlichkeit groß, daß deine Empfängnis unwillkürlich, ungeplant und zufällig zustande kam. Ein Planet über und einer unter dem Horizont bedeutet, daß sich in der Empfängnis das bewußte Sein des einen Elternteils mit dem unbewußten des anderen verbunden hat.

Die östliche, linke Hemisphäre des Horoskops ist der logische und rationale, körperliche Ich-Bereich; die westliche, rechte Hemisphäre ist der holistische und künstlerische Bereich des Nicht-Ich. Die Lage der Lichter/Eltern gibt wider, ob ihr Verhalten selbstsüchtig oder selbstlos war. Die links-rechts Unterteilung im Horoskop könnte sogar einen Hinweis auf die entsprechende Bedeutung deiner Hirnhälften sein!

Die Elemente der Zeichen, in denen Sonne und Mond stehen, erlauben weitere Beschreibungen. In Erdzeichen haben die Eltern materielle Beweggründe, ein Kind zu zeugen; in Luftzeichen dienen sie als Mittel zur Kommunikation; in Feuerzeichen stellen sie einen Energieaustausch oder eine gemeinsame Schöpfung dar; und in Wasserzeichen bedeuten sie, für jemanden oder um dessentwillen etwas zu fühlen. Die Beweggründe der Eltern haben nicht nur einen Einfluß auf deinen vorgeburtlichen Zustand, sie spiegeln auch die treibende Kraft wider, die hinter deiner eigenen schöpferischen Aktivität in deinem ganzen Leben steht. Die Elemente entsprechen den vier psychologischen Typen von C. G. Jung: Feuer entspricht der Intuition; Erde dem Empfinden; Luft dem Denken und Wasser dem Fühlen. Die durch den vorgeburtlichen Einfluß bedingte Art der Schöpfung ist wichtig für die Erkenntnis deiner eigenen schöpferischen Rolle im Leben.

Die Sonnen- und Mondstellungen in Zeichen und Haus üben einen ausschlaggebenden Einfluß auf die männliche und weibliche Seite in dir aus, wobei wir natürlich beide in einem bestimmten Verhältnis in uns tragen. Das Zeichen, in dem Sonne und Mond stehen, zeigt die *Qualität* ihres schöpferischen Einflusses an, das Haus wiederum beschreibt das *Entwicklungsstadium*, auf das deine Eltern ansprechen. Tabelle 11 führt in Stichworten die Bedeutung von Zeichen und Häusern auf.

Die Häuserstellung gibt an, in welcher Reihenfolge die Eltern an der Empfängnis beteiligt waren, und die Oktave, welcher «Körper» durch welchen Elternteil beeinflußt wird. Zum Beispiel wäre eine Löwesonne im 12. Haus von der Zeichenqualität her führend, eindrucksvoll und kontrolliert, aber im 12. Haus betreffen die väterlichen Löweeigenschaften den Körper und wirken sich als Absonderung und Zurückhaltung aus. Der Vater wäre zwar dominant, aber äußeren Einflüssen unterworfen. Er erschiene stark, wäre aber in äußeren Situationen schwach. Auf diese Weise würde sich auch die männliche Seite des Kindes auswirken. Stünde der Mond im ordentlichen, naiven und unterscheidenden Zeichen Jungfrau, aber auch im ausdrucksvollen, impulsiven und spontanen 1. Haus, dann erschiene deine Mutter weniger dominant, wäre aber gleichzeitig sehr aktiv; daher wäre die weibliche Seite stärker als sie aussieht. Da diese elterlichen Einflüsse den Aszenden-

Tabelle 11: Beschreibung der Eltern vor der Empfängnis

Haus & Zeichen	*Oktave und Deutung*
	Kindheit = der Gefühlskörper entsteht durch die Persönlichkeit
1. Widder	Selbstausdruck, impulsiv, ichbezogen, spontan (egoistisch, fordernd, unruhig, jähzornig, taktlos)
2. Stier	Besitzstrebend, produktiv, körperlich, sinnlich, sicher (nachgiebig, stur, eifersüchtig, habgierig, zurückhaltend)
3. Zwillinge	Ausdrucksvoll, kommunikativ, beweglich, anpassungsfähig, aktiv (oberflächlich, nervös, zwiespältig, launisch)
4. Krebs	Familiensinn, beschützend, empfindsam, hingebungsvoll, empfänglich (empfindlich, gierig, schüchtern, Gefühlsüberschwang, Minderwertigkeitsgefühl)
	Reifezeit = der Geistkörper entsteht durch die Seele
5. Löwe	Spielerisch, eindrucksvoll, selbstbewußt, führend, kontrolliert (egozentrisch, auf etwas fixiert, eitel, dramatisch)
6. Jungfrau	Ordentlich, eifrig, unterscheidend, praktisch, vervollkommnet (kritisch, pedantisch, gehemmt, naiv, hypochondrisch)
7. Waage	Harmonisch, ausgeglichen, beständig, verbunden, gerecht, vereint (unschlüssig, eitel, unverläßlich, wenig Tiefgang, faul)
8. Skorpion	Durchdringend, willensstark, getrennt, leidenschaftlich, intensiv (fanatisch, unterdrückend, eifersüchtig, zerstörerisch)
	Schwangerschaft = Physischer Körper entsteht durch den Körper
9. Schütze	Verwirklicht, frei, forschend, beweglich, sportlich, religiös (materialistisch, gespalten, sorglos, extrem, hedonistisch)
10. Steinbock	Pragmatisch, rational, logisch, selbstsüchtig, diszipliniert, zäh (ernst, unflexibel, zurückhaltend, vorsichtig, gehemmt)
11. Wassermann	Idealistisch, menschenfreundlich, gesellig, wohlerzogen, intuitiv (gleichgültig, reizbar, eisig, rebellisch, unverläßlich, albern)
12. Fische	Abgesondert, zurückhaltend, aufnahmefähig, geduldig, verschwiegen, offen (süchtig, gehemmt, nachlässig, zweifelnd, aufopferungsvoll)

(In Klammern: negative Züge).

ten umschlössen, würde das gemeinsame Kind eine Persönlichkeit mit den obigen männlichen und weiblichen Seiten aufweisen. Wäre es das Horoskop eines Mannes, dann würde er eine Frau (oder Partnerin) suchen, die eigentlich passiv ist, sich aber aktiv benimmt, um sein eigenes dominantes Verhalten zu kompensieren, das innere Unsicherheit überdeckte. Wäre es das Horoskop einer Frau, dann würde sie Männer suchen, die aktiv in der Welt aufträten, aber durch die Umstände befangen wären. Es ist wichtig zu betonen, daß diese Beschreibungen deine

Partnerwahl widerspiegeln, aber den Charakter deiner Eltern nur aus *deiner Sicht* wiedergeben.

Hier werden die Eltern in einem Stadium beschrieben, bevor einer von beiden bemerkte, daß sie sich kurz vor einer Empfängnis befinden. Stehen Sonne oder Mond, oder beide, genau am Empfängnispunkt, dann bedeutet dies, daß die Empfängnis augenblicklich wahrgenommen wurde. Stehen die Lichter Sonne und Mond in Opposition oder im Quadrat zum Empfängnispunkt, so ist das ein Hinweis auf Widerstand gegen die Empfängnis, im konstruktiven Sextil oder Trigon jedoch aktive Unterstützung der Empfängnis.

Die Tatsache ist interessant, daß in Familien Unterschiede zwischen den verschiedenen Kindern derselben Eltern teilweise durch die Art der Beziehung bestimmt werden, die die Eltern vor und während der Empfängnis und Schwangerschaft eines jeden Kindes miteinander erlebten. Auch werden die Eltern von Kind zu Kind älter. Die ersten Kinder werden unvermeidlich in einer anderen Weise als die folgenden angesehen. Jedes Kind derselben Eltern wird seine eigenen einzigartigen Umstände und sein eigenes Leben haben, sogar in Mehrfachgeburten, wo die Reaktionen der Eltern auf jedes Kind verschieden sein können. Wenn sich der eine oder andere Elternteil während der Zeugung atypisch verhält, so bekommt das entstehende Kind Charakterzüge mit, die vom einen oder andern Elternteil abweichen.

Der Aspekt, der Sonne und Mond verbindet, steht für die Beziehung zwischen deinen Eltern vor der Empfängnis. Sind sie durch ein Trigon oder Sextil miteinander verbunden, so leben sie in einer dauerhaften Beziehung und verstehen einander gut. In Opposition kann es sein, daß sie sich nicht darüber einig sind, ob sie Kinder wollen. Im Quadrat sind sie sich nicht einig, können aber ihre Spannungen lösen; in Konjunktionen haben sie ähnliche Ansichten und Beweggründe; wenn schließlich gar kein Aspekt sie verbindet, dann haben sie zu der Zeit keine unmittelbare Beziehung, oder die Kommunikation zwischen ihnen ist gering. Es ist äußerst wichtig, daß du ihre Beziehung zu einem bestimmten Zeitpunkt beschreibst. Sie können vor der Empfängnis in innigem Kontakt gestanden haben, den sie nach der Empfängnis wieder aufnehmen, aber zum *Zeitpunkt* deiner Empfängnis hatten sie keine Verbindung zueinander. In deinem Wesen spiegelt sich die Beziehung deiner Eltern zu eben dieser Zeit.

Jetzt hast du die Beweggründe deiner Eltern für dein Dasein im einzelnen herausgeschält; im folgenden geht es darum aufzudecken, wie deine Empfängnis selbst zustande kam.

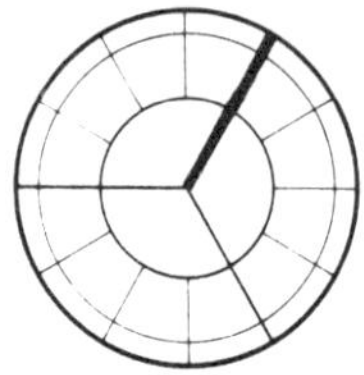

DER EMPFÄNGNISPUNKT

Der Zeitpunkt der Empfängnis fällt auf die Spitze des 9. Hauses. Diese zeigt die Art des Geschlechtsaktes an sowie die Atmosphäre, in der er stattgefunden hat. Die Art der Empfängnis ist ein Urbild in der Weise, wie sich deine eigene Kreativität zeigen wird. Wenn dein Vater passiv und deine Mutter aktiv waren (je nach Zeichen- und Häuserstellung der Lichter Sonne und Mond), so wurzelt der kreative Impuls in der weiblichen Seite deiner Natur. Das Zeichen, in dem der Empfängnispunkt steht, zeigt an, welche Form von Element deiner Kreativität zugrundeliegt. Die vorhin bestimmten Eigenschaften deiner Eltern vor diesem Zeitpunkt werden über das Medium der Empfängnis miteinander verbunden.

In *Horoskop 1* fällt der Zeitpunkt der Empfängnis auf 25° Stier. Das erste der beiden Lichter, dem wir im Uhrzeigersinn von diesem Punkt aus begegnen, ist die Schütze-Sonne im 3. Haus. Der Vater ist für den Zeugungsimpuls verantwortlich, und da die Sonne unter dem Horizont steht, ist er sich dieses Wunsches nicht bewußt. Die Stellung in der östlichen Hälfte deutet auf selbstsüchtige Beweggründe. Die Sonne im Schützen ist ein fremder Mann, der beweglich, aktiv, sportlich, philosophisch und abenteuerlustig ist; im 3. Haus zeigt sie ihn als fröhlich, lebendig, ruhelos, kommunikativ und oberflächlich. Die beiden Planeten, die einen Aspekt zur Sonne bilden, sind der unternehmungslustige und sich schnell mitteilende Uranus und der zur Trennung neigende, ernste Saturn. Das deutet klar darauf hin, daß der Vater in erster Linie den Wunsch hatte, sich zu vergnügen und Kurzweil zu haben.

Die Mond-Mutter folgt vom Empfängnispunkt aus gesehen im Uhrzeigersinn auf die Sonne; das bedeutet, daß sie im Zeugungsimpuls die zweite Rolle spielt. Die Stellung des Mondes über dem Horizont zeigt, daß sie sich des Kinderwunsches bewußt ist, und die Befindlichkeit in der östlichen Hälfte, daß auch ihre Beweggründe eigennützig sind. Der Mond im Löwen wäre eine forschende, intuitive und aus dem Instinkt schöpfende, gesellige und ehrgeizige Frau. Der Mond im

11. Haus bedeutet, daß sie Ideale hat, beobachtet, bereit und willens ist sich zu verändern, und es ihr an vielfältigen Plänen nicht fehlt. Der Aspekt zu Venus bringt Liebe und Zuneigung in die Verbindung; Neptun steuert Eingebung und Verführung bei, und die Mitte des Himmels im Krebs färbt diese Regungen mit einem auf das Ego ausgerichteten, objektiven, tiefen Gefühl.

Die Sonne und der Mond stehen in einem Quadrat von 98 Grad zueinander, was sowohl Spannung und Auseinandersetzung zwischen verschiedenen Charakteren beinhaltet, als auch einen Konflikt zwischen Pflicht und Vergnügen. Es weist auch auf eine bestimmte Unvereinbarkeit zwischen innerer und äußerer Einstellung hin, die sich als große Anziehung, aber auch als Kampf auswirkt. Da die Sonne und der Mond zudem im Feuerzeichen stehen, haben sie beide eine ähnlich intuitive, impulsive Natur, die einander gegenseitig entflammt. Dies würde genau den Schöpfungsprozeß beschreiben.

Der Empfängnispunkt im Stier bedeutet, daß beide Partner vom Wunsch nach Sinneslust im Geschlechtsakt bewegt werden. Da die eigentliche Empfängnis aus der Sicht der Mutter zu beschreiben ist, treffen die Stierqualitäten: dulden, beharren, schwer zufriedenzustellen, großer Genuß und Nachgiebigkeit alle zu. Beide Partner wollen in einer oberflächlichen Liebesbeziehung genießen. Die Tatsache, daß Pluto sehr nahe beim Empfängnispunkt steht, zeigt an, daß eine schicksalhafte Veränderung und starke unbewußte Kräfte am Werk sind. Der Vater ist, gerade vor und wahrscheinlich während der Zeugung, mit der politischen und finanziellen Stabilität der Nation sowie auch seiner eigenen beschäftigt. Pluto bedeutet immer Generationeneinflüsse, die sich in persönlichen Schwierigkeiten ausdrücken, was auch hier zu erwarten ist, denn dieses Horoskop ist das eines Politikers.

Gehe wie in diesem Abschnitt beschrieben vor, um deine eigene Vorempfängniszeit und die Zeugung selbst nachzuvollziehen. Stelle zuerst fest, ob Sonne oder Mond für die Empfängnis verantwortlich waren und beschreibe sie gemäß dem Element, Zeichen und Haus. Lokalisiere die anderen Planeten und wie die Eltern darauf reagierten, beschreibe dies ebenfalls nach Element, Zeichen und Haus. Definiere als nächstes ihre gegenseitige Beziehung anhand ihres Aspekts, falls ein solcher besteht, und analysiere schließlich, mit den vorhergehenden Informationen im Kopf, das Element und Zeichen, in dem der Empfängnispunkt/die Spitze des 9. Hauses steht. Das ist die Vorbereitung für die Deutung der Schwangerschafts-Oktave.

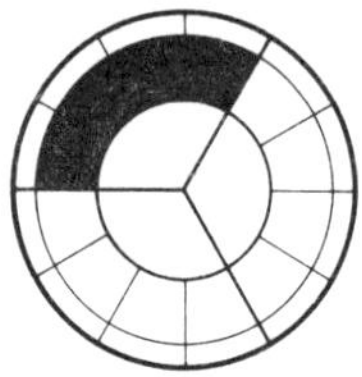

DIE SCHWANGERSCHAFTSOKTAVE

Die Schwangerschaft dauert von der Empfängnis bis zur Geburt; in dieser Zeit entwickelst du dich von einer befruchteten Eizelle zu dem komplexen Wesen, das der moderne Mensch heute ist. Einflüsse, die du von der Außenwelt durch deine Mutter aufnimmst, vermischen sich mit inneren genetischen Prozessen, während du nacheinander die Zellrealität von einfachen Organismen, wirbellosen Tieren, Reptilien, Säugetieren und schließlich Primaten durchlebst. Jedes Stadium hinterläßt Spuren, besonders in deinen Hirnwindungen, die sich in deiner endgültigen Anlage als Frau oder Mann ausdrücken. Wir alle tragen die gesamte Geschichte der Biologie in uns sowie die Engramme all unserer Vorfahren. Die Schwangerschaft entspricht C. G. Jungs *«kollektivem Unbewußten»* — einem in die ältesten Zeiten zurückreichenden Erbteil, das der ganzen Menschheit gemeinsam ist und den Urgrund jeder individuellen Psyche bildet. Die entsprechenden Inhalte bestehen aus undifferenzierten Überlebensinstinkten, die der ganzen Menschheit innewohnen.

Während der Schwangerschaft ist deine Mutter Einflüssen ausgesetzt, die von dir selbst und von Menschen und Situationen um sie herum stammen: diese Einflüsse vermischen sich in der Wirklichkeit ihrer Schwangerschaft miteinander. Es ist wichtig, daß du den Ursprung dieser Einflüsse aufklärst, die zu jener Zeit auf sie und dich wirkten.

Planeten während der Schwangerschaft und Planeten mit einem Aspekt zu diesen bedeuten Einflüsse, die auf deine Mutter eingewirkt haben, und, falls sie von außen kamen, die Menschen, die sie verkörperten. Die vier Häuser der Schwangerschaft beschreiben Stadien der Entwicklung in der Gebärmutter aus der Sicht deiner Mutter. Im Laufe der vier Häuser verändern sich die Betätigungen einer Mutter, aber meist sind die Menschen, die die Planeten verkörpern, durchwegs die gleichen. Die Anzahl und Stärke der Planeten in der Schwangerschaft (oder der sie aspektierenden Planeten) zeigt an, ob du einen direkten oder indirekten Zugang zu deinem Körper hast. Hast du die Einflüsse während der Schwangerschaft und die Menschen, die sie verkörpern, erkannt, dann vermagst du auch festzustellen, welche Wirkung sie auf deine Mutter und dich gehabt haben. Da die Schwangerschaft eine kollektive Schicht innerhalb der Psyche bildet, haben die Einflüsse, die in dieser Zeit wirksam werden, eine sehr tiefe und machtvolle, aber allgemeine Auswirkung auf deine Wirklichkeit. Erinnere dich bei der folgenden Beschreibung der in der Schwangerschaft auftretenden Planeten und der Menschen, die sie verkörpern, daß sie durch Zeichen, Haus und Aspekte «gefärbt» werden, und daß sie sowohl äußere wie auch innere Einflüsse aufzeigen.

☉ *Die Sonne* in der Schwangerschaft ist dein Vater; sie bedeutet aber auch das Bewußtsein deiner Mutter über das, was ihr geschieht; sie zeigt ihre Lebenskraft an und die väterliche Unterstützung der Mutter. Da die Schwangerschaft vom Gesichtspunkt deiner Mutter aus beschrieben wird, kann die Sonne auch auf ihren Vater oder Schwiegervater hinweisen, vor allem deshalb, weil Großeltern oft eine starke Beziehung zu den Kindern ihrer Kinder haben. Sie kann auch der Arzt sein, der die Schwangerschaft deiner Mutter festgestellt hat, sie in dieser Zeit beriet oder dich auf die Welt brachte, je nachdem, wann in der Schwangerschaft die Sonne fällig wird. Gewöhnlich deuten Aspekte zur Sonne auf Verwandte aus der väterlichen Familie oder auf seine Kollegen. Steht die Sonne in den Doppelzeichen Zwillinge, Krebs, Waage, Schütze, Wassermann oder Fische, dann hat deine Mutter wahrscheinlich ihre männlichen Projektionen sowohl auf deinen als auch ihren Vater aufgespalten; oder auf ihren Mann und einen anderen Mann; oder ihren Mann und den Arzt. Möglicherweise steht auch die Vaterschaft in Frage. Bei Kindern, die während des zweiten Weltkrieges in Ländern geboren wurden, wo die Wehrpflicht üblich war und es von Alliierten oder Besatzungstruppen wimmelte, taucht diese Frage besonders häufig auf. Positive Aspekte zur Sonne zeigen, daß der Vater die Schwangerschaft unterstützt, während Spannungsaspekte mangelndes Einverständnis oder Widerstand von seiten des Vaters anzeigen.

☽ *Der Mond in der Schwangerschaft* ist deine Mutter selbst, zeigt ihre Gefühle und Emotionen über die Schwangerschaft und die Qualität ihrer Instinkte. Sie muß wegen deiner Existenz ihr Leben völlig umstellen und die schöpferischen Energien mit ihrem Körper in Einklang bringen. Da du diese Zeit aus der Sicht der Mutter interpretierst, ist der Mond auch ihre Mutter oder die Unterstützung, die sie von ihrer Mutter bekommt. Wenn Frauen empfangen und Kinder austragen, vor allem das erste Mal, neigen sie dazu, sich mit ihren eigenen Müttern auf eine Art und Weise zu identifizieren, die früher nicht möglich war. Der Mond in der Schwangerschaft beinhaltet auch besondere genetische Einflüsse, die von der Familie deiner Mutter weitergegeben werden. Wenn sowohl Sonne und Mond in der Schwangerschaft auftreten, so zeigt das am nächsten zum Empfängnispunkt stehende Licht oder dasjenige, das den engsten Aspekt mit diesem bildet, den stärksten genetischen Einfluß. Der Mond bedeutet auch andere Frauen, auf die deine Mutter anspricht oder die sie achtet: Hebammen, Ärztinnen, Freundinnen, Mutterfiguren, Lehrerinnen für Schwangerschaftsturnen, Beraterinnen oder andere Frauen, die selber Mütter sind.

☿ *Merkur in der Schwangerschaft* zeigt die Gedanken deiner Mutter an und ihre Fähigkeit mitzuteilen, was sie denkt; ebenso ihre Wahrnehmungen in der Schwangerschaft, die in ihrem Verständnis für den Schöpfungsprozeß gipfeln. Merkur spiegelt sich in der Außenwelt in denjenigen ihrer Freunde, die Kommunikation, Klugheit und Wahrnehmung anregen, sowie auch in Geschwistern und Familie. Es ist deren Aufgabe, das Nachdenken über den Schwangerschaftsprozeß, über seine Auswirkungen und schöpferische Fragen im allgemeinen anzuregen. Merkur zeigt auch intellektuelle Betätigungen an, die deine Mutter anziehen, wie reden und lesen, was die Wurzeln des Intellekts im erwarteten Kind anregt. Merkur deutet ebenfalls auf alle hin, die den Standpunkt deiner Mutter übernehmen, sie vertreten oder eine vermittelnde Funktion ausüben.

♀ *Venus in der Schwangerschaft* bedeutet Schönheit, Harmonie, Liebe, Anpassung, Beziehung und Geselligkeit, die sich in deiner Mutter auswirkt oder jemand, mit dem sie verbunden ist. Venus weist oft auf eine Freundin, eine Begleiterin oder eine Schwester deiner Mutter hin, die als Modell für deine Erscheinung, deinen Geschmack oder dein Verhältnis zur Verwandtschaft in Erscheinung tritt. Venus ist die passive Sexualität, die sich allgemein in ihren Beziehungen zu anderen spiegelt; sie ist auch die Reaktion deiner Mutter auf ihre eigene sich verändernde Erscheinung während der neun Monate.

♂ *Mars in der Schwangerschaft* bedeutet Veränderungswünsche, Aktivität, Konflikte und Willen, den etwa Ärzte, Hebammen, aggressive Menschen im allgemeinen an den Tag legen, oder auch Menschen, mit denen deine Mutter sexuelle Beziehungen hat. Die Marsstellung im Zeichen und seine Aspekte zeigen an, ob der ärztliche Rat und das medizinische Personal als bedrohlich empfunden werden. Gibt es ein Quadrat zu Merkur, dann macht der Gedanke an die bevorstehende Entbindung die Mutter nervös, besteht eine Opposition zu Saturn, dann hat sie Widerstände den Einschränkungen der Schwangerschaft gegenüber oder macht sich Sorgen über die Möglichkeit körperlicher Verletzungen während der Geburt. Ein hervorstechender Mars in dieser Zeit bedeutet einen gewaltigen Eingriff in ihr eigenes Schicksal sowie eine bewußte Reaktion auf die Herausforderung der Schwangerschaft und bevorstehenden Geburt.

Jupiter in der Schwangerschaft ist die Fähigkeit deiner Mutter, die ♃ Schwangerschaft mit philosophischer Ruhe anzunehmen, sei es durch ihre eigene religiöse Einstellung, durch ihre ureigene seelische Ausrichtung oder dank derer, die sie während dieser Zeit beschützen. Jupiter sind großzügige, unterstützende, optimistische und mitfühlende Menschen, wie sie etwa Tanten, Onkel, Großeltern, Berater oder religiöse Menschen verkörpern. Wenn Jupiter fällig wird, dann findet eine Expansion der Ansichten deiner Mutter und ihrer Körperfülle statt; der jupiterische Einfluß ist edel, wohlgelaunt und weitet ihren Horizont aus.

Saturn in der Schwangerschaft ist Sorge, Pessimismus, Einschrän- ♄ kung und eine Ernsthaftigkeit, die oft Ärzte, Großeltern, finanzielle Einschränkung und in manchen Fällen der Vater selbst deiner Mutter auferlegen. Saturns Verkörperungen sind ältere, kränkere, negative, depressive Menschen oder solche mit einem engen Blickwinkel, die offensichtlich oder unbeabsichtigt diese Eigenschaften weitergeben. Vielleicht mußte deine Mutter weiterhin arbeiten, war isoliert, mußte von ihren Eltern umsorgt werden, war deprimiert oder zu Sparsamkeit gezwungen, so daß die saturnische Wirkung ihren Horizont beengte, aber nicht unbedingt zu ihrem Nachteil. Unehelichkeit, unerwünschtes Zusammenwohnen, erzwungene Enge oder gesellschaftliche Einschränkungen können zu Zurückhaltung in Beziehungen führen; diese kann aber auch aus deiner Mutter selbst kommen. Saturn hat in der Nähe des MC oder AC seine stärkste Wirkung, was eine wirkliche oder erwartete Beschränkung der Beweglichkeit und des Lebens als Resultat des schöpferischen Ereignisses der Schwangerschaft widerspiegelt.

Uranus in der Schwangerschaft leitet Reformen ein, die von aus- ♅ drucksvoller Kreativität bis zu Zerrissenheit reichen können, die von Revolutionären ausgeht. Uranus sind alle Erneuerer, schöpferischen Menschen, die ihre eigene Art haben, Dinge zu tun, und Freunde, die unabhängig sind oder Eingebungen haben und deine Mutter ermuntern, selbst so zu sein. Da Uranus der erste der Generationsplaneten ist, erscheint er oft in mehr als einer Person. Der sexuell-schöpferische Appetit, den Uranus zeigt, wird in der Schwangerschaft sehr aktiv, und wenn er nicht befriedigt wird, drückt er sich als Rebellion oder Geheimnistuerei aus. Uranus bedeutet meistens einen Rhythmuswechsel mit darauf folgendem exzentrischem Denken, Handeln und Essen, wenn nicht gar Unfälle, die das Wohlbefinden deiner Mutter bedrohen. Als Generationseinfluß herrscht Uranus auch über die vorherrschenden öffentlichen Ansichten über Geburt und Schwangerschaft, über Geburtstechniken und über Menschen, die neue Techniken oder moderne wissenschaftliche Ansichten fördern.

♆ *Neptun in der Schwangerschaft* erhöht die Aufnahmefähigkeit der körperlichen und psychischen Ebenen auf Ereignisse in der Außenwelt wie auch auf innere Einstellungen. Neptun ist oft ein Hinweis auf eine Erhöhung der Phantasie, des Traum- und Seelenlebens der Mutter, die sie deinem Sein in ihr verdankt und der damit gegebenen Möglichkeit einer innigen Kommunikation. Sie reagiert dann besonders empfindlich auf Auswirkungen von Essen, Drogen und Medizin, Tabak und seelische Beeinflussung von anderen, besonders am Anfang der Schwangerschaft. Erhöhte Offenheit und Verletzlichkeit verwandeln sonst herrische Frauen in abhängige oder führen zu unvernünftigen Erwartungen, wenn nicht zu offenem Idealismus. Oft hat Neptun keine handfesten äußerlichen Ursachen und wirkt nur in deiner Mutter, oder ist wie ein Gefühl, als ob es aus ihrem Inneren strömte, wobei es keinen Weg gibt, dies sicher zu erkennen. Mangelnde Faßbarkeit ist für neptunische Einflüsse charakteristisch; sie werden von Menschen in der Umgebung deiner Mutter übermittelt, die Nahrung oder Medizin zubereiten, empfindsam auf ihre Bedürfnisse eingehen, und von anderen, die ähnliche Ideale wie sie haben.

♇ *Pluto in der Schwangerschaft* bedeutet dramatische Veränderungen und fanatische, magische oder extreme Einflüsse, die aus der Welt als Ganzem herrühren. Große Autoritäten und solche, die sich durch Medien, Bücher und Kurse Gehör verschaffen, würden solche Einflüsse verbreiten, von Dr. Spock bis zu Michel Odent. Pluto steigert die Wirkung jedes Hauses, in dem er steht, und zeigt kollektive zerreißende Kräfte an, die stärker sind als individuelle. Plutonisch sind die Auswirkungen von Kriegen, von Wohnungswechsel, von Unfällen in der Schwangerschaft, denen man gerade noch entgangen ist, von Traumen in Beziehungen und radikalen Veränderungen des Lebensstils.

☊ *Der Mondknoten in der Schwangerschaft* bedeutet ein Bedürfnis, sich mit anderen zusammenzuschließen, gesellschaftlichen Anschluß zu suchen oder sich nach Blutsverwandten, Gruppen anderer schwangerer Frauen oder Freunden zu richten. Der Mondknoten bedeutet die

Familien deiner Eltern und andere Verwandte als Kollektiv, und auch sonstige Gruppen oder Verbindungen.

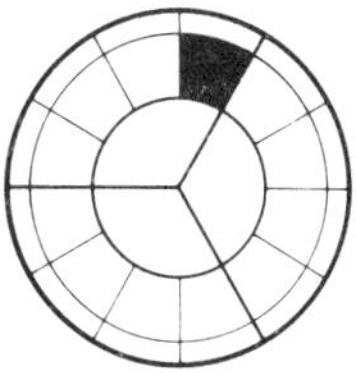

Das 9. Haus **(Schütze)**

Empfängnis bis sieben Wochen nach der Empfängnis

Die Spitze des 9. Hauses bezeichnet den Augenblick der Empfängnis; das 9. Haus reicht von der Empfängnis bis die Mutter ungefähr sieben Wochen später spürt, daß sie schwanger ist. Diese Einflüsse finden nach der Empfängnis statt, aber bevor ihr diese Tatsache wirklich bewußt ist. Sie erlebt das Anfangsstadium der biologischen Hormonveränderungen, die mit der Zeit wirksam werden. Obwohl es sein kann, daß deine Mutter schon während der Empfängnis selbst «fühlt» oder sogar «weiß», daß sie schwanger geworden ist, ist der früheste Zeitpunkt, zu dem Ärzte glauben, eine Schwangerschaft feststellen zu können, achtunddreißig Tage nach der Empfängnis. Planeten im 9. Haus deuten auf Einflüsse, die eine Schwangerschaft erahnen lassen und die deine Mutter bei zunehmender Wahrnehmung deiner Existenz aufnimmt; sie bilden ein Muster für deine spätere Selbst-Entdeckung im Leben. Das 9. Haus fühlt sich fremd, sonderbar, andersartig, empfindsam, spirituell und aktiv an.

Fällt der Mond, Venus oder der übersinnliche Planet Neptun ins 9. Haus, dann deuten sie auf «weibliche Intuition», daß etwas geschehen ist; dies kann von deiner Mutter herrühren, von ihrer Mutter oder von Freundinnen. Wird einer dieser Planeten gerade nach der Empfängnis ausgelöst, dann spürt deine Mutter plötzliche und aufwühlende gefühlsmäßige und körperliche Veränderungen. Stehen Planeten gerade vor dem MC, dann wird deine Mutter eher das Gefühl haben, daß sie empfangen hat, als von wirklichen intuitiven Fähigkeiten geleitet zu sein.

In *Horoskop 2* ist die Mutter bereits seelisch empfindsam geworden, wie die Neptun-Mond Konjunktion im Skorpion kurz vor der Empfängnis zeigt. Merkur steht gerade nach dem Empfängnispunkt im Schützen und bedeutet, daß die Mutter fast unmittelbar nach der

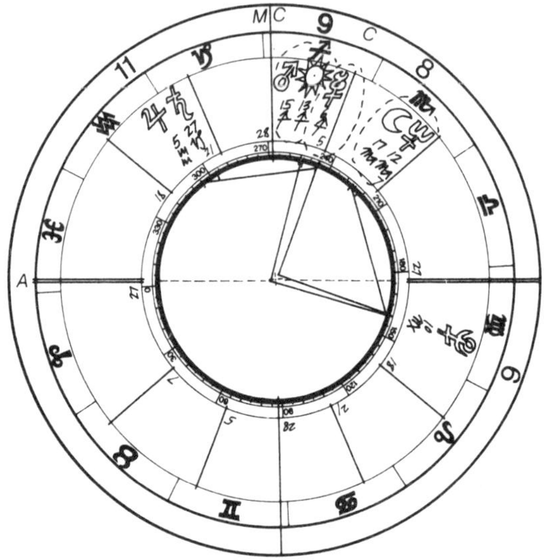

Horoskop 2: Das 9. Haus

Empfängnis glaubt, daß etwas passiert ist. Mit dem Sextil zu Saturn hat sie bereits intensiv über ihre Situation nachgedacht, aber mit dem Sextil zu Jupiter braucht sie ihren gesunden Menschenverstand, um sich Klarheit über ihren Zustand zu verschaffen, obwohl sie eine gebildete und an Literatur interessierte Einzelgängerin ist. Das Quadrat zu Pluto (Pluto steht für die Massen oder die öffentliche Meinung) bedeutet Kritik von seiten anderer und die Notwendigkeit, diplomatisch zu sein. Aus der Tatsache, daß die Sonne und Mars eine Woche später fällig werden (sie zeigen die Fähigkeit, Entscheidungen zu treffen an) und ebenfalls im Quadrat zu Pluto stehen (lassen Auswirkungen der öffentlichen Meinung erkennen), kann man annehmen, daß der Sonnen-Vater die Entscheidung trifft, sich zur Beziehung zu bekennen. Beide Eltern fühlen, daß eine Empfängnis stattgefunden hat, bevor Außenstehende dies bestätigt haben. Der Vater handelt schnell und trifft Vorbereitungen, die Mutter zu heiraten. Hier sind also große Empfindsamkeit angedeutet (Mond-Neptun), gefolgt von Eingebung (Merkur), und danach einer entschiedenen Handlung aufgrund einer Lebensphilosophie (Sonne-Mars im Schützen). Die Eltern waren bei der Empfängnis nicht verheiratet und haben dies schnell nachgeholt, um Familien und Freunde zufriedenzustellen.

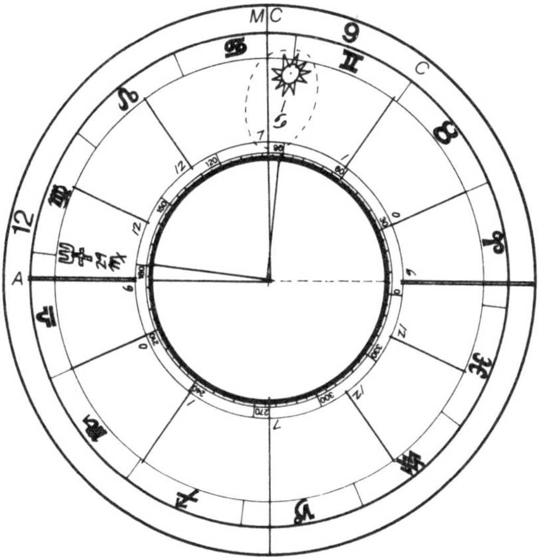

Horoskop 3: Das 9. Haus

In *Horoskop 3* steht die Sonne im Krebs gerade vor dem MC und bildet ein Quadrat zu Neptun im 12. Haus. Sonne-Neptun bedeutet Schwäche oder Erbkrankheit, und Neptun im 12. Haus Krankheit, die einen Spitalaufenthalt notwendig macht; das ganze Bild sieht so aus, daß der Vater fünf Tage, bevor die Mutter ihre Schwangerschaft wahrnahm, ins Spital mußte. Dies schlägt sich als seelisch-geistige Schwäche nieder, gerade bevor das Ziel (der MC) erreicht ist. Der Vater starb einige Tage, bevor die Schwangerschaft erkannt wurde, an Diabetes.

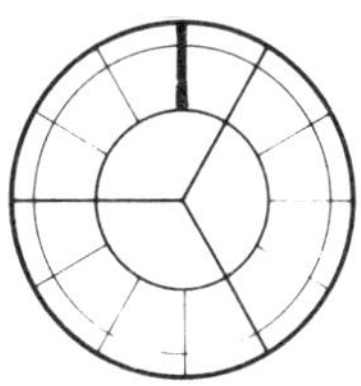

Die Mitte des Himmels (der MC)

Sieben Wochen nach der Empfängnis oder dreiunddreißig Wochen vor der Geburt

Wenn der MC ausgelöst wird, tritt das Ego in den physischen Körper ein, und deine Mutter nimmt die Tatsache der Schwangerschaft an. Zu diesem Zeitpunkt besitzt du alle Funktionen des menschlichen Körpers, dein Geschlecht steht fest und dein Gesicht hat vollkommen menschliche Züge.

Kommst du in der Nähe des Äquators oder zu bestimmten Zeiten während des Tages zur Welt, dann steht der MC exakt 90 Grad, also im Quadrat, zum AC; die archetypische Beziehung zwischen der Persönlichkeit/AC und dem Ego/MC ist eine Spannung zwischen deiner Selbstwahrnehmung und deinen Lebenszielen (Abbildung 23). Zu jeder anderen Zeit steht der MC schräg zum AC auf der linken östlichen Seite oder schräg zum DC im Westen rechts im Horoskop. Ein MC, der sich links zum AC hin neigt, zeigt ein selbstorientiertes Ego-Bewußtsein an, während ein sich gegen den DC neigender MC ein Ego-Bewußtsein andeutet, das auf das Nicht-Ich oder die Außenwelt ausgerichtet ist.

Das Element des Zeichens, in dem der MC steht, zeigt die Art und Weise an, wie deine Mutter entdeckte, daß sie schwanger war. In einem

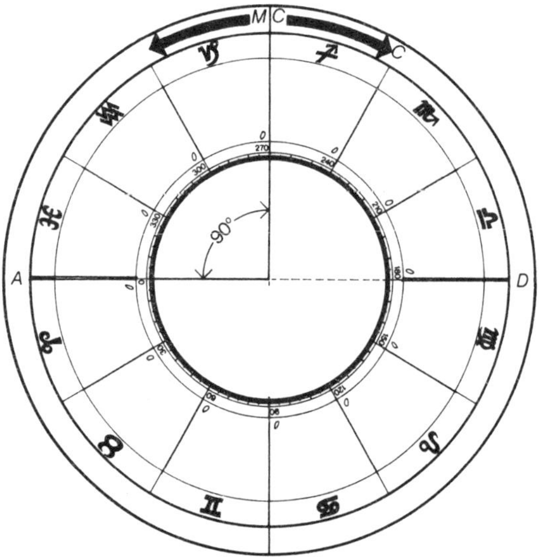

Abbildung 23: Die Beziehung Aszendent — Mitte des Himmels

Der Aszendent und die Mitte des Himmels stehen archetypisch in einem 90°-Winkel zueinander: das ist die natürliche Spannung zwischen der Persönlichkeit und den Lebenszielen. Neigt sich der MC nach links, dann sind die Ziele selbstorientiert, wenn er sich nach rechts neigt, dann sind die Ziele selbstlos.

Feuerzeichen war es Intuition; in einem Erdzeichen Empfindung; in einem Luftzeichen hat sie es gedacht und in einem Wasserzeichen gefühlt. Auf einer höheren Ebene ist dies die Art und Weise, in welcher du die Ausrichtung deines eigenen Ego im Leben entdeckst. Wenn zum Beispiel deine Mutter ihre Schwangerschaft wahrnahm, indem sie *fühlte,* daß sie schwanger war, so ist zu erwarten, daß du deine Stellung in der Welt anhand deiner Art zu *fühlen* einschätzen wirst.

Das Tierkreiszeichen am MC bezeichnet überdies die Art, wie deine Mutter ihre neue Aufgabe angeht. Die Kardinalzeichen Widder, Krebs, Waage und Steinbock zeigen, daß sie als Reaktion darauf zu handeln beginnt; die fixen Zeichen Stier, Löwe, Skorpion und Wassermann lassen ein bestimmtes und entschlossenes Annehmen erkennen; die veränderlichen Zeichen Zwillinge, Jungfrau, Schütze und Fische schließlich zeigen den Wunsch, bereits bestehende Umstände oder Verhaltensweisen zu verändern. Benütze die Tabellen auf Seiten 152 und 153 für eine nähere Bewertung der Zeichen. Steht der MC zum Beispiel im Wassermann, dann *dachte* deine Mutter, daß sie schwanger sei (Luftzeichen); sie nahm den Gedanken unverzüglich an (fixe Qualität des Wassermanns) und sie war voller Idealismus, gesellig, höflich und hat ihr Wissen Freunden mitgeteilt (Zeichenqualitäten des Wassermanns).

Planeten in Konjunktion mit dem MC zeigen Menschen an, die die Mutter direkt beeinflussen wie auch Eigenschaften, aus denen sich dein Ego zusammensetzt. Je stärker die Planeten und je enger die Konjunktion, umso kraftvoller und bestimmter ist dein Ego. Die Sonne in direkter Konjunktion mit dem MC bedeutet, daß sich deine eigene Individualität auf dein Lebensziel gründet, während Uranus am MC bedeutet, daß deine Mutter in einer außergewöhnlichen und originellen Weise auf dich anspricht, was daher originelle und ausgefallene Ziele in deinem Leben zur Folge hat.

Mehrere Planeten am MC deuten auf vielfältige Ziele und Ego-Anteile. Wenn Planeten beiderseits des MC stehen, so wechselt das Ego-Bewußtsein zwischen selbstsüchtigen und selbstlosen Beweggründen hin und her. Denk daran, daß die inneren Planeten (Sonne, Mond, Merkur, Venus und Mars) Einflüsse und Ereignisse von Menschen in der Umgebung deiner Mutter anzeigen oder aber solche, die aus ihr selbst kommen, während die äußeren Planeten (Jupiter, Saturn, Uranus, Neptun und Pluto) Kräfte bedeuten, die von mehr als einer Person ausgehen oder großen Ereignissen. Kinder, die im Zweiten Weltkrieg in Europa mit Uranus oder Pluto am MC geboren wurden, tragen den Einfluß von Ereignissen in sich, die damals äußerst gewaltsame Veränderungen auf ihre Mütter bewirkten. Ein Beispiel dazu enthält die Deutung des Horoskops von John Lennon im achten Kapitel.

Aspekte zum MC weisen auf Menschen hin, denen sich deine Mutter mitgeteilt hat und auf Menschen, die als Verkörperungen untergeordneter Anteile deines Ego einen indirekten Einfluß auf sie ausübten. Aspekte von Planeten unter dem Horizont zeigen unbewußte oder innere Einflüsse an, während Planeten über dem Horizont bewußte oder äußere Einflüsse darstellen. Steht der MC in einem der Doppelzeichen, was ohnehin mehrfache Einflüsse bedeutet, dann werden die entsprechenden Ziele noch zahlreicher. Stehen keine Planeten in Konjunktion, dafür viele im Aspekt zum MC, dann hättest du viele untergeordnete Lebensziele, aber Mühe, dich auf etwas Bestimmtes auszurichten.

In *Horoskop 4* bedeutet der Wassermann-MC eine gesellige und beliebte Mutter, deren Mann sich ihrer Schwangerschaft widersetzte; das zeigt die Opposition von der Sonne im Löwen. Das entstehende Ego würde sich zu Gruppensituationen hingezogen fühlen, und zwar im Gegensatz zu selbstsüchtigen Beweggründen im unbewußten 4. Haus von Heim und Familie, die (inneren) Widerstand auslösen würden. Dieses Horoskop gehört einem der ersten Astronauten, und tatsächlich paßt diese Beurteilung recht gut.

In einigen Fällen stehen Planeten weder in Konjunktion noch im

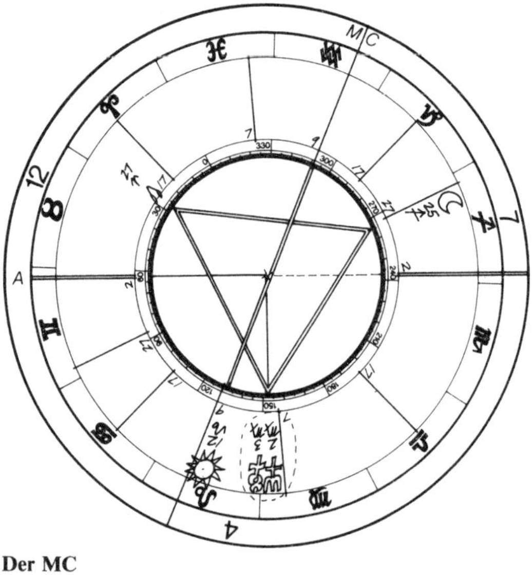

Horoskop 4: Der MC

Aspekt zum MC. Das Zeichen, das den MC beherrscht, wird damit das Ziel, auch kommt wenig Unterstützung von den übrigen Planeten. Das würde Einfachheit bedeuten und eine Mutter widerspiegeln, die, nachdem ihre Schwangerschaft feststeht, allein und sich selbst überlassen ist. Wenn sie versucht hätte, ihre Schwangerschft geheimzuhalten, gäbe es verräterische Anzeichen. Die isolierten Zeichen Skorpion und Fische deuten auf den Wunsch, mit dem Urteil zurückhaltend zu sein; und stehen Planeten in Konjunktion zum MC, aber ohne Aspekte, dann wäre dies das Erkennen der Schwangerschaft, aber ohne großes Interesse daran, dieses Wissen kundzutun.

In *Horoskop 5* steht der MC im Skorpion und ergibt eine verschwiegene Haltung der Mutter, wobei Jupiter vor dem MC eine positive, aber heimliche Beziehung bedeutet, und Venus nach dem MC eine leidenschaftliche Bindung. Die Konstellation ist ohne Aspekte. Venus-Jupiter wäre fröhliche Liebe und Heirat, aber der Skorpion verneint diese Idee, so daß eine Empfängnis außerhalb der Ehe stattfindet. Der Skorpion bedeutet Loslösung von allen Planetenqualitäten, wie auch immer ihre Kräfte sind. Das Ego deutet auf eine kreative, scharfsinnige und intensive Person, die zwar andere Menschen mit der gleichen Weltanschauung findet, der es aber schwer fällt, Anerkennung zu erlangen.

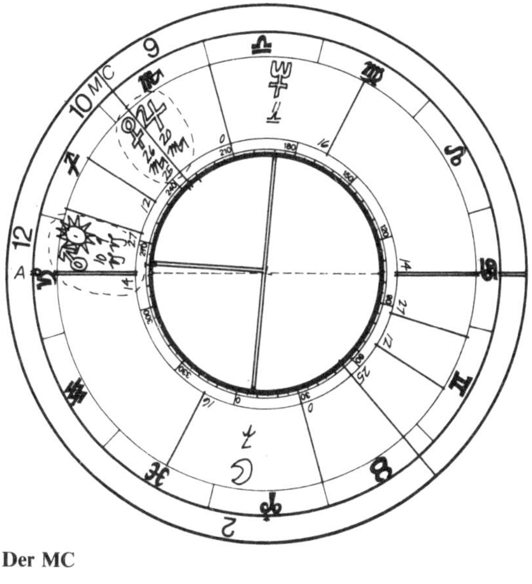

Horoskop 5: Der MC

Stehen Mars, Saturn, Uranus, Neptun oder Pluto in Konjunktion zum MC oder bilden sie einen Aspekt zu diesem, dann sind traumatische Ereignisse während der Schwangerschaft zu erwarten, besonders wenn diese Planeten oder Aspekte nach dem MC wirksam werden. Das liegt daran, daß Planeten nach dem MC Nachwirkungen auf die mütterliche Wahrnehmung ihrer Schwangerschaft darstellen. Mars deutet gewöhnlich auf einen Arzt hin; einfache Aspekte besagen, daß der Arzt die Mutter beruhigt, während schwierige Aspekte nahelegen, daß der Arzt bedrohlich und wenig hilfreich ist oder ihr sogar Schaden zufügt. Tests mit Chemikalien oder Andeutungen einer Einleitung der Geburt schlagen sich als neptunische Einflüsse nieder, wie auch gefährliche Medikamente wie Thalidomid und andere, die angeblich das Symptom der morgendlichen Übelkeit beheben. Saturn bedeutet Einschränkung oder intensive Konzentration als Folge der Schwangerschaftserkenntnis, oft durch jemanden, der älter oder ernster ist. Pluto bedeutet extreme Veränderung, manchmal begleitet von erschütternden Ereignissen, Zerreißproben oder sogar Gewalt. Uranus bedeutet Rhythmuswechsel der Mutter, außergewöhnliche Umstände oder ihren Wunsch, trotz der offensichtlichen Abhängigkeit weiterhin unabhängig zu bleiben.

Bilden mehr als einer dieser Planeten ein schwieriges Quadrat oder eine Opposition zum MC und haben auch noch eine Verbindung zum «Chirurgen» Mars, dann ist es möglich, daß eine Abtreibung in Betracht gezogen oder ein solcher Versuch unternommen wird, der natürlich nicht gelingt, weil das betreffende Horoskop einen Überlebenden voraussetzt; aber es ist notwendig, den schwerwiegenden Eingriff mittels der Planeten zu beurteilen, die direkte Aspekte bilden, sowie anhand von deren Nähe. Aspekte zu Neptun bedeuten Phantasie und Ungewißheit; Aspekte zu Merkur stellen die Situation in Frage; Aspekte zum Mondknoten bedeuten eine Auswahl der Freunde als erste Reaktion. All diese Inhalte schlagen sich direkt im Ego nieder.

Um die inneren und äußeren Ereignisse des MC zu deuten, betrachtet man die Planeten, die Aspekte (wobei auch ihre sensitiven Punkte benutzt werden) und den MC selbst nacheinander, und zwar im Gegenuhrzeigersinn vom Empfängnispunkt auf den Aszendenten zu, dem Zeitpunkt der Geburt. Aus dem nachfolgend besprochenen Horoskop 6 ist ersichtlich, wie man die richtige Reihenfolge bestimmt. Hält man sich an diese, dann kann man der Mutter und allen Menschen, die um die Zeit der Entdeckung deiner Existenz von Bedeutung waren, nachspüren, und übertragen auch dein Ego-Bewußtsein erkennen. Die betreffenden Ereignisse und Menschen deuten das Entwicklungsmuster deiner Lebensziele bereits schattenhaft an.

In *Horoskop 6* sind die Planeten und Aspekte um den MC in folgender Reihenfolge abzulesen:

1. Sensitives Quadrat von Jupiter (14° Steinbock) auf	14° Waage
2. *MC auf*	*15° Waage*
3. Sensitives Trigon von Saturn (16° Zwillinge) auf	16° Waage
4. Sensitives Quadrat vom Mondknoten (18° Steinbock) auf	18° Waage
5. *Uranus auf*	*22° Waage*

Alle Planeten und der MC fallen in das Zeichen Waage, das besagt, daß das Hauptthema zu jener Zeit die Partnerschaft ist. Das Quadrat von Jupiter weist darauf hin, daß die Mutter die religiösen Auswirkungen in ihrer Beziehung zum Vater erkennt, was zu Spannungen zwischen ihnen geführt hatte (Waage bringt Entweder-oder-Situationen). Die Erkenntnis ihrer Schwangerschaft ist für die Mutter eine glückli-

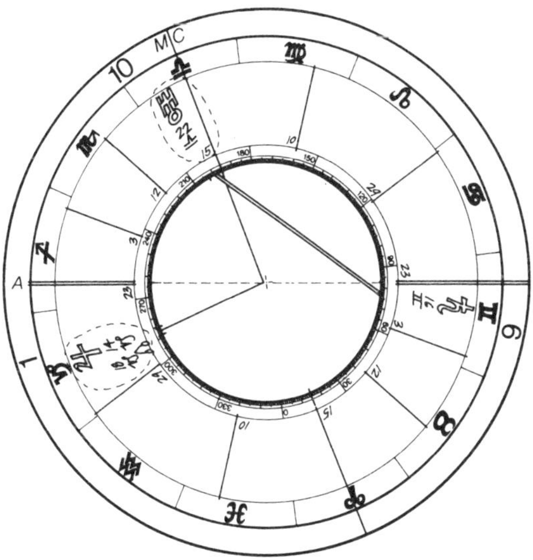

Horoskop 6: Reihenfolge der Planeten um den MC

Planeten, die Aspekte zum MC haben, fügen sich in eine Ereignisfolge rund um die Entdeckung der Schwangerschaft ein — das Quadrat von Jupiter; der MC; das Trigon von Saturn; das Quadrat vom Mondknoten; und schließlich Uranus. Die Reihenfolge der Planeten und sensitven Aspektpunkte beschreiben den Ablauf des Lebens.

che und gelungene Erfüllung ihrer Partnerschaft, wird aber bald durch den Ernst des Saturn-Trigons berührt. Saturn-MC bedeutet Hemmungen, eine ältere Person (Arzt oder Elternteil), die man berücksichtigen muß, aber auch, daß man über die Einschränkungen sprechen kann (Saturn in Zwillinge). Der Saturn-Mondknoten Aspekt führt zu Schwierigkeiten mit den Familien der Eltern. Die abschließende Verbindung mit Uranus deutet auf eine ungewöhnliche und spannungsreiche Partnerschaft, die die MC-Konstellation widerspiegelt. Die Sonne und der Aszendent, die gerade außerhalb des Orbis im Sextil zu Uranus stehen, verheißen, daß am Ende schöpferische Möglichkeiten aus der Partnerschaft entstehen.

Nachdem man die Einflüsse herausgeschält hat, die am MC auf deine Mutter eingewirkt haben, mußt du ihre ureigene Reaktion in die drei Häuser weitertragen, die den Rest der Schwangerschaft ausmachen, nämlich in das 10., 11. und 12. Haus.

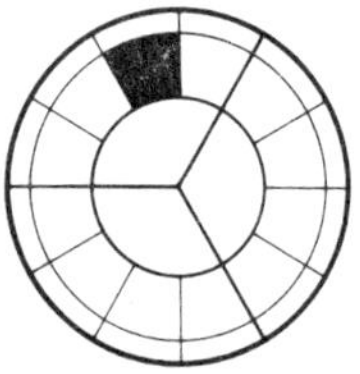

Das 10. Haus (Steinbock)

Dreiunddreißig Wochen bis achtundzwanzig Wochen vor der Geburt

Das 10. Haus reflektiert die Auswirkungen, nachdem deine Mutter erkannt hat, daß sie schwanger ist; als erstes wird sie der Welt ihren Zustand und wie sie dazu steht mitteilen. Ihre Fähigkeit, deine Existenz bekanntzugeben, ist für deine Lebensziele wegweisend. Je wirkungsvoller sie und dein Vater diese Mitteilung gestalten, umso größer ist deine Chance, deinen eigenen Platz in der Welt zu finden.

Dieses Haus herrscht über die Vollendung der Materie und praktische Belange: In dieser Zeit müssen die Eltern sämtliche notwendigen praktischen Aufgaben, die eine Schwangerschaft mit sich bringt, aufeinander abstimmen, die Wahl eines Arztes oder einer Hebamme, die Suche nach einem Ort für die bevorstehende Geburt, sich auf die Geburt selbst einstellen und über die Art der Geburt entscheiden, zuhause einen Platz für das Baby finden, Vorkehrungen für das Wohlergehen der Mutter treffen und die nötigen finanziellen Überlegungen anstellen. An all das müssen die Eltern jetzt denken.

Planeten im 10. Haus zeigen an, wer deine Mutter während dieser entscheidenden Zeit beeinflußt. Erinnere dich daran, daß von diesem Zeitpunkt an deine Mutter wahrscheinlich zu Ärzten, Kinderschwestern, Hebammen oder Geburtsspezialisten gehen wird und ihre übrigen Verbindungen in einem anderen Licht als sonst sieht. Sie muß sich behaupten und darauf bestehen, daß die Entscheidungen, die in dieser Zeit getroffen werden, mit ihren Gedanken und Gefühlen übereinstimmen.

Diese Zeit stellt symbolisch dar, wie die Mutter die am MC bestimmten Ziele in die «reale Welt» umsetzt. Da man das 10. Haus traditionell als väterlich oder männlich ansieht, kann es sein, daß sie um ihren eigenen Weg oder um die Kontrolle über die Geburtsumstände mit ihrem Mann oder ihrem Arzt kämpfen muß. Die Fähigkeit einer Mutter, ihre eigenen Ziele in die Tat umzusetzen, ist ein Hinweis auf den Nachdruck und die Fähigkeit, seine eigenen Ziele im Leben zu verwirklichen.

Stehen viele Planeten im 10. Haus, dann wirken vielfältige Einflüsse auf deine Mutter, was zu den unterschiedlichsten Zielen im Leben führt. In *Horoskop 7* fallen der Vater (Sonne) und eine Freundin (Venus) ins 10. Haus, beides Freunde (Wassermann) der Mutter. Sonne in Konjunktion mit Venus ist Hingabe und Liebe, aber der Wassermann

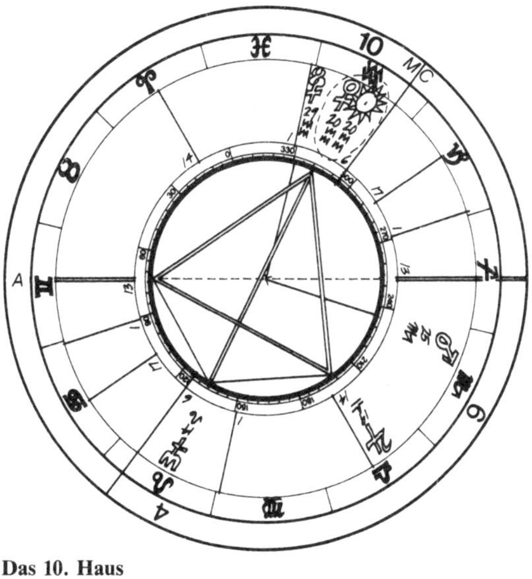

Horoskop 7: Das 10. Haus

ist dualistisch, somit steht die Beziehung des Ehemanns mit der Freundin in Wettstreit mit derjenigen zur Mutter, was sie wegen der Neptun-Opposition empfindlich und unsicher macht. Die unterstützenden Trigone von Jupiter in Waage, Gesellschaft als Ganzes, und dem Zwillinge-AC, Vertrauter in ihrer Umgebung, beinhalten wiederum, daß von außen Unterstützung kommt; aber die allgemeine Konstellation deutet auf Trennung und Abstraktion von einer schwierigen Liebesbeziehung. Wenn Merkur fünfunddreißig Wochen vor der Geburt im Quadrat auf Mars folgt, kritisiert die Mutter das Fehlverhalten des Vaters und zieht sich sexuell von dieser Beziehung zurück (Quadrat von Mars im Skorpion). Diese Aspektfigur deutet auf einen Menschen, der Anlagen zur Macht in der Welt der Ideen oder Religion hat, aber von seiner weiblichen, empfangenden Seite entfremdet ist, was auf unbesonnene oder oberflächliche Verbindungen zurückzuführen ist.

Stehen keine Planeten im 10. Haus, so weist dies auf eine natürliche und ereignislose Mitteilung des Erkennens ihrer Schwangerschaft seitens der Mutter hin, und bedeutet allgemeine Ziele ohne spezifische persönliche Muster oder bestimmte Vorstellungen.

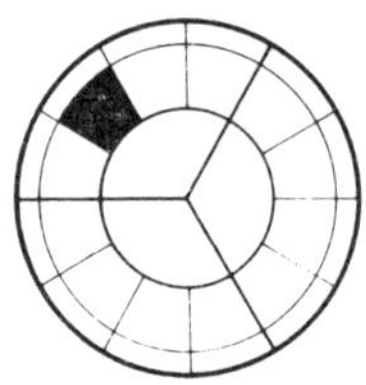

Das 11. Haus **(Wassermann)**

Achtundzwanzig Wochen bis siebzehn Wochen vor der Geburt

Im Verlauf der Zeit, die das 11. Haus einnimmt, ist die Schwangerschaft akzeptiert und materielle Fragen sind gelöst worden; das alles ist geschehen, bevor äußerliche Zeichen der Schwangerschaft erkennbar waren. Die Mutter schränkt ihre gewöhnlichen Arbeiten ein, und ihre erste Aufgabe ist die Vorbereitung auf die Geburt, einschließlich Gesprächen mit ihrer Mutter und Freundinnen, die bereits Kinder gehabt haben. Sie beschäftigt sich mit Plänen und Wünschen, die schwangere Frauen gemeinsam haben, sie wird in ihren Essensgewohnheiten vorsichtiger, auch in ihrer Kleidung, ihren Beschäftigungen, ihrem gesellschaftlichen Leben, ihren Schlaf- und sexuellen Gewohnheiten — kurz, sie denkt über alles nach und wägt alles neu für sich ab.

Wenn es auch völlig natürlich und annehmbar ist, bis in die fortgeschrittene Schwangerschaft hinein Geschlechtsverkehr zu haben, so tritt im 11. Haus oft eine Abnahme des Geschlechtstriebs ein. Der Drang der Mutter nach Nachkommenschaft ist vorübergehend gestillt. Sie ist in einer einzigartigen Situation. Ihr Handeln und Denken drehen sich um ihr ungeborenes Kind, und viel Zeit wird mit Sinnen, Planen und Grübeln darüber verbracht, wie das Kind wohl aussehen mag, wie es handeln und leben wird. Die Mutter verhält sich zwar in der gewohnten Weise, aber ihre Aufmerksamkeit konzentriert sich sowohl innerlich auf die Welt in ihr wie auch äußerlich auf die Zukunft. Planeten im 11. Haus deuten auf Freunde deiner Mutter, Familie und Bekanntschaften hin, die ihre Ideale beeinflussen. Da du ihr ein Geheimnis bleibst, muß sie ihre Erfahrung von dir idealisieren. Du beginnst, dich in ihr zu bewegen, aber bist immer noch mehr Vorstellung als Realität.

In *Horoskop 8* bedeutet die Auslösung von Merkur im Krebs weibliche Gedanken, die durch die Opposition im Mondknoten mit asozialem Verhalten verbunden ist. Der darauf folgende unaspektierte Mars im Löwen bezeichnet eine absichtliche Geschlechtsbeziehung mit einem Mann, der nicht der Vater ist. Auf diesen Bruch folgt die Konstellation Sonne, Pluto und Mond im Löwen im 11. Haus, was auf eine

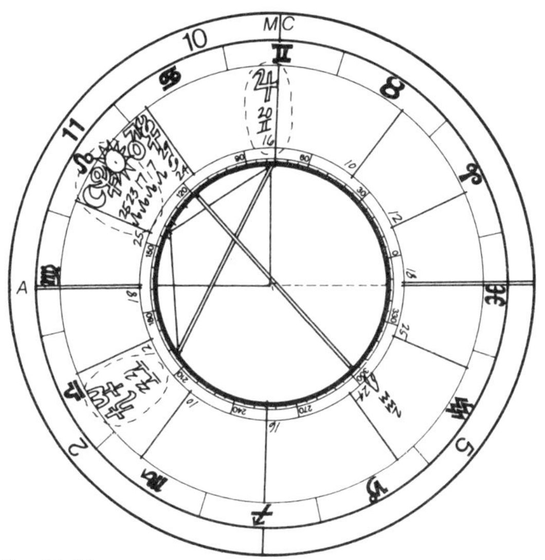

Horoskop 8: Das 11. Haus

gewaltsame Trennung und die Vollziehung der Ehe mit einem anderen «Vater» deutet, den die Mutter über das Sextil zu Saturn beeinflußt. Das Sextil zu Jupiter und dem MC verraten ein glückliches Ende. Rückblickend kann man die Dualität der Mutter als einen wesentlichen Bestandteil des MC im Zwilling erkennen. Die Mutter ist eine Schauspielerin, die gewillt ist alles zu tun, um ihre Wünsche durchzusetzen. Im Erwachsenenalter wird das entstehende Kind nach einem ähnlichen Muster leben.

In *Horoskop 9* steht der Mond in Konjunktion zum Mondknoten im Skorpion: er ist die Mutter der Mutter, die eine Entfremdung erkennt, welche auf eine Schwächung der verbindenden Kräfte (Mondknoten im Skorpion) zurückzuführen ist, obwohl eine starke Seelenbindung besteht (Mond-Mondknoten). Da der Mond im Quadrat zu Mars den Wunsch zur Einigung bedeutet wie auch eine Operation, und die Opposition zu Saturn Depression und Isolation, unternimmt die Mutter einen Abtreibungsversuch (Mars-Saturn ist nach Ebertin die Todesachse); das Kind wird wahrscheinlich nur dank der Berührung mit Venus gerettet, die den Wunsch nach Kindern verkörpert. Diese Konstellation führt dazu, daß das Kind sein Leben lang unterschwellig eine Bedrohung von seiten der Freunde und allgemein von Frauen

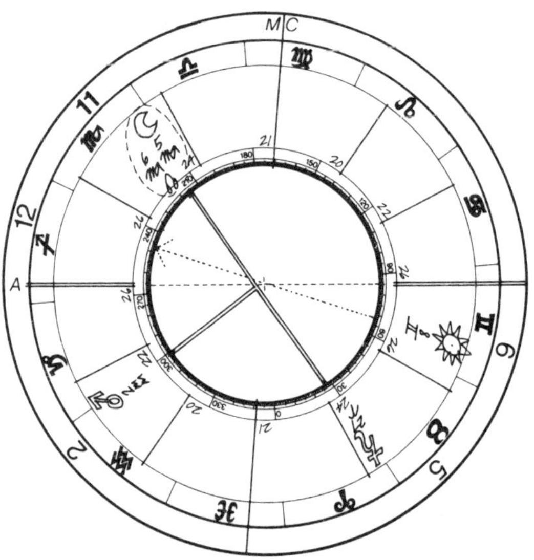

Horoskop 9: Das 11. Haus

empfindet, auch wenn die Mutter schließlich den wirklichen Vater heiratete, da die Sonne im Schützen 12 Wochen vor der Geburt akut wurde. Zum Zeitpunkt der Geburt des Kindes betrachteten die Eltern es als ein «Kind der Liebe» und als Symbol ihres lebenslänglichen Glücks, aber noch im Erwachsenenalter trägt dies Kind die gemischten Gefühle der Bedrohung während der Schwangerschaft in sich.

Ein 11. Haus ohne Planeten zeigt an, daß die Mutter selbst, ohne vorherrschende äußere Einflüsse, zu ihren Vorstellungen und Ansichten gekommen ist. Das würde geringes Interesse an Gruppen- und anderen kollektiven Kontakten im Leben mit sich bringen.

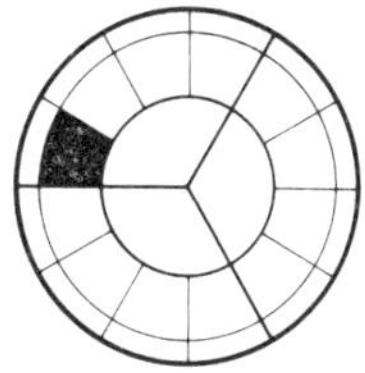

Das 12. Haus **(Fische)**

Siebzehn Wochen vor der Geburt bis zur Geburt

Am Anfang des 12. Hauses beginnt die Mutter zuzunehmen, was ihre Empfindsamkeit sowohl ihrer eigenen seelischen Wirklichkeit als auch ihrem eigenen Gefühlszustand gegenüber erhöht. Der in ihr liegende Mittelpunkt ihres Interesses wird langsam wichtiger als äußere Umstände, während ihre Abhängigkeit von anderen, je näher die Zeit der Entbindung rückt, größer wird. Das Bild der Fische, dem Zeichen, das dieser Zeit entspricht, zeigt zwei Fische, die in entgegengesetzte Richtungen schwimmen, aber am Schwanz zusammengebunden sind: es ist das Symbol dafür, daß die innere Welt der Mutter und die sie umgebende Welt gefühlsmäßig verknüpft sind. Die wesentliche Funktion der Mutter in dieser Phase ist, diese beiden Welten in Einklang zu bringen. Die zunehmende Bewegung in ihr wiegt ihre äußere abnehmende Aktivität auf und reflektiert die seelische Verbindung zwischen Mutter und ungeborenem Kind. Mit dem Näherrücken der Entbindung trägt alles zum selbstaufopfernden Element bei, das diesem Haus eigen ist: die Verpflichtung der Mutter dem Leben in ihrem Leib gegenüber, das Aufgeben ihrer eigenen Wünsche zugunsten ihres Kindes, ihre Unterordnung unter Ärzte und Spitaluntersuchungen sowie ihre begrenzte Beweglichkeit. Erst in den letzten Jahren haben schwangere Frauen angefangen, sich ihrer Möglichkeiten der aktiven Kontrolle in dieser entscheidenden Zeit in ihrem und ihrer Kinder Leben bewußt zu werden.

All jene, mit denen deine aufnahmefähig gewordene Mutter in Verbindung steht, hinterlassen einen tiefen Eindruck in deiner Psyche, vor allem die verborgenen Anteile. Darunter sind ihre Familie, Freunde, medizinischen Berater, die Hebamme und sogar die Spitalbelegschaft; deshalb ist es wesentlich herauszufinden, woher diese Einflüsse stammen und was sie für dich bedeuten, damit du die verborgenen Anteile deiner Psyche entziffern kannst. In der traditionellen Astrologie stellen die zehn Grade direkt über dem Aszendenten verborgene Anteile deiner Persönlichkeit dar. In der Zeitskala entsprechen diese zehn Grade den sieben Wochen vor der Geburt; Planeten, die in diesen Abschnitt fallen, werden zu wesentlichen Bestandteilen deiner Persönlichkeit. Diese Einflüsse finden vor deiner Geburt statt: die Ausläufer ihrer Auswirkungen sind in deinem Leben immer dann spürbar, wenn du deine Persönlichkeit geltend machen willst. Oft liegt hier der Grund für die unbewußte Spannung, die wir alle gerade vor wichtigen Treffen, Prüfungen, Kennenlernen neuer Menschen, Auftritten oder Ereignissen erleben, wenn unsere Persönlichkeit im Mittelpunkt steht. Wie wichtig die Wahrnehmung schwangerer Frauen zu dieser Zeit ist, kann gar nicht genug betont werden. Ein Unterschied in ihren Reaktionen

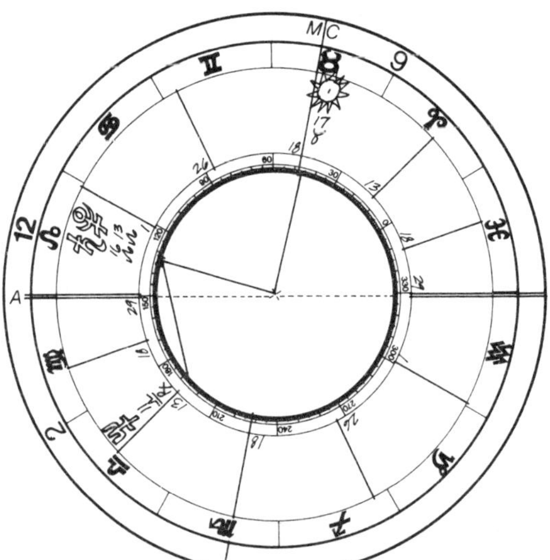

Horoskop 10: Das 12. Haus

kann für den Unterschied zwischen einer schwierigen oder einer außergewöhnlichen Persönlichkeit ihres Sprößlings maßgeblich sein.

In *Horoskop 10* weist die Saturn-Pluto Konjunktion auf harte Arbeit und Abgrenzung, die vom Quadrat zur Sonne, d.h. dem Vater ausgeht; das führt zu großen Hemmungen und einem Gefühl des Unwohlseins bei bloßer Anwesenheit anderer. Das Sextil von Neptun macht noch empfindlicher. Diese Konfiguration führt dazu, daß dieser Mensch andere fürchtet, aber auch die Einsamkeit, wobei die vorstellungsreiche Phantasie Neptuns den einzigen Ausweg zeigt. Je mehr Anerkennung, umso größer das Gefühl der Spannung. Hier handelt es sich um einen extremen Fall, da der Aufmerksamkeitsentzug des Vaters die Mutter unter Druck setzt.

Sowie die Geburt näherrückt, wird sich die Mutter der vielen möglichen Geburtsumstände bewußt. Der beste Ratgeber im vorgeburtlichen Zustand sind die bewußten und unbewußten Wahrnehmungen der Mutter selbst. Sie sollte auf natürliche Weise erspüren, was die richtige Nahrung für sie ist, zur richtigen Zeit und in der richtigen Art ihre Übungen machen, und sie sollte beginnen, sich nach ihren täglichen Zyklen zu richten, die schließlich den Zeitpunkt der Geburt bestimmen.

Geht man der Geburt auf natürliche Weise entgegen, dann stehen

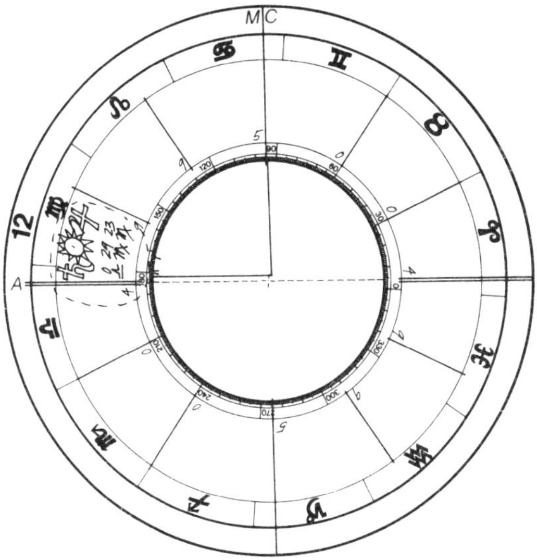

Horoskop 11: Das 12. Haus

entweder die unterstützende Sonne, der Mond, Merkur, Venus oder Jupiter gerade vor (über) dem Aszendenten, oder aber gar keine Planeten. Mars oder Saturn gerade vor der Geburt deuten gewöhnlich auf einen Arzt oder eine Hebamme, die für die Entbindung verantwortlich sind, und zeigen den Einfluß auf die Entbindung und die Auswirkung, die das auf deine Persönlichkeit hat. Damit ist gemeint, daß Kraft (Mars) oder Verengung (Saturn) Elemente der Entbindungstechniken darstellen.

Kraftanwendung kann Widerstand in der Mutter auslösen, die Beengtheit, wie es die gemeinhin in Spitälern verwendeten Bügel bewirken, würde sie verkrampfen. Diese Einflüsse gehen unmittelbar in deine Persönlichkeit über.

In *Horoskop 11* steht die Sonne im letzten Grad der prüfenden Jungfrau in Konjunktion zu Saturn im ersten Grad Waage; es ist das Horoskop eines bei der Geburt adoptierten Kindes, wo die Saturn-Sonne Konjunktion die Erkenntnis von Mutter und Vater darstellt, daß sie für immer von ihrem Kind getrennt sein würden, was sie wußten, seit sie die Schwangerschaft angenommen hatten (Quadrat zum MC). Der Arzt wurde zeitweilig gerade vor und während der Geburt zum Vater.

Einwirkungen von Uranus und Pluto oder deren Aspekte bedeuten drastische Veränderungen in Verhalten oder körperlicher Befindlichkeit unmittelbar vor der Geburt. Da beide Planeten im allgemeinen Generationseinflüsse anzeigen, rühren die Veränderungen von allen bei der Geburt anwesenden Menschen her, etwa der Spitalbelegschaft, von Freunden, Familie oder Hebamme in ihrer Gesamtheit.

Neptun im 12. Haus verrät den Grad der Sensibilität deiner Mutter kurz vor der Geburt. Die traditionelle Deutung von Neptun am AC ist Beeinflußbarkeit, Illusionen, Sinnestäuschung oder Medikamente und bedeutet, daß Geburten eingeleitet werden oder solche, bei denen anästhesiert wurde. Die Anwendung von Medikamenten bei der Geburt ist ein Ersatz für die natürlichen Empfindungen deiner Mutter und der Versuch, ihre Reaktionen auf den Geburtsprozeß zu dämpfen oder auszuschalten. Neptun weist auf Losgelöstheit und außergewöhnliche Empfindsamkeit in der Persönlichkeit, die aus einer solchen Geburt hervorgeht.

Der Mondknoten im 12. Haus beschreibt die Verbindungen deiner Mutter bis zu deiner Geburt als Keimboden für deine entstehende Persönlichkeit. Ihr Gefühl der Zugehörigkeit zu oder der Trennung von einer Gruppe von mitfühlenden Freunden, Begleitern oder der Spitalbelegschaft bildet ein Muster für deine persönliche Haltung zu solchen Gruppen und ihren Vorstellungen.

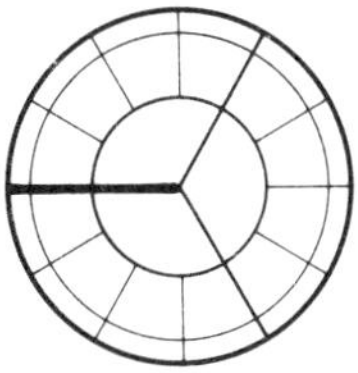

Der Aszendent

Die Geburt

Der Aszendent wird in dem Moment fällig, wo du deinen ersten Atemzug nimmst und markiert den Übergang zwischen Schwangerschaft und Kindheit. Die Beschreibung der Geburt als «Prozeß» ist eine Parallele zum Prozeß deiner Persönlichkeitsentwicklung. Persönlichkeit ist nicht ein «Ding», sondern ein Muster von Verhaltensweisen und Betätigungen, die sich in scheinbar unendlich vielen Variationen das ganze Leben hindurch wiederholen.

Die Geburtsumstände beinhalten alles, was vor, während und nach der Geburt geschehen ist, und die Persönlichkeit, die mit der Geburt ausgelöst wird, stellt eine Verbindung der vielen Einflüsse dar, die ein Muster in der Zeit bilden. Persönlichkeit ist ein Mechanismus, bei dem du instinktive und unbewußte Inhalte ausleben kannst, und wird durch die Atmosphäre um deine Mutter während der Geburt stark beeinflußt. Das Tierkreiszeichen, in dem dein Aszendent steht, ist ein Symbol dieser synchronistischen Verbindung. Tabelle 12 enthält eine Liste der Tierkreiszeichen am Aszendenten mit den damit assoziierten Rahmenbedingungen und Charakteren. Die Planeten, die jeweils Herrscher der Zeichen sind, fügen den allgemeinen Zeichenqualitäten zusätzliche Merkmale hinzu.

Die Streuungsbreite der Deutungen beschreibt Persönlichkeiten, die sich aus der Art der Geburtsumgebung ableiten. Man wählt die zutreffendsten Begriffe anhand der Planeten um den Aszendenten, unter Berücksichtigung der für die Schwangerschaft bis zur Geburt beschriebenen Umstände, sowie der Planeten, die Aspekte zum Aszendenten bilden.

Planeten in Konjunktion zum Aszendenten zeigen Menschen und Einflüsse an, die unmittelbar auf deine Geburt und Persönlichkeit wirken. Besteht eine Konjunktion vor (über) dem exakten AC, so wirkt

Tabelle 12: Deutung des Zeichens am Aszendenten

Widder	=	Ruhelos; voller Energie; setzt sich durch; unbesonnen; aggressiv; egoistisch; ungeduldig. — Von Mars als Herrscher: Operationen und Chirurgen; aggressive Ärzte oder Hebammen; ungeduldige Menschen; Verletzungen infolge von Zangengeburt; Spital.
Stier	=	Stabilität; ruhig; sicher; häuslich; sinnlich; schön; attraktiv; heimelig. — Von Venus als Herrscherin: Frauen; Hebammen; anziehende Leute; Künstler; liebevolle, aufmerksame Menschen; Kinder.
Zwillinge	=	Veränderlich; zweideutig; anpassungsfähig; oberflächlich; beweglich; schwatzhaft; beobachtend; dualistisch; nervös. — Von Merkur als Herrscher: Kinder; Massen; Denker; Klatsch; Dränger; Schwätzer; gewandte Gesprächspartner.
Krebs	=	Launenhaftigkeit; Häuslichkeit; Einfachheit; Mutterschaft; Passivität; Wärme; Konservatismus; Verlaß auf Andere; Empfindsamkeit. — Vom Mond als Herrscher: fühlende Menschen; Instinktbedingtes; Hebammen; Frauen; Mütter; Krankenschwestern; stillende Frauen; Feministinnen.
Löwe	=	Gebieterisch; überzeugt; aufgeschlossen; freudig; Selbstvertrauen; offen; aktiv; stolz; hervorragend; spielerisch. — Von der Sonne als Herrscher: warm; beherrschend; zielgerichtet; kühn; extravertiert.
Jungfrau	=	Naiv; jungfräulich; stabil; kritisch; nervös; Spitäler; Zurückhaltung; sauber; hygienisch; steril; vorsichtig; aufmerksam; pedantisch. — Von Merkur als Herrscher: intellektuell; Medizinstudenten; Ärzte; Krankenschwestern; Beobachter; Kritiker; Verdauungsschwierigkeiten; Zusammenarbeit; Teams.
Waage	=	Ausgeglichen; harmonisch; häuslich; lebhaft; autoritär; unbeschwert; eitel; aufmerksam; redselig; launisch; gefällig; gesellschaftlich. — Von Venus als Herrscherin: junge Leute; Frauen; Krankenschwestern; Hebammen; Ärztinnen; Schönheiten; Freund(inn)e(n).
Skorpion	=	Unharmonisch; feucht; heißköpfig; vorsichtig; arbeitsam; leidenschaftlich; trennend; heftig; chirurgisch; impulsiv; gefährlich; brutal; gewaltsam. — Von Mars als Herrscher: überleben; Chirurgen und Operationen; Kaiserschnitte; Techniker; Zangengeburten; Brutalität; Gefahr; Gewalt. — Von Pluto als Herrscher: tragische Ereignisse; Erleiden; große Spitäler; gewaltsame Geburten; gewalttätige öffentliche Ereignisse; Beschneidung.

Schütze	=	Enthusiastisch; athletisch; freudig; gut gelaunt; expansiv; die Fremde; natürlich; zerstreut; gesellig; unordentlich; lebhaft; abenteuerlich; geschwätzig; religiös. — Von Jupiter als Herrscher: expansiv; Ärzte; Großeltern und Verwandte; Ordensspitäler; Nonnen; Krankenschwestern; fremde Spitäler und Länder; Toleranz.
Steinbock	=	Konzentration; Ernst; praktischer Sinn; lange Wehen; Hemmung; harte Arbeit; Ziele; Vorbehalt; pragmatisch; Ängstlichkeit; Körperlichkeit. — Von Saturn als Herrscher: Wille; Zurückhaltung; Ärzte und Chirurgen; ältere Leute; Strenge; Paternalismus; Männlichkeit; Langsamkeit; Methodik; Verdrängung; gefühllos; materialistisch; teuer.
Wasser-mann	=	Gemeinschaftlich; abstrakt; freundlich; losgelöst; gesellig; fortschrittlich; mitfühlend; erfinderisch; exzentrisch; idealistisch; Utopist; geplant. — Von Saturn als Herrscher: verwirklichte Pläne; Ernst; ältere Ärzte oder Großeltern. — Von Uranus als Herrscher: erfinderisch; technologisches Interesse; instrumentell; originell; unkonventionell; mechanisch; rebellisch; wissenschaftlich; veränderlich; rhythmisch.
Fische	=	Selbstaufopfernd; fehlendes Vertrauen; äußerlich beeinflußbar; Anästhesie; deprimiert; unbestimmt; faul; bequem; sonderbar; passiv; schlafend; schwach; betäubt; eingeleitete Geburt; sanft; einfach. — Von Jupiter als Herrscher: institutionsmäßig; isoliert; zufrieden; visionär; verschwenderisch; religiös. — Von Neptun als Herrscher: übersinnlich; träumerisch; (mit Drogen oder Medikamenten) betäubt; idealistisch; Utopist; zurückhaltend; sensitiv; mystisch; Flucht vor der Wirklichkeit; Gefühlsüberschwang; unbestimmt.

Tabelle 13: AC/Planet-Deutung

Aspekt	*Verkörperungen*
Sonne/AC	Vater, Männer, Arzt, Großvater
Mond/AC	Mutter, Großmutter, Hebamme, Kinderschwester, Frauen
Merkur/AC	Freunde, schwatzhafte Menschen, Kinderschwestern, kleine Kinder, Klatsch
Venus/AC	Frauen, Schwestern, Kinderschwestern, Mädchen, anziehende Menschen, Geliebte, Hebammen
Mars/AC	Chirurg, Arzt, Hebamme, Männer, Kämpfer, Angreifer, kleine Jungen
Jupiter/AC	Arzt, Hebamme, Onkel, Tante, Großeltern, Team, Positivisten, Priester
Saturn/AC	Arzt, Spitalpersonal, Großeltern, ernste Menschen, hemmende Menschen, Einsame
Uranus/AC	Erregbare Menschen, Erneuerer, Originale, Techniker, Krankenwärter
Neptun/AC	Narkoseärzte, Krankenschwestern, übersinnlich begabte, sensitive Menschen, Drogisten, Medien
Pluto/AC	Ärzte, Personal, mächtige Menschen, Autoritäten, faszinierende Menschen, Leute, die die Zügel in der Hand halten
Mondknoten/AC	Familie, Freunde, Kinderschwestern, Kollegen, Gefährten, Sozialarbeiter

Einflüsse

Beziehungen zu Männern, Anerkennung, Beliebtheit, persönliche Einstellung zu anderen, Selbstvertrauen, körperliche Beziehungen, die Öffentlichkeit, Männlichkeit

Persönliche Gefühle zu anderen, weibliche Einflüsse, Mütterlichkeit, Schutz, Stillen, Empfindsamkeit, Empfänglichkeit, Anpassungsfähigkeit (Alkaloide, eingeleitete Geburt, Narkose, Medikamente/Drogen, wässerige Geburt)

Gedanken bei der Geburt, Definitionen, reden, veränderliche Ansichten, Ideen, Kritik (Sinnesreize, Nerven)

Harmonische Persönlichkeit, liebevolle Atmosphäre, Kunst, schmücken, schöne Umgebung, leichte Geburt, Freude, ausgeglichen (guter Teint, gute Erscheinung, gute Proportionen)

Kämpferisch, Teamarbeit, gewaltsame Erfolge, Körperkraft, Ruhelosigkeit, Entscheidung (Operation, Kraftanwendung, Beschneidung, Gewalt, Dammschnitt, Zangengeburt, Gesichtsnarbe, Unfälle, Kaiserschnitt, Geburtsapparat)

Leichte Geburt, erfreuliche Erfahrungen, angenehmes Wesen, Kompromiß, Großzügigkeit, Korrektheit, erfolgreiche Operationen (großes Baby, Gelbsucht, Schwierigkeiten beim Stillen)

Isolation, Einschränkung, Hemmung, Ernst, Erfahrung, Hindernis, Depression, Absonderung (Trennung, Isolation, lange Wehen, Geburtsapparate, diffizile Haut, Stokkungen, Spannung, Amputation, Fehlfunktionen von Sinnesorganen, Gesichtsnarbe, Frühgeburt, Todgeburt, Mangel an Beachtung)

Aufregung, Originalität, wissenschaftliche Geburt, Bewegung, Rhythmus, Zwischenfälle, Unruhe, plötzliche Ereignisse, unerwartete Umstände (schnelle Geburt, kurze Einleitung der Wehen, Maschinen, Monitor, Kopfschmerzen, Zangengeburt, Unfälle, empfindliche Haut und Nervensystem, Beschneidung)

Beeindruckbar, empfindsam, unsicher, sonderbare Kontakte, Enttäuschung, einfühlend, Ausnützung (Einleitung der Geburt, Narkose, Alkohol, Drogen, sonderbare Geburt, träumerisch, Wassergeburt, Sinnestäuschung, Mißbildungen, Brutkasten)

Faszinierende Persönlichkeit, Ehrgeiz, übersinnliche Kräfte, ungewöhnlicher Einfluß, Wiederherstellung, dramatische Wenden, radikale Veränderungen (Gewalt, Kaiserschnitt, Zangengeburt, brutale Geburt, Zwangsgeburt, körperliche Verformung, Operation, Unfälle, Beschneidung)

Kollektive Kontakte, persönliche Beziehungen, Familieneinflüsse, soziale Kontakte, Teamarbeit, Beziehungen herstellend (Atmung, Stoffwechsel, Spitalgeburt, asoziales Verhalten)

dieser Einfluß auf deinen initiativen Persönlichkeitsanteil; wenn sie *nach* dem AC steht, ist der Einfluß nach der Geburt am stärksten und stellt Wirkungen aus deiner Persönlichkeit dar. Die Nähe zum Aszendenten zeigt an, wie stark eine Planetenverbindung wirkt. Je näher der Orbis, umso unmittelbarer und vollständiger ist der Einfluß auf deine Persönlichkeit.

Um die Persönlichkeit durch die Analyse der Geburt zu begreifen, muß man die Reihenfolge der Einflüsse vor, während und nach der Geburt beschreiben. Daraus ergibt sich, wie sich deine Persönlichkeit in Verhaltensweisen und Entwicklung über lange Lebensperioden und in kurzfristigen Situationen offenbart. Erhält die Mutter im Stadium der Wehen große Aufmerksamkeit, aber wird ihr das Kind nach der Geburt gleich weggenommen, dann steht später im Mittelpunkt deines Interesses, Energien für die Durchsetzung der Persönlichkeit zu gewinnen, wobei die Beachtung schnell nachläßt. Die Ereignisfolge bei der Geburt ist für die Beschreibung des Prozesses deiner Persönlichkeit maßgebend. Planeten in Konjunktion oder einem Aspekt zum Aszendenten weisen auf bei der Geburt anwesenden Menschen hin, auf Einflüsse, die von ihnen ausgehen und deren Wirkung auf deine Persön-

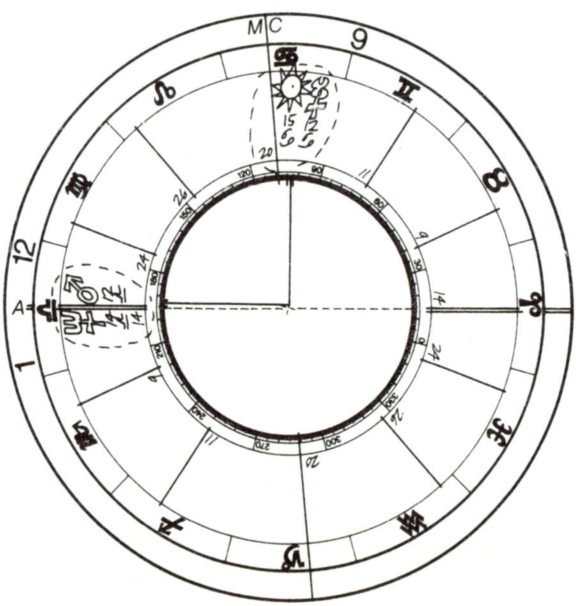

Horoskop 12: Der Aszendent

lichkeit. Stehen Aszendent oder etwaige Planeten in einem der Doppelzeichen (Zwillinge, Krebs, Waage, Schütze, Wassermann oder Fische), so sind die Verkörperungen und Auswirkungen zweifach und weisen auf mehr als eine Person und einen Einfluß hin. Tabelle 13 führt die Planeten und ihre Auswirkungen auf, wie sie sich als Einfluß während der Geburt niederschlagen. Jede Person/Planet kommt als eine Seite oder Unterpersönlichkeit deiner Gesamtpersönlichkeit zum Vorschein. Die Planeten werden hier wie traditionelle Aspekte von Planeten zum Aszendenten behandelt.

Bestehen Planetenverbindungen, dann wirken sie gegenseitig aufeinander ein. Sind etwa sowohl Mars wie Saturn daran beteiligt, so machen schwierige Wehen (Saturn) die Unterstützung oder den Eingriff eines Arztes (Mars) nötig. Würde die saturnische Schwierigkeit durch einen positiven Aspekt zu Jupiter ergänzt, dann bedeutete dies lange und schwierige Wehen, aber ohne Komplikationen. Stehen Mars und Saturn im Sextil oder Trigon zum Aszendenten, dann nimmt der Chirurg eine unterstützende Rolle ein. Ein Trigon von Saturn kann eine ältere Person sein, die ihr beisteht. Ein Quadrat vom Mond ist eine Frau oder Großmutter, die einen spannungsgeladenen Einfluß ausübt.

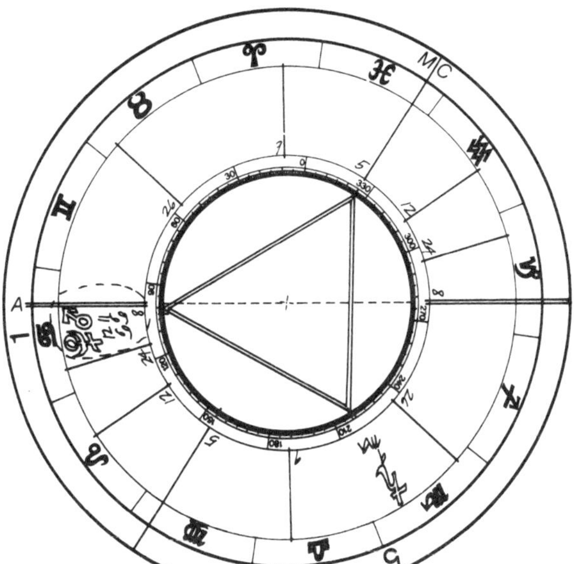

Horoskop 13: Der Aszendent

Die Geburtsbeschreibung kommt zustande, indem man die bei der Geburt anwesenden Menschen (durch die Planeten gedeutet) mit der Geburtsatmosphäre (Zeichen am Aszendenten) verbindet. In *Horoskop 12* umklammern Mars und nachher Neptun den Waage-Aszendenten. Der Arzt (Mars) hat eine Spritze und eine Vollnarkose für die Geburt verabreicht, aber das Quadrat zur Sonne deutet auf Losgelöstheit vom Vater und/oder Arzt hin. Im Nachhinein wurde die Anästhesie als unnötig erachtet (widergespiegelt im Mars-Neptun-Quadrat zur Sonne). In der Folge von Erstickungsgefühlen bei der Geburt litt dieser Mensch jahrelang an Schlaflosigkeit und wurde wiederum unnötigerweise mit Medikamenten behandelt!

Horoskop 13 zeigt eine klare Zangengeburt: Mars-Pluto Konjunktion mit dem Aszendenten. Die Nachwirkung wird durch die Einengung des Geburtskanals (Trigon zu Saturn) gesteigert, wurde aber durch die Einleitung der Geburt durch den Arzt ausgelöst (Trigon zum MC in Fische, von neptunischen Medikamenten/Drogen beherrscht). Die daraus hervorgehende Persönlichkeit ist gemütlich und mütterlich, aber hinter der stabilen Krebs-Erscheinung stecken Stress, Gewalt und Aggression, die sich auf Gefühlsbelange konzentrieren.

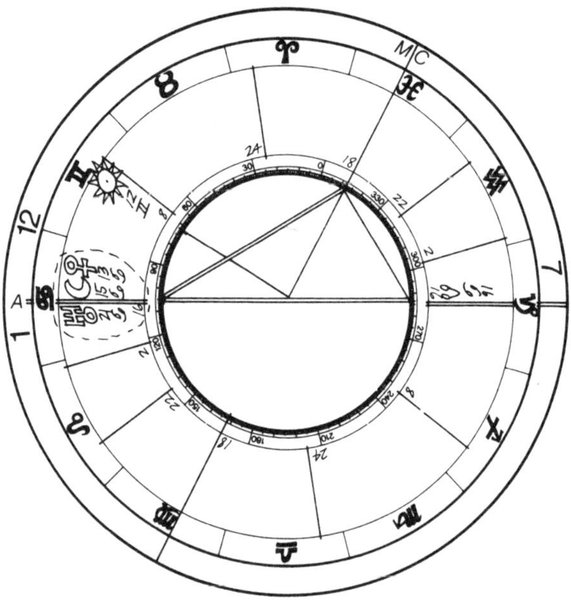

Horoskop 14: Der Aszendent

Horoskop 14 ist das Horoskop der Erstgeborenen von weiblichen Zwillingen, was der Fische-MC anzeigt, und der Mond, AC und Uranus bestätigen, die alle im Doppelzeichen Krebs in Opposition zum Anschluß suchenden Mondknoten im Steinbock stehen. Bei diesem, dem älteren Mädchen, fällt die Opposition vom Mondknoten, der Zugehörigkeit und Familienkontakt bedeutet, ins 1. Haus ihrer Persönlichkeit, während sie bei ihrer jüngeren Schwester ins 12. Haus gerät. Im 1. Haus beinhaltet sie einen starken Drang nach Zusammenschluß, im 12. Haus aber einen starken Drang, allein zu sein. Tatsächlich kennzeichnen diese hervorstechenden Züge den Unterschied zwischen den Zwillingen.

Horoskop 15 zeigt eine Geburt, bei der der Vater eine sehr wichtige Rolle spielt (Trigon zur Sonne), jedoch abwesend ist (Sonne im Skorpion), so daß ein ortsansässiger Arzt (Pluto) die Situation in die Hand nimmt und das Kind erfolgreich entbindet. Die Persönlichkeit ist voller Kraft, die vom Arzt herrührt, und als Resultat zeigt es eine Frau mit einer starken Identität in der Öffentlichkeit auf; sie hat aber auch einen mächtigen und unnahbaren Mann.

Während der Schwangerschaft ist deine Mutter die wichtigste auf-

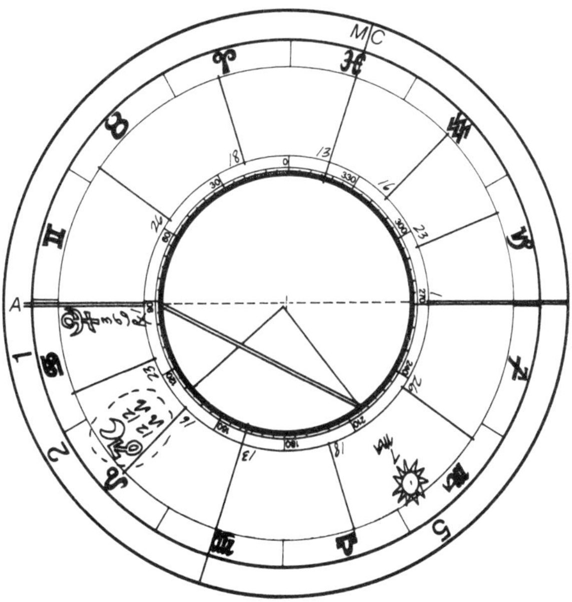

Horoskop 15: Der Aszendent

nehmende Vermittlerin; viele Geburtsaspekte beziehen ihre Qualität aus der Art, wie sie ihre Lage wahrnahm und darauf reagierte. Jetzt hast du deinen ersten Atemzug getan und von nun an wirken alle Lebensereignisse direkt auf dich.

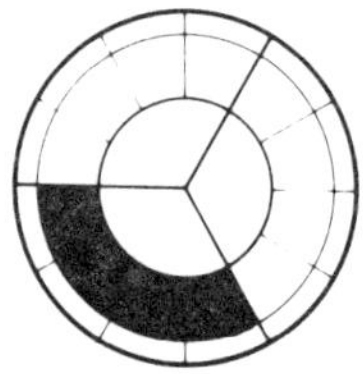

DIE OKTAVE DER KINDHEIT

Mit der Geburt trittst du in die Oktave der Kindheit ein, die bis zum Alter von etwa sieben Jahren dauert; in dieser Zeit gestaltest du deine Persönlichkeit, die bei der Geburt ausgelöst wurde, und paßt sie an. Weil die Einflüsse während der Kindheit über das Medium der Familie aufgenommen werden, mußt du, um das Wesen deiner Persönlichkeit zu verstehen, das Zuhause deiner Kindheit und die Beziehung zu deiner Familie begreifen. Die entsprechenden Häuser liegen im Horoskop unter dem Horizont; somit ist der Einfluß, der von ihnen ausgeht, subjektiv und unbewußt; er ist auf Einflüsse zurückzuführen, die außerhalb deiner unmittelbaren Kontrolle liegen.

Deine Persönlichkeit entwickelt sich auf dem Hintergrund der bereits vorhandenen Beziehungsstruktur deiner Eltern, und von ihnen zu anderen Familienmitgliedern. Deine eigene Entwicklung verläuft während der Kindheit schnell, wenn man sie mit dem eher statischen Rahmen deiner Familie vergleicht. Du mußt dein instinktives Verständnis von Beziehungen ständig der Haltung gegenüberstellen, die deine Eltern als Verhaltensregeln auf dich projizieren. Dieser Austausch schafft ein Wertsystem, nach dem du in deinem Leben lebst.

Planeten in der Kindheit und Aspekte aus den anderen beiden Oktaven stehen für Menschen in deiner Umgebung sowie Menschen, auf die du deine Persönlichkeit stützen kannst. Sie sind Vorbilder für dein Verhalten, die du annehmen, ausschließen oder integrieren kannst. Da die meisten Kindheitseinflüsse über die Mitglieder des Familienkreises oder Menschen, die hier ein- und ausgehen, vermittelt werden, prägt die vorherrschende Familienwirklichkeit deine Ansichten in hohem Maße. Du magst in der Wahl deiner eigenen Ansichten und Verhaltensweisen frei sein oder nicht; das hängt davon ab, was für deine Familie annehmbar ist. Eine deiner Hauptaufgaben in dieser Zeit ist, zu verstehen, was die Familie ist und welche Einstellung sie hat.

Freud vertrat die Auffassung, daß ein Mensch während der Kindheit die gesamte Menschheitsentwicklung wiederholt. Die vier Häuser der Kindheits-Oktave beschreiben eine kollektive Entwicklung (die wir alle durchleben müssen), die jedoch für jeden einzigartig ist. Die frühen Entwicklungsstadien der Menschheit sind sagenumwoben, und Begebenheiten in der Kindheit sind von einer fabel-haften und phantastischen Aura umgeben — sogar die Lebensgeschichten deiner Eltern spielen ihre Rolle in der Festlegung deiner Persönlichkeit.

☉ *Die Sonne in der Kindheit* ist die lebenswichtige Beziehung zu deinem Vater. Während der Schwangerschaft war sein Einfluß indirekt, aber in der Kindheit wirst du dir zunehmend seiner verhältnismäßigen Wichtigkeit innerhalb der Familie bewußt. Das ist oft darauf zurückzuführen, daß die meisten Väter wenig direkten Kontakt mit ihren Kindern haben, bis diese anfangen zu reden, manchmal dauert es sogar noch länger. Wird die Sonne in dieser Zeit fällig, dann hat dein Vater einen starken Einfluß auf deine Persönlichkeit. Aufgrund des natürlichen Kontakts mit Großvätern und Onkeln in der Kindheit ist es wahrscheinlich, daß auch diese an den Sonnenqualitäten teilhaben. Aspekte von der Sonne zu Planeten in der Kindheit bezeichnen indirekte väterliche Qualitäten. So etwa in Horoskop 15, wo der Vater bei der Geburt fehlt; in der Kindheit dann, mit einem Jahr, stehen Mond und Mars im Quadrat zur Sonne, und das deutet auf eine ständige Trennung hin.

☽ *Der Mond in der Kindheit* steht für deine frühen Gefühle zu deiner Mutter und das Fortbestehen des Weiblichen nach der Schwangerschaft, in der es von tiefster Bedeutung war. Während die mütterlichen Eigenschaften in der Schwangerschaft das Medium bilden, in dem du körperlich entstehst, wird die Mutter in der Kindheit mehr zur Beschützerin und Führerin für deine Persönlichkeitsentwicklung. Unmittelbar nach der Geburt kannst du dich, aus einem notwendigen und natürlichen Überlebensinstinkt, noch nicht von deiner Mutter unterscheiden; du bist an sie gebunden. Erst mit der Zeit beginnst du, dich von ihr und ihrem Einfluß zu lösen. Am Ende der Kindheit kannst du dich und sie sowie andere Frauen auseinanderhalten; am Anfang aber ist sie mit Kinderschwestern, Großmüttern, Tanten, Ersatzmüttern und sogar älteren Schwestern austauschbar.

☿ *Merkur in der Kindheit* ist Kommunikation, wie du ja bereits in der Gebärmutter Töne und Wörter aufnimmst und einordnest. Die ersten merkurischen Verkörperungen sind andere Kinder und die Wirkung, die sie auf dich ausüben, es sei denn, Merkur steht im Aspekt entweder zur Sonne oder zum Mond; in diesem Fall findet die Kommunikation vorwiegend mit einem deiner Eltern statt. Merkur bedeutet Kinder daheim, während Aspekte von Merkur auf Planeten in der Kindheits-Oktave Kinder außerhalb deiner unmittelbaren Familie anzeigt. Andere Planeten, die einen Aspekt zu Merkur bilden, färben dessen Rollenträger. Aspektieren etwa Merkur und Saturn einen Planeten in der Kindheit, dann kann die Kommunikation von einem redseligen Großelternteil ausgehen.

♀ *Venus in der Kindheit* bedeutet Anpassung an oder Beziehung mit jungen Frauen oder Kindern, die deine Liebe oder deinen ästhetischen Sinn wecken. Mit einem Aspekt zum Mond kann Venus die ästhetische Qualität deiner Mutter sein. Venus steht für Menschen und Dinge, die du bereitwillig annimmst und an die du dich gerne anpaßt. Zeichnen, Malen, Musik, Geschmack für Kleidung und das allgemeine Aussehen deiner familiären Welt steht entweder im Widerspruch zu deiner Auffassung (bei Quadraten oder Oppositionen) oder untermauert sie.

♂ *Mars in der Kindheit* zeigt den Wunsch, über die Eltern hinauszugehen oder dich deiner Familie entgegenzustellen. Mars ist aktiv, absichtlich und kann zerstörerisch sein, dabei ist er beweglich und intensiv, denn seine Funktion besteht darin, Aktivität in statische Situationen zu bringen und sie aufzubrechen, damit Kreativität daraus entstehen kann. Mars herrscht auch über Unfälle und fiebrige Kinderkrankheiten, die durch lebhafte Bewegung verursacht werden oder diese einschränken.

♃ *Jupiter in der Kindheit* bezeichnet Expansion oder Unterstützung durch Freunde der Familie oder durch Menschen außerhalb derselben sowie die zuhause vorherrschende religiöse Einstellung. Großzügigkeit und Optimismus klingen in Ereignissen und Menschen an, die Jupiter verkörpern und entsprechende Qualitäten übermitteln.

♄ *Saturn in der Kindheit* weist auf Einschränkungen hin, die deine Entwicklung bestimmen und einengen. Er zeigt eine Tendenz zur Isolation, dich zurückzuziehen und deinen eigenen Weg zu gehen, und wird durch Menschen verkörpert, bei denen du eben dieses Verhalten beobachtest. Sein Einfluß ist Ernst, Konzentration, Pessimismus oder Negativität und kann genauso von finanziellen und örtlichen Umständen herrühren wie von einzelnen Individuen. Oft weist er auf den Hausarzt hin.

♅ *Uranus in der Kindheit* ist exzentrisch, ungewöhnlich, zeigt aufreizende oder unabhängige Tendenzen, die nicht mit den Familienregeln oder -perspektiven übereinstimmen. Die Übermittler der uranischen muster-aufbrechenden Wirkung sind vorwiegend ruhelose, reizbare, unberechenbare Einflüsse und treten zyklisch auf.

Neptun in der Kindheit bedeutet Empfindsamkeit, Empfänglich- ♆ keit und psychische, gefühlsmäßige Verbindungen innerhalb deiner Familie und zu anderen. Phantasien, imaginäre Freunde, Spielzeuge oder Tiere, die eigene Identitäten entwickeln, Träume und die Welt der Täuschung sind alle neptunisch. Neptun entspricht oft nicht wirklichen Personen oder Tieren, sondern setzt sich aus vielen eingebildeten Figuren oder Gegenspielern von Familienmitgliedern zusammen. Die Verbindung zu diesen Vorstellungen nimmt in Zeiten von Krankheit oder Schwäche überhand.

Pluto in der Kindheit ist die Verbindung und Beziehung zur Öffent- ♇ lichkeit außerhalb deiner Familie, die oft über die Medien propagiert wird. Kontakt mit Nachrichten und Berühmtheiten über das Fernsehen setzt dich der gängigen Meinung und den Regeln der Welt im allgemeinen aus. Pluto übermittelt auch vorherrschende Auffassungen über die Kindererziehung, vom allgemeinen Standpunkt bis zu dessen Ablehnung, etwa in Form von Gewalttätigkeit und Kindesmißbrauch.

Der Mondknoten in der Kindheit ist die Fähigkeit, dich an deine ☊ Familie und an die Verwandten, Nachbarn und Freunde, die mit ihr in Verbindung stehen, als umfassende Einheit anzupassen.

*****

Überwiegen die Planeten in dieser Oktave, dann ist das ein Hinweis darauf, daß die Befähigung, deine Persönlichkeit innerhalb der Familiensituation darzustellen, für die Ausgestaltung deiner Weltanschauung wesentlich und von vorrangiger Bedeutung ist.

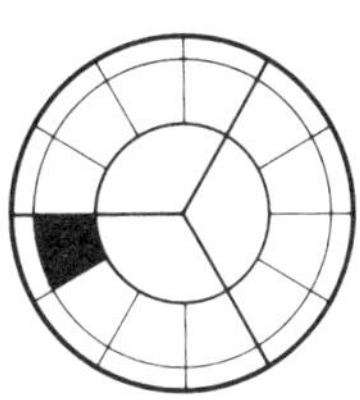

Das erste Haus **(Widder)**

Geburt bis zu sieben Monaten

In den ersten sieben Monaten nach der Geburt bist du vollkommen von der Unterstützung und Nahrung deiner Mutter abhängig, sie wird zu einer Erweiterung deines Willens. Die Anforderungen, die du an sie stellst, sind instinktiv und verlangen nach unmittelbarer Befriedigung; sie wiederum reagiert instinktiv und befriedigt deine Wünsche. Was für eine Qualität diesem Austausch innewohnt, wird durch das oder die Zeichen, die das erste Haus besetzen, bestimmt. Feuerzeichen bedeuten sofortige Durchsetzung; Erdzeichen sind körperliche Verbindungen; Luftzeichen bedeuten Kommunikation und Wasserzeichen Gefühlsbindungen. Da sich jedes Haus in der Regel mit mehr als einem Zeichen (und Element) überschneidet, erfährt die Mutter-Kind Beziehung zu irgendeinem Zeitpunkt in diesem Haus eine Veränderung.

In *Horoskop 16* steht die Zeit von der Geburt bis zu sieben Monaten im Zeichen der isolierten Fische, und die übrigen neun Monate des 1. Hauses werden durch den geltungsbedürftigen Widder besetzt. Zu diesem Zeitpunkt findet ein dramatischer Wechsel statt, indem der Charakter des Kindes anfänglich unscharf erscheint, sich jedoch plötzlich klärt und bestimmt wird. Dieser Wechsel verweist auf die Mutter, die durch den Fische-Mond im Quadrat zu Merkur und dem MC anzeigt, daß weibliche Einflüsse über die Persönlichkeit vorherrschen. Planeten in der Nähe des Aszendenten im 1. Haus bedeuten die Be-

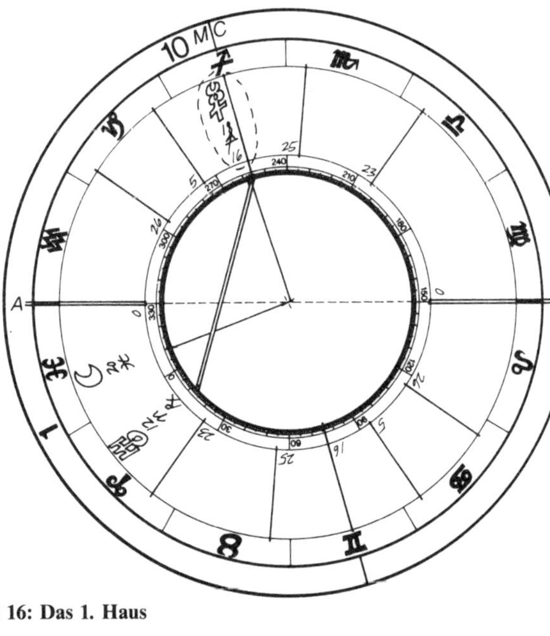

Horoskop 16: Das 1. Haus

handlung unmittelbar nach der Geburt. Ein solcher Einfluß könnte sich in den Zeichen Skorpion oder Fische als Trennung von der Mutter auswirken, auch wenn die Planeten Saturn, Neptun oder der Mondknoten daran beteiligt sind. Diese bedeuten Menschen, die dich zusätzlich zur Mutter beeinflussen; solche, die ihr stellvertretend beistehen und in Notfällen für sie einspringen oder sie gar in Schwierigkeiten ersetzen. In Horoskop 16 könnte der Fische-Mond eine Kinderschwester sein oder eine Mutter-Phantasie, beides als Ersatz für die tatsächliche Zuwendung der Mutter.

In *Horoskop 17* wird ein Junge mit 10 Wochen durch eine Ersatzmutter adoptiert, was Mond und Jupiter im Doppelzeichen Wassermann im Trigon zu Mars, der im 8. Haus der Trennung steht, anzeigen. Die nachfolgende Venus ist eine junge Frau (Schwester), die seinem Geltungsdrang widersteht und sich von ihm unheimlich bedroht fühlt (Opposition zu Pluto), aber feinfühlig auf ihn eingeht (Trigon zu Neptun). Das führt zu einer Ersatz-Gefühlshaltung in seiner Persönlichkeit, indem er sich von Gruppenmoral und kollektiven sexuellen Gebräuchen (Venus/Pluto) angezogen fühlt und sich diesen unterwirft. Dieses Beispiel ist das Horoskop eines Homosexuellen, dessen

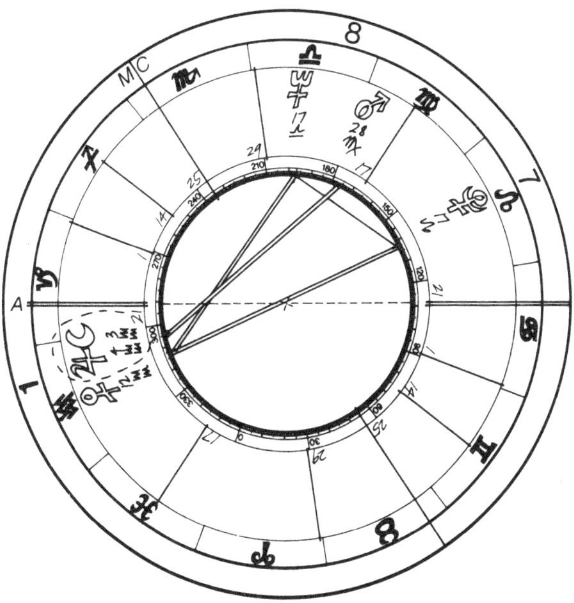

Horoskop 17: Das 1. Haus

Lösung aus der mütterlichen Bindung und Vertrauen auf die Gefühle und Unterstützung anderer gleichzeitig idealistisch, träumerisch und gewalttätig ist.

Viele Jahrzehnte lang war es allgemein üblich, Neugeborene unmittelbar nach der Geburt von ihren Müttern zu trennen. Zu den indifferenten und groben Praktiken gehörte auch, daß das Kind mit Gummihandschuhen behandelt, mit verschiedenen chemischen Produkten eingepudert, mit dem Kopf nach unten hochgehoben und geschlagen und beschnitten wurde, die Nabelschnur vor der natürlichen Trennungszeit durchgeschnitten bekam, in sterile enge Leintücher gewickelt und in den Brutkasten gesteckt wurde und vieles mehr. All diese Praktiken wurden als normal angesehen, und man war der Meinung, sie seien für die nachgeburtliche Gesundheit wesentlich. Inzwischen hat es sich herausgestellt, daß die meisten dieser Bräuche ebenso schädlich wie unnötig sind. Die traumatische Trennung für Stunden nach der Geburt unterbricht die natürliche Bindung von Kind und Mutter. Die Auswirkungen dieser Gewohnheiten auf eine Generation in der westlichen Welt zeigen sich in der verbreiteten Gewalttätigkeit und Entfremdung der Jugend auf der ganzen Welt.

Frauenbewegungen ist es zu verdanken, daß diese unnatürlichen Bräuche erkannt und verändert worden sind und eine Rückkehr zu natürlichen Geburtsmethoden schon weitgehend in Gang gekommen ist. Schwangerschaftsunterricht, Übungen zur Förderung einer natürlichen Entbindung ohne Narkotika, Unterstützung durch andere Frauen, Überwachung durch Hebammen statt Ärzte, Entbindungen zuhause in einer positiven Umgebung, ein naher Körperkontakt mit der Mutter, bevor sich die Nabelschnur auf natürliche Weise löst, und die Unterstützung beim Stillen sind im wesentlichen öffentlich verbreitet. Dabei nennt man die Rückkehr zum natürlichen Geburtsvorgang «alternative» Geburt!

Die Art der Behandlung bei der Geburt ist oft im Horoskop abzulesen. Ein Quadrat oder eine Opposition von oder zum Mond bedeutet Trennung von der Mutter. Saturn in der Nähe oder im Aspekt zum AC bedeutet Trennung, Hemmung oder Einschränkung, die durch einen Arzt oder andere bewirkt wird. Mars bedeutet eine grobe oder aggressive Behandlung, einen chirurgischen Eingriff oder rauhe Handhabung sowie Kraftanwendung während der eigentlichen Entbindung. Uranus deutet auf Technologie, unberechenbares Verhalten, Unfälle, einen abrupten Übergang zur Geburt, Rhythmuswechsel oder Unerwartetes. Neptun bedeutet Behandlung mit Medikamenten, Gebrauch und Ansprechbarkeit auf Narkosen, Einleitung der Geburt, durch die Muttermilch oder Flasche verabreichte Mittel oder Vollnarkosen. Pluto bedeutet Lebensgefahr, durch andere Kinder bewirkte Veränderungen oder die Einflüsse von Spital oder Außenwelt. Der Mondknoten zeigt Anpassung an die Familie zusätzlich zur ausschließlichen Kontrolle durch die Mutter. Jupiter bestimmt über Ernährungsfragen und allgemeine Hygiene.

Die ersten fünf Grade enthalten Einflüsse, die sich auf einen Zeitraum von einem Monat nach der Geburt erstrecken. Die übrigen Grade des 1. Hauses beschreiben Bindungen zu Menschen, die dich pflegen, und solche, mit denen du einen engen persönlichen Kontakt hast und die eine Ausdehnung deiner Persönlichkeit darstellen. Die archetypischen Widderqualitäten dieses Hauses erschaffen eine Welt als ein dich umgrenzendes Ganzes, das deinen Mittelpunkt umgibt; Menschen mit einer Widdersonne oder einem Widdermond behalten diese Haltung für immer bei. Die Verschiedenheit der Menschen, die dich während des 1. Hauses umgeben, bestimmt die Vielfalt sich durchsetzender Unterpersönlichkeiten, die sich von deiner Persönlichkeit selbst unterscheiden. Die wichtigsten Kriterien sind die, daß dein Hunger und Durst gestillt werden, deine Windeln trocken sind und deinem Bedürfnis nach Zuwendung entsprochen wird. In diesem Stadium kann man die positiven nicht von den negativen Einflüssen unterscheiden, weil sie alle in deine Welt integriert werden.

In *Horoskop 18* wird Pluto nach 5 Wochen fällig und führt einen dramatischen Wechsel nach einer extravertierten Geburt im Löwen herbei. Das Quadrat der Skorpion-Sonne zum AC und das Trigon von Mars bedeuten eine traumatische Operation, die ein Arzt möglicherweise unnötigerweise (Quadrat zur Sonne) durchgeführt hat. Die Auswirkungen werden erst spürbar, als Pluto eine gewaltsame Trennung (Sonne-Pluto-Quadrat), einen inneren Schock sowie eine Blutkrankheit auslöst (Mond/Pluto-Bedeutung nach Ebertin), dazu eine rohe Behandlung, die sich aus der Operation ergibt (Mars/Pluto), und all dies in undurchsichtigen Umständen (Sextil Neptun-Pluto). Erst in letzter Zeit hat man nachgewiesen, daß ein sofortiges Durchtrennen der Nabelschnur und die damit verbundene Unterbrechung der Blutzufuhr aus der Placenta später einen Einfluß auf die Verdauung hat (s. Laing, *Die Tatsachen des Lebens*). In diesem Fall starb das Kind beinahe an gestörten Verdauungsabläufen. Bei der sensitiven Opposition zu Pluto auf 16° Wassermann im Alter von siebenundzwanzig Jahren war der Horoskopträger wieder todkrank; seine Verdauung war als Nachwirkung von ausschweifendem und selbstzerstörerischem Drogenkonsum stark angegriffen.

In *Horoskop 19* wäre das Kind mit drei Monaten beinahe auf mysteriöse Weise gestorben (Quadrat Neptun-Venus, Sextil Neptun-Pluto); es war unmöglich, einen Grund dafür zu finden. In beiden Beispielen fürchten die Horoskopträger, daß ihnen ein körperlicher Schaden drohe, wenn sie ihre Persönlichkeit äußerten, und zwar auch in Situationen, in denen kein offensichtlicher Grund für solche Befürchtungen besteht.

Die Elemente der Zeichen im 1. Haus definieren die Richtung, die deine Selbstbehauptung lenkt: Feuer benötigt Energie von anderen; Erde braucht Körperkontakt; Luft verbale und auditive Resonanz und Wasser emotionale Rückmeldung. Die kardinale, fixe oder veränderliche Erscheinungsform des Elements zeigt an, ob deine Umgebung initiativ, beständig oder veränderlich ist. Mit dem fixen Wasserzeichen Skorpion im 1. Haus benötigt ein Kind eine beständige Gefühlsbindung, auf dessen Hintergrund es seine Persönlichkeit behaupten kann. Zwillinge würde eine ständig wechselnde und in hohem Maße mitteilsame Atmosphäre brauchen, was ihre veränderlichen Lufteigenschaften widerspiegelt. Die Zeichen in diesem Haus zeigen die Umgebung auf, in der du dich behauptest. Die darin stehenden Planeten und ihre

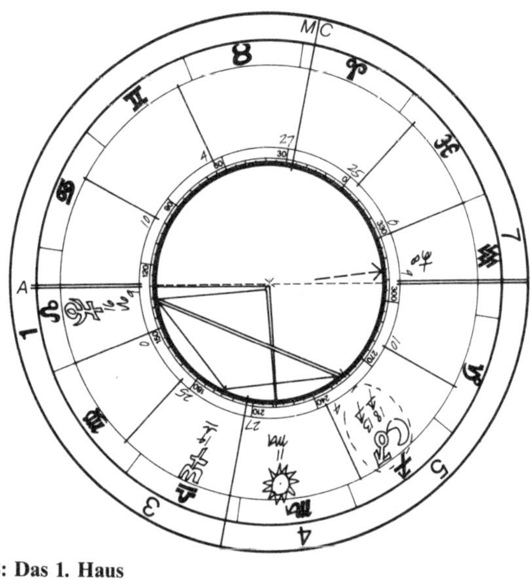

Horoskop 18: Das 1. Haus

Aspekte verbinden sich entweder mit dem Element und dem Zeichen im Haus oder sie schwächen es; sie entscheiden darüber, ob die vorherrschende Atmosphäre Unterstützung oder Hindernisse darstellt. Im 1. Haus findest du die Menschen, die in deiner frühesten Umgebung daheim ausschlaggebend waren, und es zeigt an, wie du dich ihnen angepaßt hast.

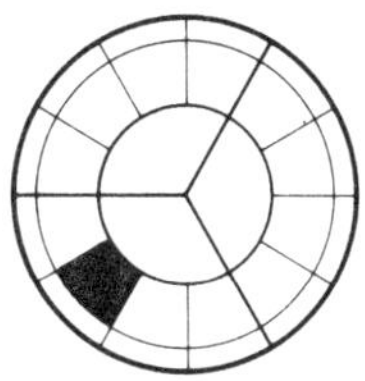

Das 2. Haus **(Stier)**

Von sieben Monaten bis zu einem Jahr und acht Monaten

Im 2. Haus trittst du als ein separates Objekt unter anderen Objekten in die physische Welt ein. Meistens hat man dich dann von der Muttermilch abgesetzt, und etwa um diese Zeit beginnst du, feste Nahrung zu dir zu nehmen. Du kommst mit der physischen Welt in Kontakt und lernst, mit den natürlichen Dingen, die dir zur Verfügung stehen, umzugehen, was Töne, Menschen und Verhaltensmuster ein-

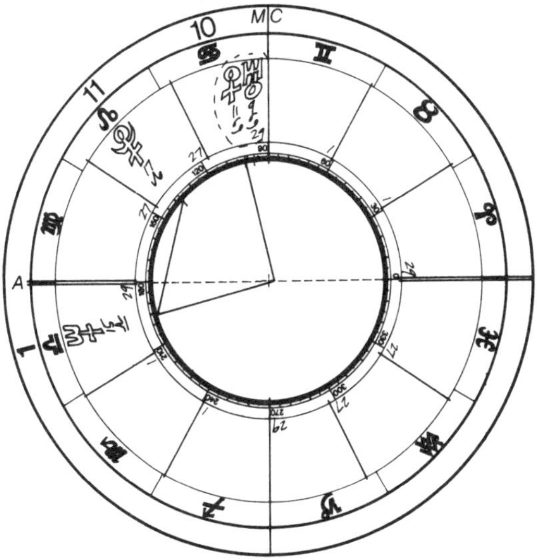

schließt. Auf welcher Ebene du Zugang dazu hast, bestimmt deine spätere Einstellung gegenüber der Materie und der physischen Welt.

Planeten im 2. Haus zeigen Menschen und Einflüsse an, die deiner physischen Wirklichkeit die Richtung geben und sie kennzeichnen. Sonne oder Mond bedeuten, daß die Eltern vorwiegend als dinghaft erlebt werden oder daß sie Überbringer oder Hüter von Dingen sind. Venus bedeutet Anpassung an die physische Welt und Mars den Wunsch, sie zu verändern. Merkur stellt Gedanken über Dinge oder ihren Nutzen für die Kommunikation dar; Jupiter ist der Wille nach mehr; und Saturn fühlt sich durch die Anwesenheit der Dinge beschränkt. Oft sind Planeten hier Sinnbilder für Familienmitglieder und spiegeln, je nach vorherrschender Familienhaltung die Tendenz wider, Materie anzunehmen oder ihr zu widerstehen, je nach den Umständen, wie etwa das Aufblühen oder Auflösen des väterlichen Geschäfts und die materielle Einstellung des Vaters.

Die Zeichen in diesem Haus beschreiben deine Einstellung materiellen Dingen und deinem Körper gegenüber. Erdzeichen sind hier neutral; Luftzeichen spiegeln die physische Welt als eine abstrakte Idee, als Wörter oder als Stoff für Gedankenaustausch; Feuerzeichen benutzen die physische Welt als Hintergrund, um sich selbst auszudrücken; und Wasserzeichen haben über ihre Gefühle Zugang zur Materie. Die Ge-

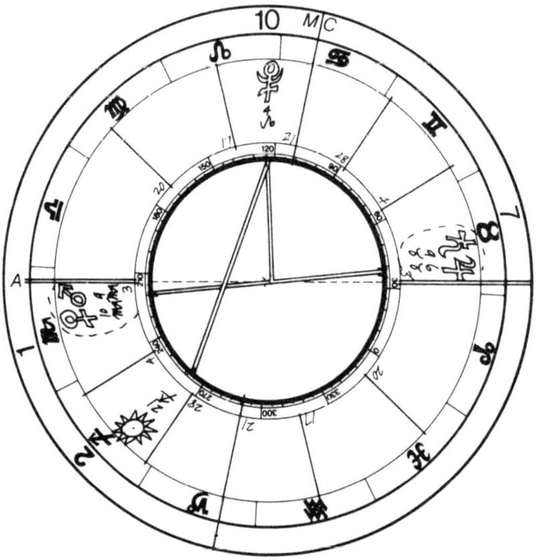

Horoskop 20: Das 2. Haus

fühle, die sich auf die Eltern konzentrieren und die Gefühle zu Dingen, etwa das Festhalten an Teddybären, Teppichen, Decken und Daumen sind ähnlich. Das Ding ist die einzige Ausflucht aus einer bedrohlichen Welt.

In *Horoskop 20* steht die Sonne im Schützen und bedeutet, daß der Vater dieses Mädchens auf Reisen in einem fremden Land war, aber für sie im Mittelpunkt stand. Da sie im Dezember 1940 geboren wurde, ist dieser Zwischenfall offensichtlich auf den Krieg zurückzuführen; in der Tat wurde ihr Vater zu jener Zeit getötet. Die Sonne ist praktisch unaspektiert, sie ist nur über ein Anderthalbquadrat mit Pluto verbunden, was eine Veränderung des Vaterbildes, eine erzwungene Trennung und eine drastische Wendung bedeutet. Die Frau mit diesem Horoskop sucht eine ungreifbare materielle Sicherheit in Männern, was unvermeidlich dazu führt, daß diese sie verlassen; ihre Beziehungswechsel sind ein Widerhall der dramatischen Veränderungen ihrer früh im Leben erfahrenen physischen Lebensumstände.

In *Horoskop 21* bekommt ein Mädchen von 13 Monaten Zwillingsschwestern (Waageeinfluß als Doppelzeichen). Saturn in Konjunktion mit Neptun ist eine Einschränkung, die Schwäche, Verzicht, Leiden und Dualität (Zwillinge!) bedeutet. Das Sextil von Pluto zeigt die darauf folgende Wandlung an. Die Opposition von Venus ist Liebesent-

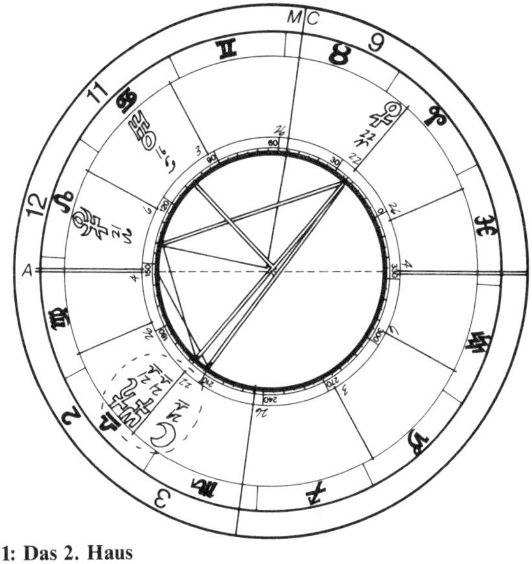

Horoskop 21: Das 2. Haus

zug, Hemmung und Opfer (Venus/Saturn), aber auch Verträumtheit und Idealismus im Spannungsfeld Venus/Neptun. Saturn im 2. Haus bedeutet Einschränkung der Zuwendung und des Kontakts mit den Eltern, möglicherweise durch eine ältere Person oder eine Kinderschwester bedingt, die man zugezogen hat, um nach den Kindern zu sehen. Das Mädchen ist aus seiner zentralen Stellung vertrieben und reagiert empfindlich auf seine Konkurrenz. Die erste Auswirkung macht sich als abnehmender Körperkontakt bemerkbar, was sich schließlich in der Schmälerung seines Anteils am Familienerbe niederschlägt. Nachher kann sie nicht anders als ihrem großen Interesse an ihren Schwestern nachzugeben, ist aber selbstunsicher und gespannt (Quadrat von Uranus). Interessanterweise wird der Mond fünf Monate später in der Waage und im 3. Haus fällig; das bedeutet, daß ihre Mutter, sobald sie (im 3. Haus) zu reden beginnt, die Dinge zwischen allen Schwestern auszugleichen (Waage) versucht (das 3. Haus herrscht über die Geschwister).

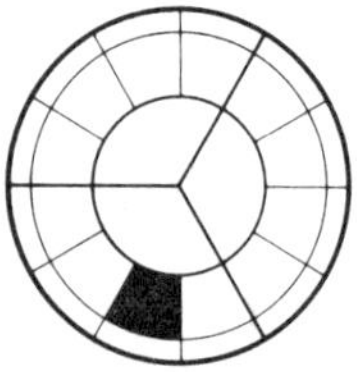

Das 3. Haus **(Zwillinge)**

Von einem Jahr und acht Monaten bis zu drei Jahren und sechs Monaten

Im 3. Haus lernst du gehen, reden und dich auch auf andere Arten mitzuteilen. Diese Bewegungsfreiheit vergrößert deinen Einflußbereich und die Vielfalt deiner Erfahrungsmöglichkeiten. Da man Sprache vorwiegend durch Nachahmung erwirbt, ist es von wesentlicher Bedeutung herauszufinden, wer dich zu jener Zeit beeinflußt hat, wie du gelernt hast, dich mitzuteilen, und welche Einflüsse dir übermittelt wurden. Du bist der Besessenheit mit Dingen im 2. Haus entronnen und richtest dich nun auf Menschen aus, vor allem auf Kinder wie Brüder und Schwestern.

Planeten im 3. Haus zeigen die Art der Kommunikation an, symbolisiert von Menschen zuhause und in deiner Familie. Sonne und Mond deuten auf deine Eltern als die wichtigsten Kommunikationsmodelle. Merkur, Venus und Mars sind fast immer andere Kinder, mit denen du dich identifizierst oder viel zusammen bist. Jupiter und Saturn sind Tanten, Onkel, Großeltern, Hausangestellte oder Kindermädchen, die dich entweder fördern, dich selbst auszudrücken oder auch einschränken. Obschon man Jupiter und Saturn in der Regel in bestimmten Menschen wiedererkennen kann, steht Jupiter manchmal auch für die expansive Seite aller Verwandten und Saturn für ihre Schranken setzende Seite; sie können auch die expansiven und beschränkenden Seiten der Eltern innerhalb der Familienstruktur sein. Uranus und Pluto zeigen entscheidende Veränderungen in deiner Umgebung an, die aus der Welt stammen und beispielsweise über die Medien vermittelt werden; oder aber solche, die im Innern stattfinden. Neptun bedeutet Empfindsamkeit oder Unsicherheit in bezug auf Bewegung, Veränderung und Kommunikation. Der Mondknoten steht für kollektive Werte, wo kein einzelner Mensch das hauptsächliche Vorbild ist, sondern die ganze Familie oder Gruppe.

Da das Element der Phantasie in dieser Zeit stark ausgeprägt ist, lösen die meisten Familienmitglieder innere Bilder in dir aus, die manchmal eine Beziehung zur objektiven Wirklichkeit haben, oft aber eine Verzerrung derselben sind. Spitznamen, Familienwitze und besondere Eigenarten, seien sie eingebildet oder wirklich, fallen in diese Kategorie. Je mehr Planeten in diesem Haus stehen, umso komplexer und möglicherweise zwiespältiger ist deine Kommunikation, da du mit mehreren Vorbildern in Verbindung stehst. Manchmal scheinen eingebildete Figuren wirklich zu sein, ebenso wie wirkliche Menschen obskur erscheinen können. Planeten im 3. Haus mit Aspekten zu oder von vielen Planeten außerhalb des Hauses sind ein Hinweis darauf, daß die meisten Vorbilder von außerhalb des unmittelbaren Familiensystems kommen, oder daß die Familie Verhaltensweisen übermittelt, die von der Außenwelt stammen.

Der Zwillinge-Archetyp verdoppelt die Verkörperungen in diesem Haus. Die Sonne bringt zweifache Vaterbilder hervor, entweder tatsächlich oder als arbeitender Vater im Gegensatz zum Vater daheim, während Jupiter mit doppelten Großelternpaaren aufwartet.

Sind keine Planeten im 3. Haus zu finden, dann bedeutet dies fehlende spezifische Kommunikationsmodelle, was bei Einzelkindern der Fall sein kann. Auch hier bestimmen die Zeichen in diesem Haus die Art der Anpassung und Vielfalt der Kommunikationsfähigkeit. Feuerzeichen teilen sich intuitiv durch Energieaustausch mit; Erdzeichen durch materielle Mittel wie zeichnen, bauen, spielen oder berühren; die naturgemäß ins 3. Haus passenden Luftzeichen sind verbal ausgerichtet und brauchen Bewegung; und Wasserzeichen versuchen, durch Gebärden und Worte Gefühle auszudrücken.

In *Horoskop 22* zeigen Geburt und der durch den Jungfrau-Aszendenten gekennzeichnete Lebensbeginn, gefolgt von Neptun und dem Mondknoten im Quadrat zur Sonne Isolierung an, die durch einen Mangel an Zuwendung, vor allem von seiten des Vaters, verursacht wird. Das Kind ersetzt dies durch aufmerksames Erlernen des witzigen, beißenden, sarkastischen und kämpferischen verbalen Stils seiner Mutter, den diese in ihren Auseinandersetzungen und im Streit um die Familienkontrolle anwendet. Diese aggressive skorpionische Ausdrucksweise im 3. Haus wird dann von der wohlwollenden Venus im warmen und liebenden Schützen abgelöst, die zur Fähigkeit führen, nach dem Geschehen (Venus/Mondknoten) auf den anderen einzugehen, und die eigene Art anziehend zu gestalten. Das alles paßt ausgezeichnet in das Horoskop eines Journalisten!

In *Horoskop 23* kam es zu einem Unfall, als im Alter von einem Jahr und fünf Monaten ein Junge, gerade als er reden und sich auszudrücken lernte, von seinem älteren Bruder beinahe erwürgt wurde. Diese schwerwiegende Gefahr wird durch die Saturn/Mars Konjunktion ersichtlich (bei Ebertin ist das die Todesachse); die Opposition zur Sonne deutet darauf hin, daß der Vater sich aus der Situation heraus-

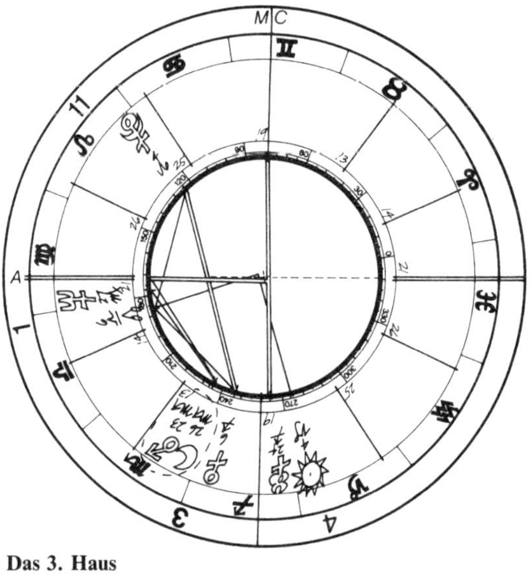

Horoskop 22: Das 3. Haus

hielt, sogar indirekt das ältere Kind anspornte. Das führt zu einer tiefliegenden Hemmung im Zusammenhang mit Situationen, wo er sprechen und sich ausdrücken sollte. Jedesmal schnürte sich seine Kehle derart zusammen, daß der Schmerz ihn zwang, jeden Versuch aufzugeben.

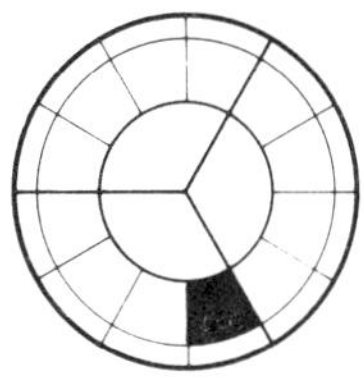

Das 4. Haus **(Krebs)**

Von drei Jahren und sechs Monaten bis zu sieben Jahren

Im Laufe des 4. Hauses merkst du, daß du mit deiner Kommunikationsfähigkeit eine Wirkung auf andere ausübst, was Reaktionen in dir selbst auslöst. Das Ausmaß und die Art dieser Ansprechbarkeit beschreibt deine Gefühlsreaktion zur Familie: die Qualität deiner Gefühle ihnen gegenüber ist ein Spiegel der Gefühle, die du dir selbst gegenüber hegst. Du beginnst, deine Möglichkeiten innerhalb der Familie auszuprobieren, ihre Glaubenssätze und ihr Verhalten, vor allem das

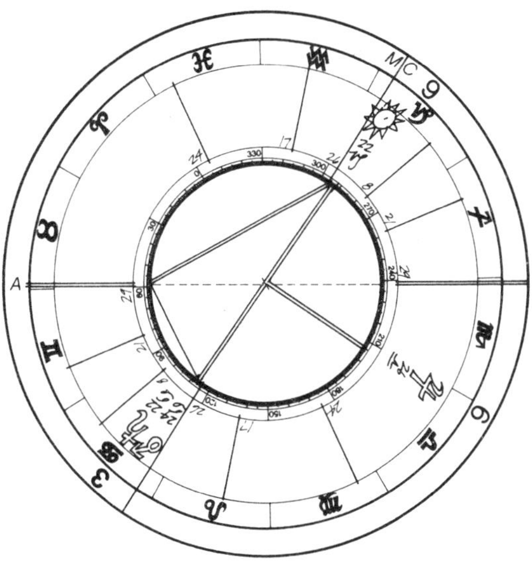

Horoskop 23: Das 3. Haus

der Eltern, in Frage zu stellen. Die Art dieser informellen, aber äußerst wichtigen Untersuchungen ist für deine eigenen Familienverhältnisse später im Leben maßgebend.

Planeten in diesem Haus bedeuten emotionale Vorbilder und geben den Grundton deiner Gefühle an. Obwohl das 4. Haus traditionsgemäß mit dem gleichgeschlechtlichen Elternteil in Verbindung gesetzt wird (der Vater bei Jungen und die Mutter bei Mädchen), sind hier andere Merkmale bestimmend, in welche allgemeine Richtung die Gefühle gehen. Ein Hinweis ist, ob ein männliches oder weibliches Zeichen an der Spitze des Hauses steht. Wenn das Zeichen an der Häuserspitze ein Wasser- oder Erdzeichen ist, dann dominiert das weibliche Element im Gefühl, bei einem Feuer- oder Luftzeichen das männliche. Ein anderer Faktor sind die Planeten im Haus. Stehen Sonne oder Mond in diesem Bereich, dann ist offensichtlich der entsprechende Elternteil das Gefühlsvorbild, was auch der Fall ist, wenn Sonne oder Mond Planeten im 4. Haus aspektieren. Steht die Sonne in einem weiblichen Zeichen oder der Mond in einem männlichen Zeichen, dann vermischen sich die Qualitäten des Modells. Wenn eines der Lichter in einem Doppelzeichen steht (siehe Seite 21), kommt es zu dualistischen Vorbildern mit dem Ergebnis, daß später im Leben eine Tendenz zu vielfachen Beziehungen als Antwort auf die vielfachen elterlichen Verhaltensweisen eintritt. Merkur zeigt wandelbare Gedanken und die Notwendigkeit an, darüber nachzudenken, wie du fühlst. Venus und Mars sind gewöhnlich Brüder und Schwestern oder andere Kinder, die einen körperlichen Einfluß außerhalb der Familie auf uns haben. Jupiter und Saturn sind Großeltern, Tanten oder Onkel, Stellvertreter, Verwandte, Priester und Ärzte, die für die Gefühlswerte innerhalb deiner Familie richtungsweisend sind, auch wenn sie selbst außerhalb derselben stehen. Uranus führt zum Drang, aus Heim und Familie auszubrechen, oder aber zu sonderbarem Verhalten innerhalb der Familie. Neptun bedeutet äußerste Empfindsamkeit und Seelenverbindungen innerhalb des Familienkreises oder, bei mangelnder Anerkennung, auch Labilität. Pluto bringt Ruhelosigkeit, revolutionäre Einflüsse, ein Bedürfnis nach Einsamkeit, und oft auch Wohnsitzwechsel oder Veränderungen der Familiensituation mit sich, die durch das Weltgeschehen bedingt sein können. Der Mondknoten zeigt einen sehr engen Kontakt mit der Familie an, einschließlich der Großeltern und dem elterlichen Heim und Heimatland. Ein leeres 4. Haus bedeutet ein undifferenziertes Leben daheim und unbewußte, instinktiv erlebte Beeinflussung. Stehen nur ein oder wenige Planeten in diesem Haus, empfangen sie jedoch viele Aspekte von Planeten außerhalb des Hauses, dann suchst du außerhalb der Familie nach Familienanschluß und den entsprechenden Gefühlen.

Als Pluto in *Horoskop 24* im 4. Haus ausgelöst wurde, ging der Vater fort und kehrte bis zum sensitiven Sextil von der Sonne im 6. Haus im Alter von neunzehn Jahren nicht wieder zurück. Daß Pluto ein Trigon von Mond und Venus empfängt und im Sextil zum Mondknoten (Familie) und Neptun (Geheimnis und Einbildungskraft) steht, deutet darauf hin, daß das jüngste Kind vom Vater bei den nächsten Familienangehörigen, Mutter oder Schwester, zurückgelassen wurde; das geschah nach langen und harten Einschränkungen, die durch die vorangehende Auslösung von Saturn in Opposition zur Sonne/Vater hervorgerufen wurden. Das wirkt sich bei der Horoskopeignerin als Angst aus, unversehens wieder verlassen zu werden, sobald sie sich jemandem gegenüber öffnet.

In *Horoskop 25* bedeuten Pluto, Mars und Saturn, die im herrischen Löwen im 4. Haus stehen, Gewalt zuhause, das Sextil zum Mond in der Waage verweist auf die Mutter als Opfer, und die Ursache ist der stark isolierte Vater (Quadrat von der Sonne im Skorpion). Daß die drei Planeten in Opposition zum MC stehen, könnte sogar aussagen, daß die aufgestaute Spannung, die der Vater im Augenblick der Er-

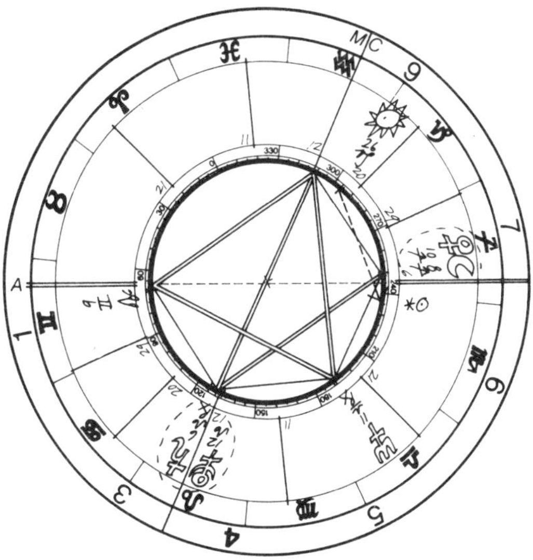

Horoskop 24: Das 4. Haus

kenntnis der Empfängnis verspürte, plötzlich zu diesem späteren Zeitpunkt ausbricht. Nicht nur hat der Horoskopeigner dieses Motiv in seiner eigenen ehelichen Beziehung wiederholt, sondern ist überdies Sozialarbeiter und Psychologe, der sich für mißhandelte Kinder einsetzt. Er konnte sich nicht an den Vorfall erinnern, bis er darauf hingewiesen wurde.

Horoskop 26 zeigt eine von Vaterfiguren beherrschte Familie, in der dem Sonnen/Vater immer dessen Jupiter/Bruder vorausgeht, deren Saturn/Vater als Familienoberhaupt aber immer das letzte Wort behält. Obgleich der Wassermann-AC offenbar auf eine idealistische und menschliche Umgebung hindeutet, ist er in Wirklichkeit sehr arrogant und durch das Quadrat von Pluto auf Trennung ausgerichtet. Das ist eine sehr starke und eindrücklich familienbezogene Konstellation, aber es besteht die Gefahr einer Besessenheit mit sich selbst und des Machtkampfes zwischen den drei männlichen Elternfiguren.

Feuerzeichen im 4. Haus bedeuten eine aktive, individualistische und intuitive Einstellung zu Familie und Heim; Erdzeichen schätzen körperliche Sicherheit und Augenkontakt; bei Luftzeichen zählen die Ansichten, die die Eltern verbal vertreten, mehr als die Wirklichkeit; während bei den im 4. Haus heimischen Wasserzeichen die Gefühle zu Heim und Familie am besten gedeihen.

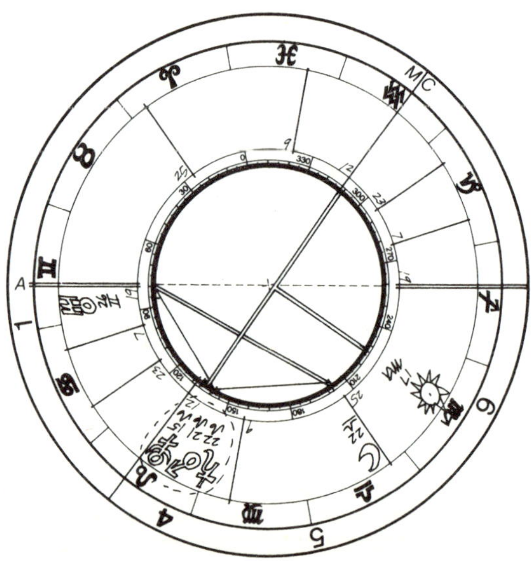

Horoskop 25: Das 4. Haus

Dieses Haus ist eine Zusammenfassung und ein Abschluß der Kindheits-Oktave; es bestimmt auch gefühlsmäßige Reaktionen auf deine Fähigkeit, deiner Persönlichkeit innerhalb von Heim und Familie eine Form zu geben, und bildet damit die Wurzeln deiner Gefühlsanlagen und deines Grundgefühls für das Leben.

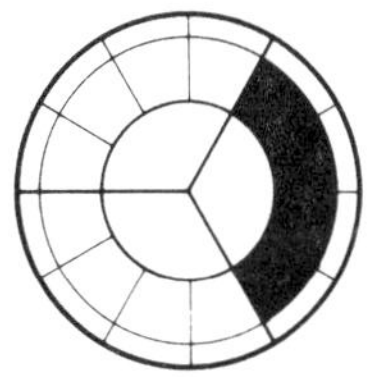

DIE OKTAVE DER REIFEZEIT

Am Ende des 4. Hauses bist du in der Schwangerschaft zu einem Körper und in der Kindheit zu einer Persönlichkeit gekommen. In der Reifezeit mußt du den Körper mit der Persönlichkeit verbinden und mit der entstehenden Verbindung in die Außenwelt treten. Du entziehst dich langsam dem Einfluß von Eltern und Familie und fügst dich in zunehmend größere und weitere Zusammenhänge ein. Die Frühstadien dieser Oktave finden in der Schulzeit statt: im 5. Haus gehst du in die

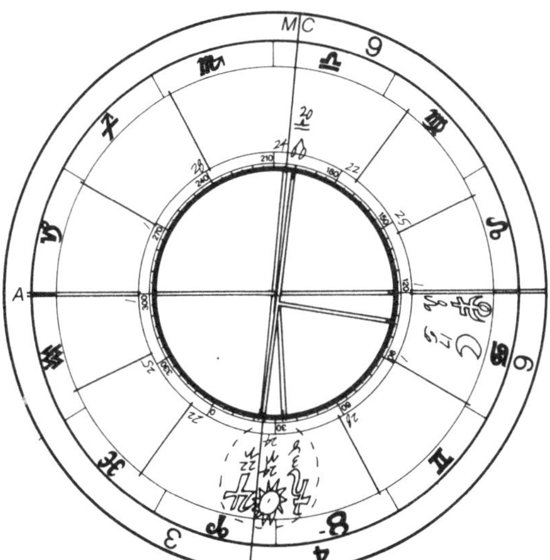

Horoskop 26: Das 4. Haus

Volksschule und im 6. Haus in die höhere Schule und/oder trittst früh ins Arbeitsleben ein. Das 7. Haus — von dreiundzwanzig Jahren und fünf Monaten bis ungefähr zweiundvierzig Jahren — ist die Zeit, in der Partnerschaften und die wichtigsten Kontakte mit der Welt geschlossen werden, und im 8. Haus findet der allmähliche Rückzug aus dem Leben statt, der bis zum Tod geht. Die ersten zwei Häuser dieser Oktave sind unbewußt: sie liegen unter dem Horizont, während die letzten beiden über dem Horizont bewußt sind. Das spiegelt eine zunehmende Kontrolle über das Leben und das stufenweise Erreichen von Objektivität wider.

Wie du dir in der Schwangerschaft einen Körper schaffst und in der Kindheit eine Persönlichkeit, liegt die Aufgabe der Reifezeit darin, mit deiner Seele in Berührung zu kommen und sie anzunehmen. Deine Seele tritt eigentlich in ihren physischen Träger ein, wenn der MC bald nach der Empfängnis ausgelöst wird, bleibt dann aber verborgen, bis du deine gesammelten Lebensansichten unter ihre Herrschaft stellst. *Seele* ist die Fähigkeit, das Leben als Ganzheit in der Zeit zu sehen und zu verstehen, gespiegelt im Horoskopkreis des Lebens. Das entspricht dem heutigen Konzept der «ganzheitlichen Medizin» — in der Körper, Persönlichkeit und Seele als integrierende Bestandteile eines bedeutungsvollen Ganzen angesehen werden. Dieses bedingt auch, das Leben als einen Prozeß zu verstehen, anstelle einer Reihe losgelöst nebeneinander stehender Gegenwartsmomente wie Perlen auf einer Kette.

Es gibt gängige Hypothesen in der Medizin, die die Hauptursache von stress-bedingten Krankheiten, wie Herzkrankheiten, zu hohem Blutdruck und Krebs, der Zeitempfindung zuschreiben (siehe *Dossey, Die Medizin von Raum und Zeit*). Umwälzende Heilmittel gegen diese Todesursachen stehen im Zusammenhang mit der neuen Zeitwahrnehmung, wie sie die in diesem Buch dargestellte logarithmische Zeiteinteilung vermittelt. Die Entwicklung in der Schwangerschaft betrifft vorwiegend den Körper; die Entwicklung in der Kindheit vorwiegend das Gefühl; und die Entwicklung in der Reifezeit ist vorwiegend geistig. Deine Geisteshaltung bedingt deine Gesundheit, dein Wohlergehen und die Qualität all deiner Beziehungen. Die Fähigkeit, dich als ein ganzes Wesen in der Zeit zu sehen, ist Voraussetzung für ein gesundes, ganzheitliches Leben.

Du mußt die Rolle, die du im Leben spielst, verstehen. Die Ereignisse, Personen und der Hintergrund, auf dem sich die beiden ersten Lebensphasen der Schwangerschaft und Kindheit abspielen, lehren dich bestimmte Grundregeln und Verhaltensweisen. In der Reifezeit mußt du deine Rolle annehmen und sie mit dem größtmöglichen Verständnis, Gefühl, Sinn für Freude durchspielen und mit Leben füllen.

Die Planeten, die in der Reifezeit fällig werden, sind besonders wichtig, weil sie eine höhere Stufe ihrer Planetenqualität darstellen. Dein ganzes vorausgegangenes Leben ist der Hintergrund, auf dem sich dieses dritte Stadium deiner Entwicklung abspielt, und die Planeten wirken hier besonders stark. Während in den früheren Phasen die Planeten vorwiegend andere Menschen in deinem Leben darstellten, bezeichnen sie in der Reifezeit deutlich dich selbst; Ereignisse werden durch dich bestimmt und erlebt. Eines der Ziele in der Reifezeit ist, über persönliche Vorbilder hinauszugehen, sie alle zu einem Ganzen zu integrieren und das Leben als überpersönlich zu erkennen. Du mußt über Umgebung, Erbe, Familie und Freunde hinaus in den geheiligten und zeitlosen Bereich der Ganzheit treten.

☉ *Die Sonne in der Reifezeit* stellt den bewußten Brennpunkt deiner «väterlichen» Lebenskraft dar. In der Reifezeit nimmt der Einfluß deines Vaters ab, während du die Wirklichkeit des Vaterseins in deinem eigenen schöpferischen Dasein übernimmst. Dieser Übergang führt stufenweise vom beschützenden Vater am Ende der Kindheit über den Lehrer im 5. und 6. Haus zum Vater in dir selbst im 7. und 8. Haus. In dieser Zeit bedeutet die Sonne das Streben nach Anerkennung, Beachtung, nach einem persönlichen Mittelpunkt und Stärke. Das Ziel birgt sowohl Individualität und Selbstachtung in sich als auch die Fähigkeit, praktische Wünsche wie Erfolg, Gesundheit und Familiengründung zu erfüllen.

☽ *Der Mond in der Reifezeit* beinhaltet die Verlagerung des Mutterbildes von deiner Mutter auf Menschen, mit denen dich die tiefsten Gefühle verbinden. Der Einfluß deiner Mutter ist während der Schwangerschaft am stärksten und tiefgreifendsten, dann wirkt er in der Kindheit zuhause beschützend und fängt in der Reifezeit an, sich in deinem eigenen häuslichen Instinkt und deiner Partnerwahl auszudrücken. In dem Maße, in dem du dich von deiner Mutter löst, findest du deine Seele und nimmst sie an. Indem du deine Gefühle mit deinem Willen, in der Welt zu leben, in Einklang bringst, nimmst du den mütterlichen Einfluß in deine Ganzheit auf. Der Mond bedeutet Gefühle und Beschützerinstinkt; auf einer höheren Ebene ist der Mond die Gefühlswirklichkeit als Ganzes und die Summe deiner Erbanlagen.

☿ *Merkur in der Reifezeit* ist Gedankenaustausch mit Freunden, Studenten, Arbeitern, Geschäftspartnern, Verkäufern, Vertretern, Vermittlern, intellektuellen Vorbildern, Organisatoren sowie deren Wirkung auf deine geistige Realität. Der Kommunikationsrahmen, den du um dich schaffst, trifft in den Menschen, mit denen du Gedanken austauschst, auf ein Echo. Du kannst die Funktion, deine Ideen der Welt zu vermitteln, auf andere übertragen, oder sie kann zu einem wesentlichen Bestandteil deiner eigenen Wirklichkeit werden. Nachdem du eine Ordnung in dein Alltagsleben gebracht hast, suchst du nach höheren Idealen, die eine übergeordnete Wahrnehmung widerspiegeln und über das Alltagsleben hinausgehen. Merkur kann auch bedeuten, daß Lebensstrukturen an Kinder oder durch geistige Produkte wie Bücher oder andere schöpferische Taten weitergegeben werden.

♀ *Venus in der Reifezeit* bezeichnet deine Beziehung zu(r) Liebe(n), zu denen, die dich anziehen und die dich anziehend finden, zu Geliebten, Künstler(inne)n, Musiker(inne)n und sexuellen Partner(inne)n. Venus ist auch der Rahmen, in dem diese Kontakte in der Gesellschaft stattfinden, ist Unterhaltung, kulturelle Treffpunkte und freundschaftliche Beziehungen. Venus bezeichnet ebenfalls Kinder.

♂ *Mars in der Reifezeit* ist der Wunsch, deine Welt durch kämpferische, sexuelle, unwillkürliche, gewandte und aggressive Aktivitäten zu verändern. Am Anfang fließen marsische Energien in körperliche Ertüchtigung, sportlichen Wettkampf und sexuelle Neugier, später verwandeln sie sich in den Wunsch, die Energie in Geschäft, Ehe und freundschaftliche und andere Verbindungen einfliessen zu lassen. Mars regiert Ärzte, Chirurgen, Handwerker und Soldaten. Wird in diesen Häusern Energie blockiert, so wird sie in Körpertherapien und außereheliche sexuelle Beziehungen umgeleitet; wenn dies nicht der Fall ist, muß sie gezwungenermaßen nach innen zurückfließen, bis sie zu körperlichen Leiden führt, denen viele Menschen gegen Ende ihres Lebens unterworfen sind.

♃ *Jupiter in der Reifezeit* bedeutet deine Lebensphilosophie und jene, von denen du sie übernommen hast und mit denen du sie entwickelst und umsetzt. Der Einfluß kann religiöser, psychologischer, philosophischer oder finanzieller Art sein und fördert Expansion und Optimismus. Diese Ausweitung findet zuerst solcherart statt, daß du dich zu Gruppen und Schulen zugehörig fühlst, später wird sie zur Möglichkeit, über diese Lebenseinrichtungen hinauszuwachsen. Jupiter kann als Beamte, Ordensleute, Gurus, Psychologen, Psychiater, charakterlich hervorstechende, reiche und angesehene Menschen, Heiler und spekulative Menschen auftreten, mit denen Verbindungen Glück bringen.

♄ *Saturn in der Reifezeit* beschreibt eine Lebensordnung, die deine Verantwortung, deinen Sicherheits- und Gemeinschaftssinn und die

Fähigkeit bestimmt, ein Gemeinschaftsmuster im Heim und der Gesellschaft aufzubauen und darin deinen Platz einzunehmen. Saturn steht für Menschen, die solche Ordnungssysteme bewahren, wie Ärzte, Bankdirektoren, Arbeitgeber, Partner und Gesellschafter; ebenso verkörpern ihn ernste, ältere, strikte, konservative, hart arbeitende und reife Menschen. Wenn du dich dem 8. Haus näherst, wirst du möglicherweise Großmutter oder Großvater oder einfach zum älteren Menschen und vertrittst dann das bestehende oder im Rückgang begriffene System.

♅ *Uranus in der Reifezeit* steht für plötzliche Veränderungen, Erfindungen, Unabhängigkeit, unberechenbare Impulse und sämtliche Einflüsse, die dazu dienen, Starrheit und festgefahrene Muster in deinem Leben aufzubrechen. Übertragen werden diese Einflüsse durch Reformatoren, Exzentriker, Erfinder, außergewöhnliche Lehrer, Therapeuten und ungewöhnliche Verbindungen oder Partner. Der uranische Einfluß reicht von der Unterordnung unter einen Lehrer oder Guru bis zum Durchsetzen eines verändernden Einflusses auf dein eigenes Leben und das Leben anderer.

♆ *Neptun in der Reifezeit* ist die allmähliche Umwandlung jugendlicher Phantasien und Ideale in Empfindungsvermögen und schließlich Losgelöstsein. Romantiker, Medien, empfindsame und spirituelle Menschen mögen an der Gesellschaft Anteil nehmen, während Alkoholiker, Vermittler, Hypochonder und Verführer dies ablehnen. Drogenerfahrungen und mystische Träume, Verwirrung und das Wunderbare gehören alle zum neptunischen Einfluß.

♇ *Pluto in der Reifezeit* ist deine Beziehung zu kollektiven Werten und Veränderungen in der Gesellschaft. Dieser Einfluß wird von jenen Menschen im persönlichen und öffentlichen Leben verkörpert, die kollektive Werte verstehen oder durchsetzen. Du kannst durch eine im Umbruch befindliche Zivilisation entweder verändert werden oder aber selbst ein verwandelndes Element darin sein. Pluto ist Symbol für Revolutionäre, Umgestalter, Menschen, die einen psychischen oder magischen Einfluß auf Massen ausüben, Massenmedien, Politiker, Gurus, dominierende Partner oder Arbeitgeber und Menschen, die Veränderungen erzwingen. Auslösungen von Pluto führen oft zu Veränderungen in Arbeit, Wohnsitz, Partnerschaft und allgemeiner Lebensanschauung.

☊ *Der Mondknoten in der Reifezeit* deutet auf Teamarbeit, auf deine Familie und auf die Verbindungen, die du schaffst, alle Arten der Zusammenarbeit sowie Ehen und Partnerschaften, die du eingehst. Berufliche Verbindungen, politische Parteien, Gewerkschaften und Gruppen zeigen alle den Einfluß des Mondknotens.

Besonders viele Planeten in der Reifezeit besagen, daß das zentrale Anliegen des Lebens darin besteht, mehr Kraft und Gewicht zu erlangen.

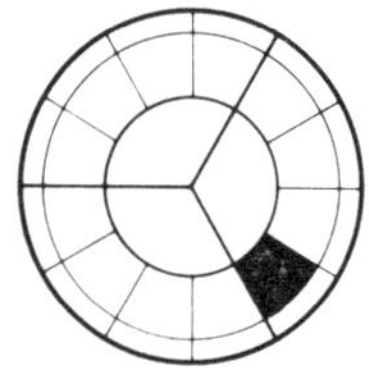

Das 5. Haus **(Löwe)**

Sieben bis dreizehn Jahre

Das 5. Haus ist eine höhere Ebene des 1. Hauses, in dem es um deine Durchsetzung ging; jetzt trittst du aus der Familie in die Welt hinaus und wirst dir langsam bewußt, wer du bist. Das wichtigste Mittel zu diesem Verständnis sind Spiele: sie sind eine organisierte Möglichkeit zum Austausch von Energie, Gefühlen, Ideen und Intuitionen. Das zufällige und ichbezogene Spiel der Kindheit vertieft sich, die Wahl der Freunde, Schulfächer, Sport- und Vergnügungsarten, allesamt bezeichnen sie Spiele, die du spielst, was diese wiederum beeinflußt. Geben, nehmen, gewinnen und verlieren gehören zu persönlichen Beziehungen; zu guter Letzt sollte das Ziel sein, Freude und Befriedigung am Spiel zu haben, anstatt dem Gewinnen übermäßiges Gewicht beizumessen; viele Leute würden allerdings eine solche Deutung in Frage stellen.

Die Zivilisation ruht auf dem Spiel, das nach Regeln abläuft, die unsere Vorfahren festgesetzt haben. In der Volksschule lernst du diese Regeln, ihre Geschichte und Anwendung kennen. Dein Zugang zum Spiel in der Schule und daheim bestimmt die Art und Qualität der Beziehungen, die du in der Welt eingehst.

Planeten im 5. Haus sind Menschen, mit denen du spielst und nach denen du deine eigenen Spiele gestaltest. Positive Zeichen deuten auf einen aktiven und extravertierten Zugang zum Spiel, negative Zeichen hingegen auf einen passiven und introvertierten. Sonne und Mond stehen hier nicht nur für die Eltern, sondern auch für neue Vorbilder wie etwa Lehrer, Helden in Büchern und den Medien und ältere Kinder. Die Sonne besteht auf der Wichtigkeit des Spiels und tritt als Mensch auf, dessen diesbezügliche Anlage als Muster dient. Der Mond kennzeichnet einfallsreiche, emotionale und romantische Beweggründe für das Spiel und wird durch Menschen verkörpert, die diese wichtig nehmen. Merkur liebt Abwechslung; für ihn ist der Gedanke des Spiels das Wichtigste. Venus konzentriert sich auf schöpferische Betätigungen und den unterhaltenden Wert des Spiels und seiner Regeln; Mars aber ist aggressiv, körperlich, wettstreitend und regellos. Jupiter möchte den Sinn des Spiels erweitern und fördert eine große Bandbreite an Betätigungen, während Saturn sich mit Spezialbereichen befaßt, Kreatitivät durch Konservativismus unterdrückt, Sicherheitswünsche hegt und sich mit älteren Kindern zusammentut. Uranus erfindet originelle Spiele, die von den anerkannten Regeln abweichen. Neptun träumt und phantasiert mehr, als daß er handelt, erwartet ideale Situationen und langweilt sich rasch in der Spielwirklichkeit mit seinen Regeln. Pluto beherrscht, dirigiert und zwingt andere, mitzumachen und Spiele zu spielen, denen sie sonst nicht ausgesetzt wären, oder bringt auch allgemein beliebte Spiele. Der Mondknoten neigt dazu, mitzuspielen und die allgemein angenommenen Spielregeln ohne Widerrede zu akzeptieren. Stehen keine Planeten in deinem 5. Haus, dann sind Schule und Spiel in deinem Leben nicht bedeutend.

Feuerzeichen im 5. Haus weisen auf einen intuitiven, instinktiven

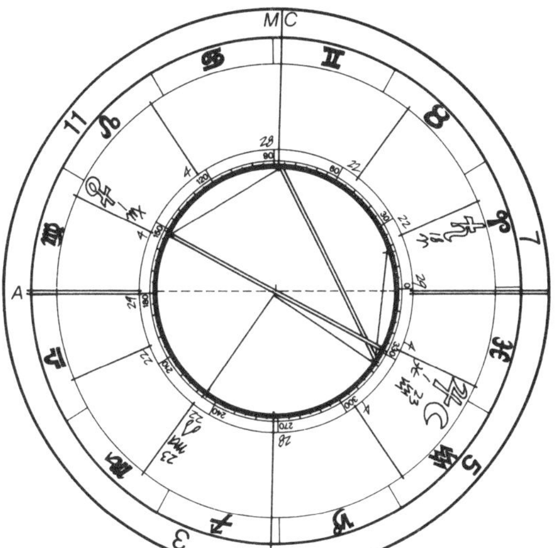

Horoskop 27: Das 5. Haus

und aktiven Zugang zum Spiel; Erdzeichen verlassen sich auf körperliche Sicherheit und Macht, oder sie sind das Kind, dem der Ball gehört und das weiß, daß es beim Spiel mitmachen wird; Luftzeichen diskutieren und betrachten Spiele wie Gedanken und ändern die Regeln ständig ab, um sie ihren Bedürfnissen anzupassen; Wasserzeichen schließlich reagieren emotional auf den Ausgang von Spielen und nehmen die Rollen der Teilnehmer ernst.

In *Horoskop 27* wird ein Mädchen mit elf Jahren und vier Monaten in ein sehr strenges Internat geschickt (Saturn), wo sie von ihrer Mutter abgeschnitten ist (Mond im Sextil zu Saturn). Das bewirkt eine Hemmung und führt zu asozialem Verhalten und einem Widerstand gegen die Schule (Mond im Quadrat zum Mondknoten im Skorpion).

Horoskop 28 zeigt eine dramatische Veränderung in der Beziehung der Eltern (Pluto in Waage) eines Jungen, besonders da Pluto sowohl ein Quadrat zur Sonne/dem Vater und dem Mond/der Mutter bildet; das bedeutet, daß er der Grund einer Auseinandersetzung zwischen seinen Eltern ist. Dieser Konflikt führt auf einer höheren Ebene dazu, daß er in öffentlichen Situationen zwischen der persönlichen Kraft seines Vaters und der Gefühlsstärke seiner Mutter wählen muß.

Horoskop 29 zeigt einen Wohnsitzwechsel in ein fremdes Land, als Jupiter in der Jungfrau im 5. Haus fällig wird. Interessanterweise be-

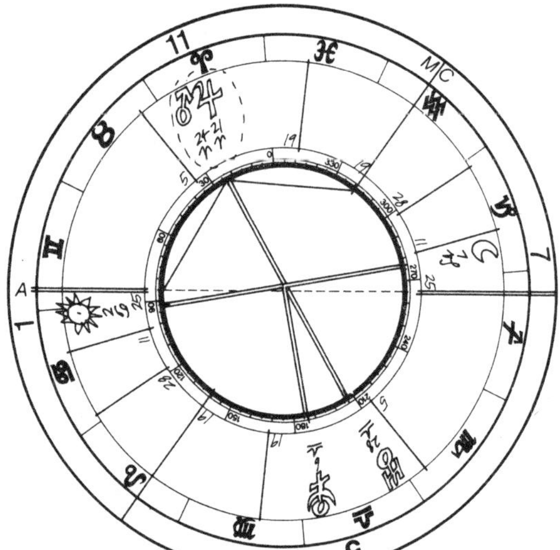

Horoskop 28: Das 5. Haus

ginnt das 5. Haus im frühen Alter von zwei Jahren und zehn Monaten, was bedeutet, daß dieses Kind in einem sehr zarten Alter zu spielen beginnt und sich durch den Umzug entfaltet (Quadrat zum Zwillings-AC). Der Mond im Trigon zu Jupiter bedeutet Reisen, Glück und Religion, und das Trigon von Merkur im 12. Haus wirkt konstruktiv, literarisch und isoliert. Das heißt, Wohnsitzwechsel gereichen dem Horoskopträger zum Vorteil, da die Absonderung sowohl den Wunsch nach Kommunikation wie das Nachdenken fördert.

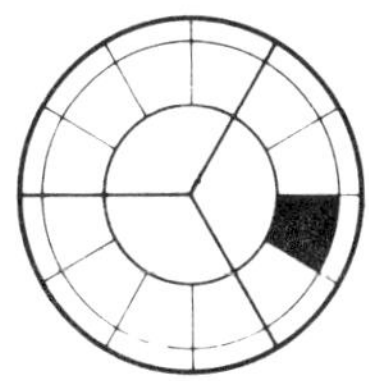

Das 6. Haus **(Jungfrau)**

Von dreizehn Jahren bis zu dreiundzwanzig Jahren und fünf Monaten

Der Anfang des 6. Hauses fällt mit der Blüte der Pubertät zusammen, und der Körper rückt in den Mittelpunkt der Aufmerksamkeit. Plötzlich nimmt die Sexualität einen zentralen Platz im Spiel des vor-

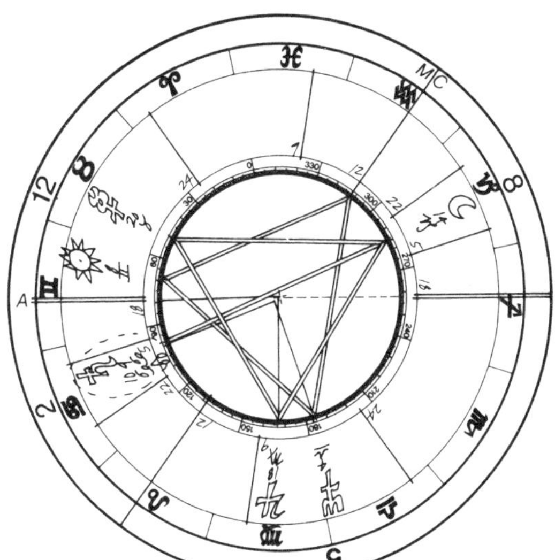

Horoskop 29: Das 5. Haus

angehenden Hauses ein, und die Spielregeln verändern sich dramatisch. Was und wie du jetzt für dich wählst, bekommt bindenden Charakter, denn in dieser Zeit der höheren Schule(n) bestimmst du deine zukünftige Ausrichtung und Arbeitsbeziehungen. Grundsätzlich sind deine Entscheidungen jetzt deiner Körperlichkeit gewidmet, indem du Nahrung, Kleider, Aktivitäten und Arbeitsdisziplin wählst und systematisch die Kontrolle der Eltern, die früher solche Entscheidungen für dich getroffen haben, selbst übernimmst.

Planeten im 6. Haus bestimmen deine Einstellung zu Schule und Arbeit, Lehrern und Arbeitgebern, die dich anleiten, und Freunden gegenüber, deren Entscheidungen deine eigenen beeinflussen. Die Sonne in diesem Haus fördert die väterlichen Ambitionen, entweder als Spiegelung des Vaters oder als Reaktion gegen ihn, entweder wetteifernd oder bestätigend. Der Mond betont eher die Gefühle als das Praktische, das Dienen, die zweckmäßigen Seiten des Lebens, und fördert Launenhaftigkeit, die logische Entscheidungen beeinträchtigt. Merkur hat viel Sinn für Einzelheiten, dafür keinen klaren Blick für das Ganze, was in Entscheidungssituationen zu Nervosität führt. Venus verläßt sich auf Schul- und Arbeitsbeziehungen und paßt sich leicht an, derweil Mars sich auf Tüchtigkeit, Vitalität, harte Arbeit und Erfolgswünsche konzentriert. Jupiter ist opportunistisch, gleichmütig und

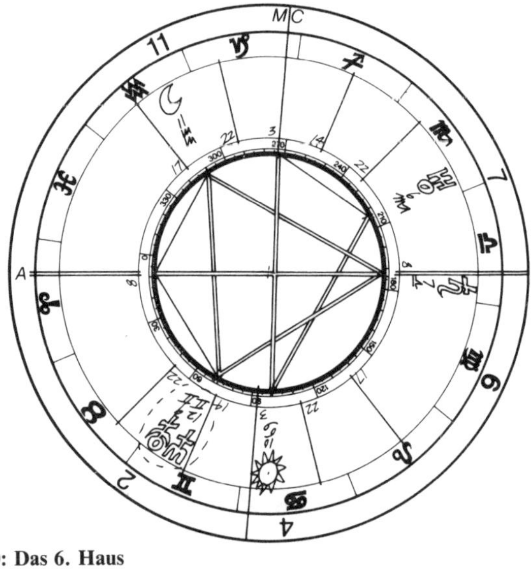

Horoskop 30: Das 6. Haus

loyal. Saturn ist gewissenhaft, selbstsüchtig, ernst, verantwortungsvoll und auf Sicherheit bedacht. Uranus führt originelle Methoden und neue Techniken in Schule und Arbeit ein, und dies bringt Veränderungen der Anschauungen mit sich. Neptun läßt sich idealistisch treiben, opfert sich für gute Zwecke auf und wird von bestehenden Situationen beeindruckt, besonders unter dem Einfluß von Drogen oder Alkohol. Pluto fühlt sich durch Tätigkeiten von großer Tragweite angezogen, von großen Universitäten und Massenbewegungen in Erziehung und Technologie. Der Mondknoten verbindet sich mit anderen, um geführt und geschützt zu sein.

Feuerzeichen im 6. Haus bedeuten intuitive Entscheidungen, die aufgrund ihrer Energieladung gefällt werden; bei Erdzeichen gründen sich die Entscheidungen auf faßbare Werte, finanziellen Gewinn oder Besitz; Luftzeichen schätzen die Ideen hinter der Arbeit mehr als deren Entlöhnung; und Wasserzeichen erfühlen sich ihren Weg in bestimmte Arten von Schulen oder Arbeiten, in denen feine Werteinschätzungen wesentlich sind.

Horoskop 30 ist das eines neunundachtzigjährigen Arztes, dessen Eltern von einem Astrologen kurz nach seiner Geburt gesagt bekamen, daß er nicht überleben würde! Im Alter von dreiundzwanzig Jahren (Saturn in Waage) wurde er Arzt, indem er der Tradition (Saturn) sei-

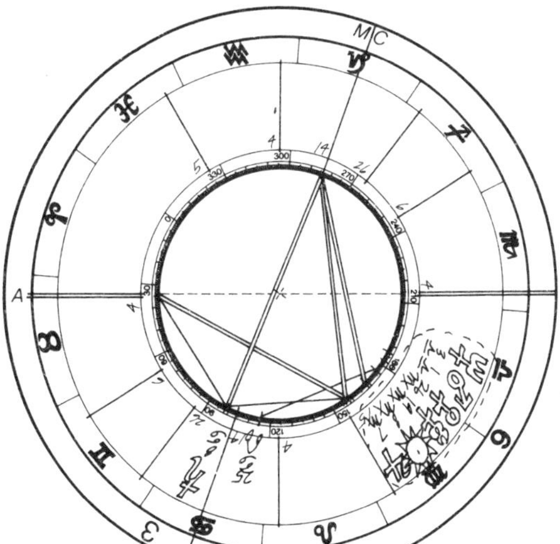

Horoskop 31: Das 6. Haus

nes Vaters folgte (Saturn im Quadrat zur Sonne). Da Saturn der Arzt war, der ihn erfolgreich entband und den sein abwesender Vater kritisierte (wiederum Sonne im Quadrat sowohl zu Saturn wie dem AC), praktizierte der Horoskopträger zwar Medizin, blieb jedoch seinem eigenen Beruf gegenüber kritisch und übernahm schließlich die jüngsten spirituellen Heilungsmethoden (Saturn = Wissenschaft im Trigon zu Neptun = Übersinnlichem, Mond = helfend und Pluto = mit Massenwirkung).

Horoskop 31 zeigt einen Entwicklungsschub im 6. Haus, der mit der Konjunktion Sonne-Jupiter in der Jungfrau beginnt: die harte Arbeit des Jungen wird von Lehrern und Vater (beide Sonne) sowie von der Schule selbst (Jupiter) anerkannt. Das Sextil von Sonne/Jupiter zu Saturn zeigt Konzentration auf die Arbeit, und der Stier-Aszendent (mit Venus als Herrscherin) bringt künstlerische Arbeit mit sich. Mit neun Jahren und fünf Monaten übt seine Familie (Sextil Merkur-Mondknoten) verbal Kritik an ihm (Merkur in der Jungfrau), und er geht allein weg (Merkur Trigon zum MC). Bei der Auslösung von Venus ist seine künstlerische Betätigung bereits bemerkenswert und weist auf den Wunsch (Mars) hin, von der breiten Öffentlichkeit (Waage) für seine Kreativität anerkannt zu werden (Venus-Mars Konjunktion), die zunehmend auf Phantasieinhalte und die Rock- und Drogen-Kultur ausgerichtet ist (alles neptunische Einflüsse). Er macht sich den positiven Mars-Neptun Aspekt der Inspiration und stellvertretend als Ersatz die Drogenkultur der 60er Jahre als Pop-Rock-Phantasie-Künstler zunutze.

Da das 6. Haus deine Schul- und Berufsausbildung beherrscht, findest du in Tabelle 14 kurz die Tätigkeiten aufgeführt, die den Planeten bei ihrer Stellung in diesem Haus entsprechen:

Tabelle 14: Planeten und Tätigkeiten

Sonne	Administrator, Star, Politiker, Führer, Spekulant, Firmendirektor, öffentliche Persönlichkeiten, königliche Hoheiten
Mond	Hebamme, Koch/Köchin, Gärtner, Weinhändler, Matrose, (Bier)Brauer, Sammler, Händler, Hausangestellte(r), Hotelier, Landbesitzer, Geburtshelfer
Merkur	Lehrer, Journalist, Schriftsteller, Reporter, Sekretär, Buchhalter, Agent, Vermittler, Handwerker, Architekt, Rechtsanwalt, Taxifahrer, Erzieher, Optiker
Venus	Künstler(in), Musiker(in), Unterhalter, Schauspieler(in), Krankenschwester, Makler, Gesellschafter, Tuchhändler, Kassierer(in), Möbelhändler, Juwelier, Restaurator(in), Finanzbeamter

Mars	Chirurg, Bauunternehmer, Designer, Ingenieur, Feuerwehrmann, Abenteurer, Leichtathlet, Metzger, Fabrikant, Maschinenbauer, Soldat, Physiotherapeut, Polizist
Jupiter	Jurist, Richter, Bankier, Arzt, Versicherungsfachmann, Geistlicher, mit dem Ausland Handelnder, Warenhändler, Beamter, Professor, Verleger, Sportler, Kaufmann
Saturn	Wissenschaftler, Arzt, Bankier, Bauer, Archäologe, Knochenspezialist, Geschäftsmann, Viehzüchter, Minenarbeiter, Zahnarzt, Geologe, Installateur, Töpfer
Uranus	Astrologe, Radio-Fernsehmann, Musiker, Technologe, Elektriker, Heiler, Flieger, Karikaturist, Elektronikfachmann, Feministin, Mechaniker, Physiker
Neptun	Chemiker, Narkosearzt, Astronaut, Tänzer, Branntweinbrenner, Medium, übersinnlich Begabte(r), Marine(besatzungsmann), Öler, Photograph, Dichter, Psychologe, Zauberkünstler (Gaukler)
Pluto	Revolutionär, Unternehmer, Steuereintreiber, Atomwissenschaftler, Versicherungsfachmann, Verbrecher, Prostituierte

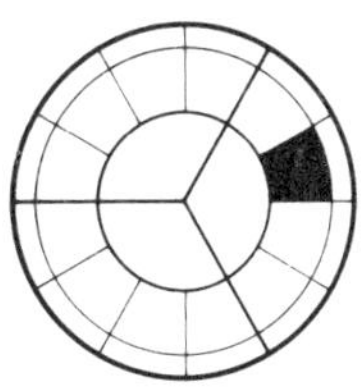

Das 7. Haus (Waage)

Von dreiundzwanzig Jahren und fünf Monaten bis zu zweiundvierzig Jahren

Wenn du dich der Spitze des 7. Hauses näherst, genau gegenüber dem Aszendenten/der Persönlichkeit, beginnst du dem Leben gegenüber eine objektivere Haltung einzunehmen; du hast die untere, subjektive Hälfte des Horoskops, die Kindheit, und erste Hälfte der Reifezeit durchlaufen. Die Herrschaft der Eltern, Familie und Geburtsumstände muß erkannt, verarbeitet und durch Partnerschaften gelöst werden. Partnerschaften sublimieren die selbst-orientierten ersten 23 Jahre des Lebens, indem sie von dir verlangen, so viel Energie, Gefühl, Materielles und Ideen an andere zu verschenken, wie du selbst bekommen hast, um damit das Leben auszugleichen:

Planeten im 7. Haus sind Menschen, mit denen du Partnerschaften auf der Gefühls- oder Arbeitsebene eingehst, neue Menschen, denen du «draußen in der Welt» begegnest, und zeigen das Verhalten in solchen Verbindungen und Wirklichkeiten. Die Sonne stellt eine starke, fähige, nahe und bewußte Beziehung dar wie auch die Person, mit der du diese Beziehung eingehst. In Doppelzeichen ist mehr als ein(e) Partner(in) zu erwarten. Der Mond betont die häuslichen und emotionalen Seiten der Partnerschaft und kann eine instinktive Partnerschaft bedeuten. Merkur ist veränderlich und deutet auf mehr als einen Partner, oft auf die Wahl eines jüngeren, intellektuelleren oder nervöseren, und er beschreibt Menschen, die zwischen dir und der Welt vermitteln. Venus zeigt eine tiefe körperliche Bindung in Beziehungen, in denen Zuneigung, Liebe und Ästhetik dominieren. Mars ist unabhängig, selbstsüchtig, sexuell aufdringlich; impulsiv geht er Beziehungen ein und bricht auch wieder daraus aus. Jupiter schätzt soziales Ansehen und finanzielle Vorteile in Beziehungen; oft geht er in mehr als einer Beziehung auf, was ihm Möglichkeiten zur Entfaltung seiner Weltanschauung gibt. Saturn ist verantwortungsvoll, gewissenhaft und konzentriert, beschränkt aber seine Beziehungen auf ältere und gehemmtere Partner. Uranus wünscht trotz schneller Anziehung unabhängig zu bleiben, und seine romantische Einstellung führt zu unerwarteten Situationen, die schnell entstehen und wieder vergehen. Neptun ist der Traum von der idealen Partnerschaft und zieht Menschen an, die man von ferne bewundert, worauf oft eine Enttäuschung folgt; oder aber es entstehen platonische Verbindungen, in denen Opfer gebracht werden müssen. Pluto deutet auf Beziehungen als Brücke zu öffentlichen Angelegenheiten; oft bestimmen die Werte der Allgemeinheit das Ausmaß der Zusammenarbeit, was zu großen Veränderungen im Verhalten führt. Der Mondknoten hat eine besondere Fähigkeit für Gruppen, Freundeskreise, gemeinschaftliche Rahmenbedingungen, Klubs und Politik als Ventil oder für einen kollektiven Meinungsausdruck. Stehen keine Planeten im 7. Haus, dann stellen die Partnerschaften und Partner eine Fortsetzung früherer Verhaltensweisen, Arten von Menschen, Ereignisse oder Entsprechungen dar.

Für die meisten Erwachsenen stellt die Zeit im 7. Haus nach dreiundzwanzig Jahren und fünf Monaten denjenigen Bereich im Horoskop dar, an dem sie am meisten interessiert sind. Dieses Haus ist eine Sammlung des gesamten planetarischen Grundmusters, über die früheren Altersstufen den ganzen Weg zurück bis zur Empfängnis; es ist deine letzte Chance, dein Schicksal zu beeinflussen oder dir dessen bewußt zu werden. Wenn du dann ins 8. Haus eintrittst, wirst du nicht mehr genug Energie haben, vergangene Trägheit noch zu korrigieren. In vielen Fällen stehen die Planeten im Horoskop tatsächlich so, daß keine ins 7. oder 8. Haus fallen (welche nur 17% des gesamten Horoskopkreises bedecken). In diesem Fall sind die sensitiven Punkte für die Beschreibung des Reifungsprozesses und für Prognosen über dein jetziges Alter hinaus maßgebend. Sensitive Punkte sind harmonische Darstellungen, die exakte Aspekte von Planeten im Horoskop zu dem Bereich bilden, den du genauer untersuchen willst. Auch wenn Planeten im 7. Haus stehen, ist es wichtig, die sensitiven Punkte zu erkennen und zu deuten.

Um in diesem Bereich so viele sensitive Punkte wie möglich anwenden zu können, solltest du die kleineren Aspekte von 30° und 150°, eventuell sogar von 45° und 135° auch benutzen.

In *Horoskop 32* tritt ein äußerst kreativer Mensch auf der Spitze des 7. Hauses in den initiativen Widder ein, was einen Neubeginn und Kreativität bis zu zweiundvierzig Jahren anzeigt. Die günstigen Planeten Venus und Jupiter werden mit vierundzwanzig Jahren und zehn Monaten und siebenundzwanzig Jahren und fünf Monaten ausgelöst;

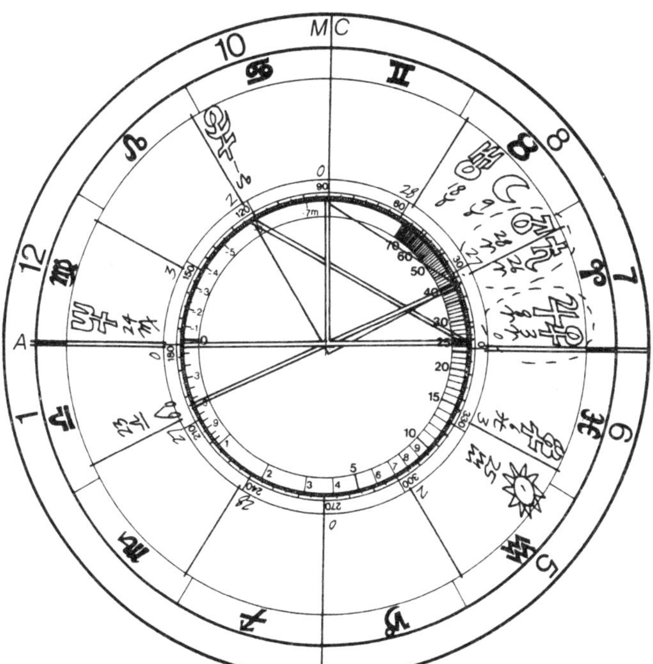

Horoskop 32: Das 7.. Haus

die unheilbringenden Planeten Saturn und Mars werden mit neununddreißig Jahren und einem Monat und vierzig Jahren und acht Monaten akut; wir wollen aber herausfinden, was in der dazwischenliegenden Zeit geschieht. Die Planeten selbst beschreiben die Verwandlung eines kreativen Mannes (Konjunktion Venus-Jupiter), der über innovative Kräfte (Widder) verfügt, zu einem Zustand der Hemmung und des Getrenntseins von diesen Kräften, und zwar als Ergebnis sexueller Ausschweifungen (Mars mit Sextilen von der Sonne und dem MC und einem Quadrat zu Pluto), zunehmender Liebäugeleien mit Gefahr (Quadrat Mars-Pluto) und Beschränkungen (Konjunktion Mars-Saturn). Am Anfang umgeben ihn wohlwollende und hilfreiche Menschen (Venus und Jupiter), dann zieht er aber zunehmend aggressive und einengende Menschen (Mars und Saturn) an.

Die sensitiven Punkte in diesem Horoskop sind das Halbsextil (30°) vom Mond auf 9° Widder mit achtundzwanzig Jahren und fünf Monaten; das Halbsextil von Uranus auf 18° Widder mit dreiunddreißig Jahren fünf Monaten; die Opposition vom Mondknoten auf 23° Widder mit sechsunddreißig Jahren und elf Monaten; und das Sextil von der Sonne auf 25° Widder mit achtunddreißig Jahren und sechs Monaten. Obschon keine Planeten auf diesen Tierkreisgraden stehen, werden die sensitiven Punkte behandelt, als ob sie hier stünden. Die Reihenfolge der Planeten und der sensitiven Punkte ist in Tabelle 15 aufgeführt, wobei die Zwischenräume zwischen den Planeten wie Aspekte zwischen den beiden begrenzenden Planeten gedeutet werden.

Dic Reihenfolge der sensitiven Punkte und ihrer Zwischenräume, alle im Widder und im 7. Haus, beschreibt in Horoskop 32 das «Ausbrechen» einer aktiven Homosexualität. Der Prozeß fängt schöpferisch an, wird beim Mond gefühlsgeladen, danach mit Uranus regellos und ungewöhnlich. Mit der Auslösung der Opposition vom Mondknoten findet ein Übertreten in eine homosexuelle Gemeinschaft statt, was den idealistischen Gehalt steigert (Mondknoten bis Neptun); er gipfelt in der Auslösung der Sonne (buchstäblich mit einem Mann in seinem Leben), geht dann zum letzten Bindeglied über, der Saturn-Mars Konjunktion, die sozusagen rittlings auf der 8. Haus-Spitze sitzt und auf körperliche Bedrohung und Gewalt in Beziehungen deutet. Jeder Bereich des Horoskops, vor allem aber des 7. und 8. Hauses, kann wie diese Reihenfolge analysiert werden.

In *Horoskop 33* werden Mars und Merkur im Zeichen der Fische

Tabelle 15: Reihenfolge der Auslösungen

1.	Geburtsjupiter	8° 46 Widder mit 27 J 5 Mo	Großherzigkeit, Philosophie der Unabhängigkeit, Selbsterweiterung
2.	Jupiter bis 30° vom Mond		Glück, soziales Gewissen, Reisen, Gefühl der Sorglosigkeit
3.	30° vom Mond auf	9° 54 Widder mit 28 J 5 Mo	Impulsive Partnerschaft, Handeln ohne zu denken, starke Persönlichkeit
4.	30° vom Mond bis 30° von Uranus		Gefühlsspannungen, Instinkt, plötzliche Zwischenfälle in der Partnerschaft, Belastungen
5.	30° von Uranus auf	18° 8 Widder mit 33 J 5 Mo	Ruhelosigkeit, Reformen, blinder Eifer, Gewalt, träumerische Schwärmer, exzentrische Partnerschaften
6.	30° Uranus bis 180° vom Mondknoten		Gemeinsame Erfahrungen Zwischenfälle, Verstimmungen mit anderen in Partnerschaften, Betriebsamkeit, Ruhelosigkeit
7.	180° vom Mondknoten	auf 23° 10 Widder mit 36 J 11 Mo	Herrschaft über andere, Unterordnung, Streben nach Führung über andere (Gruppen), Schwierigkeiten in der Zusammenarbeit
8.	180° Mondknoten bis 150° Neptun		Idealistische Verbindungen, feinnervige Gruppen, Asozialität, Enttäuschungen
9.	150° von Neptun auf	24° 55 Widder mit 38 J 3 Mo	Verwirklichte Inspiration, Gefühlsreichtum, Verwirrung, Ziellosigkeit, ungesund-verrückte Ideale
10.	150° Neptun bis 60° Sonne		Empfindsamkeit, Zartheit, Eingebung, Unsicherheit, Schwäche, Krankheiten
11.	60° von der Sonne	auf 25° 20 Widder mit 38 J 6 M	Führen von anderen, Begeisterung, Mut, Machtbegierde, Kühnheit, Vorwärtskommen durch Rücksichtslosigkeit
12.	60° Sonne bis Geburtssaturn		Hemmung, Trennung, Versunkenheit, Ernst, Arbeit, Verdrängung, Konzentration auf eine Partnerschaft

fällig, das Zeichen von Isolation und Unterwerfung unter äußere Kräfte. Da Mars im Quadrat zum Mondknoten steht, bezieht dieser Einfluß Familie und Öffentlichkeit in einer schwierigen Zusammenarbeit mit ein, dann einen Mangel an Teamgeist, gespannte Verbindungen und Streit. Als die Horoskopeignerin zweiunddreißig Jahre und zwei Monate alt war, setzte eine Revolution im mittleren Osten ihre mächtige Familie ab, zwang sie, sich nach Europa zurückzuziehen und beendete effektiv eine langjährige Ehe. Die dramatische Natur dieses Ereignisses führte zur Notwendigkeit, diplomatischer zu denken (Merkur).

In *Horoskop 34* wird bei einer Frau von einunddreißig Jahren und sechs Monaten Diabetes diagnostiziert, und zwar bei der Auslösung von Neptun in der Waage (das Zeichen beherrscht gemäß Cornell, *The Encyclopedia of Medical Astrology,* S.159, die Diabetes). Neptun erhält eine Opposition von der Sonne (Lebenskraft), was auf eine Trennung von einem Mann deutet; das Sextil zu Saturn zeigt den notwendigen Verzicht, Leiden, Opfer und die Vorsicht an, die nach der Diagnose geübt wird.

Feuerzeichen im 7. Haus deuten auf schöpferische, herrische und feurige Partner und Partnerschaften; Erdzeichen führen zu praktischen Verbindungen, in denen die Anhäufung der Mittel an erster Stelle steht; Luftzeichen denken, daß Partnerschaften vorwiegend ein Mit-

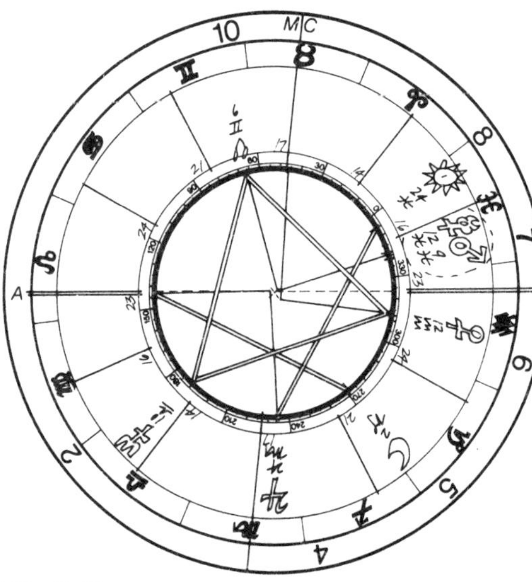

Horoskop 33: Das 7. Haus

tel zur Kommunikation sind, um geistige und soziale Ideen herauszuschälen; und Wasserzeichen schließlich empfinden, daß die Partnerschaft eine tiefe Gefühlsbindung ist.

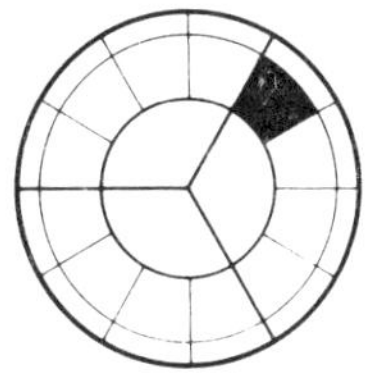

Das 8. Haus **(Skorpion)**

Von zweiundvierzig Jahren bis zum Tod

Wenn das Bedürfnis nach Sicherheit und Erfolg in der Welt im Laufe des 7. Hauses geläutert worden ist, kommt im 8. Haus die Zeit des Rückzugs aus dem Leben und der Besinnung darüber. Während du nach und nach die Kontrolle über die Geschäfte aus den Händen gibst, ist die günstigste Ausrichtung die zu einer metaphysischen Realität hin, zu einer breiteren und weniger materialistischen Lebensschau. Im Laufe dieser Zeit nehmen die Sinne, die im gegenüberliegenden 2. Haus offenbar wurden, auf natürliche Weise an Schärfe ab: die Energie nimmt

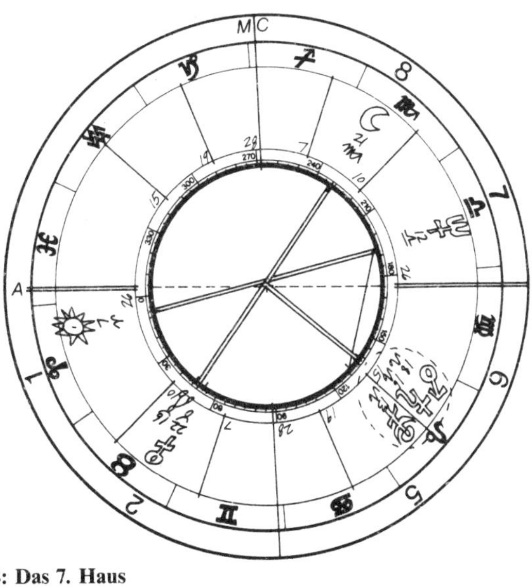

Horoskop 34: Das 7. Haus

ab, körperliche Gebrechen rücken in den Mittelpunkt, die Sinne lassen nach, der Geist wendet sich mehr und mehr nach innen und wird eigen, und schließlich schaltet sich sogar dein gefühlsmäßiges Erfassen der Dinge aus. Dein Zeitgefühl ist dergestalt, daß Dinge, die früher innerhalb von Wochen in deinem Leben aufgetaucht, eine Form angenommen und wieder verschwunden wären, jetzt Jahre dazu brauchen. Verletzungen und Krankheiten, die man sonst leicht abschütteln konnte, werden jetzt zu größeren Behinderungen. Finanzielle Engpässe machen ernsthafte Schwierigkeiten, die nur schlimmer werden. Du verlierst deine Familie und lebenslangen Freunde, die unersetzlich sind und an die du dich nach und nach nur noch schwer erinnern kannst. Die wichtigste Leitlinie für diese Zeit ist, die Kontrolle mit Würde aus der Hand zu geben, da dies unvermeidlich ist. Das 8. Haus ist die Zeit der Trennung und des Todes.

Planeten im 8. Haus bedeuten die Einstellung zur metaphysischen Wirklichkeit, zu den physischen Umständen in der letzten Lebensphase und gegebenenfalls die Todesart. Die Sonne im 8. Haus bedeutet, daß der Kern bis zur letzten Lebensphase versteckt blieb, bis sich ein Zunehmen an Kraft, Einsicht und innerer Gefühlsstabilität im vorgerückten Alter entwickelt. Außerdem symbolisiert die Sonne ein Interesse an metaphysischen Künsten und einen tiefen Lebenswillen, der jede körperliche Bedrohung übersteht. Der Mond kennzeichnet außerordentliche Empfindsamkeit und ein Streben nach Wahrheit über die körperlichen Belange hinaus, finanzielle Abhängigkeit von Frauen oder einer beschützenden Familie sowie ein gefühlvolles Alter. Merkur zeigt einen besonders an metaphysischen Gedanken und Beschäftigungen, an Verschwiegenheit und von anderen übernommenen Ideen interessierten Geist sowie ein lebhaftes Alter. Venus bedeutet Beziehungen, die Gewinn bringen, weist darauf hin, wie wichtig die Kunst ist und entwickelt starke Verlustgefühle in bezug auf das Welken der körperlichen Erscheinung. Mars zeigt einen bis ins hohe Alter regen Geschlechtstrieb, erhält mit Ausdauer seine Energie, legt bis zum Ende eine aggressive Unabhängigkeit an den Tag und neigt zu einem schnellen Tod. Jupiter ist voller Hoffnung, vertrauend und weise in bezug auf Leben und Tod und ein Hinweis auf einen natürlichen Tod. Saturn widersetzt sich dem Nachlassen körperlicher Energie und dem Schwinden von Besitz und ist in diese verstrickt, jedoch so diszipliniert und steif dabei, daß ein langes Leben vorausgesagt werden kann. Uranus wird im Alter ausgefallener und unabhängiger, weist auf übersinnliche Werte und telepathische Phänomene, möglicherweise auf eine tiefe

Schau der Geheimnisse inmitten veränderlicher körperlicher Umstände und deutet auf ein plötzliches Ende. Neptun erhöht die Empfindsamkeit und auch Verletzlichkeit, sowohl körperlich wie auch finanziell. Seine nervöse Komponente erhöht die Wahrscheinlichkeit eines durch Dahinsiechen verursachten Todes, durch unerkannte oder psychosomatische Krankheiten, während einer medikamentösen Behandlung oder im Spital. Pluto zeigt eine Haltung, die die Notwendigkeit des Todes und der Erneuerung akzeptiert, was in einem Interesse an okkulten Themen und Künsten zutage tritt, und es sind große Veränderungen von Ansichten und Gefühl spät im Leben zu erwarten. Der Mondknoten zeigt eine zunehmende Anziehung zu Wohngemeinschaften, zu einer mönchischen Umgebung, einem Rückzug aus der Welt zu Gruppen, Vereinen oder größeren Gemeinschaften von Menschen mit ähnlichen Ansichten. Stehen keine Planeten im 8. Haus, so heißt dies, daß das letzte Haus des Lebens fast ausschließlich durch Ereignisse und Umstände beeinflußt wird, die aus früheren Handlungen oder Verhaltensweisen entstanden sind, als karmische Auswirkungen vergangener Handlungen im Leben.

Feuerzeichen im 8. Haus stellen große Energie und Lebenskraft zur Schau, nachdem die Geschäfte des Lebens abgeschlossen sind; bei ihnen erreicht die Energie ihren Höhepunkt, während sie bei anderen ab-

Horoskop 35: Das 8. Haus

nimmt; Erdzeichen konzentrieren sich auf körperliche Ertüchtigung und finanzielle Versorgungsquellen; Luftzeichen ziehen sich in Gedanken und Erinnerungen an das Leben zurück; und Wasserzeichen gehen emotional stark und tief auf die Befähigung ein, mit der Seele und dem Leben als Ganzem in Berührung zu kommen.

Horoskop 35 zeigt eine Frau, die spät im Leben eine Beziehung zu ihrem älteren Mann aufgab (Saturn im 7. Haus) und mit Venus im Schützen eine (fremdländische) Liebesbeziehung einging, im Trigon zu Neptun (Verträumtheit, Empfindsamkeit und Idealismus) und in einem positiven Quadrat zu Jupiter und Uranus im Widder (Konstellation eines Neubeginns). Die Heirat führt zu Überfluß und Beliebtheit (Venus/Jupiter) sowie einer Erweckung, impulsiven Handlungen und Exzentrizität (Venus/Uranus). Die Auslösung von Mars mit einundfünfzig Jahren zeigt das Eintreten der Wechseljahre an (Mars im Steinbock bedeutet körperliche Belange) sowie einen Enkel, der möglicherweise Phantasien aus einem früheren Zeitpunkt im Leben heraufbeschwört, als Neptun im 4. Haus fällig wurde.

In *Horoskop 36* beschloß der Schüler eines großen Mystikers nach dem Tod seines Lehrers, mit dem idealistischen Wassermann-Mars dessen Werk weiterzuführen, Pläne in die Tat umzusetzen und als Auswirkung des Todes, Schwierigkeiten zu lösen (Mars Sextil Saturn). Das

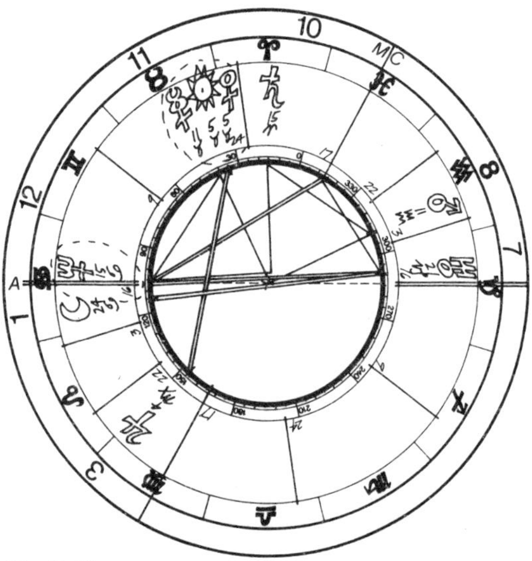

Horoskop 36: Das 8. Haus

Bewußtsein des Todes, des «letzten Gerichts», und die richtige Art zu sterben, stehen im Mittelpunkt dieses Menschen, wie auch seines Lehrers Ouspensky.

Horoskop 37 ist das eines berühmten modernen Gurus, der plötzlich, nachdem er riesige Beliebtheit, Reichtum, Gefolgschaft und Anerkennung erreicht hatte, sein Zentrum in Indien verließ und in den Vereinigten Staaten unter Lebensgefahr — wegen Krankheit und politischen Widerstandes — Zuflucht suchte. Seine Beliebtheit wird durch die aufeinanderfolgenden Planeten Mars, Merkur, Venus und Mond im Steinbock, dem Zeichen der Anerkennung und des Ruhmes, angezeigt. Die Venus-Mond Konjunktion bedeutet das Wesen der Liebe und der Hingabe, welche Spannungen und sexuelle Hemmungen löst, und Exzentrizitäten und musikalische Energien durch das Quadrat beider Planeten zu Uranus (Ausschweifungen) freisetzt. Die deutlich hervortretende verborgene materielle Strömung leitet sich aus der Zeichenqualität des Steinbocks ab.

Als Saturn in Opposition zu Pluto ausgelöst wurde, kam mit neunundvierzig Jahren und zwei Monaten die große Veränderung, und der Verhärtungsprozeß zeitigt bedenkliche Auswirkungen auf seine Gesundheit. Das ist die Konstellation eines Magiers und eines Eingeweihten, aber auch eines Märtyrers.

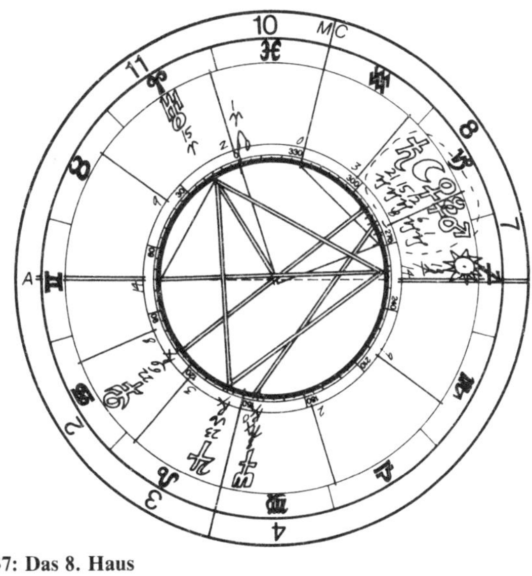

Horoskop 37: Das 8. Haus

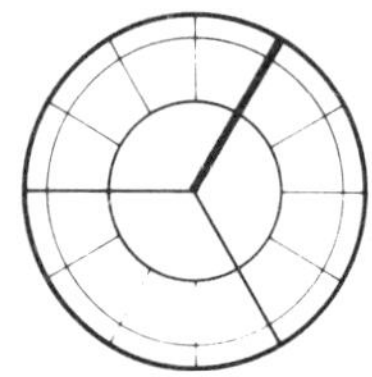

Die Spitze des 9. Hauses / die Stunde des Todes

Da das Leben ein Prozeß ist, sind alle Ereignisse im Leben Prozesse innerhalb eines Prozesses. Empfängnis, Geburt, der Übergang von der Kindheit zur Reifezeit und der Tod sind Zustandsveränderungen, die jedem menschlichen Wesen widerfahren. Die Spitze des 9. Hauses entspricht archetypisch der Stunde des Todes. Wegen der Berechnung der Häuser nach dem placidischen System kann es sein und kommt sogar oft vor, daß diese Spitze bereits mit 40 Jahren oder aber nach einem Alter von 100 Jahren ausgelöst wird. Die Spitze des 9. Hauses ist der *symbolische* Todesmoment und darf nicht wörtlich genommen werden.

In manchen Horoskopen gibt es viele Stellen, wo das Leben bedroht wird oder möglicherweise ein Ende finden könnte. Die genaue Bestimmung des Todesmomentes ist die schwierigste Deutungsfrage in der Astrologie, und der Astrologe hat die Verantwortung, dieser Frage gegenüber offen zu bleiben. Diese Frage sollte offengelassen werden, es sei denn, die Umstände seien außergewöhnlich und die Kenntnis über die Art und den Zeitpunkt des Todes notwendig oder hilfreich. Man sollte Zeiten der Gefahr erkennen, sie jedoch nicht als möglichen Tod auslegen.

Wird die Spitze des 9. Hauses im Leben fällig wie etwa in *Horoskop 7,* so muß sie als ein wichtiger Übergang verstanden werden. Der Übergang ist entweder eine Offenbarung, welche die vorhandenen Lebenswerte und -muster beendet und eine andere Sicht ermöglicht, oder negativ gesehen, ein Schritt vom Leben weg in eine automatischere Wirklichkeit. Diese Spitze kann mit der Pensionierung zusammenfallen, mit beginnender Senilität, einem radikalen Wechsel im Leben wie ihn etwa der Umzug in ein Pflegeheim darstellt, dem Tod eines langjährigen Partners, einem Wohnsitzwechsel nach einem langen und sicheren Familienleben, oder eine körperliche Behinderung bedeuten, die den Lebensstil für immer verändert, wie es bei Herzinfarkt, einer Krebsdiagnose und in anderen Krisenzuständen der Fall ist. Im positiven Fall kann dieser Übergang ein neues Bewußtsein der Lebensgeheimnisse anzeigen, eine einsetzende Beschäftigung mit gemeinschaftlichen Organisationen, um die Einsamkeit zu lindern, oder auch den Beginn einer Zeit, in der ein Mensch sich pflegen lassen muß. In früheren Gemeinschaften im Osten wäre dies der Zeitpunkt gewesen, zu dem ein Mann nach der Vollendung seines Lebens als Ehemann, Vater und Haushaltsvorstand seinen Besitz aufgab und fortging, um als Wandermönch bis zu seinem Tod in die Gegend des Himalaya zu gehen. Dies ist die Zeit, über die Welt hinauszuwachsen, wie es die dem 9. Haus innewohnenden höheren geistigen Werte, Religion, Psychologie und Philosophie veranschaulichen.

In Horoskop 7 (S. 195) wird die Spitze des 9. Hauses im Alter von fünfundvierzig Jahren und neun Monaten akut; die Häuser sind hier derart zusammengedrängt, daß der Horoskopträger mit dreiundsechzig Jahren und drei Monaten sogar über den MC/die Spitze des 10. Hauses geht. Da der MC das Ego-Bewußtsein und den Sinn der Lebensziele, Individuation und Vergeistigung bedeutet, hat dieser Mensch an diesem Punkt Gelegenheit, zu Lebzeiten über die höchste Ebene des Ego hinauszugehen und sie umzuwandeln. Gewöhnlich ist der MC/das Ego ein Ziel, in dessen Richtung wir uns ein Leben lang bewegen, das wir aber nie ganz erreichen. Nicht nur hat dieser Mann Gelegenheit, über den MC zu gehen, er kann auch im Alter von fünf-

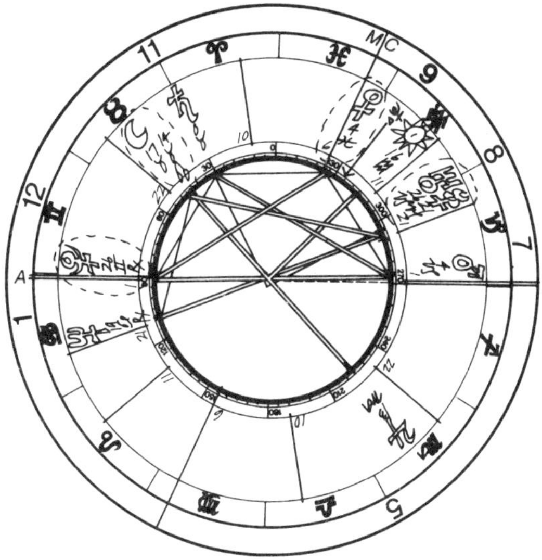

Horoskop 38: Das 9. Haus — Ronald Reagan

undachtzig Jahren die Sonne im Wassermann ein zweites Mal erreichen. Das ist eine wahre Vollendung und bietet ihm die einzigartige Gelegenheit, seinen Lebenskreis abzuschließen und zu lösen.

Horoskop 38 ist das des amerikanischen Präsidenten, der mit einundfünfzig Jahren 1962 über die Spitze des 9. Hauses ging, im selben Jahr, in dem er die schwerwiegende Entscheidung traf, von der demokratischen zur republikanischen Partei überzutreten. Als seine Wassermannsonne im Alter von fünfundsechzig Jahren akut wurde, war er Gouverneur von Kalifornien, zweifellos eine hohe Stellung. Bei der Auslösung des Trigons zu Pluto wurde er Präsident, welches Ereignis einen großen Wechsel und Macht über die Massen mit sich brachte.

Manchmal wird das 7. und 8. Haus ausgedehnt und nicht zusammengedrückt, so daß Planeten, die immer noch im 8. Haus stehen, erst in einem Alter von über hundert Jahren akut würden. Das bedeutet Einflüsse, die nach dem Tod entweder in der Welt oder in der Familie weiterhin wirksam sind. *Horoskop 39* ist das des Psychoanalytikers C. G. Jung, dessen Jupiter in der Waage zum Zeitpunkt von hundertundachtzehn Jahren fällig ist! Die Wirkung seines Werkes hat sein Leben weit überdauert. Tatsächlich interessierte sich Jung in seinen späteren Jahren für Alechmie, vor allem das «*Mysterium Conjunctionis*» oder das Geheimnis der Konjunktion des Königs/Sonne mit der

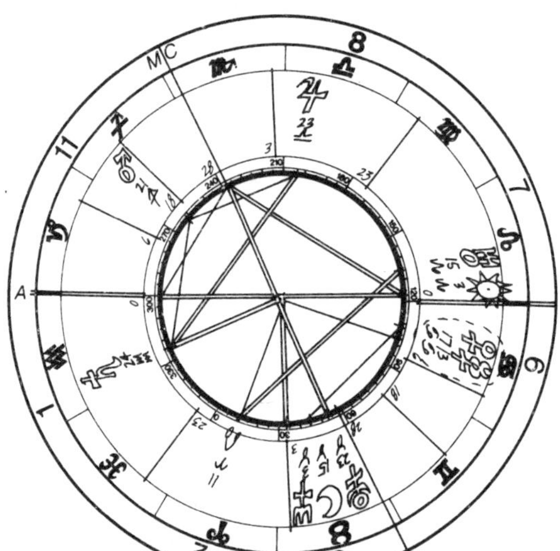

Horoskop 39: Das 9. Haus — C. G. Jung

Königin/Mond, wie Jupiter (eine Philosophie, Psychologie oder Religion) diese Konjunktion (Waage) deutlich beschreibt.

Planeten, die nach dem Tod ausgelöst werden, bedeuten Anerkennung nach dem Tod oder eine nachhaltige Wirkung auf Menschen, die sie überleben. Das kommt oft vor, wenn Menschen früh im Leben sterben, danach jedoch Planeten noch fällig werden. Ihre gefühlsmäßige, spirituelle, ja gar geistige Existenz bleibt bestehen und hat einen Einfluß auf Familie oder Gesellschaft.

ÜBER DEINE LEBENSGESCHICHTE HINAUSWACHSEN

Der Großteil der Menschen ist im Leben einfach damit beschäftigt, zu überleben. Ihr Leben hat nur für sie selbst eine Bedeutung; sie versuchen nie, den Brennpunkt des Lebens über die unmittelbare Situation hinaus zu verlagern. Dabei ist es möglich, deine Wirklichkeit über die «sterblichen Hüllen» auszudehnen und deine Lebensgeschichte zu transzendieren. Dazu mußt du für positive und negative Ereignisse, Menschen und Lebensprozesse wach und offen bleiben und sie alle zu einem vollständigen Ganzen verweben.

Bittet man Menschen, sich an wichtige Ereignisse in ihrem Leben zu erinnern und diese zu datieren, dann können die meisten nur Schulabschluß, Heirat, die Geburten ihrer Kinder, den Zeitpunkt der Scheidung und ähnliches als wesentlich angeben. Die dazwischenliegenden Zeiträume fallen einfach aus dem Ganzen heraus. Ihr Leben ist seicht und öde, und Ereignisse sind bloß die äußere Erscheinung eines fehlenden inneren Lebens. Die ganze Bedeutung ist aus dem Leben gewichen, an dessen Stelle eine Reihe gesetzlich festgelegter Transaktionen tritt.

Die humanistische Psychologie betrachtet den persönlichen Wachstumsprozeß als den Mittelpunkt des Lebens. An erster Stelle steht die Kundgebung eines vollen, aktiven, erfolgreichen Lebens, in dem sie oder er als daraus hervorgehender Mensch ihren oder seinen gesellschaftlichen, persönlichen und erblich angelegten Anlagen vollkommen entspricht. Während diese Ziele für die meisten, außer einigen wenigen, nicht erreichbar sind, können durch das Horoskop Lektionen im Leben erlernt werden, die auf höhere Bewußtseinsebenen und ein größeres Verständnis hinweisen. Ist das Leben erst einmal dargestellt und sind die darin vorkommenden Ereignisse und Verkörperungen definiert, dann siehst du, daß sie ständig in dir leben und täglich wieder ge- und erlebt werden. Vergangene Ereignisse und verstorbene Verwandte bleiben dein Leben lang als Lektionen und Führer bei dir. Die Grundinformation des Lebens — Daten, Orte, Menschen und Zeitpunkte — und die Bedeutung des Ganzen fließt in jede nachfolgende Lebenssituation hinein. Erinnerst du dich an nichts, dann lernst du nichts. Nur indem du die Vergangenheit in deiner Gegenwart und deiner Zukunft erkennst, kannst du über das Weltliche hinausgehen. Die Vergangenheit hält dich so lange gefangen, bis du sie klar genug verstehst, um ihre Spiele zu erkennen und darüber hinauszuwachsen. Jedes Ereignis, Problem, jeder schwierige Mensch oder jede schwierige Beziehung, jedes widerspenstige Kind, das du aufziehst, schafft eine Möglichkeit für Transzendenz. Je größer die Schwierigkeiten oft sind, desto mehr mußt du versuchen, wach zu bleiben, um den tieferen Sinn dieser Erfahrungen zu finden. Alle Schwierigkeiten im Leben spiegeln innere Probleme, die noch zu lösen sind und Teile des Ganzen bezeichnen, die dir noch nicht bewußt sind. Ganzheit erfordert Erkenntnis dieser fehlenden Anteile.

Der einzige Weg, über das Leben hinaus in den Bereich der Transzendenz zu wachsen ist, das zu nutzen, was du über dich weißt, um auch anderen zu einem klareren Verständnis ihrer selbst zu verhelfen. Der beste Weg, anderen Menschen die Einheit begreifbar zu machen, ist das eigene Beispiel. Wenn du dein Leben lebst, indem du widerwärtige Umstände ebenso wie günstige annimmst und an diesen Dingen um dich herum wächst und von allem lernst, dann setzt du ein solches Beispiel. Behältst du trotz Schwierigkeiten dein Gleichgewicht, so vermeidest du keine Herausforderung und wirst auch mitten im Überfluß nicht selbstzufrieden: du kannst dein Leben bewußt leben.

Hast du Bewußtheit erlangt, dann verlieren zukünftige Ereignisse ihre Schreckensgestalt. Oft versuchen Menschen Dinge, die als schwierige Planetenverbindungen in ihrer Zukunft erscheinen, zum Verschwinden zu bringen, weil sie Probleme vermeiden wollen. Aber du kannst Schwierigkeiten nicht zum Verschwinden bringen. Wird Saturn, der auf Einschränkung, Einengung und Konzentration deutet, zu einem bestimmten Zeitpunkt fällig, dann bestimmt das Wesen Saturns die richtige Lebenshaltung. Zu versuchen, jetzt Feste zu feiern oder dich gesellschaftlich entfalten zu wollen, steht der Auswirkung Saturns entgegen. Falls du ein Fest feiern willst, werden Menschen schon vorher vergeben sein oder sich bei diesem Anlaß gehemmt fühlen. Versuchst du auszugehen, wird dein Auto einen platten Reifen haben. Die Begrenzung wird in allem, was du tust, wirksam sein. Begegnest du der

Situation schöpferisch, dann erkennst du, wenn du allein zuhause bleibst und dich den bisher vermiedenen Problemen stellst, daß die Konzentration von Saturn für dich arbeitet. Nutzt du die konzentrierende Energie Saturns nicht freiwillig, dann werden seine Auswirkungen gegen deinen Willen spürbar. Es ist besser, die schwierigen Einflüsse der Planeten zu nutzen, als dich ihrem Einfluß auszusetzen, wenn du es am wenigsten erwartest oder wünschst. Kommt die Zeit, in der ein schwieriger Venusaspekt ausgelöst wird, der eine Konfrontation mit einer Frau bedeutet, so kann die Konfrontation nicht umgangen werden, aber die Frau, mit der du die Konfrontation austrägst, kannst du wählen, einschließlich der Frau in dir. Es kann die Arbeitskollegin sein, mit deren Arbeit du unzufrieden bist, oder auch deine Frau. Du kannst entscheiden, ob du den Einfluß nutzen willst, um der Situation schöpferisch entgegenzutreten; wenn du dies nicht tust, wird sie dich überfluten. Dieses Prinzip ist für alle Planeten und in allen Ereignissen deines Lebens wirksam. Du mußt versuchen zu verstehen, was das Leben von dir will, und jede Gelegenheit bestmöglich nutzen.

Die Menschen meinen im allgemeinen, sie lebten ein schöpferisches und befriedigendes Leben, dabei wiederholen sie ihre Vergangenheit oft endlos. Der einzige Weg, über frühkindliche, durch die Eltern bestimmte Muster hinauszuwachsen, führt über die Beobachtung deiner Reaktionen und Handlungen. Das Ziel deiner Lebensgeschichte ist, über deine Rolle, die Mitspieler und gesamten Lebensumstände hinauszuwachsen.

ACHTES KAPITEL

VOLLSTÄNDIGE DEUTUNG

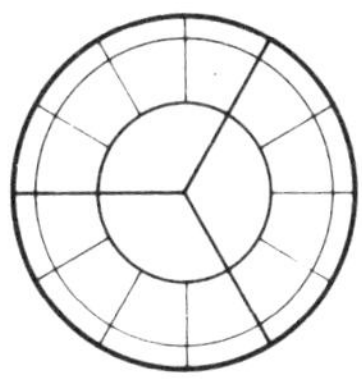

Das letzte Kapitel hat Haus für Haus die Interpretation deiner *Lebens★Zeit* von vor der Empfängnis an rund um das Horoskop beschrieben. Es wäre jetzt sehr nützlich, dieses Vorgehen auf eine vollständige Horoskopanalyse von Anfang an zu übertragen. Der zweite Teil dieses Kapitels enthält eine solche vollständige Analyse.

Man kann die Deutung in drei verschiedene Abschnitte unterteilen: das Horoskop berechnen und zeichnen, die Reihenfolge der Lebensdaten bestimmen und das Ganze anhand der Tabellen deuten. Hier nun der Plan für eine Deutung:

I. Das Horoskop berechnen und zeichnen

1. *Geburtsangaben*
   Genaue Geburtsangaben sind Voraussetzung für eine präzise Deutung. Du brauchst dazu die genauen Tages-, Monats-, Jahres-, Orts- und Zeitangaben für die Geburt. Auch wenn die Geburtszeiten im Spital genau eingetragen werden, ergeben sich oft Ungenauigkeiten von fünf oder mehr Minuten. Oft muß man Geburtszeiten als gegeben hinnehmen, auch wenn man weiß, daß sie geschätzt wurden. Ist die Deutung soweit durchgeführt, kann man die Stellung des AC im nachhinein berichtigen. Sei besonders vorsichtig, wenn Geburtsangaben ganze oder halbe Stunden enthalten.
2. *Die Berechnung des Horoskops*
   Das Horoskop muß anhand der Ephemeriden und Häusertabel-

len berechnet werden oder, wie in der Einleitung erwähnt, durch Computer (s. auch Anhang C). Die Berechnung sollte die Grad- und Zeichenstellungen der zwölf Häuser, einschließlich AC und MC, der zehn Planeten und des Mondknotens enthalten. In manchen Computerhoroskopen werden alle Aspekte berechnet und aufgeführt; der Ausdruck des *Life★Time* Computerdienstes datiert alle Planeten sowie deren sensitive Punkte.

3. *Ein Horoskop zeichnen*
Vorne ist ein leeres Horoskop, in das du deine Daten eintragen kannst. Mache für deinen ersten Versuch eine Kopie davon, falls dir Fehler unterlaufen sollten. Zuerst zeichnest du die strahlenförmigen Linien für die zwölf Häuserspitzen ein; danach kommen die Stellungen der zehn Planeten und des Mondknotens in den angegebenen Zeichen und Häusern; danach ziehst du die Aspektlinien, die die Planeten untereinander und mit dem AC und MC verbinden. Zum Schluß sollte das Ganze so aussehen wie die Beispielhoroskope in diesem Buch.

II. Die Reihenfolge der Lebensdaten bestimmen

4. *Häuser- und Zeichenspitzen datieren*
Nimm die kleine Scheibe, die du vorne aus dem Buch herauskopiert hast oder die Tabelle in Anhang A und lies die Daten aller Häuserspitzen im Horoskop auf Jahr und Monat ab, indem du beim Empfängnispunkt an der Spitze des 9. Hauses beginnst. (Siehe Kapitel 3, S. 72ff)
5. *Planeten und den Mondknoten datieren*
Lies die Daten für die Planeten und den Mondknoten von der Empfängnis bis zum Alter von neunundneunzig Jahren ab. (Siehe 4. Kapitel, S. 96ff)
6. *Sensitive Punkte bestimmen und datieren*
Bestimme die sensitiven Punkte für jeden Horoskopabschnitt, den du detailliert untersuchen willst. Gewöhnlich ist dies für das Alter von dreiundzwanzig Jahren (dem Deszendenten) bis zu deinem jetzigen Alter und darüber hinaus der Fall, es kann aber auch sonst irgend eine Zeitspanne sein. Die Stellungen der sensitiven Punkte bestimmen auch die Auslösungen von Aspektverbindungen, wie es im 5. Kapitel auf S. 113ff beschrieben wurde. Der Ausdruck des *Life★Time* Berechnungsdienstes (s. Anhang C) führt alle Häuserspitzen, Planeten und sensitiven Punkte das ganze Leben hindurch auf.

III. Einzelanalyse (für jeden Planeten, persönlichen und sensitiven Punkt)

7. *Planet im Zeichen*
Jeder Planet, persönliche Punkt (MC und AC) und sensitive Punkt wird zuerst gemäß dem Tierkreiszeichen, in dem er steht gedeutet und mit Qualität und Wirkungsweise beschrieben (siehe die linke Seite der Deutungstabellen im 6. Kapitel, S. 128 ff).
8. *Planet im Haus*
Für jeden Planeten, persönlichen und sensitiven Punkt wird die Häuserstellung und Auslösung (gemäß Beschreibung im 7. Kapitel) bestimmt. Die Häuserstellung bezeichnet die Einteilung in bewußt und unbewußt, je nach Lage über oder unter dem Horizont, und in selbstsüchtig oder selbstlos, je nachdem, ob der Planet in der linken oder rechten Horoskophälfte steht (siehe rechte Seite der Deutungstabellen im 6. Kapitel, S. 129 ff und 7. Kapitel).
9. *Planetenherrschaften, Erhöhung oder Planet im Element*
Die Stärke eines Planeten wird danach bewertet, ob er in «seinem» Zeichen oder Haus steht, in dem er Herrscher ist, oder im Exil, erhöht oder im Fall; ob in einem Element, das seinem Wesen entspricht oder nicht (siehe 4. Kapitel, S. 83).
10. *Verkörperungen der Planeten*
Stelle fest, wer die Planeten verkörpert und welche Eigenschaften damit verbunden sind, unter Berücksichtigung obiger Faktoren (siehe ganzes 7. Kapitel).
11. *Aspektfiguren*
Bestimme für jeden Planeten und persönlichen Punkt die Aspekte zu allen Planeten und persönlichen Punkten innerhalb der zulässigen Orbes (siehe 5. Kapitel)
12. *Reihenfolge der Aspekte*
Bestimme, welche Aspekte von Planeten vor, während und nach dem untersuchten Planeten oder persönlichen Punkt fällig werden, datiere ihre sensitiven Punkte (s. 5. Kapitel, S. 113-116), und lege die Reihenfolge der Einwirkung sowie die Zeitspanne einer solchen Konstellation fest.
13. *Aspekt-Verbindungen in der Zeit*
Bestimme die Daten der ursprünglichen Auslösung der aspektierenden Planeten oder persönlichen Punkte: liegen sie rückwärts in Richtung Empfängnis oder vorwärts in Richtung Tod? (S. 5. Kapitel S. 116-119)

14. *Verkörperungen über die Aspekte*
Bestimme anhand der Aspekt-Deutungs-Tabellen im 6. Kapitel, wer die aspektierenden Planeten oder persönlichen Punkte sind.
15. *Deutung der Aspekte*
Suche die vorgeschlagene Deutung der Aspektfigur auf, zuerst die Aspekte, die zum Planeten hin und dann die, die von ihm wegführen, und behalte dabei ständig die obigen Informationen im Kopf.

IV. Deutung der Lebens★Zeit

16. *Vor der Empfängnis*
Suche das Licht (Sonne oder Mond), das im Uhrzeigersinn am nächsten bei der Spitze des 9. Hauses steht: es zeigt dir an, welcher Elternteil für den Impuls, dich ins Leben zu rufen, verantwortlich war; beurteile ihn gemäß Abschnitt III oben und im 7. Kapitel, S. 172-177. Geh dann nach denselben Regeln für das andere Licht vor.
17. *Empfängnispunkt*
Werte den Empfängnispunkt/die Spitze des 9. Hauses nach Element, Zeichen und Aspekten aus (s. 7. Kapitel, S. 178).
18. *Das 9. Haus*
Deute die Planeten im 9. Haus entsprechend den oben von 7 bis 16 beschriebenen Schritten.
19. *Die Mitte des Himmels (MC)*
Bewerte den MC nach Element, Zeichen und der äußerst wichtigen Reihenfolge der sensitiven Aspektpunkte vor und nach seiner Auslösung.
20. *Das 10. Haus*
21. *Das 11. Haus*
22. *Das 12. Haus*
23. *Der Aszendent (AC)*
Werte den Geburtsmoment aus, indem du das Zeichen am AC als die Umgebung deutest, in der die Geburt stattfand; die Reihenfolge der sensitiven Aspektpunkte beschreibt die Ereignisse, die vor, während und nach der Geburt stattfanden sowie die Menschen, die bei der Geburt anwesend waren oder einen Einfluß auf diese ausübten. Die Mischung aus all diesen Einflüssen ergibt die Beschreibung deiner Persönlichkeit (s. 7. Kapitel, S. 203-211). Die Geburtsumstände und Verkörperungen findest du in der Tabelle im 7. Kapitel auf S. 206/7.

24. *Das 1. Haus*
25. *Das 2. Haus*
26. *Das 3. Haus*
27. *Das 4. Haus*
28. *Das 5. Haus*
29. *Das 6. Haus*
30. *Das 7. Haus / der Deszendent*
    An der Spitze des 7. Hauses beginnt die objektive, bewußte Horoskophälfte, die dem Geburtsmoment und der Auslösung der Persönlichkeit genau gegenüberliegt. Man beurteilt diese Spitze anhand der Zeichenqualitäten sowie aller Planeten oder sensitiven Punkte, die in ihre Nähe fallen. Gewöhnlich aspektieren diese Planeten auch den Aszendenten. Von dieser Zeit an sollte man alle sensitiven Punkte auf die in Schritten 7 bis 15 erklärte Weise auswerten, jedoch mit folgenden Änderungen:
    — Willst du einen sensitiven Punkt deuten, dann betrachte zuerst den Planeten oder sensitiven Punkt, der diesem unmittelbar vorangeht und deute die entstehende Aspektverbindung aus den Tabellen. Das beschreibt die Umstände, die zum untersuchten Ereignis führen.
    — Der sensitive Punkt selbst wird nach Planetenqualität, seiner Stellung in Zeichen und Haus sowie seiner Aspektqualität gedeutet (s. 5. Kapitel S. 113).
    — Die Verkörperung(en) des sensitiven Punktes werden nach Zeichen, Haus und Aspekten aus den Tabellen bestimmt.
    — Man beschreibt die Situation anhand der Verbindung des sensitiven Punktes mit dem nächstfolgenden Planeten oder sensitiven Punkt.
31. *Das 8. Haus*
32. *Das 9. Haus / Todespunkt und Schwelle zur Transzendenz*
    Die Spitze des 9. Hauses wird manchmal während des Lebens überschritten und bedeutet dann einen wichtigen Übergang. Das archetypische Alter dafür wäre 77 Jahre, obschon es auch bereits 42 oder auch über 100 sein kann. Dieser Übergang und seine Bedeutung wurden im 7. Kapitel (S. 254-259) beschrieben.

Die Deutung des Horoskops beinhaltet viele komplizierte Schritte, aber durch Übung wird der ganze Prozeß sehr klar und einfach und die Deutung immer zutreffender. Beginne diese mit einer schriftlichen Aufzeichnung der Stellungen der Planeten, Häuserspitzen, persönlichen und sensitiven Punkte und schreibe die verschiedenen Deutungsmöglichkeiten aus den Deutungstabellen im 6. Kapitel auf. Fasse dann all diese Informationen zusammen und versuche, eine Lebensgeschichte daraus abzuleiten. Nimm dir das Vorgehen und den Stil im 7. Kapitel zum Vorbild, und du wirst bald verstehen, wie die Deutung vor sich geht.

Hast du erkannt, wer die Planeten in der Schwangerschaft verkörpert, dann geh ihnen durch den Rest des Lebens nach, indem du ihren Aspektlinien folgst. Ereignisse früh im Leben werden zu Zeiten, wenn ihre Aspekte oder sensitiven Punkte im späteren Leben wirksam werden, wiederholt und ausgeschmückt. Aus dieser Sicht ist das menschliche Leben einheitlicher, als es oft von außen den Anschein hat. Anfangs wirst du viel mehr Informationen zusammentragen als nötig, aber dann bearbeitest du diese, um eine prägnantere Deutung zu erhalten. Mit der Zeit wirst du die tiefe Bedeutung des *Lebens★Zeit*-Prozesses mit seinen Auswirkungen erkennen.

DIE DEUTUNG DES HOROSKOPS VON JOHN LENNON

Die beste Art, *Lebens★Zeit Astrologie* darzustellen, ist eine vollständige Horoskopanalyse. In den Beispielen im siebten Kapitel haben wir gesehen, wie einzelne Planeten und ihre Konstellationen von Haus zu Haus gedeutet werden können, wobei jedoch die Betrachtung der vollständigen Reihenfolge der Planeten und ihrer Aspekte für die Deutung eines ganzen Lebens unumgänglich ist. Planeten, die früh im Horoskop fällig werden, liefern den Rahmen, in den sich spätere Ereignisse einfügen; das erlaubt uns, ein ganzheitliches Verständnis des Lebens zu entwickeln.

Die Wahl einer Person für eine solche Deutung ist schwer, weil das Ausgangsmaterial vielen Anforderungen genügen muß. Es ginge nicht an, eine solche Analyse für einen noch lebenden Menschen anzustellen, weil das einen Eingriff in ihr oder sein Leben bedeuten würde. Trotzdem sollte es sich um eine gegenwärtige Figur handeln, weil sich unsere Zeit so schnell verändert und historische Personen viel weniger bedeutsam wären. Deshalb sollte es jemand aus der heutigen Zeit sein, der aber vor kurzem gestorben ist. Die Person muß auch wichtig genug gewesen sein, damit sich ihr/sein Leben in der Öffentlichkeit abgespielt hat, und die Informationen zugänglich sind, mit der die astrologische Analyse verglichen werden kann. Es wäre vorteilhaft, wenn sie/er ein schöpferisches Leben geführt hat, in dem eine innere Realität ausgedrückt wurde, die sich von den äußeren Ereignissen abhebt, weil die *Lebens★Zeit Astrologie* gerade solche psychischen Gegebenheiten als wesentliche Bestandteile des Lebens beschreibt. Die hauptsächlichste Kritik an vielen astrologischen Beweisführungen ist die, daß die beschriebenen Ereignisse in der Vergangenheit liegen und die Deutung einen Vorteil aus dem Rückblick zieht. Man kann kaum umhin *nicht* zu glauben, daß die Ereignisse auf die Astrologie zugeschnitten werden, aber hier habe ich versucht, die astrologischen Tatsachen nicht der Person anzupassen. Aus diesem Grund habe ich die Deutung hauptsächlich aus den Tabellen in diesem Buch abgeleitet; sie enthält auch Tatsachen aus John Lennons Leben, die sonst nicht allgemein zugänglich sind.

Aus allen eben aufgeführten Gründen bin ich der Ansicht, daß sich das Horoskop von John Lennon (Abbildung 24) besonders gut für unsere Zwecke eignet. Lennon ist ein Symbol für die Generation, die im 2. Weltkrieg geboren wurde: sein Leben und Tod waren von den Vieldeutigkeiten und der Komplexität unserer gegenwärtigen Welt geprägt. Obwohl er die weltweit berühmteste Band, die Beatles, leitete, war er isoliert, einsam und hat wahrscheinlich außer Yoko Ono nie jemanden kennengelernt, der ihn verstand. Er behauptete, beliebter als Jesus zu

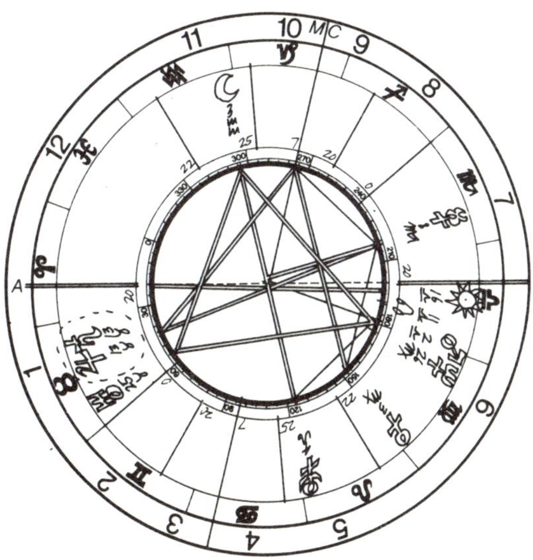

Abbildung 24: Das Horoskop von John Lennon

sein; Millionen kannten ihn, aber niemand kannte ihn je wirklich. Viele seiner innersten Gefühle traten in seinen Liedern zutage, aber er blieb immer umstritten und unergründlich. Seine Musik ließ sowohl Kritikern wie Bewunderern keine Ruhe, die seine Inspiration abwechselnd auf Halluzinationen mit LSD, eine zufällige Auswahl aus Alice im Wunderland, politischem Kommentar und eschatologischer Literatur oder einfach Schundpoesie zurückführten. Nichts von alledem kann uns ein zusammenhängendes, in sich stimmiges Bild geben, wohl aber sein Horoskop.

Lebens★Zeit Astrologie ermöglicht, das innere Leben John Lennons als Gegenpol und Ergänzung dessen, was wir aus seinem äußeren Leben in der Öffentlichkeit wissen, zu beschreiben. In einem seiner umstrittensten Lieder, «I Am The Walrus», drückt er seinen astrologischen Charakter sehr deutlich aus: «Ich bin er so wie du er bist so wie du ich bist so wie wir alle zusammen sind» (*I am he as you are he as you are me as we are all together*). Wie wir im Lauf der Deutung sehen werden, klingt in diesem Satz die innere und äußere Lebensgeschichte von John Lennon an.

Wir dürfen nicht vergessen, daß alles, was Mutter, Vater, Verwandte, Ehefrauen, Kinder und Gefährten von John Lennon betrifft, sich in seinen eigenen Reaktionen spiegelt. Die Einflüsse, die er in der Schwangerschaft von seiner Mutter aufgenommen hat, sind sehr stark, tiefgehend und beschreiben Verhaltensweisen, die den letzten Teil seines sonderbaren Lebens kennzeichnen.

John Winston Lennon wurde am 9. Oktober 1940 um 18.30 (englische Sommerzeit) in Liverpool geboren. (Quelle siehe Anhang F).

Vor der Empfängnis

Als erstes wollen wir herausfinden, welcher Elternteil für Johns Zeugung verantwortlich war, als Sinnbild für den initiativen Teil seines schöpferischen Wesens. Bewegen wir uns im Uhrzeigersinn vom Empfängnispunkt auf 20° Schütze weg, so treffen wir zuerst auf die Sonne in der Waage im 6. Haus. Johns Vater war für den Impuls, ein Kind zu zeugen, verantwortlich, da aber die Sonne unter dem Horizont steht, war er sich dieses Impulses nicht bewußt. Johns männliche Seite reißt instinktiv Neues an. Die Sonne in der Waage zeigt den Versuch, eine eheliche Beziehung auszugleichen, indem ein Kind als Vermittler gezeugt wird. Die Sonne im 6. Haus bedeutet Aufgehen in der Arbeit sowie eine naive, entfernte und kritische Lebensart. (*Fred Lennon war Seemann und oft monatelang von seiner Frau getrennt.*)

Da keine direkte Aspektbeziehung zwischen Sonne und Mond besteht ist anzunehmen, daß die Beziehung zwischen den Eltern schwach war. Sowohl Sonne wie Mond stehen in doppelten Luftzeichen, somit sind beide Eltern zwiespältig und idealistisch.

Der Mond im Wassermann folgt im Gegenuhrzeigersinn vom Empfängnispunkt aus auf die Sonne. Die Eigenschaften des Wassermanns, nämlich Losgelöstheit, Abstraktion und Liebe der Gemeinschaft herrschen vor, besonders weil der Wassermann wesensgemäß im 11. Haus zuhause ist. Das bedeutet eine freundliche Beziehung, zahlreiche Freunde, vor allem Frauen, jedoch eher oberflächlicher und kurzlebiger Art. (*Julia Lennon lebte bei ihren Eltern und war Platzanweiserin in einem Kino.*)

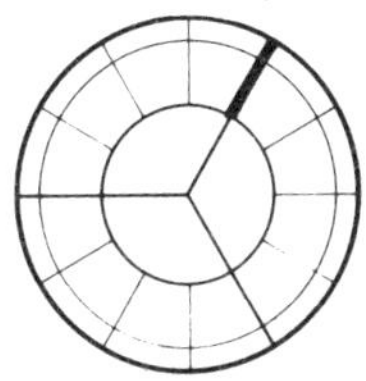

Empfängnispunkt / Spitze des 9. Hauses

Der Empfängnispunkt wird auf 20° Schütze fällig, und die Rolle des Vaters wird durch das Sextil von der Sonne (Vater) verstärkt. Der Schütze ist auf einer niederen Ebene sinnlich und materialistisch, aber auf einer höheren Ebene philosophisch und unabhängig. Der zur Empfängnis führende physische Geschlechtsakt bereitet den Eltern Sinnenfreude, wobei aber beide distanziert bleiben. (*Der sinnlich-philosophische Kontrast ist bezeichnend für John Lennons spontanen schöpferischen Drang, der oft verrückt war, aber eine ernste Lebensschau beinhaltete.*)

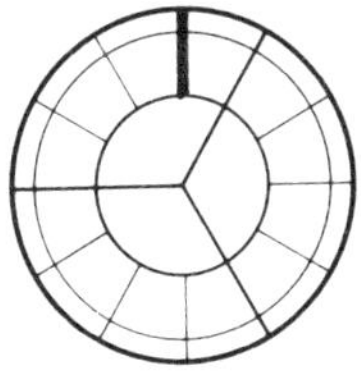

MC im Steinbock

(35 Wochen vor der Geburt = Anfang Februar 1940)

Der Steinbock-MC zeigt die Konzentration von Johns Mutter auf

sich selbst, da sie gezwungen ist, sich mit praktischen Dingen zu beschäftigen. Sie empfindet die Empfängnis körperlich, da Steinbock ein Erdzeichen ist und Zurückhaltung der Gefühle anzeigt.

Das Sextil von Merkur im Skorpion (7. Haus) zum MC deutet darauf hin, daß die Mutter an Trennung (Skorpion) denkt (Merkur), an Lösung ihrer Beziehung (7. Haus) und daß ihre Freunde und Familie dies unterstützen. Merkur im Skorpion reißt auseinander und ist skeptisch.

Das Quadrat vom Mondknoten in der Waage führt zu gemeinsamen Schwierigkeiten und Unbeständigkeit in der Beziehung. Die Mutter zieht ihre eigenen Interessen (MC) denen ihrer Ehe vor. Da der Mondknoten die Familie bedeutet, hat die Mutter bezüglich ihrer Ehe auch Meinungsverschiedenheiten mit ihrer eigenen Familie. *(Julias Schwestern und ihre Familie mißbilligten ihre Ehe und versuchten sie zu überzeugen, sich daraus zu lösen.)*

Saturn und Jupiter im Stier stehen im Trigon zum MC; diese Verbindung zeigt sowohl Einschränkung als auch Optimismus an, den Arzt und Eltern vermitteln, und wahrscheinlich drückt sich dies als morgendliche Übelkeit aus. Die Mutter ist ungewiß, weil Jupiter/Saturn eine manisch-depressive Komponente hat. Diese Verbindung wirkt sich abwechselnd materialistisch und religiös aus. *(Julia hing finanziell von ihren Eltern ab und wollte kein Kind. Liverpool wurde zu jener Zeit bombardiert.)*

Venus in der Jungfrau im Trigon zum MC sind Freunde, mit denen sie ihre Vorliebe für Musik und Filme teilt, die für sie eine große Befreiung darstellen.

(Anmerkung: die beiden größeren Konstellationen im Horoskop von John Lennon haben Merkur gemeinsam. [S. Abbild 15 und 16 auf S. 106, 107.] Konstellation B schließt den MC, Venus, Merkur, Jupiter, Saturn und den Mondknoten ein, während Konstellation C den Mond, Uranus, Merkur, Pluto, Neptun und Mars umfaßt. Die beiden Figuren sind sein ganzes Leben hindurch miteinander verwoben, aber verbinden sich erst bei der Auslösung von Merkur mit 34 Jahren. Konstellation A besteht aus dem Aszendenten in Opposition zur Sonne. Zu Beginn des Lebens müssen die drei größeren Planetengruppen behandelt werden, wie wenn sie voneinander getrennt wären. John hat somit drei Teile in sich, die schwer miteinander zu verbinden sind. Seine Persönlichkeit [Aszendent] und Sonne [öffentliche Erscheinung] sind gespalten und haben wahrscheinlich nie zu einer Lösung gefunden. Jedes Horoskop muß in dieser Weise zerlegt werden.)

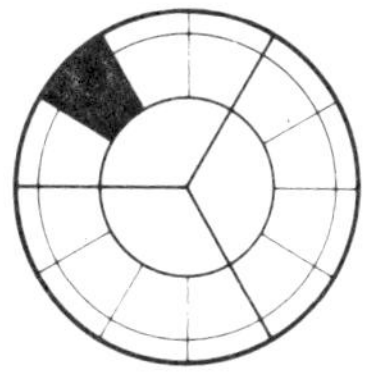

Der Mond im Wassermann im 11. Haus

(31 Wochen vor der Geburt = Anfang März 1940)

Da die Schwangerschaft vom Standpunkt der Mutter aus interpretiert wird, bezieht sich der Mond auf die Lösung und Unabhängigkeit von ihrer Mutter. Es herrscht viel Spannung wegen der Opposition, dem Quadrat und dem Aspekt von Mars zum Mond.

Das Trigon von Mars deutet auf Spannung, Gefühlsintensität und impulsive Handlungen, möglicherweise als Auswirkungen der Kriegsatmosphäre in Liverpool 1940. *(Fred war fort, im Krieg, was Julias Besorgnis um sich und ihr Kind erhöhte.)*

Die Opposition von Pluto im Löwen ist direkt auf den Krieg zurückzuführen. Die Gefühle der Mutter (Mond) werden abgelenkt und mit extremen Emotionen und fanatischen Gefühlen durchsetzt, die zu größter Spannung führen. *(Massen zu schockieren gehörte zu Johns musikalischer Karriere.)*

Das Quadrat von Merkur im Skorpion bedeutet Unentschlossenheit, wenn Freund(inn)e(n) seine Mutter bedrängen, in ihrer Beziehung eine Entscheidung zu fällen. *(Julias Mutter sträubte sich gegen ihre Beziehung, und als Merkur mit 34 Jahren fällig wurde, verließ John Yoko und ging mit seiner Sekretärin [Merkur] auf und davon.)*

Das Trigon von Neptun zeigt Unbestimmtheit und innere Visionen an, was die Mutter für unbewußte Phantasien und Unwirklichkeit in ihrer Schwangerschaft empfänglich macht.

Das Trigon von Uranus ist ebenso spannungsgeladen und unvorhersehbar und bezieht sich auf physische Sicherheit (Stier). Die Anspannung, ein Kind mitten in solch einem Chaos voller Gewalt auszutragen, bringt seine Mutter gefühlsmäßig an ihre Grenzen.

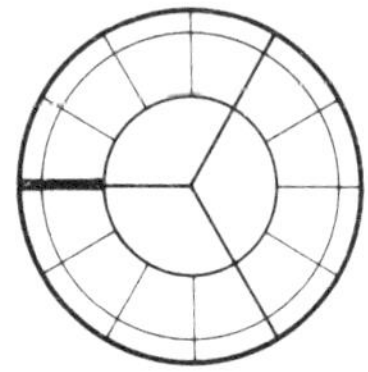

Aszendent Widder

(Die Geburt = Oktober 1940)

John Winston Lennon wurde während einer schweren Bombardierung geboren, die das ganze Spital gefährdete. Widder am Aszendenten ist ruhelos, aggressiv, ungeduldig und ohne Zweifel auf die Kriegsatmosphäre zurückzuführen.

Der einzige Aspekt zum Aszendenten ist eine Opposition von der Waage-Sonne, die eine Trennung vom Vater anzeigt. Da Waage ein Doppelzeichen ist, bezieht sich die Sonne auch auf einen entbindenden Arzt als Ersatzvaterfigur. Sowohl der AC wie die Sonne stehen in männlichen Zeichen, haben aber keine Aspekte zu anderen Planeten. *(Fred war in der Marine, als John geboren wurde, und sein Großvater wurde zum vorläufigen Vater. Johns Verstrickung mit den Beatles und seinen Ersatzvätern — den Produzenten George Martin, Manager Brian Epstein, Maharishi Mahesh Yogi und später dem Psychologen Arthur Janov spiegeln dieses Thema wider. Er übertrug den vermißten Vater auf diese Männer, weil Fred von Johns Geburt an langsam aus seinem Leben verschwand. Die Sonnenenergie kann nur zum Vater gesendet werden und wieder zurückkehren — sie kann keinen anderen Weg einschlagen.)*

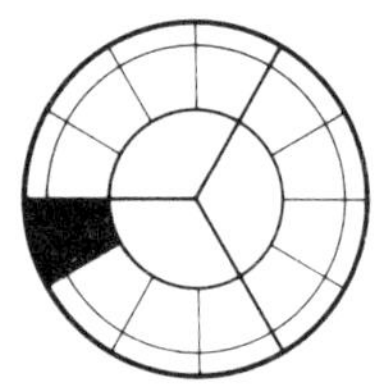

Saturn und Jupiter im Stier im 1. Haus

(6 Monate alt = April 1941)

Saturn und Jupiter beziehen sich auf Großeltern und zeigen Einschränkungen, auf die Ausdehnung folgt, und Isolation trotz Unterstützung. *(Fred schickte wenig Geld heim und Julia überließ John ihren Eltern.)*

Die Opposition von Merkur ist eine briefliche Trennungsnachricht. *(Als John drei Monate alt war, hätte Fred heimkehren sollen, um eingezogen zu werden, verpaßte aber sein Schiff und landete wegen Fahnenflucht als Gefangener auf Ellis Island, New York — dem Einwanderungsabwicklungszentrum für die USA. Zur genauen Auslösung von Saturn und Jupiter war Fred wiederum in Nordafrika im Gefängnis, was das Ende der Ehe bedeutete, obschon er nachher noch achtzehn Monate lang Unterstützungsgeld schickte. Ironie des Schicksals: dieselben Einwanderungsbehörden verweigerten John 34 Jahre später die amerikanische Staatsbürgerschaft.)*

Das Trigon vom MC im Steinbock zeigt, daß Johns Großeltern materielle und praktische Ziele verfolgten. *(Seine späten Lieder «Born in a Prison» und «Isolation» spiegeln beide sein abgeschnittenes frühes Leben wider. Diese Isolierung war ein Vorgeschmack für Johns Isolierung, als er Jahre später zwar Millionär, aber einsam war.)*

Uranus im Stier im 1. Haus

(10 Monate alt = August 1941)

Uranus im Stier erzeugt Spannung, Unruhe und finanzielle Unsicherheit, die auf Johns Persönlichkeit einwirken, welche originell und eigenwillig ist.

Das Trigon vom Mond bedeutet die Mutter, die durch einen plötzlichen unbewußten Gesinnungswandel große Gefühlsspannungen erlebt: einmal wendet sie John ihre Aufmerksamkeit zu, dann wechselt sie zu Widerstand über. *(Das war für seine Beziehungen zu Frauen typisch und beschreibt auch seinen schöpferischen Prozeß.)*

Das Trigon von Neptun in der Jungfrau ist konfus, unstabil und wiederum unbewußt, löst in diesem zarten Alter jedoch ein lebhaftes inneres Phantasieleben in John aus.

(Zu jener Zeit begann Julias Schwester Mary, die John «Aunt Mimi» nannte, sich nach und nach im Haus der Großeltern um John zu kümmern. Tante Mimi übernahm die mütterliche Rolle, die weder Julia noch ihre Eltern ausfüllen konnten. John trug ein doppeltes Bild beider Elternrollen in seinem Leben mit sich.)

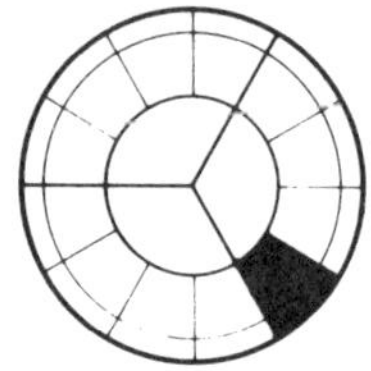

Pluto im Löwen im 5. Haus

(5 Jahre alt = Oktober 1945)

Pluto im Löwen bedeutet außergewöhnliche Leistungen in der Schule und schauspielerische Fähigkeiten des Selbstausdrucks, Kreativität und Talent. Das 5. Haus ist dynamisch, selbstbewußt, ungestüm, kreativ und fällt in die Zeit der Volksschule.

Das Sextil von Mars in der Waage zeigt Aktivität und Rücksichtslosigkeit, die durch Gemeinschaft mit andern Jungen in spekulative 5. Haus-Kanäle fließt. *(John lehnte sich in der Volksschule von Dovedale auf und versuchte ständig, davonzulaufen.)*

Die Opposition vom Mond im Wassermann zeigt den Ausdruck extremer Gefühle, der schockiert, während alles ursprünglich wie ein Spiel aussah (5. Haus). Zu dieser Figur gehört ebenfalls das Quadrat von Merkur im Skorpion im 7. Haus, wiederum Trennungsgedanken in einer Beziehung, die mit Johns Eltern zusammenhängt, und Ausdruck von übertriebenem Widerstand und Rohheit. *(Fred kam nach Hause und nahm John nach Blackpool in die Ferien mit, mit dem vagen Hintergedanken, ihn nach Neuseeland wegzubringen, in welche Richtung er emotional überzeugende Androhungen vorbrachte. Der auf Generationen wirksame plutonische Kriegseinfluß, der in der Luft lag, war sicher ein zusätzlicher Verstärker.)*

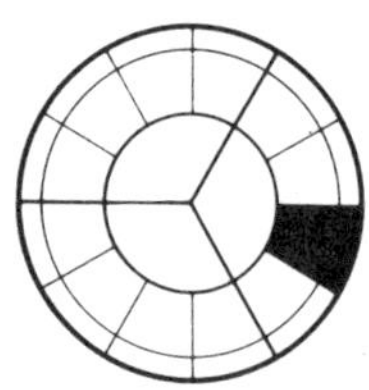

Venus in der Jungfrau im 6. Haus

(9 Jahre und 2 Monate alt = Dezember 1949)

Mit sieben Jahren und drei Monaten trat John in sein großes 6. Haus der Schule und Arbeit ein. Venus bedeutet Kunst, Musik und

Freunde, aber das Zeichen Jungfrau ist kritisch, perfektionistisch und kalt. Das 6. Haus markiert den Eintritt in die Pubertät und einen jungfräulichen, naiven Ausdruck von Sexualität.

Das Trigon vom MC im Steinbock zeigt Individualität und Faßbarkeit seines künstlerischen Schöpfungsdranges, aber auch Eitelkeit und Stolz.

Das Sextil von Merkur im Skorpion wiederum deutet auf Gewandtheit, aber auch das ständige Trennungsgefühl. Erfolg bei Mädchen, beim Schreiben und in anderen künstlerischen Interessen werden durch die dem Skorpion innewohnende Grausamkeit gefärbt. *(John war in der Schule Unterhalter, schrieb seine eigenen [Schul]Bücher in seiner eigenen Phantasiesprache und illustrierte sie ebenfalls selbst.)*

Neptun in der Jungfrau im 6. Haus

(14 Jahre und 7 Monate alt = Mai 1955)

Neptun in der Jungfrau bedeutet große Feinfühligkeit, die sich, beinahe als Schutzmechanismus, im Kritisieren anderer ausdrückt.

Das Trigon von Uranus ist voller Eingebungen, mystisch, künstlerisch und labil und verweist auf das 1. Haus zurück, als die durch die Eltern kaum vermittelte Sicherheit am unstabilsten war. *(John bekam mitten in seinem wachsenden schöpferischen Drang einen Schock durch den Tod seines Onkels George.)*

Das Trigon vom Mond im Wassermann ist feinfühlig, einfallsreich und bedeutet beseelte Gefühle, die mit Frauen verknüpft werden. *(John begann, sich für Mädchen und Freundinnen zu interessieren und nahm wieder Kontakt zu seiner Mutter auf, und manchmal sang er bei seinen Besuchen mit ihr.)*

Waage(Zeit) im 6. Haus

(16 Jahre alt = Oktober 1956)

Mit sechzehn Jahren tritt John ins Zeichen der Partnerschaft und Sublimierung ein, durch welches er bis zu 28 Jahren und 6 Monaten (1969) tobt.

Mars in der Waage im 6. Haus

(16 Jahre und 8 Monate alt = Juni 1957)

Der Abstand von Neptun zu Mars ist zu weit für eine Konjunktion, aber er kann wie ein Mars-Neptun Aspekt gedeutet werden, der die Verlagerung von der Empfindsamkeit und Verträumtheit von Neptun zur Aggression und dem starken Verlangen von Mars sichtbar macht. Mars in der Waage ist sehr sozial, läßt sich auf tonangebende öffentliche Ereignisse und Idealismus ein, während er im 6. Haus harte Arbeit, Ausdauer und geschickt angewandte Methoden bedeutet. *(Mars drückte sich wahrscheinlich durch die Wirkung aus, die die Rock'n'Roller Elvis Presley und Jerry Lee Lewis auf Johns Selbstimage hatten, ebenso sein Wettbewerb und seine Freundschaft mit Paul McCartney.)*

Das Trigon vom Mond im Wassermann ist eine nahe, aber abstrakte Beziehung zu seiner Mutter, die unterbrochen wird. Der Wassermann zeigt auch eine Verdoppelung des Frauenbildes zu dieser Zeit an. *(Johns Mutter kam bei einem Autounfall um, was ihn sehr aus der Fassung brachte. Um etwa die gleiche Zeit traf und gewann er Cynthia Powell, die später seine erste Frau werden sollte.)*

Das Sextil von Pluto deutet auf viel Anstrengung, Stärke und Ehrgeiz kreativer Art (Löwe), die sich in einer auf Anerkennung abzielenden Arbeitsbeziehung mit andern niederschlägt. *(John und Paul lernten Mitte 1957 George Harrison kennen und bildeten die Gruppe «Quarrymen», die aggressive und intensiv-rhythmische Musik machte.)*

Das Quadrat vom MC ist der intensive Wettbewerb innerhalb der Gruppe und Johns Bedürfnis, seine Persönlichkeit als beherrschend und entschlossen zu untermauern. *(Es gab einen Machtkampf zwischen John und Paul, der sich in ihrer Musik ausdrückte.)*

Mondknoten in der Waage im 6. Haus

(19 Jahre und 7 Monate alt = Mai 1960)

Der Mondknoten in der Waage ist eine formelle Geschäftspartnerschaft (6. Haus), die Kritik unterworfen wird, aber Anpassung ermöglicht und Fähigkeiten für Geschäfte in der Öffentlichkeit entwickelt. Das Quadrat vom MC zeigt sehr wichtige Gruppenziele, die davon abhängen, daß individuelle Unterschiede zugunsten des Kollektivs zurückgestellt werden. *(Die Beatles waren leidenschaftliche Individualisten, als sie im Prostituiertenviertel von Hamburg zusammen spielten und lebten.)*

Die Sonne in der Waage im 6. Haus

(21 Jahre und 11 Monate alt = September 1962)

Die Waagesonne wird im September 1962 fällig; sie zeigt Kontakt mit dem Publikum, Erfolg, Beständigkeit und durch das 6. Haus eine methodische Verbesserung der Arbeitsbedingungen, was alles durch Ersatzvaterbilder möglich wird, da die Waage ein Doppelzeichen ist. *(Brian Epstein wurde der Manager der Beatles. George Martin von der Plattenfirma EMI hörte sie, und im August 1962 wurde John Vater. Im September 1962 nahmen sie «Love Me Do» auf, ein klassisches Waagekonzept, und ein Jahr später hatten die Beatles die ganze Welt erobert.)*

Der einzige Aspekt ist die Opposition vom Widderaszendenten, der auch am Deszendenten, im Alter von 23 Jahren und 5 Monaten, im April 1964, akut wird. *(Die öffentliche Persona von John stand bereits im Widerstreit zu einem inneren Drang nach Unabhängigkeit und Selbstbehauptung. Aus jener Zeit stammt seine Aussage: «Ich wußte, was wir taten, und ich kannte das Spiel. So ließ ich es geschehen. Wir waren immer ausverkauft, von dem Augenblick an, in dem wir anfingen, wirklich gut zu sein.» Genau zu jener Zeit traten die Beatles in der Ed Sullivan Show und in der New Yorker Carnegie Hall auf, spielten im Palladium in London und erzielten einen Umsatz von schätzungsweise 50 Millionen Dollar. Im Mai 1966 sagte John von den Beatles, sie seien beliebter als Jesus. Mittlerweile hatte er die Nase voll von seiner Berühmtheit, und wenige Monate später traten die Beatles zum letzten Mal öffentlich zusammen auf.)*

Anmerkung: von jetzt an werden sowohl die sensitiven Punkte als auch die Planeten gedeutet.

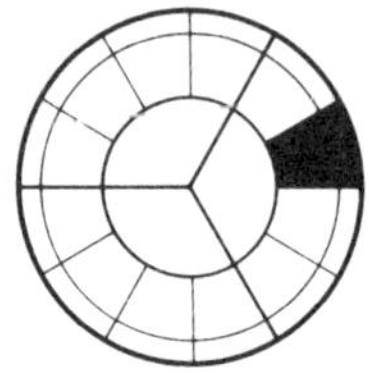

Sensitives Quincunx von Uranus auf 25° Waage im 7. Haus

(26 Jahre und 4 Monate alt = Februar 1967)

Der sensitive Quincunx-Aspekt = 150° von Uranus wird wie ein Spannungsaspekt von Uranus in der Waage im 7. Haus behandelt. Das bedeutet neue Beziehungen, Scheidung, Reizbarkeit, Affären durch schnell geschlossene Verbindungen, exzentrische Beziehungen und rebellisches Verhalten. *(John war von der Vorortsvillenpracht enttäuscht, begann auszubrechen und schrieb «Strawberry Fields Forever», eine Anspielung auf ein Kinderheim in der Nähe des Ortes, wo er in Liverpool gelebt hatte. Seine Musik rief den Bewußtseinsstrom wach, der die frühere Auslösung von Uranus in seiner Kindheit gekennzeichnet hatte.)*

Sensitives Halbsextil von Neptun auf 26° Waage im 7. Haus

(26 Jahre und 7 Monate alt = Mai 1967)

Die Zeitspanne zwischen Uranus und Neptun wird wie ein Uranus-Neptun Aspekt behandelt: er deutet auf Unbewußtheit, Drogen, innere Visionen, Inspiration mit mystischem Einschlag und wichtige Reisen. *(Anfang 1967 ging John oft auf LSD-trips, die sowohl sein Leben als auch seine Musik veränderten.)*

Neptun ist eine unsichere Beziehung, die auf Empfänglichkeit hinweist, hohe Ideale, Drogenmißbrauch, impulsive Handlungen und Verführbarkeit. *(Die Beatles lernten Maharishi Mahesh Yogi kennen und fühlten sich irregeführt. John schrieb das Lied «Sexy Sadie» und entdeckte, daß sein Mentor Brian Epstein an einer Überdosis Drogen gestorben war. Darauf begegnete John einer avantgardistischen Künstlerin, Yoko Ono, die später seine Frau werden sollte, und förderte sie bei einer ihrer Ausstellungen.)*

Skorpion-Zeit im 7. Haus

(28 Jahre und 6 Monate alt = April 1969)

Zu dieser Zeit tritt John in den Einflußbereich des Skorpions, der bis zum Ende seines Lebens andauern wird. Skorpion bedeutet Rückzug, Trennung, Okkultismus und Vertrauen auf Gefühle, Intuition und Energien anderer. *(John ließ sich von Cynthia scheiden und schloß sich mit Yoko Ono zusammen. Sie verbrachten lange Zeit im Bett, in Taschen [tatsächlich!], in ihrer Nackheit, wegen Drogen vor Gericht und lebten mit allen im Konflikt. Das war ihre Art der Friedenskampagne. Der Film «Let It Be» stellt ihre Entfremdung und Isolation dar, die dazu führte, daß John [und Yoko] sich Janovs Urschreitherapie als Heilmittel gegen seine Selbstbessenheit unterzogen. Er deklarierte im Lied «God», daß die Ablehnung von Mutter, Vater, Magie, Religion und allem anderen nur seinen Glauben an sich und Yoko steigerte ... «That's reality!«.)*

Sensitives Sextil von Venus und Quadrat vom Mond auf 3° Skorpion im 7. Haus

(30 Jahre und 7 Monate alt = April 1971)

Dieser Kontakt ist weiblicher Art und vom skorpionischen Element der Trennung gekennzeichnet. Mond-Venus läßt Liebe, Hingabe, Empfängnis und Beschäftigung mit schönen Dingen entstehen, aber das Quadrat schafft große Spannung und Schwierigkeiten. *(John und Yoko widmeten sich völlig einander und der Kunst. Sie zogen in die Vereinigten Staaten und versuchten, ein Kind zu haben, ohne Erfolg, denn Yoko hatte mehrere Fehlgeburten. John nahm sein Solo «Imagine» auf.)*

Sensitives Quadrat von Pluto auf 4° Skorpion im 7. Haus

(31 Jahre und 2 Monate alt = Dezember 1971)

Das ist die Zerstörung bestehender Verhaltensmuster mit Einfluß auf Beziehungen (7. Haus). *(Johns Eheleben mit Yoko war inmitten ihres New Yorker Lebens sehr spannungsgeladen.)*

Merkur auf 8° Skorpion im 7. Haus

(34 Jahre alt = Oktober 1974)

Merkur deutet auf verbale Kritik in einer Beziehung (7. Haus), auf Sarkasmus, auf Streitigkeiten und Trennung. Alle früheren Auslösungen von Merkur im Skorpion hatten zu traumatischen Ereignissen mit Frauen geführt. Die Aspekte zu Merkur reichen vom Sextil von Venus dreieinhalb Jahre früher zur Opposition von Jupiter und Saturn, die vier Jahre später fällig werden. Der merkurische Einfluß dauert in Johns Leben somit fast acht Jahre lang.

Das Quadrat vom Mond und das Sextil von Venus zeigen eine Verschlechterung seines Ehelebens an, wobei eine andere Frau oder ein künstlerisches Bemühen sie ersetzen. Das Quadrat von Pluto deutet auf große Überzeugung und Verständnis, aber auch schlaue Geheimniskrämerei hinter den Kulissen. Das Sextil vom MC gerade vor Merkur ist Johns Versuch, sich zu analysieren und zu verstehen, aber er erreicht nur größere Verwirrung als zuvor. Merkur ist ein Vermittler, der es John ermöglicht, sich aus seiner Beziehung zu lösen. *(1974 verließ John Yoko mit deren Sekretärin und begann eine Zeit des Alkoholismus, der Promiskuität und der Exzesse, die 18 Monate lang andauerte.)*

Sensitives Halbsextil vom Mondknoten auf 11° Skorpion im 7. Haus

(35 Jahre und 4 Monate alt = Februar 1976)

Dieses zeigt Verbindungen durch die Macht der Umstände, Zusammenarbeit und Teamarbeit mit Bezug zur Öffentlichkeit an. Der Mondknoten im Skorpion bedeutet paradoxerweise, daß er sich aus Verbindungen löst als auch andere eingeht. *(John und Yoko versöhnten sich auf einer Party.)*

Sensitives Halbquadrat von Neptun auf 11° Skorpion im 7. Haus

(35 Jahre und 8 Monate alt = Juni 1976)

Der Neptun-Mondknoten Kontakt ist eine idealistische Verbindung, die spirituelle Fühlung hervorruft, aber der Spannungsaspekt führt zu asozialem Verhalten und seelischem Aufruhr in John. *(In dieser Zeit wurde Yoko schwanger, und Sean wurde an Johns Geburtstag 1976 geboren. John widmete sich völlig seinem Sohn und tauschte die Rolle mit Yoko, indem er für Sean zum Hausmann wurde.)*

Sensitive Oppositionen von Saturn und Jupiter auf 13° Skorpion im 7. Haus

(37 Jahre und 3 Monate alt = Januar 1978)
Diese bedeuten geduldiges Warten auf die Lösung praktischer Fragen, diplomatisches Verhalten und die Erweiterung von Grundbesitz. Hier sind zwei sehr verschiedene Tendenzen wirksam, von der spirituellen und metaphysischen Philosophie Jupiters zur offenen materialistischen Befriedigung von Saturn. *(John und Yoko teilten ihre Verantwortungen auf; John wurde zur Mutter und Yoko zum Vater, die sich um Johns langwierige finanzielle Probleme kümmerte und sie löste. Sie gewannen ihren Kampf um die Einwanderung, was an Freds früheres Dilemma bei der Auslösung von Jupiter und Saturn erinnert. Sie kauften mit Johns schätzungsweise 150 Millionen Dollar überall in den Staaten Land, Flugzeuge und Schiffe.)*

Sensitives Halbsextil von der Sonne auf 16° Skorpion im 7. Haus

(39 Jahre und 7 Monate = Mai 1980)
Die Sonne im Skorpion ist eigenwillig, eindringlich, dynamisch, unerschütterlich und möchte neue Verbindungen in der Welt schaffen und Anerkennung bekommen. *(Das ruft die Zeit wach, als die Beatles in das Rampenlicht der Öffentlichkeit traten. John tauchte aus seiner Abgeschiedenheit auf und nahm mit Yoko die Platte «Double Fantasy» auf. Beide fingen an, sich für Astrologie zu interessieren und teilten ihre Verantwortungen gleichmäßig auf.)*

Tod auf 17° Skorpion

(40 Jahre und 2 Monate = Dezember 1980)
Nachdem John fünf Jahre lang wie ein Einsiedler gelebt hatte, zeigte er sich jetzt immer häufiger in der Öffentlichkeit. Nach der Bearbeitung von «Walking On Thin Ice» am Mischpult wurde John um 22.50 Uhr (EST) am 8. Dezember 1980 vor seinem Haus in New York City erschossen. Das sensitive Halbquadrat von Mars bedeutet in Kombination mit der Sonne gespannte Beziehungen, Gewalt, Wagemut, Streit.

Mark Chapman, der Mörder John Lennons, hat ebenfalls eine Opposition zur Sonne am Aszendenten, aber in den Zeichen Stier und Skorpion. Die bedeutendste Querverbindung ist Venus, die in Chapmans Horoskop auf 19°45 Widder steht, nur eine Bogenminute von Johns Aszendenten entfernt. Chapman identifizierte sich so stark mit John, daß er meinte, er sei John. Er glaubte, daß er wie John aussehe und unterschrieb sogar mit dessen Namen. Eine weitere Querverbindung bildet Uranus (Schock, Veränderung) in Yokos Horoskop, der innerhalb eines Grades dieser Verbindung steht, nämlich auf 20° Widder.

RÜCKBLICK

Aus dieser *Lebens★Zeit* Deutung von John Lennons Horoskop wird verständlich, daß sein Leben alles andere als angenehm und idyllisch war, wie viele glaubten. Seine Musik und sein Leben entstanden aus heftigem emotionalem Schmerz, der zum großen Teil von seiner jungen und verantwortungslosen Mutter herrührte und von seinem Vater, der nie da gewesen war. Sein ganzes Leben hindurch wiederholte er die Muster, die durch seine Eltern gewirkt wurden: seine Entwicklung in den 60er Jahren spiegelte seine Mutter und ihre traumartige Existenz wider, während er für lange Zeiträume für seinen eigenen ersten Sohn verschwunden war. Der grundsätzliche Trennungsdrang seiner Eltern kennzeichnet auch die unglaubliche Spannung, die John Lennon in seine eigenen Ehen hineintrug. Und obgleich er sein Leben lang Ersatzväter fand, traten sie meistens auf unangenehme Weise von seiner Lebensbühne ab. Durch seine spätere Musik und sein lebenslängliches inneres Suchen versuchte er, sein Schicksal zu überwinden, besonders über seine weibliche Seite, die sich in seiner Frau spiegelte.

Der ganze Lebensprozeß und Ablauf in John Lennons Horoskop bietet eine aufschlußreiche Möglichkeit zum Verständnis des Lebens überhaupt und der Auseinandersetzung damit. Lennon nutzte die Erfahrungen und Gefühle hinter den Erscheinungen in seinem schwierigen Leben als Themen für tiefgründige Mitteilungen an seine ganze Generation. Das Leiden und die Verdrehtheit, die Freuden der Liebe und die Qual der Verlassenheit, der Glaube an Gott und der Nihilismus des 20. Jahrhunderts, sein Eintreten für «Give Peace a Chance» bis zur grausamen Ermordung: all diese Anteile stehen in John Lennons Horoskop geschrieben.

NEUNTES KAPITEL

DIE ZEIT IN DER ZUKUNFT

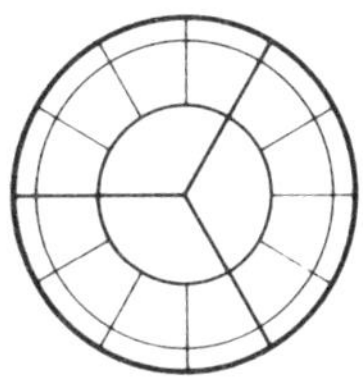

Und dann, wenn wir die Geschichte unseres Lebens nachvollzogen haben, müssen wir entsprechend handeln. Die schwierigen Lebensereignisse, die Ursachen dafür und die Menschen, die sie hervorgerufen haben, sind ebenso wichtige Teile von uns wie die großartigen Errungenschaften, die wir uns selbst zuschreiben. Wir sind für alles in unserem Leben selbst verantwortlich, und alles spielt täglich in unser Leben hinein. Jede Wahrnehmung unseres verbleibenden Lebens vergleichen wir nacheinander mit der Gesamtheit aller bisher gelebten Tage, in Übereinstimmung mit der *Lebens★Zeit Astrologie.*

Die Wahl der Rolle, die wir für unser Leben zugeteilt bekommen, wird vor unserer Geburt getroffen. Unsere Eltern, Geschwister, Verwandten, Ort, Rasse, Religion und viele andere Umstände stehen bei der Geburt völlig fest. Wir können nicht einmal die kleinste Einzelheit daran ändern. Wir müssen die Bedeutung unseres Lebens mit seinen bekannten und unbekannten Begleiterscheinungen verstehen lernen. Anstatt ein Leben daran zu setzen, sie zu bekämpfen, ist es besser, wir nutzen sie — sie werden sich nicht ändern! Wir können unser Aussehen, Namen, Wohnort und Tun verändern, unser inneres Wesen aber bleibt dasselbe. Wir müssen uns und unser Leben genauso sehen, wie es ist, bevor wir das Ganze verwandeln und darüber hinauswachsen können.

Heute wollen sich viele Menschen verändern — sie wollen ihr Leben umkrempeln und jemand anders sein als sie sind; sie wollen, daß ihr jetziges Leben und die Probleme, die es mit sich bringt, über Nacht verschwinden, wollen eines Morgens aufwachen und feststellen, daß sie in perfekter Gestalt wiederauferstanden sind. Wer aber wären sie dann, wenn nicht sie selbst in einer anderen Verkleidung? Möchtest du gerne ohne Vergangenheit sein? Es ist einfach nicht möglich, zu verändern, *wer* wir sind, nur *wie* wir sind.

Im Theater sind die Rollen vorgegeben. Die einzelnen Wörter, die Gesten und das Ende einer Rolle bleiben für jeden Schauspieler oder Schauspielerin, die diese Rolle spielen, gleich. Manche Schauspieler/innen spielen eine Rolle nicht nur, sondern verwandeln sie in einen Spiegel der ganzen Menschheit und des ganzen Lebens. Jedes Individuum trägt einen Sinn in sich, der sich einem vollen Zuhörersaal mitteilen läßt.

Den Gehalt unter und hinter den Erscheinungen wirklich zu verstehen, ist der Schlüssel, vielmehr ein transzendentales Wesen als eine Maschine zu sein. Große Schauspieler und Schauspielerinnen fördern den Gehalt sogar kleiner Rollen zutage. Wahrheit lebendig zu machen, ist die Aufgabe, die wir erfüllen müssen, um wir selbst zu sein. Zuerst müssen wir unser Leben und die Rollen darin verstehen, und dann lernen, über unsere Rolle hinauszuwachsen. Jede Tat und jedes Lebensereignis kann Verständnis und Kraft in sich bergen.

Charakterliche Schwierigkeiten und Probleme im Leben sind sicherlich ein Vorteil, denn sie geben uns die Möglichkeit, sie zu überwinden. Jedes Leben ist interessant und setzt sich sowohl aus schwierigen Aspekten als auch positiven Charakterzügen zusammen. Unser Leben ist die Quelle unserer Kreativität.

VORHERSAGE

Im Rahmen der traditionellen Astrologie betrachtet man die Vorhersage getrennt von der Charakteranalyse. Viele Astrologen, wenn nicht die meisten, können außerordentlich genaue und einsichtige Charakteranalysen erstellen, sind aber nicht gewillt, Vorhersagen zu machen. Zum Teil liegt der Grund für diese unglaubliche Tatsache darin, daß es sehr schwierig ist, ohne *Lebens★Zeit*-Einteilung exakte Vorhersagen zu machen. Die existierenden Methoden sind ziemlich unzuverlässig, so daß sogar die besten Berufsastrologen sich vor Vorhersagen hüten. Die Hauptströmung in der Astrologie bewegt sich in Richtung eines psychologischen Ansatzes, und fast die gesamte moderne Literatur ist dahingehend ausgerichtet. Die Vorhersage, die die meisten Menschen als das Wichtigste an der Astrologie ansehen, wird fallengelassen.

Der große Vorteil der *Lebens★Zeit Astrologie* ist, daß Psychologie und Vorhersage beide integrierende und natürliche Bestandteile des Lebensprozesses sind. Vorhersagen werden genau auf dieselbe Art und mit demselben Wortschatz gemacht, wie die Vergangenheit analysiert wurde. Ein Vorteil der Zeiteinteilung ist, daß die meisten zukünftigen Ereignisse als Äußerungen früherer Ereignisse in Beziehung zu diesen beschrieben werden können. Ein Beispiel dafür ist das Horoskop von John Lennon, in dem die Konjunktion Saturn-Jupiter ausgelöst wurde, als er 6 Monate alt war. Aufgrund von Zeichen- und Hausstellung von Saturn und Jupiter und der aspektierenden Planeten können wir feststellen, was dem Kind John zustieß und wer an den beschriebenen Ereignissen beteiligt war. Damals war John ein Baby und hatte keine Kontrolle über das Geschehen, als seine Mutter wie auch sein Vater ihn verließen. Man brachte ihn zu Ersatzeltern: seinen Großeltern und seiner Tante. Die Zeit der Opposition findet im Alter von 37 Jahren und 3 Monaten statt, wenn wir eine dem früheren Ereignis entgegengesetzte Situation erwarten würden, nur daß John jetzt der Vater wäre und sein eigener Sohn das Kind! Als die Opposition 1978 akut wurde, übernahm John die Verantwortung für seinen Sohn. John gewann seinen Kampf mit den amerikanischen Einwanderungsbehörden und erhielt die Genehmigung, in den USA zu bleiben, was den Einwanderungskampf seines Vaters in der früheren Auslösung widerspiegelt. John kompensierte das Fehlen seiner Eltern damit, daß er sich selber um sein eigenes Kind kümmerte und auf diese Weise der früheren schwierigen Situation eine positive Wendung gab.

Vorhersagen können für die Auslösungen von Geburtsplaneten in der Zukunft gemacht werden und für die sensitiven Punkte von Planeten, die bereits in der Vergangenheit fällig geworden sind. Bei jedem Übergang über einen sensitiven Punkt haben wir die Möglichkeit, den entsprechenden Teil in uns zu erkennen. Wenn Saturn und Jupiter am Anfang des Lebens die Großeltern verkörpern, und die Konjunktion für die Verbindung von Optimismus & Philosophie mit Pessimismus & Materialismus steht, so haben wir bei der Auslösung der sensitiven Punkte im späteren Leben Gelegenheit, die Handlungsweise unserer Großeltern uns gegenüber zu berichtigen oder umzuwandeln. Im Leben bleiben die Verhaltensgrundmuster dieselben, nur unsere Einstellung diesen Mustern gegenüber kann sich ändern. Wir können entweder unbewußt bleiben und die Muster nicht wahrnehmen, oder versuchen wach zu bleiben, sie klar zu erkennen und umzuwandeln.

Die Tatsache, daß wir unser Leben mittels der *Lebens★Zeit Astrologie* nachvollziehen, bedeutet, daß wir jedes Ereignis in der Vergangenheit exakt datieren und diese Ereignisse astrologisch und erfahrungsgemäß untersuchen können. Indem wir das astrologische Grundmuster und das feine Gewebe unserer Erinnerungen übereinanderlegen, können wir Entsprechungen zwischen den beiden aufdecken. Die Verbindung ergibt so etwas wie Erinnerungsknoten, die sich in einem Lebensmuster verweben, aus dem ein wunderschöner «Perserteppich» entsteht. Wissen wir erst einmal, welche Verhaltensmuster den früheren Auslösungen des ernsten Saturn entsprechen und wer in unserem Leben diese Muster darstellte, dann können wir die Bedeutung der sensitiven Saturnpunkte verstehen, die später in der Zeiteinteilung, in unserer Zukunft fällig werden. Unsere Vergangenheit zu verstehen ist Voraussetzung, um unsere Zukunft kennenzulernen.

Auch wenn keine Geburtsplaneten nach dem jetzigen Zeitpunkt in unserem Leben und Horoskop mehr fällig werden, können wir das zukünftige Grundmuster der sensitiven Punkte beliebig weit in die Zukunft bestimmen und datieren. Verbinden wir die Vorgehensweisen aus

90	VENUS	JAN	1982	23.26	Stier
135	SONNE	SEP	1982	24.18	Stier
150	MARS	OKT	1983	25.46	Stier
120	JUPITER	DEZ	1984	27.16	Stier
60	MOND	JAN	1985	27.21	Stier
***0	SPITZE 8	MÄR	1985	27.30	Stier
150	ASZENDENT	MAI	1987	0.14	Zwillinge
45	MONDKNOTEN	JUN	1990	3.51	Zwillinge
120	NEPTUN	OKT	1992	6.25	Zwillinge
30	SATURN	JUN	1993	7.09	Zwillinge
150	SONNE	JUL	1995	9.18	Zwillinge
60	PLUTO	DEZ	1995	9.45	Zwillinge
***0	URANUS	MÄR	1996	10.00	Zwillinge
60	M.C.	FEB	1997	10.51	Zwillinge
45	MOND	AUG	1998	12.21	Zwillinge

Abbildung 25: Life★Time-Computerausdruck

Der Ausdruck führt den MC, AC, den Mondknoten und die Planeten in ihrer Reihenfolge von der Empfängnis an auf. Jeder Punkt wird mit Monat und Jahr datiert und jede entsprechende Stellung im Horoskop aufgeführt. Die sensitiven Punkte werden mit dem Gradabstand von ihrer Geburtsstellung aus angegeben. Geburtsstellungen werden durch drei Sternchen hervorgehoben.

Kapitel 3, 4 und 5 miteinander, um Stellungen und Auslösungen der Häuserspitzen, Planeten und sensitiven Punkte herauszufinden, so bekommen wir ein Bild unserer Zukunft, die wir wie im siebten Kapitel deuten können. Mit Hilfe eines *Lebens★Zeit*-Computerausdrucks (siehe Anhang) wird eine solche Analyse ohne jegliche Berechnung möglich. Abbildung 25 ist ein Computerausdruck einer Reihe von Planeten, Häuserspitzen und sensitiver Punkte mit den entsprechenden Daten und Stellungen im Horoskop. Die Deutung folgt dem gleichen Aufbau, den wir ausführlich beschrieben haben. Für die kurze oben aufgeführte Zeitdauer würde eine vorhersagende Deutung folgende Punkte hervorheben:

1. Der einzige Planet, der ausgelöst wird, ist Uranus im März 1996 im Zeichen Zwillinge und im 8. Haus.
2. Im Mai 1987 findet der Übergang vom Stier in die Zwillinge statt.
3. Die ersten fünf sensitiven Punkte liegen im 7. Haus, und im März 1985 findet der Übergang in das 8. Haus statt.
4. Jeder sensitive Punkt, z.B. 120° (vom Geburts-) Neptun, wird als ein Ereignis betrachtet, das zum entsprechenden Zeitpunkt, nämlich im Oktober 1992, stattfindet. Dieses Ereignis wird als Neptun im Zwilling und Neptun im 8. Haus als positiver Aspekt gedeutet.
5. Die Umstände, die zu 120° Neptun führen, werden durch den Übergang von 45° Mondknoten zu 120° Neptun bezeichnet und wie ein Mondknoten-Neptun Aspekt behandelt, der sich über einen Zeitraum von Juni 1990 bis Oktober 1992 erstreckt.
6. Die Auswirkungen dieses Ereignisses werden durch den Übergang von 120° Neptun zu 30° Saturn angezeigt, der wie ein Neptun-Saturn Aspekt gedeutet wird.
7. Die Zukunft wird als ein Prozeß beschrieben, genauso wie die Vergangenheit als ein Prozeß beschrieben worden ist. Es gibt keine Unterbrechung in diesem fortlaufenden Prozeß.

UNSERE ZUKUNFT

Die astrologische Gretchenfrage ist: gibt es einen «freien Willen», oder ist das Universum ein Uhrwerk, in dem alles bis zur kleinsten Einzelheit vollständig voraussagbar ist? Müssen die Ereignisse in unserem Leben schicksalhaft stattfinden, was immer wir auch tun, um sie zu vermeiden oder zu verändern? Sind wir ein Unterpfand einer höheren Macht, die sämtliche Abläufe im Universum vorherbestimmt?

Lebens★Zeit Astrologie beschreibt ein Universum, das demjenigen der Neuen Physik sehr ähnlich ist. Das statische Universum von Euklid und Newton ist dem vibrierenden, relativen Universum Einsteins gewichen, in dem das Fließende vorherrscht. Die Wissenschaft glaubt nicht mehr, daß das All aus Grundbausteinen zusammengesetzt ist, sondern nur aus einem Beziehungsnetz zwischen Ereignissen. Die Wechselwirkungen zwischen Urteilchen sind wichtiger als die Urteilchen selbst. (Siehe Capra, *Das Tao der Physik* und Zukav, *Die tanzenden Wu Li Meister*). Alles im Universum steht mit allem anderen in Beziehung, weil alles aus Energiewellen besteht; deswegen können die Ereignismuster vorausgesagt werden, aber nur, wenn man die Wahrscheinlichkeit mit einbezieht. Der Physiker geht von der Ausgangslage eines beobachteten Systems aus und bestimmt die möglichen Vergangenheiten und späteren Zustände eben dieses Systems innerhalb einer bestimmten Wahrscheinlichkeit. In der *Lebens★Zeit Astrologie* gehen wir von einem beobachteten System (unserem Leben) an einem bestimmten Ausgangspunkt (Geburt) aus und machen Aussagen über eine Reihenfolge von früheren (Schwangerschaft und Kindheit) und späteren (unsere Zukunft) Ereignissen. Indem wir die ganze Sammlung astrologischer Beobachtungen über das Verhalten der Planeten in ihren Beziehungen zueinander nutzen, können wir die Zyklen unseres wahrscheinlichen zukünftigen Lebensmusters datieren und deuten.

Die Planetenbewegungen um das Horoskop herum gleichen den stehenden Wellen, die die Physiker für ihre Vorhersagen benutzen. In der Astrologie besteht eine Wahrscheinlichkeit, daß ein bestimmtes Ereignis zu einer bestimmten Zeit eintreffen wird. Wie wir aus Abbildung 26 ersehen, geht ein Muster in Form einer stehenden Welle von einem Planeten im Horoskop um den Kreis unserer Lebenszeit herum. Auf den Gipfeln und in den Wellentälern ist die Wahrscheinlichkeit größer, daß Ereignisse eintreffen, die dem Wesen dieses Planeten entsprechen, als in den dazwischenliegenden Zeiten, wo diese Wahrscheinlichkeit am geringsten ist. Datieren wir alle Gipfel und Täler anhand der Zeiteinteilung (Gipfel und Täler sind sensitive Punkte), dann bekommen wir ein Bild unseres wahrscheinlichen Lebens in der Zeit, woraus wir die Zeiten ersehen, in denen planetarische Einflüsse auf uns einwirken. Legt man die Wellen aller Planeten wie im *Lebens★Zeit*-Computerausdruck übereinander, so zeichnet das entstehende Interferenzmuster ein genaues Wahrscheinlichkeitsmuster für die wichtigsten Ereignisse in unserem Leben auf. Unser freier Wille betrifft die Art und Weise, wie wir die Ereignisse und ihre Muster in unserem Leben deuten und mit ihnen umgehen.

Der Psychoanalytiker C. G. Jung stellte fest, daß eine größtmögliche Freiheit des Willens einer größtmöglichen Bewußtheit entspricht. Die meisten Gegebenheiten unseres Daseins können wir nicht verändern, etwa unsere körperliche Erscheinung, angeborene Intelligenz, die Erbmasse oder nationale Zugehörigkeit; wir können uns dafür entscheiden, unserer selbst bewußt oder aber unbewußt zu sein. Je weniger wir uns unserer Eigenheiten und unseres Lebens bewußt sind, umso automatischer und voraussagbarer verhalten wir uns. Die eigentliche Absicht der *Lebens★Zeit Astrologie* ist, unser vergangenes, gegenwärtiges und zukünftiges Lebensmuster darzustellen, mit dem wir unsere Erinnerungen und Verhaltensweisen vergleichen und in welches wir diese einordnen können. Nur wenn wir unser Lebensskript durch und durch kennen, können wir unsere Rolle im Leben wirkungsvoll spielen, Ereignisse zuverlässig definieren und so viel Sinn wie möglich ausdrücken. Je selbst-bewußter wir sind, desto weniger sträuben wir uns dagegen, wir selbst zu sein. Viele Menschen verstehen nicht, wer sie

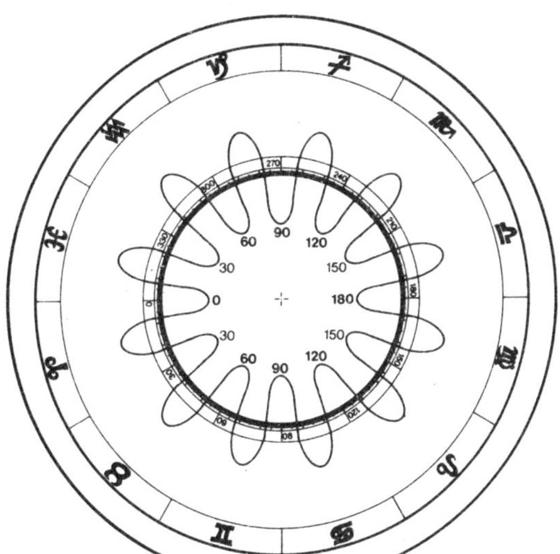

Abbildung 26: Harmonische Schwingungen

Von einem Planeten auf 0° Widder gehen harmonische Schwingungen in Abständen von 30° (und auch 45°) aus. Jede dieser harmonischen Schwingungen zeigt an, wann ein Nachklingen der ursprünglichen Ereignisqualität zu erwarten ist, und jede Stellung kann für das ganze Leben datiert werden.

sind, und als Folge davon sind sie ihr eigener schlimmster Feind und ihr größtes Hindernis auf dem Weg zu einem ganzen Leben. Wir müssen sowohl die einfachen wie die schwierigen Anteile unserer Persönlichkeit nutzen, um Ganzheit zu erlangen. Man könnte sagen, daß größte Bewußtheit größter Ganzheit entspricht.

DAS ASTROLOGISCHE ERINNERUNGSSYSTEM

Abgesehen davon, daß man die Astrologie als Möglichkeit sehen kann, um Charakter und Lebensumstände zu bestimmen, ist sie auch eine Methode, um Gedanken zu ordnen (siehe Frances Yates, *Das künstliche Gedächtnis*). Die Planeten-, Zeichen-, Häuser- und Aspektqualitäten sind existenzielle Kategorien, mit deren Hilfe man Lebensereignisse beschreiben und aufbewahren kann. Wissen wir erst einmal, daß Sonne-Mond auf männlich-weibliche Beziehungen verweisen, dann werden alle Einzelheiten aus unseren eigenen und den Beziehungen anderer unbewußt in diese Kategorie «abgelegt». Um uns zu erinnern, was wir über Beziehungen wissen, oder um unser Verständnis über Beziehungen mit demjenigen anderer zu vergleichen, müssen wir dann nur noch in der Gedanken-Kategorie «Sonne-Mond» nachsehen. Jedesmal, wenn wir von derartigen Beziehungen lesen, sie im Leben oder im Kino beobachten oder sie zu verstehen suchen, stellen wir solche Wahrnehmungen in den entsprechenden Zusammenhang. Schließlich ordnen wir das gesamte Feld unserer Lebenswahrnehmungen auf diese Weise. Da dieser Bereich organisch nach geometrischen Grundmustern aufgebaut ist, wie sie in diesem Buch beschrieben wurden, sind die Beziehungen zwischen Kategorien und die Verteilung der Kategorien klar und natürlich. Unser Erinnerungsvermögen verbessert sich, die Qualität unserer Erfahrungen wird vollkommener, und statt Erfahrungen abzutun, lernen wir vielmehr daraus.

Ein Vorteil, unsere Erinnerung nach astrologischen Gesichtspunkten zu ordnen, besteht darin, daß wir damit an einem Organisationssystem teilhaben, das bereits Tausende von Jahren wirksam ist und die Erfahrungen der ganzen Menschheit enthält, zurück bis zu den Wurzeln allen Lebens. C. G. Jung glaubte, daß das Wissen um die Gestirne Informationen freisetzte, die Menschen vor unzähligen Jahrtausenden auf diese hinausprojiziert hatten. Der Planet Jupiter enthält so alle philosophischen oder religiösen Konzepte jeder Frau und jedes Mannes, und Jupiter verstehen bedeutet, aus dem Kern seines Wesens schöpfen und einen Zugang zu diesem unvergleichlichen Sammelbekken unseres kollektiven Erbgutes zu bekommen. Wir erkennen und übernehmen die Götter und Göttinnen der Antike in unsere gegenwärtige Identität als grundlegende Teile eines Ganzen, welches die gesamte Menschheitsgeschichte unseres Universums reflektiert.

Lebens★Zeit Astrologie ist ein Schlüssel, den wir benutzen können, um unser eigenes Leben aufzuschließen: indem wir uns selbst verstehen, erlangen wir ein tieferes Verständnis für alle Wesen und alles Leben.

BIBLIOGRAPHIE

QUELLENANGABEN

Beard, Ruth M., *An Outline of Piaget's Developmental Psychology,* 1969, Routledge & Kegan Paul, London

Bohm, David, *Wholeness and the Implicate Order,* 1980, Routledge & Kegan Paul, London
dt: *Die implizite Ordnung,* 1985, Dianus-Trikont, München

Capra, Fritjof, *The Tao of Physics,* 1975, Wildwood House, London
dt: *Das Tao der Physik,* revid. & erw. Neuausgabe 1984, Scherz Verlag, Bern & München

Collin, Rodney, *The Theory of Celestical Influence,* 1954, Robinson & Watkins, London

Cornell, Dr. H. L., *Encyclopedia of Medical Astrology* (Revised Edition) 1972, Llewellyn Publications and Samuel Weiser, N.Y.

Davison, Ron, *Astrology,* 1963, Arco Publishing Company, New York

Dossey, Dr. Larry, *Space, Time & Medicine,* 1982, Shambala, Boulder
dt: *Die Medizin von Raum und Zeit,* 1984, Sphinx Verlag, Basel

Du Noüy, Lecomte, *Biological Time,* 1936, Methuen, London

Ebertin, Reinhold, *The Combination of Stellar Influences,* 1981, American Federation of Astrologers, Tempe, Arizona
deutsche Originalausgabe: *Kombination der Gestirneinflüsse,* 1979, Ebertin Verlag, Freiburg im Breisgau

Erlewine, Michael, *Manual of Computer Programming for Astrologers,* 1980, Matrix, Big Rapids, Michigan

Flanagan, Geraldine Lux, *The First Nine Months,* 1970, Heinemann, London
dt: *Die ersten neun Monate des Lebens,* Rowohlt TB

Fraser, J. T. (Editor), *The Voices of Time,* 1968, Allen Lane, London

Hone, Margaret, *The Modern Textbook of Astrology,* 1951, L. N. Fowler, London

Huber, Bruno & Louise, *Man and His World,* 1978, Samuel Weiser, New York
deutsche Originalausgabe: *Die astrologischen Häuser — Der Mensch und seine Welt,* Verlag API, Adliswil/ZH

Jung, C. G., *Psychological Types,* 1923, Routledge & Kegan Paul, London
deutsche Originalausgabe: *Psychologische Typen,* 14. Aufl. 1981, Walter-Verlag, Olten

Laing, R. D., *The Facts of Life,* 1976, Allen Lane, London
dt: *Die Tatsachen des Lebens,* 1978, Kiepenheuer & Witsch, Köln
Mann, A. T., *The Phenomenon Book of Calendars 1979-1980,* 1979, Simon & Schuster, New York and Dragon's World, New York
id: *The Round Art,* 1979, Dragon's World, London and Mayflower, New York
id: *The Divine Plot. Astrology, Reincarnation, Cosmology and History,* 1986, Allen & Unwin, London
Mayo, Jeff, *Astrology,* 1964, Hodder and Stoughton, London
Nelson, John H., in *RCA Review* March 1951, Vol XII
Rudhyar, Dane, *The Astrology of Personality,* 1963, Doubleday, Garden City
dt: *Die Astrologie der Persönlichkeit,* 3. Auflage 1984, Hugendubel, München
Sheldrake, Rupert, *A New Science of Life,* 1981, Blond & Briggs, London
dt: *Das Schöpferische Universum,* 1983, Meyster Verlag, München
Watson, James, *The Double Helix,* 1968, Weidenfeld and Nicolson, London
dt: *Die Doppel-Helix,* 1973, Rowohlt, Reinbek
Yates, Frances, *The Art of Memory,* 1966, Routledge & Kegan Paul, London
dt: *Das künstliche Gedächtnis,* 1984, Medusa, Berlin
Zukav, Gary, *The Dancing Wu Li Masters,* 1979, Rider and Hutchinson, London
dt: *Die tanzenden Wu Li Meister,* 1985, Rowohlt, Reinbek

NB: Die Zitate von T. S. Elliot stammen aus *Ausgewählte Gedichte,* Englisch und Deutsch, 1951, Suhrkamp Verlag, Frankfurt am Main; beide aus «*Little Gidding*», übertragen von Nora Wydenbruk.

ANHÄNGE

ANHANG A

Tabelle zur Umwandlung von Lebensaltern in Grade vom Aszendenten

Um die Anzahl Grade vom AC zu finden, die einem bestimmten Alter entsprechen, lesen wir die Grade in der Tabelle unten ab und zählen sie zum Aszendenten hinzu. Benütze die Gradentsprechungen von 0° bis 360°, die im inneren Kreis (z.B. des leeren Horoskops am Anfang dieses Buches) aufgeführt sind. Wenn wir mehr als 360 erhalten, müssen wir 360 vom Resultat abziehen, um den richtigen Wert zu erhalten.

Beispiel: Ein AC vom 19° Löwe = 139° absolute Länge im Alter von 57 Jahren
+ 225°
―――
364°
— 360
―――
004°: 004° absolute Länge sind 4° Widder

Alter	Grade vom AC	Alter	Grade vom AC	Alter	Grade vom AC
01	043.29	34	198.46	67	233.33
02	066.52	35	200.15	68	234.19
03	082.57	36	201.41	69	235.04
04	095.13	37	203.05	70	235.48
05	105.08	38	204.27	71	236.32
06	113.28	39	205.46	72	237.16
07	120.39	40	207.04	73	237.58
08	126.58	41	208.20	74	238.40
09	132.36	42	209.34	75	239.22
10	137.41	43	210.46	76	240.03
11	142.18	44	211.57	77	240.43
12	146.33	45	213.06	78	241.23
13	150.29	46	214.13	79	242.03
14	154.09	47	215.19	80	242.42
15	157.33	48	216.24	81	243.20
16	160.46	49	217.28	82	243.58
17	163.47	50	218.30	83	244.36
18	166.38	51	219.31	84	245.13
19	169.20	52	220.30	85	245.50
20	171.55	53	221.29	86	246.26
21	174.22	54	222.27	87	247.02
22	176.42	55	223.24	88	247.37
23	178.57	56	224.19	89	248.12
24	181.06	57	225.14	90	248.47
25	183.09	58	226.07	91	249.21
26	185.08	59	227.00	92	249.55
27	187.03	60	227.52	93	250.28
28	188.54	61	228.43	94	251.02
29	190.41	62	229.33	95	251.34
30	192.24	63	230.23	96	252.07
31	194.04	64	231.11	97	252.39
32	195.41	65	231.59	98	253.11
33	197.15	66	232.46	99	253.42
				100	254.14

ANHANG B

Umwandlungsformel für Taschenrechner

Zusätzlich zu den Berechnungstabellen in diesem Buch kann die Stellung eines beliebigen Planeten zu einem bestimmten Zeitpunkt mittels einer einfachen Formel mit einem Taschenrechner gerechnet werden. Damit lassen sich Grade vom Aszendenten in Lebensalter umwandeln und umgekehrt.

Umwandlung von Graden vom AC in Jahreszahlen mit Dezimalen

*Jahre + Dezimalen = ((x + 120)/120) INV LOG - 10 *.0766*

wobei x = Gradzahlen vom AC in absoluter Länge
*und * = multipliziere*

Das Ergebnis in Dezimalen ist 25.75 Jahre, d.h. fünfundzwanzig Jahre und 0,75 Jahre oder 9 Monate. Um den Monat zu berechnen, multipliziert man die Dezimalzahl mit 12 Monaten. (0,75 x 12 Monate = 9 Monate).

Umwandlung von Jahren + Dezimalen in Grade vom AC

*Grade vom AC = ((y/.0766) + 10) LOG*120 - 120 + AC*

wobei y = Alter in Dezimalen
*und * = multipliziere*
und AC = Aszendent in absoluter Länge (Grade vom Widder-0-Punkt)

Das Ergebnis ist die absolute Länge im Horoskop. Um die Grade vom AC zu erhalten, einfach am Ende der Formel den AC nicht dazuzählen.

Der Autor dankt Ad Strack van Schijndel aus Holland für diese Formeln.

Chester Kemp hat Programme zur Berechnung von Horoskopdaten und die logarithmische Zeiteinteilung für Casio-Rechner entwickelt. Weitere Informationen bei ihm, 8 Orchard Road, Hounslow, Middlesex, England.

ANHANG C

Astrologische Computerdienste

Ein Horoskop berechnen ist zwar keine Hexerei, braucht aber doch stundenlanges Lernen und viel Übung, um keine Fehler zu machen. Da dieses Buch die *Lebens★Zeit*-Einteilung vorstellen will, schlage ich vor, daß du einen der vielen Computerdienste mit der Berechnung deines Horoskops betraust. Hier einige Adressen:

1. *Life★Time Service*
   Hancocks Farm House, Tilsden Lane, Cranbrook, Kent TN17 3 PH
   Tel. 0044 (580) 713.368
   Dieser Computerdienst ist der einzige, der die Geburtsdaten einschließlich aller Daten gemäß der *Lebens★Zeit*-Einteilung rechnet.

2. ASTRODATA
   Lindenbachstrasse 56, CH-8042 Zürich
   Tel. (01) 363 60 60
   Berechnung & Grafik, Placidus-Häuser auf Anfrage.

3. ASTROKLAR
   Postfach 3350, CH-8031 Zürich
   Berechnung & Grafik, Placidus-Häuser

4. *Sesam*
   Institut für astrologische Grundlagenforschung
   Elsa-Brandström-Straße 15, D-7500 Karlsruhe-Bergwald
   Tel. (0721) 47 42 82
   Berechnung & Grafik, Software

ANHANG D

Weitere Anwendungsmöglichkeiten der *Lebens★Zeit Astrologie*

Wenn dein Horoskop einmal gemäß der *Lebens★Zeit Astrologie* mit Lebensdaten rund um den Kreis versehen ist, lassen sich viele andere Systeme mit einbeziehen. Die Halbsummen der Planeten sind Punkte, auf denen sich der Einfluß von Planetenpaaren vereint. Die 156 exakten Halbsummen lassen sich alle berechnen und präzis ums Horoskop anordnen. Die Aspekte zu diesen exakten Halbsummen, «indirekte Halbsummen» genannt, kann man auch datieren.

Transite von Planeten rühren von ihren gegenwärtigen Stellungen im Himmel her. Auch die Transite kann man in der Zeiteinteilung datieren. Da die Planeten sich in ihren Bahnen weiterbewegen, rufen sie Zeiten in deinem Leben wach, in denen sie wirksam waren, oder berühren auch andere Planeten über Aspekte. Wenn ein Planet über dein drittes Haus transitiert, läßt es Ereignisse anklingen, die geschahen, als du zwischen zwei und vier Jahre alt warst.

Die üblichen Direktionen in der Astrologie sind Progressionen, Sonnenbogendirektionen und Primärdirektionen. Die Stellungen aller Planeten nach einer beliebigen Direktionsmethode können anhand der *Lebens★Zeit*-Einteilung datiert werden.

Das Solarhoroskop ist ein weiteres prognostisches Mittel, das sich mit der *Lebens★Zeit Astrologie* verbinden läßt. Das Solarhoroskop wird zur exakten Wiederkehr der Sonne auf ihre Stellung bei deiner Geburt gerechnet. Es beschreibt ein Jahr von Geburtstag zu Geburtstag, und was hier geschieht, entschlüsselt mancherlei Planetenverbindungen aus deinem Geburtshoroskop sowie deren ursprüngliche Fälligkeiten. Das erlaubt dir, die Gegenwart im Licht deiner Vergangenheit und deiner Zukunft zu betrachten.

Lebens★Zeit Astrologie liefert die Grundlage, auf der alle anderen Systeme sich genau vergleichen lassen. Eine Folge dieses Buches, *Life★Time Prediction, (Lebenszeit★Zeit Vorhersage)* wird diese prognostischen Methoden im einzelnen untersuchen.

ANHANG E

Astrologische Computerprogramme

Der wichtigste Urheber für astrologische Programme ist *MATRIX Software,* 315 Marion Avenue, Big Rapids, Michigan 49307, USA. In England werden sie von A.T. Mann, Hancocks Farm House, Tilsden Lane, Cranbrook, Kent TN17 3PH, vertreten, Tel. 0044 (580) 713.368.

ANHANG F

John Lennons Geburtszeit

John Lennon selbst gab Roger Elliott seine Geburtszeit als 18.30 Uhr, Englische Sommerzeit, an; diese Zeit benutzte Ray Connolly in seinem Buch *John Lennon 1940-1980, A Biography* (1980). Dieselbe Zeit brauchte Hunter Davies in *The Beatles* (1968, Neuauflage 1981). Die gleiche Zeit wird auch in Fowlers *Compendium* angegeben, dort aber unkorrekt als 18.30 Uhr GMT anstatt für Englische Sommerzeit, was eine Differenz von einer Stunde ergibt. Weiter bestätigt John Lennons Tante *Aunt Mimi* diese Zeit, wie auch Fred Lennons zweite Frau, die Astrologin Pauline Stone aus Brighton.

Eine unkorrekte Variante gibt Sybil Leek in *Astrology* (1972) an, nämlich 8.30 Uhr Englische Sommerzeit; Pauline Hayward von der Moore School of Astrology und Lois Rodden benutzen ebenfalls diese falsche Geburtszeit, letztere in *The American Book of Charts.* Noch eine falsche Angabe gibt das *Transit* Magazin in seiner Nummer 35, nämlich 19.00 Uhr Englische Sommerzeit, und schreibt sie irrtümlich Hunter Davies zu.

LIFETIME PRINTOUT IN LOGARITHMIC TIME/
COPYRIGHT TAD MANN/JOHN ASTROP 1981

JOHN WINSTON LENNON

BIRTHDATE	9 OCT 1940
G.M.T.	17.30 00
LATITUDE	53.24
LONGITUDE	—2.58
BIRTHPLACE	LIVERPOOL, ENGLAND
SID. TIME	18 30 50

RADIX

M.C.	7.04	CAP	....
ASCENDANT	19.45	ARI	....
CUSP 8	29.32	SCO	....
CUSP 9	20.14	SAG	....
CUSP 11	25.19	CAP	....
CUSP 12	22.07	AQU	....
SUN	16.16	LIB	....
MOON	3.33	AQU	....
MERCURY	8.33	SCO	....
VENUS	3.13	VIR	....
MARS	2.39	LIB	....
JUPITER	R13.42	TAU	....
SATURN	R13.13	TAU	....
URANUS	R25.33	TAU	....
NEPTUNE	26.01	VIR	....
PLUTO	4.11	LED	....
NODE	10.34	LIB	....

***0 M.C.	FEB	1940	7.04	CAP	....
***0 CUSP 11	FEB	1940	25.19	CAP	....
***0 MOON	MAR	1940	3.33	AQU	....
***0 CUSP 12	APR	1940	22.07	AQU	....
***0 0 ARIES	JUL	1940	0.00	ARI	....
***0 ASCENDANT	OCT	1940	19.45	ARI	....
***0 SATURN	MAR	1941	13.13	TAU	....
***0 JUPITER	MAR	1941	13.42	TAU	....
***0 URANUS	JUL	1941	25.33	TAU	....
***0 CUSP 2	AUG	1941	29.32	TAU	....
***0 CUSP 3	JUN	1942	20.14	GEM	....
***0 CUSP 4	MAY	1943	7.04	CAN	....

***0 CUSP 5	OCT	1944	25.19	CAN	....
***0 PLUTO	SEP	1945	4.11	LEO	....
***0 CUSP 6	JAN	1948	22.07	LEO	....
***0 VENUS	DEC	1949	3.12	VIR	....
***0 NEPTUNE	MAY	1955	26.01	VIR	....
***0 MARS	JUN	1957	2.39	LIB	....
***0 NODE	MAY	1960	10.34	LIB	....
***0 SUN	SEP	1962	16.51	LIB	....
***0 CUSP 7	APR	1964	19.45	LIB	....
***0 MERCURY	OCT	1974	8.33	SCO	....
***0 CUSP 8	JAN	1992	29.32	SCO	....
***0 CUSP 9	MAY	2017	20.14	SAG	....